다케우치 요시미라는 물음
竹内好という問い

**다케우치 요시미라는 물음 —— 동아시아의 사상은 가능한가**

초판 1쇄 인쇄 _ 2007년 1월 30일
초판 1쇄 발행 _ 2007년 2월 5일

지은이 • 쑨거 | 옮긴이 • 윤여일

펴낸이 • 유재건 | 주간 • 김현경 | 편집장 • 이재원 | 편집 • 박순기, 주승일 |
마케팅 • 노수준, 김하늘 | 제작 • 유재영 | 경영지원 • 인현주 | 유통지원 • 고균석

펴낸곳 • 도서출판 그린비 | 등록번호 • 제10-425호 | 주소 • 서울시 마포구 신수동 115-10 3층 |
전화 • (대표) 702-2717 | 팩스 • 703-0272 | E-mail • editor@greenbee.co.kr

책값은 뒤표지에 있습니다. 잘못 만들어진 책은 구입하신 서점에서 바꿔드립니다.
ISBN 978-89-7682-973-3  04150
　　　978-89-7682-972-6(세트)

**TAKEUCHI YOSHIMI TO IU TOI by Sun Ge**
Copyright © 2005 by Sun Ge
Originally published in Japanese by Iwanami Shoten, Publishers, Tokyo, 2005.
This Korean language edition published in 2007
by Greenbee Publishing Company, Seoul
by arrangement with the author c/o Iwanami Shoten, Publishers, Tokyo.
이 책의 한국어판 저작권은 저작권자와 독점계약한 도서출판 그린비에 있습니다.
저작권법에 의해 한국 내에서 보호를 받는 저작물이므로 무단전재와 복제를 금합니다.

# 다케우치 요시미라는 물음

아이아 총서 001

## 동아시아의 사상은 가능한가

쑨거 지음 | 윤여일 옮김

gB
그린비

::차례

- 한국어판 서문 7
- 일본어판 서문 25
- 중국어판 서문 : 사고의 습관 47

1부_ 루쉰과의 만남 67
  1. 지나학자들과의 논쟁 72
  2. 『루쉰』의 탄생 95

2부_ 문화-정치의 시좌 119
  1. 근대를 둘러싸고 : 세계구조로서의 문학 121
  2. 민족독립의 문화-정치 147

3부_ 전쟁과 역사 183
  1. 역사적 순간에서의 '그릇된' 선택 185
  2. 주체가 역사에 진입한다는 갈망 208

4부_ 뒤얽히는 역사와 현재 225
  1. 패전 체험의 심화 : 전쟁책임론과 문명의 재건 227
  2. 안보운동 : 전쟁 체험의 '현재진행형' 254
  3. 내재적 부정으로서의 '전통' 272

5부_ '근대'를 찾아서 : '근대의 초극' 좌담회의 사정  305
  1. 좌담회의 기본적 윤곽  310
  2. 다케우치 요시미의 「근대의 초극」  327
  3. 아라 마사히토의 「근대의 초극」  341
  4. 히로마쓰 와타루의 『근대초극론』  350
  5. 니시오 간지의 『국민의 역사』  363

  후기  372
  후주  376

부록
  • 옮긴이 후기 : 사상이 살아가는 법  381
  • 다케우치 요시미의 주요 저작들  397
  • 다케우치 요시미 연보  399
  • 찾아보기  403

| 일러두기 |

1 이 책은 孫歌, 『竹內好という問い』(岩波書店, 2005)를 완역한 것이다.

2 인명, 지명, 작품명 등 고유명사의 표기는 국립국어원이 2002년에 발간한 『외래어 표기 용례집』을 따랐다.

3 이 책의 주는 크게 인용주와 내용주로 구분되어 있다. 인용문의 출처를 밝혀 놓은 인용주는 일련 번호(1, 2, 3 ……)로 표시되며, 후주로 처리되어 있다. 내용주는 각주로 처리하였으며 별표(*)로 표시되어 있다. 내용주 중 옮긴이가 첨가한 것은 끝에 '―옮긴이'라고 표기했다.

4 중국과 일본의 서적과 정기간행물 중 제목이 한자로 표기된 것들은 한국어 음독에 따라 표기했다. 예) 『中央公論』 → 『중앙공론』

5 단행본·전집·정기간행물·팸플릿 등에는 겹낫표(『 』)를, 논문·논설·기고문·단편·영화 등에는 낫표(「 」)를 사용했다.

# 한국어판 서문

 이 책을 쓰는 일은 단지 학술적인 행위만이 아니었다. 다케우치 요시미는 내게 사상사의 연구대상만도 아니었다. 이 책을 출판한 지 2년이 지났건만 다케우치 요시미와의 만남은 여전히 막 시작한 상태이다.

 학문이란 무엇인가. 아마도 여러 가지 답이 있겠다. 어떤 답을 취하더라도 분명 나름의 일리가 있으리라. 그렇다면 나에게 학문이란 무엇인가. 이 물음에 답하기 위해 십년간 다케우치 요시미와 대결하며 나름의 모색을 거듭해왔다. 그 흔적의 일부가 이 책이 되었다. 그러나 이 책이 머금지 않은 부분도 있다. 그 부분은 내 생각 속에서 내 매일의 생활 속에서, 무엇보다 지금까지의 내 사고방식 안에서 변화해가고 있다.

 한 권의 책이 세상에 나오면 아이가 부모에게서 자립하듯 저자에게서 떨어져 나간다. 더욱이 번역될 경우에는 벤야민이 말하듯 그 책은 '죽음 이후의 삶'을 꾀해야 하는 이중의 변용에 놓이게 된다. 저자의 의도가 굴절된다는 것(벤야민은 이를 작품의 '성장'이라 불렀다)과 모어(母語) 맥락에서의 의미가 다른 언어 안에서 변화를 겪는다는 것

말이다. 이 이중의 변용은 모두 저자가 조절할 수 없는 과정이다. 읽고 옮긴다는 행위는 역사의 맥동 속에서 비로소 자신의 삶을 얻고 유지되기 때문이다. 한 권의 책이 '죽음 이후의 삶'을 얻을 수 있는지는 저자의 의지에 따르지 않는다. 역사의 맥동만이 이를 결정한다.

그렇다면 학문이 읽고 옮긴다는 행위로 그 모습을 이룰 때, 우리는 학문과 역사가 관계 맺는 방식에 대해 물어야 하는 것이다.

다케우치 요시미와 만나는 장(場)은 그 관계방식을 따져 묻던 중에 발생했다. 격변하는 동시대사의 한복판에서 어떻게 하면 보잘것없는 노력으로나마 시대와 관계를 맺을 수 있을까. 나의 고뇌는 이것이었다. 고민하던 중에 품게 된 다케우치와의 '장' 역시 하나의 과정일 뿐, 결코 실체적인 세계로 표현될 수 있는 공간은 아니었다.

이런 사정으로 나는 통용되는 학문의 방식을 따를 수 없었다. '실증'이라는 수단에 의거해 역사를 '복원하는' 방식 말이다. 만약 역사가 움직이지 않는다면 '재현'도 '복원'도 가능하겠지만, 역사가 유동한다면 그 안의 주체와 객체 모두가 움직이고 있음을 인정해야 그 역사 속으로 진입할 수 있기 때문이다. 주체와 객체 사이에서 존재하는 매개만이 역사와 함께 움직이는 학문을 이루어낼 수 있을 것이다. 그리고 바로 이러한 매개가 있기에 지적 생산은 현실에서의 실천과 관련성을 품을 수 있다. 이때 유의해야 할 것은 그 관련성이 결코 직관적이지 않다는 점이다.

이 책에는 '실증'과 '재현'의 요소가 담겨 있다. 그러나 어디까지나 기능적으로 존재할 뿐, 결코 기본적인 방법이나 목적(궁극적으로 말해 인식론)으로 놓이지는 않았다. 이 책은 다케우치 요시미가 자신의 시대에 품었던 고뇌를 나 자신의 고뇌로 삼고, 그 고뇌에 대한 다케우치의 반응과 나의 반응 사이의 거리를 거리로서 유지하면서 그것을 분석하려는 시도이다. 일본에서 다케우치 요시미와 같은 시대를 꿋꿋이 살아왔던 세대에게 이러한 시도는 뜨거운 반응을 얻었다. 이 책이 이미 지나간 시대의 기억을 소생시킨 모양이다. 그 기억이란 아마도 전후 일본 사회가 혼미한 가운데에서도 얼마간의 가능성을 갖고 있었으며, 그 몇 가지 가능성 사이의 긴장관계로부터 전후사가 빚어졌다는 기억이리라.

나는 다케우치 요시미와의 만남을 계기로 삼아 그러한 역사의 호흡을 느끼고 싶었다. 그것은 외국인인 내가 일본을 이해하는 과정에 그치지 않고, 역사철학의 의미에서 '역사'를 이해하기 위한 과정이기도 했다.

겉으로 보기에 '역사'는 세계사라는 틀 속에서 다양한 문화로 구성되므로 당연 복수의 것이 된다. 근대 이래 국민국가라는 단위는 역사를 바라보는 안경이 되었다. 하지만 우리는 국민국가마다 갖고 있는 역사적인 특수성을 받아들이면서도, 여전히 그 심부를 흐르는 역사의 논리를 좇아야 한다. 물론 이 '논리'란 것도 여럿일 테고, 헤겔이 말하는 '역사의 간지(奸智)'처럼 무상한 것은 더욱 아닐 것이다. 그것은 현상에 내재하는 긴장관계, 경우에 따라서는 서로를 살해하는 관계이며, 현상으로 드러난 모든 것들을 이해하도록 만드는 논리이며, 역사가 역사일 수 있는 까닭이다. 다만 눈으로 볼 수 있는, 달리 말해 자료로 표현할 수 있는 역사적인 현상과 달리, 그 '논리'라는 것은 눈에 잡히지 않는다. 그럼에도 눈으로 보이는 자료를 '역사의 자료'로 만드는 것은 그 '사실' 자체가 아니라 역사의 '논리'이다.

역사는 늘 움직인다. 역사의 시간이 균질하지 않은 까닭은 주체와 객체가 서로 침투하며 자연적인 시간의 균질성을 따르지 않기 때문이다. 현상으로 드러난 국민국가 단위의 역사는 이러한 시간 속에서 서로 다른 구조를 갖는다. 그것은 눈에 잡히는 '개별'적인 역사적 사건의 연속이 아니라 일상감각에서 비어져 나오는 다양한 힘관계의 '관계성' 자체이다. 바로 이러한 관계성으로 말미암아 우리는 세계사를 공유할 수 있으며, 외국의 역사를 자신의 역사와 함께 이해할 수 있다.

이를 깨닫는다면 우리는 비로소 역사에 논리가 존재한다는 사실을 알아챌 수 있다. 그것은 개인이나 사회집단의 의지를 넘어서 있지만, 그 개인과 사회집단으로부터 떨어져 있지 않다. 왜냐하면 역사의 논리란 개인과 사회집단이 자신의 의지를 그대로 실현할 수 없는 바로 그곳에서 드러나는 힘이기 때문이다.

다케우치 요시미는 내가 이러한 역사의 논리로 들어설 때 길잡이가 되어주었다. 『다케우치 요시미 전집』을 읽으면서 거두었던 가장 중요한 수확은 구체적인 사건을 탐구하기 위한 실마리가 아니라, 다케우치 요시미는 어떻게 동시대사의 구조성을 인식하였던가에 있었다. 그것을 깨닫자 나는 '중국인'이라는 자신의 입장을 상대화시킬 수 있었고, 다케우치 요시미도 더 이상 '일본인'이 아니게 되었다.

『다케우치 요시미라는 물음』은 거의 동시에 중국어와 일본어로 출판되어, 중국과 일본에서 독자를 얻을 수 있었다. 중국에서 이 책은 일본에서와는 전혀 다른 독자층을 안겨주었다. 일본학 연구자보다는 중국사상사에 관심을 가진 연구자, 그리고 루쉰연구를 중심으로 하는 중국 현대문학 연구자들이 이 책에 관심을 보였다. 그 가운데서도 특히 중국사상사연구의 현상황에 불만을 느끼던 젊은 연구자들은 이 책을 사상사 방법론으로 읽기도 했다. 또한 이 책은 같은 시기에 번역되고 출판된 다케우치 요시미의 논문집 『근대의 초극』의 안내서로 여겨지기도 해서 얼마간은 중국에서 다케우치를 소개하는 역할도 맡았다. 중국의 매체에서 다루어지고 있는 '다케우치 요시미론'을 보면 이제 서서히 다케우치의 역사정신에 주목하기 시작하는 움직임이 나타나고 있음을 알 수 있다. 출판된 지 일 년이 지나자 중국 지식계는 다케우치 요시미에 대해 조금씩 본격적인 반응을 드러냈다. 생각건대 역사의 '구조성'을 민감하게 읽어내도록 다케우치 요시미에게 훈련받은 이는 나뿐만이 아닌 듯하다.

중국은 2차 세계대전 시기에 일본과 15년간 전쟁을 지속한 나라이다. 그런 사정이 있기 때문에 여전히 아픈 기억이 남아 있다. 그러나 중국의 지식계는 이 무거운 기억을 처리하고, 거기에 대응할 만한 준비가 되어 있지 않다. 그러한 상황에서 최근 중일관계가 악화되자 반일이라는 단순한 이데올로기가 중국 사회를 횡행했다. 일본인이라면 그가 전쟁의 역사를 이데올로기적으로 심판하지 않는 한, 중국의 시민사회에서만이 아니라 사상계에서도 받아들여지기 어렵다. 그러나 다케우치 요시미는 그렇게 단순한 인물이 아니었다. 특히 전쟁을 역사의 긴장감이 가장 농축된 응결점이라 여겼던 다케우치 요시미는 결코 손쉬운 사죄나 부정으로 과거를 처리할 수 없었다. 그는 현상이 아닌 역사의 심부에서 그 구조성에 진입하기로 마음을 먹었다. 그런 다케우치는 자연스럽게 중국 사회의 지적 분위기에서 상당히 돌출적인 존재가 되었다.

한동안 이데올로기적인 비판이 따랐지만, 다케우치 요시미는 중국에서 기대 이상으로 수용되었다. 비록 역사를 음미하는 정도까지 이르지는 못했지만, 다케우치 요시미가 중국에서 인지되었다는 사실만으로도 지식인 사이에서 커다란 변화가 생길 수 있었다. 무엇보다 다케우치 요시미의 수용은 단순화된 역사인식에 대한 커다란 도전을 의미했기 때문이다.

중국은 면적이 클 뿐 아니라 문화 구성도 복잡하다. 중앙정권의 통제도 그만큼 복잡하다. 중국에서 역사를 다시 쓴다는 작업은 늘 권력의 존속 문제와 관련되어 있어, 역사철학 역시 서양에서와 같은(예를 들어 칸트나 헤겔처럼) 모습으로는 형성될 수 없었다. 하지만 중국의 지적 유산인 역사철학은 결코 권력의 정당성을 위한 장치가 아니었다. 중국에서 역사철학을 인식하는 일이란 바로 중국의 역사를 이해하는 일이기에 그 작업을 피해갈 수는 없다. 다만 역사철학을 제대로 연마하려면 몇 가지 난점과 맞서야 한다.

첫번째로 중국의 역사를 다루는 인식론은 공식 이데올로기와의 관계를 처리해야만 한다. 지금껏 일군의 중국 지식인들은 유럽이나 미국에서 비판이론을 끌어와 '공공영역'을 만들어내고는 정권과 정치 이데올로기로부터 자유를 꾀했다. 역설적인 대목은 바로 그 공공영역이 요행히 존재할 수 있었던 까닭은 그것이 정치현실과 그만큼 관계하지 않았기 때문이라는 점이다. 그러한 토양에서 자라난 '역사인식' 역시 현실에 참여할 수 있는 역사철학을 품지 못했다. 실제로 권력이 만들어내는 공식 이데올로기에 대항할 것인가 아니면 그것을 부정할 것인가라는 기준으로 인식론을 가늠한다면, 그러한 역사인식으로는 공식 이데올로기와 제대로 맞설 수도 없다. 왜냐하면 격동적인 현재의 중국 역사는 '체제'와 '반체제'라는 틀로는 다 잡히지 않기 때문이다.

내가 다케우치 요시미에게 깊이 이끌린 까닭도 여기에 있다. 다케우치 요시미는 역사에 개입하려고 할 때 오늘날 유행하는 고정된 '비판'의 입장에 서지 않았다. 그러나 그에게는 나름의 원칙이 있었다. 그것은 불평등한 현대세계 속에서 일본인은 어떻게 '평등'하게 살아가야 하는가였다. 다케우치 요시미는 이상적인 상황으로 '평등'을 말하지 않고, 늘 현실에서 그러한 이상을 어떻게 실현할 수 있는지 이야기했다. 그렇기에 그는 '올바름 선호'를 업으로 삼는 지식인과 달리, 언제나 현상에서 드러난 것을 뒤엎어 그 철학적 '진실'을 드러냈다. 그러한 '진실'은 때로 현상과 충돌하거나 정반대편에 서기도 한다. 특히 서구이론이 닿지 못하는 곳에서 다케우치는 그러한 '진실'을 끊임없이 건져올렸다. 그 수확을 밑천으로 삼아 나는 중국의 역사를 새롭게 인식할 수 있겠다고 생각하기에 이르렀다.

다케우치 요시미는 체제파도 반체제파도 아니었다. 민족주의자도 국제주의자도 아니었다. 그는 그러한 '입장'을 전제 삼아 작업하지 않았다. 그에게 국가정권과 그 정권의 기반을 이루는 사회세력은 자신의 활동에서 목적도 대상도 아니었다.

그가 집요하게 추구했던 문제는 이러한 것이다. 일본 사회, 일본인은 어떻게 주체성을 만들어낼 수 있는가. 그리고 앞으로 다시는 파시즘 침략전쟁을 일으키지 않기 위해서, 그 주체성은 어떻게 '저항'의 정신을 마련할 수 있는가.

이 대목에서 다케우치는 이른바 공식 이데올로기와 겨루고 거기에서 자신을 끄집어낸다는 숙명을 거부하지 않았다. 공식 이데올로기 바깥에 자신의 몸을 두는 지식인이라면 '반체제'라는 알기 쉬운 입장을 취해 이 숙명에서 벗어났겠지만 다케우치는 그렇듯 알기 쉬운 존재가 아니었다.

이 책은 일본과 중국의 진보적 지식인을 향한 호소다. 진보파는 위기의 시기에 바깥에 자신의 자리를 마련하고 거기서 비판하는 일을 기본적인 전략으로 삼는다. 아마도 한국처럼 민주주의를 일군 사회에서는 이렇듯 명료한 비판도 유효하게 기능할 것이다. 한국에서 이러한 비판은 사회운동과 연결될 테고 많은 경우 정치상황에 영향을 줄 것이다. 하지만 중국과 일본의 사회현실에서 그러한 기대는 배반당하기 마련이다. 비판은 있으되 그 비판이 현실로 이어지지 않는 것이 실정이다. 물론 중국과 일본의 사회체계는 다르며, 진보파의 비판전략이 왜 유효하지 못한지 그 내실도 다르다. 그럼에도 현실에 유효하게 개입하는 일이 사상과제로서 요구되고 있으며, 또한 해결되지 못한 상태라는 점은 부인할 수 없다.

다케우치 요시미는 바로 그 의미에서 다른 전략을 모색했다. 그는 진보파가 어떻게 해야 관념적인 입장에서 벗어나 역사의 소용돌이에 몸을 둘 수 있는지를 고뇌했다. 그는 일본의 좌익이 전통적으로 프롤레타리아 국제주의에 의탁해 아시아주의와 내셔널리즘에 대항했다고 여겼다. 일본의 좌익은 역사적으로 내셔널리즘의 진보적 부분(예를 들어 사이고 다카모리를 추방한 메이지정부를 반혁명이라고 이해하는 사고방식은 메이지의 내셔널리즘 속에서 싹텄다)을 계승할 기회를 놓치고, 그것을 우익에게 넘겨버렸다. 역사를 고쳐 쓴다는 다케우치 요시미의 작업은 그 잃어버린 기회를 되찾아 오늘의 상황에서 되살린다는 의미를 지닌다.

이 대목에서 공식 이데올로기로부터 자신을 끄집어낸다는 번거로운 문제는 피할 수 없게 된다. 중국과 일본에서 공식 이데올로기의 알맹이는 다르지만, 그것이 주류가 되었으며 그 배후에 권력의 색채가 드리워졌다는 사실은 일치한다. 진보주의자의 명쾌함은 공식 이데올로기와 맞선다는 입장을 만들어냈지만, 다케우치는 그것을 무효라고 여겼다. 그가 내놓은 일련의 비판은 당연히도 관념적이고 외재적인 비판을 일삼는 일본의 진보적 지식인을 향했다. 다케우치 요시미가 받았던 비판도 그러한 진보파에게서 온 것이었다.

다케우치는 주류가 된 공식 이데올로기와 정면으로 충돌하지 않고, 보수파 내지 우익의 아성(牙城)으로 간주되던 아시아주의를 '고쳐 쓴다는' 방법을 취했다. 그곳에서 아시아를 향한 일본인의 책임감을 살려내고자 다케우치 요시미는 생애에 걸쳐 힘을 쏟았다. 이 장면에서야말로 우리는 공식 내셔널리즘에서 자신을 끄집어낸다는 다케우치의 노력을 읽어낼 수 있으리라. 그리고 바로 그 끄집어내는 방법으로부터 나는 중국의 역사인식을 심화시킬 자원을 얻을 수 있었다.

두번째로 마주치는 것이 역사에 들어가는 일 혹은 역사를 고쳐 쓰는 일을 이해하기 위한 기능적인 감각을 기른다는 곤란함이다.

이 책에서 볼 수 있듯이 역사로 진입하는 일은 다케우치 요시미에게 가장 중요한 사상과제였다. 이때 '역사'란 결코 실체적인 대상이 아니라 중층적으로 뒤얽힌 일종의 과정이며, 역사에 들어가는 일이란 결코 역사의 사건에 직접 참가하는 것을 뜻하지 않는다. 다케우치가 생각하는 '역사에 들어간다' 함은 '역사를 고쳐 쓰는' 일이다. 즉 역사의 어떤 단계를 지나고 나서 역사에 관한 인식을 새로 짜는 일이며, 그로써 역사의 의미를 다시 발견하는 일이다.

모든 권력은 자신의 정당성을 확보하고자 역사를 다시 쓴다. 역사수정주의자들은 자신의 뜻에 맞춰 역사의 의미를 새로 짜려고 개찬도 마다하지 않는다. 다케우치 요시미가 역사를 고쳐 쓴다는 작업은 이런 것들과는 근본적으로 달랐다. 그는 역사를 관념으로부터 해방시키는 한편, 현실에서의 가능성 그리고 미래를 향한 가능성을 역사의 논리에서 건져올렸다. 다케우치 요시미가 역사자료를 읽어들였던 방식이나 역사적 사건에 내보인 반응은 오늘날에도 적확하다. 다만 그 적확함이란 자료 분석의 면밀함에 있지 않고, 자료의 '역사성'에 관한 민감함에 있다.

최근 일본에서는 서서히 다케우치 요시미가 소생하고 있다. 이를 두고 아시아주의 등에 관한 다케우치 요시미의 언설이 지금의 보수적 내셔널리즘을 부추기는 것 아니냐고 경계하는 목소리가 나온다. 역사를 다시 쓰는 일을 모두 권력자나 역사수정주의자의 위험한 활동이라 간주하는 풍조 속에서 이러한 경계는 어쩌면 당연할지도 모른다. 그런데 이렇듯 경계를 품고 역사를 다시 쓰는 일을 등한시한다면, 그것은 현실에서 어떤 결과를 초래하는가. 다케우치 요시미가 일본의 아시아주의를 분석하면서 지적했듯이 이러한 외재적 비판은 결국 역사를 다시 쓰는 일을 모두 보수파에게 맡겨, 역사가 지닌 가능성을 보다 나은 방향으로 이끌어갈 기회는 놓치고 만다. 그리고 무엇보다 이러한 경계는 역사를 부동하는 '사물'로 다루는 실체적인 사고방식을 인식론으로 삼고 있다. 내셔널리즘을 한 덩어리로 파악하는 그러한 이론감각은 내셔널리즘을 분해하고 전화시켜, 거기에서 역전된 요소를 길어올리는 노력을 방해할 뿐 아니라, 역사의 복잡한 입체감을 소거해 역사를 균질평면으로 만들어버리고 만다. 내셔널리즘을 긍정해야 하는가, 부정해야 하는가라는 논의도 모두 이러한 깊이를 갖지 못한 감각에 기초해 있다.

아시아주의가 좋은 것인지, 한 나라의 내셔널리즘이 다른 나라에서 어떻게 정당성을 확보할 수 있는지에 관한 논의들은 이러한 실체적인 발상 위에 기초해 있다. 침략전쟁을 일으켰느냐 아니냐를 기준 삼아 내셔널리즘의 '정당성'을 심판하는 일도 역사를 정적으로 혹은 실체적으로 보는 대표적인 사례이다.

그런데 다케우치 요시미는 역사의 기능적인 면모는 확보했으나 역사를 고쳐 쓰는 일에는 성공하지 못했다. 왜냐하면 일본의 내셔널리즘은 아시아를 향한 연대를 심정으로만 머금은 채, 배타적인 논리로 성장하여 결국 침략 이데올로기로 변질되고 말았기 때문이다. 가능성을 가능성으로 검토하던 시기, 다케우치 역시 "연대의 심정이 어떻게 논리로 승화될 수 있는가"라는 난제에 봉착했던 것이다. 그리고 바로 이 문제가 중국의 지적 토양에서 어려운 대목이기도 하다. 만일 우리가 역사를 정적이고 실체적으로 생각하는 습관을 무너뜨리더라도 내셔널리즘 나름의, 아시아주의 나름의 실감에 담긴 건전한 요소를 요소로서 확인하는 데에 머문다면, 이 작업은 엉거주춤하게 끝날 것이다. 여기에 이르러 나는 중국의 역사철학을 단련하기 위한 세번째 곤란에 직면하게 되었다. 그것은 주체성의 존재방식을 추궁하는 일이다.

내가 놓인 지적 상황은 다케우치 요시미와 다르다. 중국 사회는 유동적이며 사회체계는 늘 변화하고 있다. 그러한 변화 속에서는 내셔널리즘의 성장 자체가 도리어 어렵다. 중일전쟁 시기 내셔널리즘은 일종의 구심력으로 작동했지만, 전후의 역사에서 중국 사회를 한 곳으로 모아가는 힘은 오히려 일종의 국제주의에서 나왔다. 지식인의 담론만을 쫓아 중국의 현대사를 관찰한다면 중국의 내셔널리즘에 빠져 있는 것은 없다고 생각하겠지만, 그렇게 해서는 1950년대 아시아-아프리카와의 연대, 1960년대 이래의 제3세계론 등은 설명할 수 없다. 뿐만 아니다. 오늘날의 내셔널리즘이라 간주되는 '반일'이라는 사회적 정서는 분출되면서 구심력을 기르기는커녕 내셔널리즘을 파괴하는 모습조차 연출했다.

그러한 상황 속에서 중국의 지적 사회는 자기 주체의 존재방식을 모색해왔다. 수십년간 지속된 마르크스주의라는 공식 이데올로기에 대항하기 위해 비판적 지식인들은 서양의 비판이론을 자원으로 삼았다. 다만 중국의 사회주의적 실천을 충분히 검토하지 않은 채, 서양에서 마련된 '민주 대 독재'라는 발상을 규범 삼아 결국 '독재'로 그 시위를 겨누었다. 즉 '토착적인 사상'과 맞서는 '서양 이론'이라는 구도가 아니라, 냉전기 서양에서 형성된 대항의 구도를 그대로 수입했던 것이다. 유학을 토대로 삼는 본토주의자도, 내셔널리즘을 창출하려는 '대국주의자'도 모두 이런 맥락에 놓여 부차적인 지위에 머물렀다.

다케우치 요시미를 연구하기 시작한 단계에서는 이런 상황에 관한 자각이 거의 없었다. 오히려 포스트 문혁 시대에는 이런 주체의 존재방식이야말로 유일한 선택이라 여기고 있었다. 하지만 다케우치 요시미를 읽으면 읽을수록 중국의 주체형성에 관한 나의 사고는 변하지 않을 수 없었다. 문혁의 그림자를 걷어내기 위해 거의 저항 없이 세계화된 중국의 지적 상황은 얼핏 보면 개방되어 있지만, 주체를 향한 간절함이 결여되었기에 도리어 쉽사리 폐쇄적인 주체성을 양성하곤 한다. 실제로 최근의 가장 비판적인 지식인들은 서구는 시야에 두고 있지만, 아시아 특히 가까운 동아시아는 진정한 의미에서는 시야에 담고 있지 않다. 그런 틈을 내버려둔 채 지금 이 순간에도 동아시아는 애매하게 회자되고 있다. 즉 동아시아가 이야기되는 까닭은 그래야 정치적으로 옳기 때문이며, 결코 주체의 구축과는 관련되지 않는다. 하여 쉽사리 '대국의 부흥'을 꺼내는 움직임조차 드물지 않게 마주하게 된다.

이런 사정 때문에 다케우치 요시미가 중국에서 맡았을지 모르는 역할은 결코 일본에서와 같지 않았다. 그가 일본 주체의 존재방식에 구애되었던 일은 그 자체가 주체의 자기부정을 전제로 한 것이었다. 그 전제에 근거해 그는 평판이 좋지 않았던 일본의 근대 이데올로기를 '내재적으로' 재검토했다. 그리고 이로써 외재적인 비판과 부정이라는 사고방식이 지닌 무력함을 폭로할 수 있었다. 그런데 다케우치 요시미가 원리로 일구려고 했던 이러한 자기부정의 정신을 (애초 그는 중국을 자기부정하는 정신의 모델로 여겼지만) 중국의 지식계는 직관적으로 절망감이라 이해하고 말았다. 루쉰이 말하는 "눈을 들어 갈 길이 없나니"라는 한계상황을 철학적으로 '주체의 존재방식'이라며 쉽게 받아들여서는 안 된다. 왜냐하면 일본과는 달리 중국에서는 '내재적으로 부정' 되어야 할 '우등생이라는 주체'가 성립되지 않았기 때문이다. 루쉰의 호된 매질은 오히려 '주체 없는 주체의 존재방식'을 향했다.

일본의 우등생문화를 두고서 다케우치는 중국을 매개 삼아 자기부정을 지켜나가는 태도를 철학으로 바꾸고자 했다. 그는 루쉰의 비판정신을 승화시켜 철학으로 원리화했다. 그것은 다름 아니라 「근대란 무엇인가」에서 말했던 "그는 자기임을 거부하고 동시에 자기 이외임도 거부한다. 그것은 루쉰에게 있는 루쉰을 성립시키는 절망의 의미이다. 절망은 없는 길을 가야 한다는 저항에서 생기며, 저항은 절망의 행동화로 나타난다. 그것은 상황으로 보자면 절망이며, 운동으로 보자면 저항이다"라는 원리이다.

만약 루쉰을 통해 중국의 주체성을 그려낸다면 도무지 이해하기 힘들 것이다. 일본의 우등생문화가 직관적으로 관찰할 수 있는 것이라면, 중국의 주체성은 관찰할 수 없는 것이다. 중국에서는 절망이 행동화될 때 혼란이나 나아갈 길이 없다는 고통이 반드시 뒤따른다. 그러한 혼란과 거대한 희생을 견뎌낸 것이 중국의 역사이다. 그 역사의 논리는 결코 서양식 역사의 논리로는 포착되지 않는다. 그러나 세계화된 오늘날에 그것은 '지체'라며 부정적인 현상으로 치부된다. 다케우치 요시미의 「근대란 무엇인가」가 일본 이상으로 중국에서 받아들여지기 어렵다는 사실은 쉽게 상상할 수 있다.

중국은 어떻게 루쉰이 절망을 담아 끝까지 맞섰던 '노예' 상태로부터 벗어날 수 있을까. 노예가 주인이 된다고 노예상태를 벗어나는 것은 아니라고 루쉰은 늘상 이야기했다. 다케우치 요시미는 현실에서 부자유스러운 '노예상태'와 자신의 노예상태를 직시하지 않는 노예근성을 구분하여, 루쉰은 깨어난 노예라고 철학적으로 지적했다. 이때 그는 '깨어난 노예'는 자기임과 자기 이외임을 동시에 거부한다는 정의도 잊지 않았다. 이리하여 절망과 저항이 비로소 연관을 맺게 된다. 그러나 다케우치는 거기에서 더 나아가지는 않았다. 그는 우등생인 일본을 비판하기 위해 '깨어난 노예'를 묘사했지만 일본에 그러한 '노예상태'가 없는 이상, 다케우치 요시미도 그 이상으로 테제를 발전시킬 필요는 없었던 것이다.

그렇다면 깨어난 노예가 노예의 주인이 되는 길을 거부한다는 선택은 과연 중국 사회에서 무엇을 뜻하는가. 이 물음은 다케우치 요시미가 아니라 루쉰이 던진 것이다. 그리고 이 물음은 중국이 힘을 키워가는 오늘날에 여전히 살아 있다. 중국의 지식인들은 루쉰의 사상적 유산을 대체 어떻게 계승할 것인가. 그것은 중국이 다케우치를 수용하는 양상에서도 엿볼 수 있을지 모른다. 안타깝게도 다케우치 요시미가 루쉰을 매개로 하여 일궈낸 역사철학은 중국의 루쉰연구에 결정적인 영향을 주었지만, 그가 루쉰에게서 연마한 아시아적 역사철학이라는 논리 자체는 경원시되었다. 여기에는 통상적인 발상을 거스르지 않고는 다케우치 요시미를 이해하기란 어렵다는 사정도 놓여 있겠다.

다케우치 요시미는 루쉰의 생애에 어떤 결정적인 시기가 있다고 말했다. 소위 '회심'이라는 시기이다. 다케우치 요시미가 인간의 사상 편력을 이해하는 방법과 역사를 이해하는 방법은 이 '회심'을 축으로 삼는다는 점에서 일치한다. 그리하여 다케우치는 진화론자가 되지 않았고, 역사를 일직선의 방향에서 생각하지도 않았다. 그렇듯 굴절된 방향감각이 그의 독특한 '진보' 혹은 '반동' 관을 단련시켰다. 나는 이러한 역사감각이야말로 다케우치 요시미에게서 계승해야 할 중요한 사상적 유산이라 생각한다. 어떤 의미에서 다케우치 요시미와의 만남은 내게 생애에 걸친 '회심'을 형성하기 위한 매개 자체가 되었다. 하지만 지금의 나로서는 있는 그 모습대로 다케우치를 계승할 능력은 없다. 다케우치 요시미는 상식을 무너뜨리고 전혀 다른 정신세계를 구현했기에, 상식의 수준에서 지적 생산을 영위하는 지식인들이라면 그 세계로 들어갈 때 길안내가 필요하다. 하지만 다케우치 요시미는 그러한 방편을 마련해두지 않았다. 그리하여 그의 사상은 잘못 독해되거나 허공에 매달리곤 했다.

루쉰의 절망을 어떻게 이해해야 하는가. 그것을 이해하려면 다케우치 요시미가 탁월하게 표현한 '깨어난 노예'의 입장에 발 딛고 한 걸음 더 내딛어야 한다. 물음을 물음으로 간직하면서도 답이 없을지 모르는 그 물음을 이끌고 답을 향해 나아가려면, 할 수 있는 데까지 사고의 절차를 밟아두는 일이 아마도 이후 세대를 위한 우리의 책임이 되리라. 새삼스러운 말이지만 나는 오늘날 중국 사회의 격한 변동을 체험하면서, 루쉰이 말한 '절망'과 다케우치 요시미가 말한 '회심'의 의미를 생생하게 통감하고 있다. 다만 상식을 무너뜨린 이후에는 새로운 공동의 인식을 만드는 작업이 기다리고 있다. 우리는 절망과 회심을 자신의 출발점 삼아 역사철학을 완성시켜가야 한다.

　다케우치 요시미는 일본에 얽매여 있었다. 그는 훌륭하게 자신의 얽매임을 '세계감각'으로 키워냈다. 일본에 구애되었기에 비로소 일본을 개방시킬 수 있었다. 그것이 다케우치가 지닌 회심의 원점일진대, 나에게는 필시 다른 형태의 얽매임이 요구될 것이다. 오늘날처럼 평화로우면서도 전쟁상태인, 더구나 국가, 사회, 민족이 사고의 단위이면서도 세계화되는 상황에서 다케우치 요시미의 얽매임은 다소 단순하게 여겨질 수도 있겠다. 그에게서 잠재적으로 존재했던 '아시아라는 입장'은 일본의 입장을 내재적으로 개조하는 장소로 그를 이끌어갔다. 그 개조는 궁극적으로 '아시아성'을 이념으로 만들었지만, 현실에서 일본을 아시아의 일부로 다루지는 못했다. 다케우치가 던진 그 물음을 받아들인 우리가 한 걸음 더 내딛은 곳에서 맞닥뜨리는 과제는 무엇인가. 그것은 현실에서 '아시아'를 한 나라가 자기를 개조하는 '방법'으로 삼을 뿐만 아니라, 자타관계의 새로운 타개책으로, 자국의 책임을 지면서도 그 일국 단위의 사고방식을 무너뜨리는 역설적인 입장으로 만들어내는 일이다.

　한 시대 앞서 다케우치 요시미는 중국과 루쉰을 가장 풍성한 사상의 자원으로 바꿔놓았다. 나는 역의 방향에서 다케우치 요시미를 아시아의 사상자원으로 삼고 싶다. 학문마저 상품이 되어버린 대중 사회를 살아가는 오늘날, 어떻게 자기부정을 통해 아이덴티티를 확립할 수 있는가. 모든 말이 발화되면 곧 변질되어 버리는 시대에 다케우치 요시미의 자기부정을 언어유희로부터 지켜내는 일이란 결코 쉽지 않으리라. 그러나 다케우치 요시미는 말한다. "역사는 공허한 시간의 형식이 아니다. 자신을 자신이게 하며, 하기에 그러한 곤란들과 싸우는 무한의 순간이 없다면 자기를 잃고 역사도 잃어버린다."

역사는 주체의 존재방식에 달려 있다. 역사를 잃지 않기 위해 우리에게는 여전히 다케우치 요시미가 필요하다.

2007년 1월 베이징에서

# 일본어판 서문

이 책은 다케우치 요시미를 축으로 삼는다. 어떤 의미에서는 다케우치 요시미와 '대결'한 기록이기도 하다.

역사에서 문제로 삼아야 할 인물(이하 '역사상 인물'이라고 표기하겠다)과의 만남은 인문학 연구자에게 일종의 숙명 같은 사건인지도 모르겠다. 하지만 그 만남이 반드시 의식되거나 문제로 여겨지지는 않는다. 따라서 역사상 인물과의 '만남'이나 그 인물과 어떻게 마주해야 하는가라는 문제에 왕왕 부딪히게 된다.

역사상 인물을 다루는 기본적인 입장은 보통 다음의 몇 가지 패턴으로 귀결된다. 첫째, 그 인물에게 많은 것을 배웠기에 일종의 숭배에 가까운 감정이 생긴다. 이윽고 그 인물의 눈으로 세상을 보고 만사를 판단하며, 결국 그 인물의 말투를 흉내내기에 이른다. 둘째, 반대로 사람들이 숭배하곤 하는 역사상 인물의 언설에 반발하여, 그 인물의 사생활을 검증하는 등 그 '인간성'을 밝히고 카리스마를 깨뜨리려고 한다. 이런 반발은 대개 역사상 인물에 대한 것이라기보다 이 인물에 관한 연구를 향하는 것이 보통이다. 셋째, 역사상 인물은 자신이 초래할 역사의 장래를 알지 못하고 세상을 떠난다. 후세에 태어나 그 결과를 아는 우리의 눈으로 보자면, 당시 그들의 판단이 이후 역사가 전개되는 양상과 어긋나는 경우도 적지 않다. 그 어긋남은 종종 정치판단의 오류로 나타난다. 그렇다면 이러한 어긋남을 심판할 것인가 변호할 것인가 아니면 동정하고 이해할 것인가. 역사적 사건의 결말을 알기에 유리한 입장에 서 있는 후대 연구자가 이전 시대 사람의 '역사적 한계'를 어떻게 다룰지가 연구의 핵심이 되는 경우도 있다. 넷째, 그 역사상 인물이 일종의 지적 카테고리를 구성해왔다고 보고, 그 인물을 비판해 기존의 카테고리를 **뛰어넘어** 새로운 지적 전개를 꾀하기도 한다. 소위 '비판적 계승'이 이러한 패턴일 것이다.

이상의 네 가지 패턴은 나아가 여러 변형을 낳는다. 다케우치 요시미에 대한 연구는 대략 셋째와 넷째 패턴에서 이루어지는 경향이다. 특히 전후 일본의 중국 연구자들은 그의 『루쉰』이나 『현대중국론』에서 다시 출발했기 때문에, 그를 비판적으로 계승하는 위치에 서 있다고 하겠다.

분명 일본의 중국 연구자에게 다케우치는 의심할 바 없이 중요한 존재였으리라. 다만 다케우치를 어떻게 인식할 것인가보다는 어떻게 극복할 것인가라는 발상이 그들에게는 보다 현실적이며 풍부하다고 여겨졌다. 다케우치는 여전히 중국문학 연구분야에서 고전이 아니었기 때문이다. 그러나 다케우치의 시대가 끝났을지언정 그로 인해 그의 사상과제가 과거형이 되는 것은 아니다. 확실히 이런 일련의 남겨진 과제에 봉착했던 때 나는 다케우치를 만났다.

문학가들은 "역사상 인물과 해후한다"는 이야기를 하곤 한다. 그것은 마치 생존하는 인물을 만나듯이, 문헌 속의 역사적 인물과 상상의 공간에서 대화를 시도한다는 뜻이다. 반세기 전 이 모티브를 가지고 '쇼와사 논쟁'\*을 점화한 문예평론가도 있었다. 그리고 바로 이러한 '해후론'이 역사학에서 격한 반격을 불러왔다. 역사학의 입장에서 보면, 시대의 문맥을 무시한 채 역사상 인물과 거리를 두지 않고 해후한다는 것은 늘 '역사' 자체를 해소할 위험을 품고 있기 때문이다. 단지 그 결말로 역사학은 문학과 달리 인물 심리를 묘사하는 학문 따위는 아니라는 식의 결론밖에 내지 못했던 일은 '쇼와사 논쟁'에서 가장 아쉬운 대목이다. '만남'을 배제해야 비로소 역사의 법칙성을 발견할 수 있다거나, 역사상 인물과의 해후는 단지 인간의 심리묘사에 불과하다는 등의 단순한 이해야말로 역사학의 약점을 노출시킨다. 역사학은 확실히 문학연구와는 다른 점이 있다. 그러나 본디 역사학의 '객관성'이 상상력의 배제를 의미하는지 그것이 아니면 상상력을 문학과는 다른 방향으로 이끌어야 한다는 것을 뜻하는지, 이 대목은 반드시 논의되어야 한다.

　사상사 연구가 역사학에 속하는지 여부는 그다지 중요한 문제가 아닐지도 모르겠다. 사상사라는 범주에 대한 정의도 여기서 다룰 문제는 아니다. 또한 사상사 연구의 패턴이 꼭 하나일 필요도 없을 것이다. 그러나 사상사 연구자에게 역사상 인물을 다루는 일이 피할 수 없는 과제임은 누구도 부정할 수 없으리라. 사상이라는 행위는 개체에서 떨어져 발생할 수는 없기 때문이다. 그러나 사상사 연구라고 해서 반드시 역사상 인물과 만나야 하는 것도 아니다. 실제 역사상 인물의 발언

---

\* 쇼와사 논쟁(昭和史論爭). 1950년대 말과 1960년대에 걸쳐 일어난 역사 서술에 관한 논쟁으로, 태평양전쟁은 침략전쟁이 아니라 자위전쟁이라는 주장이 제기되면서 불이 붙었다.—옮긴이

가운데 일부를 취해 다른 문맥에서 어떤 담론공간을 새롭게 재구성하는 식의 사상사 저작이 적지 않으며, 그 가운데에는 분명 우수한 것도 있다. 이 경우 반드시 연구대상의 전체상을 파악해야 하는 것은 아니며, 대상이 지닌 사상적 논리도 어느 정도 무시할 수 있다.

이리하여 역사상 인물의 '전체상'이 부재하기 때문에, 연구주체와 연구대상 사이의 가교는 끊어지게 된다. 설령 사상사 속 인물의 언동만을 그 전체상에서 떼어내 다룰 경우에도 그 인물이 짜넣어져 존재하는 사상사의 맥락을 무시해서는 안 된다. 개별 인물이 놓인 역사상황에 대한 깊은 통찰력이 결여되면, 그 사상사 연구에는 관념적인 '사상'은 있으되 '사'(史)는 누락되기 때문이다. 그러한 의미에서 역사상 인물과의 '만남'은 필요하다. 그것은 '역사'에 깊숙이 들어가기 위한 하나의 계기인 것이다.

사상사의 인물 가운데는 여러 유형이 존재한다. 인간은 모순을 지니고 있지만, 모든 역사상 인물이 자신의 모순을 문제로 삼지는 않는다. 오히려 현실적 입장과 자신의 사고 사이에서 일관성을 지키는 쪽이 보통이다. 그러나 다케우치는 이런 유형의 인물이 아니었다. 그는 생애에 걸쳐 자신이 품은 사고의 모순을 끊임없이 문제 삼았다. 이를 위해 그는 기존의 개념을 각각의 문맥에서 해방하고 새로운 문맥에서 다시 직조해냈다. 다케우치의 '논리'는 그와 유사한 사고의 과정을 거치지 않으면 충분히 이해할 수 없다. 여러 개념을 마치 막 태어난 신선한 상태로 되돌린다는, 거의 불가능한 노력을 그는 훌륭히 수행했다. 다케우치의 글과 마주할 때의 긴장감은 그의 이런 노력에서 비롯된다. 따라서 다케우치가 그린 사상 세계의 전체상을 움켜쥐지 않는다면, 그의 담론 가운데 일부조차 정확히 파악하기는 힘들다.

이런 이유로 우리는 온몸의 다케우치와 온몸으로 마주해야 한다.

그런데 여기서 번거로운 문제가 발생한다. 도대체 다케우치 요시미와 마주한다는 것은 어떠한 행위를 뜻하는가. 그에게 몰입하고 그의 말투와 그의 목소리로 말하는 것이 그를 마주한다는 의미는 아니리라. '만남'이라는 행위는 자신만이 아니라 상대도 주체적이며 또한 유동적으로 존재한다(즉 '살아 있다')는 전제 속에서만 이루어질 수 있기 때문이다. 즉 다케우치와의 만남은 연구주체와 다케우치가 서로 '타자'가 되지 않으면 이루어질 수 없음을 뜻한다.

문학연구의 경우와는 달리 사상사적 '만남'에는 '인물연구'만이 아니라 '역사연구'도 목표로 놓인다. 사상사적으로 작동하는 상상력은 인물에만 머물지 않는다. 바꿔 말해 사상사적으로 역사상 인물을 만날 때 만나는 그 무엇은 구체적 인간이라기보다 그 인간이 지닌 사고 논리의 전체상이다. 이러한 '전체상'은 결코 개인적인 것에 그치지 않는 역사적인 것이어야 한다. 그 전체상과의 만남을 통해서만 연구자 자신이 역사에 들어갈 수 있다. 다만 그것은 개별성에서 일반적인 것을 추출하는 행위가 아니라, 역사상 인물이 품은 내재적 모순 그리고 역사상 인물과 시대 사이에 존재했던 긴장관계 속에서 여전히 읽히지 못한 사상적 요소를 건져올리는 일이리라. 그리고 이때 역사상 인물이 '살아 있기' 때문에 바로 기존관념에서 불거져 나오는 사상사적 요소를 발견할 기회가 생긴다. 연구자의 사상사적인 민감함은 역사상 인물의 '타자'가 됨으로써 비로소 단련된다고 하겠다.

다케우치의 문학 세계는 '만남'에 의해 비로소 들어설 수 있는 공간이다. 그러나 그것은 결코 다케우치라는 인물을 조사하고, 그 인물됨을 이해한다는 뜻이 아니다. '만남'을 현실 생활의 수준에서 이해한다면 사상사적인 창조성은 말살된다. 이 점은 다케우치 자신이 루쉰과의 만남을 통해 잘 보여주었다. 다케우치는 '타자'에 대해 엄격한 사상적 절차를 밟았다. 그 절차란 「『중국문학』 폐간과 나」에서 시작해 『루쉰』을 경유했으며, 또 「근대란 무엇인가」(초판은 「중국의 근대와 일본의 근대」)에 이르러 형성된 '자기부정'의 과정이다. 이 '쩡짜'(挣扎)라 명명된 과정은 다름 아니라 자신과 타자와의 '만남' 방식 자체를 암시한다. 그것은 「근대란 무엇인가」에서 다케우치가 루쉰을 통해 강조했듯이 "자기임을 거부하고 동시에 자기 이외임도 거부한다"는 태도를 의미한다. 즉 타자라는 매개를 통해 자기해체를 진행하면서도 타자를 따르지 않는 방식으로 자기를 재건(再建)한다.

이러한 재건은 타자를 타자로서의 자족성에서 해방하고 자기를 자기로서의 배타성에서 자유롭게 한다. 그것은 결말 없는 영원한 혁명이 아닐 수 없다. 다시 말해 자기와 타자와의 만남은 하나의 유동적인 '장'으로서, 앞서 말한 이중의 의미에서의 '거부'를 거치지 않고서는 생겨날 수 없다. 이 점이 바로 다케우치가 반복해 '중국'이라는 타자는 자신에게 육체적인 고통을 안길 때에야 진정한 타자가 된다고 강조했던 이유이기도 하다. 이 과정이야말로 다케우치의 정신세계로 들어서는 유일한 입구이다. 이러한 이중의 '거부'에 의해 비로소 다케우치와의 사상적 만남이 가능해진다.

다케우치는 역사로 진입하는 일의 곤란함을 자신의 몸으로 경험했다. 그는 「근대란 무엇인가」에서 경마의 비유를 들어, 동시대 속에서 살아가면서도 그 안으로 진입하지 않으려는 '방관자'의 입장을 경계했다. 이를 단지 일본의 '우등생문화'에 대한 비판으로 이해해서는 표면적일 뿐이다. 역사에 들어가지 않음으로써 우등생이나 선구자가 된다. 반대로 역사에 들어감으로써 선구자가 되지 않는다. 이 모티브는 『루쉰』의 기조로 이어진다. 다케우치의 전 생애에 걸친 사상과정 속에서 이 모티브는 지속되었다. 60년대의 안보투쟁기를 제외한다면 다케우치는 계몽가의 자세를 취하는 일이 없었다. 그는 일본의 '마땅한 모습'에 대해서 거의 말하지 않았으며, 일본의 미래에 대해서 예언하지 않았다. 역으로 그는 일본의 근현대사에서 가장 혼돈스런 부분에 진입하려 했으며, 조금이나마 역사를 변화시키려 했다. '근대의 초극', 일본의 '아시아주의'를 시작으로 다케우치는 역사적으로 그다지 평판이 좋지 않은 문제설정들을 움켜쥐고는 놓지 않았다. 그는 일본의 민족독립이나 민주주의의 근원을 메이지사상(메이지천황의 5개조 어서문*까지도) 속에서 집요하게 탐구하려 했다. 당대에도 현재에도 이러한 발상으로는 결코 계몽적인 선구자는 될 수 없을 것이다. 분명 현실의 결과를 보자면 다케우치는 역사를 다시 쓰는 일에 성공하지 못했다. 그러나 그가 후세에 남긴 가장 생산적인 텍스트는 바로 그러한 성공하지 못한 시도이다. 오늘날 우리는 오히려 그의 서툰 표현에서 여전히 귀중한 무언가를 읽어낼 수 있지 않을까.

　이리하여 문제는 더욱 깊어진다. 우리는 이런 다케우치라는 인물과 대체 어떻게 만날 수 있을까.

　다케우치는 '중국문학연구회'가 해산되고 잡지 『중국문학』이 폐간되던 무렵에 루쉰을 만났다. 그 전에도 '루쉰론'을 쓰기는 했지만 모

---

* 1868년 3월 14일 메이지천황이 반포한 국시이다. 그 내용은 "널리 회의를 열어 모든 일을 공론으로 결정지을 것", "위아래 한마음으로 국가시책을 활발히 할 것", "군에서 서민에 이르기까지 각기 그 뜻을 펴게 하여 인심이 나태해지지 않도록 할 것", "잘못된 옛풍습을 버리고 천지의 공도에 근거할 것", "새로운 지식을 각 세계로부터 구하여 왕국의 기초를 다질 것"이다.—옮긴이

임이 해산되기 전에는 루쉰을 '만난' 적이 없다. 중국문학연구회는 9년간 지속되었고 잡지는 8년간 간행되었다. 말하자면 다케우치는 자신의 청년기 전부를 이 모임에 걸었다. 10년 가까운 세월을 보낸 후 그는 하나의 진리를 몸소 얻었다. 인간은 전력을 다해 싸우고 스스로 새로운 세계를 창조하려고 애쓰지만 세상일은 뜻대로 되지 않으며, 차라리 주체의 의도와 객관적 결과가 어긋나는 쪽이 현실적이라는 인식. 이러한 진리는 젊은 다케우치가 역사 자체의 힘을 깨닫는 선열한 계기가 되었다.

끝없고 혼돈스러운 역사의 움직임 속에 있는 모든 주체는 눈으로 볼 수 없는 힘관계의 자장 속에서야 비로소 행동할 수 있으며, 그 주체와 주체 사이에 의지의 대결이 있어야 비로소 역사의 움직임은 눈으로 볼 수 있는 어떤 것이 된다. 어떤 주체도 자신의 의지를 역사에 관철시킬 수 없는 까닭은 역사란 무수한 주체의 대결로 인해 언제나 변화하고 있기 때문이다. 접점을 발견할 수 없는 지나학자들과의 비생산적인 사상적 논쟁을 거치면서, 그리고 2년간의 베이징유학 동안 역사로부터 거절당했다는 다케우치의 초조함은 더욱 짙어졌다. 하지만 그는 그 초조함 속에서 굳이 '살기 위한 죽음'이라는 막다른 선택을 했다. 자신의 청년기 전체가 고스란히 새겨진 중국문학연구회를 해산하고 그 10년간의 활동과 결연히 단절한 것이다. 그것은 다케우치가 루쉰과 만나기 위한 전제조건을 정비하는 과정이었다.

오늘날 '역사상 인물'을 다룰 때, 사람들은 대개 심판 아니면 변호라는 대립적인 두 가지 패턴에 빠지곤 한다. 그것은 '역사적 비판'과 '역사적 긍정'을 타성적으로 고정시키는 사고방식이며, '만남'에는 심각한 장애가 되는 일이다. 두 패턴 모두 어떤 종류의 가치판단을 역사

인식의 절대적인 전제로 삼기 때문이다. 그러나 다케우치 요시미와 루쉰의 만남은 그 어느 쪽도 아니었다. 다케우치는 10년간의 사상편력을 거치면서 루쉰이 지녔던 삶의 고뇌에 다가갔다. 다케우치는 그 고뇌야말로 사상가 루쉰을 낳았으며, 루쉰의 사상적인 영위 자체보다도 근원적이라고 이해했다. 이 삶의 고뇌는 개인적인 것이지만 역사가 거기에 투영되어 있기에, 다케우치는 바로 그 루쉰의 고뇌에서 중국의 현대사를 예리하게 감지해냈다. 다케우치는 역사에 진입하겠다는 강한 열망을 갖고 있었기에 루쉰을 설명하는 일로는 만족할 수 없었던 것이다.

흥미롭게도 다케우치가 다른 시기에 쓴 루쉰론과 비교한다면 1943년의 『루쉰』은 독특하다. 그 독특함은 이 텍스트에서 루쉰을 설명한다는 목적 따위는 부차적이었으며, 다만 『루쉰』은 다케우치와 루쉰이 만나는 장이 되었기 때문이다.

다케우치는 루쉰을 타자로 삼아 자신을 루쉰에게 던진 후, 다시금 자신을 거기에서 '끄집어냈다'. 그 행위를 통해 『루쉰』에서 다케우치와 루쉰은 연구자와 연구대상이라는 이미 정해진 약속을 깨고 사상적인 '공동생산'을 이루며, 새로운 사고의 길을 열었다. 『루쉰』은 결코 객관적인 루쉰 연구서가 아니다. **루쉰에 속하면서도 결코 루쉰으로 환원될 수 없는** 무엇이 그 텍스트를 관류한다. 그것이야말로 『루쉰』을 통해 다케우치와 루쉰이 만난 성과라 할 수 있다. 그 만남은 루쉰의 '시대'와 다케우치의 '시대'에 대한 깊은 문제의식을 낳았으며, 그 문제의식은 단지 루쉰의 것도 다케우치의 것도 아니다. 그것은 그 깊이로 당시에도 후세에도 언제나, 다양하며 구체적인 문제의식을 환기하며 또 빨아들인다.

그런데 과연 우리가 같은 과정을 밟아 다케우치를 만날 수 있을까. 이 점은 사상사의 이론적 문제라기보다 오히려 현실의 실천적 문제이다. 실천적인 문제란 아마도 다음과 같은 물음을 뜻한다. 지금이라는 시대를 살아가는 우리에게 다케우치는 필요한가, 만약 필요하다면 그 까닭은 무엇인가.

다케우치는 루쉰과 마찬가지로 심판도 변호도 할 수 없는 인물이다. 그가 만약 실패를 두려워 않는 인간이라면 실패를 채찍삼아 그를 탓하는 일은 소용없다. 그가 논쟁이나 대화로 자기를 변호하지 않고 진정으로 상대의 비판을 받아들인다면, 후세의 변호 역시 부질없는 참견이 될 뿐이다. 그러나 그러한 다케우치의 개인적인 소질보다 더욱 중요한 요소가 있다. 다케우치 요시미가 추상적인 정치적 올바름을 자신의 사상원점(思想原點)으로 삼지 않는다고 해서 원칙이 없는 인간이란 뜻은 아니다. 오히려 다케우치만큼 원칙에 구애된 인물도 드물다. 다만 다케우치가 중시했던 사상적 원칙은 관념으로 구성된 도그마가 아니라, 복잡한 현실상황에 늘 진입할 수 있다는 투쟁의 역동성 자체였다. 이는 결코 기회주의가 아니며, 오히려 원칙이 없는 기회주의적 입장과 대립한다. 다케우치에게 전쟁책임을 비롯해 전후 일본의 민주주의, 민족 문제 등 굵직한 정치사상의 과제는 모두 액면대로 표상에 따라 설명한다면 결코 살아 있는 것이 아니다. 일본의 역사상황이나 사회현실은 결코 외래의 개념으로는 파악할 수 없으며, 이러한 개념들은 어느 것이나 일종의 '전환' 과정을 거치지 않는다면 분석의 도구가 될 수 없다. 다케우치는 수다한 외래개념을 이미 정착된 문맥에서 '해방' 시키기 위해 평생을 걸었다. 그 시도는 바로 자신을 역사와 마주하도록 만드는 행위이기도 했다.

다케우치는 이처럼 심판과 변호 모두를 무효로 만드는 '역사로의 진입'이라는 힘을 지니고 있었다. 여기에는 그의 개인적인 소질로 환원될 수 없는 사상적 원리가 깔려 있다. 사상은 그것이 창조적이기 위해서는 역사에 진입하는 일을 피할 수 없다. 그리고 이러한 행위는 고정된 관념으로는 결코 이루어질 수 없다. 다케우치가 '역사와 함께 유동'할 수 있었던 조건을 상기해보자. 그것은 그가 선구자가 되지 않았으며 '마땅한 모습'을 언급하지 않았던 데에 있다.

만약 다케우치에게 '원칙' 혹은 '원리'가 역사로의 진입을 뜻한다면, 그에게 '역사'란 대체 무엇인가.

1957년에 쓰여진 「아시아에서 진보와 반동」은 다케우치의 역사관을 보여준다. 그는 아시아의 역사를 고려한다면, 유럽의 계몽주의 역사관에서 파생된 진보와 반동의 지표를 그대로 적용하는 것은 결코 유효하지 않다고 지적했다. "아시아에서 진보란 무엇인가. 그것은 서구적 진보와 같은 것으로 생각되어도 좋은가" 그리고 "진보의 관념은 역사적으로 형성된 것이므로 당연히 인간의 노력으로 변화할 것이다. 어떻게 변하는가. 지표를 단순화했기 때문에 이데올로기적으로 평가가 분열되었다면, 포괄적인 복수의 지표를 세우는 수밖에 다른 길이 없다"고 제안했다. 흥미롭게도 그는 줄곧 마루야마 마사오가 제시한 역사의 진보에 관한 '복수의 지표'(마루야마는 기술의 진보, 대중의 등장, 아시아의 내셔널리즘이라는 세 가지 지표를 제기했다)에 조심스레 의문을 던진다. 마루야마의 균형잡힌 지표는 당시 일본에서 "주문을 암송하는 듯한 진보주의"를 비판할 때는 의미를 갖지만, 아시아의 현실에 부합하지 않는 구석이 있음을 부정할 수 없기 때문이다. 즉 '복수의 지표'를 늘어놓는 방식으로는 '진보'나 '반동'이라는 이데올로기의 대립에서 벗어날 수 없다.

다케우치는 나아가 우에하라 센로쿠를 인용하여 자신의 의견을 기술한다. 즉 아시아의 내셔널리즘에 독립의 가치를 인정하지 않는다면, 간디나 쑨원에 대한 평가는 불공평하게 되고 포괄적인 평가 역시 불가능하다는 것이다. 다케우치는 아시아 내셔널리즘의 근저에 흐르는 아시아적 심정은 한층 근원적이며, 거기에서야말로 진보가 가능할지에 관한 물음이 발생한다고 여겼다. 여기서 다케우치의 복잡한 입장이 엿보인다. 간디와 쑨원을 낳은 '아시아'의 역사는 결코 유럽식 진보주의에 들어맞지 않는다. 그러나 다른 한편으로 아시아인이 토착적인 보수적 양식과 맞서려면 유럽의 사조를 살려야만 한다. 다만 그러한 사상투쟁에서 유럽 사상의 역할은 기껏해야 '살려두는' 정도라는 점이 종종 잊혀지고, 유럽의 사상 내지 사조는 절대화되어 그러한 도그마주의적 태도를 '진보'로 이해하는 경향마저 발생한다. 바로 그러한 '진보주의'에 대해 다케우치는 아시아의 본원적인 것으로부터 "진보가 가능한가"라는 의문도 발생할 수 있다며 주의를 촉구한다.

다케우치의 시대에 오늘날과 같은 '내셔널리즘 비판'이라는 흐름이 발생할 여지는 없었다. 그렇다고 다케우치의 이런 논의를 시대지체라고 할 수 있을까. 다케우치는 같은 문장의 마지막에서 우에하라의 다음과 같은 날카로운 지적을 바탕으로 아시아의 '실정'에 눈을 돌린다. "'내셔널리즘'이라고 하면 아시아의 경우에도 아프리카의 경우에도 뭔가 그럴듯한 '국가'나 '민족'이라는 것이 존재하며, 그 '국가'나 '민족'이 유럽의 식민주의에 대해 자기주장을 하는 것이라고 이해될지도 모르겠습니다. 그러나 이러한 이해방식은 몹시 유럽적이며, 아시아나 아프리카의 실정에는 대개의 경우 들어맞지 않습니다."(우에하라 센로쿠, 『세계의 관점』, 74~75쪽)

같은 맥락에서 다케우치는 유럽적 가치가 진보를 독점한다면, 예를 들어 루쉰과 린위탕의 페어플레이 논쟁에서 페어플레이에 반대했던 루쉰은 그 한에서는 반동이며, 세이난전쟁의 반혁명 거두인 사이고 다카모리도 반동이었다고 지적한다. 그러고는 진보와 반동은 구체적 상황에 따라 서로 전이한다는 흥미로운 문제를 제기한다. 그러면서 다케우치는 아시아에서 진보와 반동을 역사의 상황에 맞춰 다시 정의하자고 요청한다.

『루쉰』에서 발전단계론을 거부했던 다케우치였지만, 역사에 '진보'가 있다는 주장은 거부하지 않았다. 다케우치는 '진보'란 인간의 행복이라는 설명도 덧붙였다. 그러나 그가 인식했던 '진보'와 '반동'은 절대적 가치판단이 아니며, 때에 따라서는 반대의 극으로 전이될 수도 있는 역사적 움직임일 따름이다. 다케우치에게 '진보'라는 계몽주의의 보편적 가치는 아시아의 역사를 설명할 때 매개에 불과하지 전제는 아니었다. 또한 그에게 아시아의 역사는 유럽식의 합리주의 진보사관을 깨뜨리기 위한 수단 역시 아니었다. 만약 유럽의 역사주의와 계몽주의의 복잡한 대립관계 속으로 다케우치 요시미의 주장을 밀어 넣는다면, 그의 진의는 발견할 수 없을 것이다. 여기서 유럽에 대항할 것인가 말 것인가는 핵심이 아니다. 그보다 훨씬 중요한 문제는 아시아의 역사에 유럽산 가치판단을 그대로 적용할 수 없다는 사실에 근거하여 유럽까지도 아시아의 역사 속에서 '역사화'하려 했다는 점이다. 유럽사의 산물로서 '근대'를 필두로 하는 여러 개념은 아시아의 역사 속에서는 결코 유럽사에서와 같은 위상이나 의미를 갖지 않는다. 심지어 경우에 따라서는 정반대의 의미를 갖기도 한다. 개념이 그대로 현실에 적용될 수 없다는 현상에서 더 나아가, 다케우치는 아시아 역사의 존재양식 자체를 탐구했다.

오늘날의 시점에서 보자면 다케우치가 말하는 '아시아' 및 '유럽에 대항하는 내셔널리즘' 이라는 카테고리는 허술하다고 말하지 않을 수 없다. '진보' 와 '반동' 의 개념을 역사화시켰다고논 해도 다케우치의 표현 속에서 '아시아' 는 상당히 관념적인 것이었다. 더구나 그에게 '민족' 이나 '국민' 은 복수적인 존재로 나타나지 않으며 일본의 아이덴티티 역시 단일한 것처럼 보인다. 오늘날 사상풍조에서 보자면 너무도 '국사' (國土)처럼 보인다.

그러나 만약 우리가 그 허술한 카테고리에 구애되지도 의지하지도 않으면서 다케우치의 정신세계로 들어갈 능력을 지닌다면, 문제는 아마도 그렇게 단순명료하지 않을 것이다. 설령 그의 입에서 나온 이러한 허술한 카테고리를 소거한다고 해도, 그에게는 여전히 말해야 할 본령이 엄연히 남아 있기 때문이다. "오로지 각각의 특수한 용어를 주문처럼 암송하는 능력만을 진보의 지표로 채용하는"(「아시아에서 진보와 반동」) 진보주의와 달리, 다케우치는 언어(개념, 카테고리)에 구애되면 역사를 희생시킬 위험이 따른다고 생각했다. 평생 동안 말에 배반당하는 일을 경계하면서 말에 끊임없이 생명력을 담았던 다케우치 요시미는 모든 카테고리에 대해 역설적인 태도를 취했다. 그 태도란 카테고리의 유동적인 부분, 그 '살아 있는' 부분이 정의(定議)에 의해 고정되는(경우에 따라서는 살해되는) 것을 받아들이면서도 굳이 그 고정화 과정과 대결하면서 카테고리를 사용한다는 것이다. 다케우치 요시미가 믿었던 것은 말로 표현된 카테고리가 아니라, 말이 좀처럼 표현할 수 없는 '역사감각' 자체였다. 강조하자면 역사감각은 말에 담기지 않으며 말의 유동성에 담겨 있다. 다케우치는 그 유동성을 지향하면서

'아시아'를 시작으로 일련의 개념을 구사한 것이다. 당연하게도 다케우치에게 **이러한 일련의 개념은 출발점도 도달점도 아니었다.**

다케우치 요시미는 역사가가 아니다. 그러나 그는 깊이 있는 역사적 통찰력을 갖추고 있었다. 그에게 역사란 격하게 변동하는 '상황' 자체였다. 이러한 다케우치와 만나기 위해서는 역사에 대한 민감함이 요구될 것이다. 과연 우리는 개념에서 출발하지 않을 용기와 능력이 있는가. 과연 우리는 액면 그대로 사료를 읽는 것을 넘어 역사의 움직임을 읽어낼 수 있는가. 그리고 그 과정을 통해 다케우치처럼 동시대사의 상황성에서 진정한 사상과제를 건져 올릴 수 있는가. 이것이 우리가 다케우치 요시미를 심판하는 것도 변호하는 것도 가능하지 않은 이유이다. 그리고 이 사실을 인정해야만 비로소 다케우치와의 만남이 가능하다. 아마도 다케우치만이 아니라 모든 역사상 인물과 '만나기' 위해서는 그렇게 스스로 묻는 노력이 필요할 것이다. 심판이나 변호를 멈출 때, 비로소 역사상 인물의 '원리성'이 떠오른다. 그 원리성이야말로 역사의 논리를 품고 있다.

다케우치 요시미는 일본에서 '현대 중국문학연구'라는 영역의 창시자였다. 그러나 그를 학자로 자리매김하는 움직임은 거의 이뤄지지 않았다. 다케우치가 쓴 것들은 평론의 색채가 강하며, 중국을 지나치게 이상화하여 '객관성'을 잃었기 때문이다. 전후 역사의 어느 시점에서는 다케우치를 뛰어넘어 중국연구를 발전시킬 필요가 있었고, 사실 다케우치 요시미를 극복함으로써 일본의 중국연구는 새로운 전개를 이루었다.

그러나 이 상황 자체도 일종의 '역사적인 현상'에 불과하다는 점을 잊어서는 안되며, 더우기 그것을 절대화하는 일은 허용될 수 없다.

오늘날 학문에는 다케우치가 필요한가, 아니면 그는 학문과는 무관한 평론가인가. 이 물음은 일본의 중국연구에 그치는 것이 아니라, 오늘날 보다 긴급하고 일반적인 문제로서 우리에게 육박해온다.

학문의 제도에 관한 논의는 무성하지만, 지금까지 학문의 '상상력'은 문제로 여겨지지 않았다. 실제로 역사적 통찰력을 수반하지 못한 '객관적 연구'가 자료의 흥미에 기대어 사고의 빈약함을 가리는 경우도 적지 않다. 이는 아마도 세계적인 현상이겠다. 이러한 정신풍토에서는 기존의 관념을 안이하게 역사에 끼워넣기는 해도 관념 자체가 역사의 상황 속에서 성장한다는 발상은 떠올리기 힘들다.

다케우치 요시미가 학문을 '평론화'했다는 약점은 부정할 수 없다. 그러나 오늘날 형해화해가는 학문과 '사상'을 생각할 때, 다시금 다케우치로 돌아갈 필요가 있지는 않을까. 실상 역사상 인물로서의 다케우치 요시미가 아카데믹한 세계에서 다루어지기 어려운 존재라는 바로 그 사실이 이미 '되돌아갈' 것을 요청하는 상황 자체이지 않을까. 다케우치의 세대에 비해 우리는 분명 역사상 인물과 만날 능력을 잃어가고 있다. 어떤 의미에서 그런 현상은 우리가 상황의 유동성에서 유리되어 관념의 세계에 안주하는 일이 그만큼 잦다는 사실과 표리의 관계에 있다. 관념의 세계에 안주할 수 있다는 것은 관념의 안정성을 전제로 한다. 오늘날 우리가 사용하는 개념의 대부분이 서양에서 들어온 것이라는 점을 염두에 둔다면, 관념을 '역사화' 시키는 과정이 얼마나 중요한지는 명확할 것이다. 만약 다케우치를 오늘날에 소생시키는 일에 의미가 있다면, 그것은 무엇보다도 먼저 '관념'의 안정성을 붕괴시키고 '관념'을 역사적으로 상대화하려는 시도에 다름아니다.

이 책은 다케우치 요시미를 만나려는 시도이다. 다케우치에 '내재' 하는 과정을 거쳐 나 자신을 다케우치로부터 '끄집어내고자' 했다. 그러한 대결에서 가장 곤란했던 작업은 다케우치의 약점을 어떻게 지적할 것인지가 아니라, 오히려 다케우치 담론의 진정한 생산성을 발견하고 그것으로 나 자신의 사상적 창조력을 어떻게 기를 수 있는가였다. 이것이 가장 곤란했다. 왜냐하면 다케우치를 발견하는 일이란 다케우치 개인에게서 무언가를 배우는 것이 아니며, 다케우치를 매개로 하여 나 자신에게도 뿌리 깊은 '아카데미 근성'과 마주하는 것이었기 때문이다. 다시 말해 자기 자신의 타성적 사고패턴을 깨뜨리지 않는 한, 다케우치에게서 그 무엇도 발견할 수 없는 것이다.

    다케우치는 일본에는 아카데미가 없다고 토로한 적이 있다. 그는 일본의 지나학에 대한 엄격한 시선을 마침내는 일본 학술 전체로까지 보내려 했다. 그 판단이 정확했는지 여부는 차치하더라도 다케우치가 아카데미에 창조력을 기대했으며 결국은 낙담했다는 사실에는 유의해야 한다. 학문을 지식의 축적으로 이해하는 지금의 '상식'에 따르면 모든 관념은 안정되어 있다. 이러한 상황에서는 '변화'나 '유동' 조차도 말로서는 안정된 것이 되어버린다. 오늘날처럼 역사가 빠르게 변화하고 있는 시대에 가장 변화가 빈약한 영역은 아카데미가 아니고 무엇이겠는가. 그 빈약함은 말이 변하지 않는다는 의미에서가 아니다. 변동하고 있는 듯이 보이는 말에서조차 그 '변동'은 직관적인 감각의 수준에서 멈춰버리고, 결국 무엇 하나 변하지 않는다는 사실에서 기인한다. 말의 유동성으로부터 새로운 말을 생산하는 것이 아니라, 고정화된 말을 '개조'함으로써 다시 고정적인 말을 만들어낼 뿐이다. 이리하여 아카데미의 세계는 언제나 안정된 개념을 통해 격동적인 현실을 분할하고 정태화한다. 다케우치는 일찍이 타성적인 아카데미의 세계와 싸웠다. 열일곱 권의 『다케우치 요시미 전집』은 그 투쟁의 기록이다. 그 투쟁을 정말이지 안이하게 "학문이 아니다"라며 치부해버려도 좋을 것인가.

다케우치 요시미의 정신을 대체 어떻게 하면 학문적인 영양으로 전환할 수 있을까. 긴장감으로 가득 찬 학문이란 가능할 것인가. 학문적인 '비판'이란 과연 무엇을 뜻하는가. 다양한 물음이 다케우치와의 만남으로 빚어졌다. 다케우치 요시미에게 빨려들 듯이 나는 연구대상과의 대결을 피할 수 없었다. 그 대결의 결과 뜻밖에 '비판'이라는 작업에 관해 지금까지 없던 감각을 얻을 수 있었다.

흔히 '비판'이라는 행위는 상대의 잘못을 폭로 혹은 부정하여 자신의 정당성을 주장하는 것이라 여겨진다. 특히 역사상 인물이 그 당시로서는 볼 수 없었던 정황을 후세의 사람들은 볼 수 있는 경우에는 더욱 그러하다. 이런 이데올로기 투쟁에 기초해 있는 '비판 모델'이 학문의 영역에서 거의 여과 없이 사용되고 있다. 다케우치 요시미에게 그런 사후적 지식으로 '비판'을 가하는 일은 아마도 쉬울 것이다. 그러나 이런 식의 비판은 실패에 대한 공포감은 낳을 수 있어도, 다케우치 요시미를 역사화할 수는 없다. 왜냐하면 역사화한다는 것은 사후적인 지식의 가치판단에 따르는 일과 결코 같지 않기 때문이다. 마찬가지로 동시대 역사에 참가하려는 시도 역시 반복되는 시행착오를 피할 수 없을 것이다. 뒤집어 말하자면 비판이라는 행위는 역사적인 논리를 밟지 않는 한, 역사인식이나 현실인식으로 연결될 수 없다. 상황이 이렇다면 정적인 개념으로 현실을 분해하는 타성적인 지식의 습관에서 자신을 해방시키고자 할 때, 사후적인 지식에 기초한 정적인 '비판'은 어떤 경우에도 거부하지 않으면 안 된다.

유감스럽게도 우리의 문화 속에서 '비판'이라는 사고양식은 충분히 검토되지 않고 있다. 비판이라는 중요한 지적 생산양식은 쉽사리 '옳은가 그른가'라는 안이한 판단으로 치환되곤 한다. 우리 문화에서는 자신의 연구대상에 스스로 "올바르지 않다"는 지적을 가하지 않으면, 변호 혹은 예찬으로 비춰질지 모른다는 우려를 품어야 하는 경우조차 있다. 그런데 자신의 질문을 갖지 않은 채 다만 칸트의 '비판'에 관한 정의를 빌려올 뿐이라면, 이러한 현상은 결코 개선되지 않을 것이다. '비판'이 생산성을 갖는지 여부는 그 기준이 무엇이냐와 밀접히 관련되어 있다. 그런데 우리가 길들여져온 기준이란 역사적으로 그리고 현실적으로 다듬어진 살아 있는 이론 판단이라기보다는 서양에서 빌려온 이론의 결론이 압도적으로 많다. 바로 그 점이 원인이 되어 이론의 결론에서 벗어나는 것이 두려워 '올바름'에 대한 욕구가 이상하리만큼 강해진다. 생산적인 비판을 하기 위해서는 살아 있는 이론감각을 결여해서는 안 된다. 바로 그 감각을 결여하고 있어 우리의 문화에서는 '올바름 선호'가 압도적인 풍조가 된다. 그러한 '선호'에서 빚어진 논의나 비판이라는 것이 얼마나 비생산적인지는 근래 학문세계의 상황을 한 번 둘러보면 충분히 알 수 있으리라.

다케우치 요시미는 전쟁이 끝나고 얼마 지나지 않아 쓴 「근대란 무엇인가」에서 마치 이 현상을 예견했던 듯이 다음과 같이 말한다. "관념을 추출하는 것이 과학적이라고 생각하는 학자는 과학적이라는 관념 속에 있을 뿐이다. 인간을 추출하는 것이 문학이라는 사고, 인간은 궁극적으로는 추출될 수 있다고 믿는 문학가는 문학이라는 관념 속에 인간을 밀어넣고 있을 뿐이다. 그들은 그들을 싣고 움직이는 장에 대해서는 생각하지 않는다. 만약 생각한다면 그들의 학문됨, 문학됨은 성립하지 않기 때문이다. (중략) 일본에서 학자가 된다 했을 때, 모든 것을 의심해도 좋지만 최후의 의심만은 의심해서는 안 된다. 만약 의심하면 그는 학자일 수 없기 때문이다."

그 '최후의 의심'이란 작게 말해 다케우치가 이미 지나학자와의 논쟁 속에서 말려들었던 소위 '분과 의식'에 대한 회의이며, 크게 말해 내외를 묻지 않고 모든 지적 유산을 정적으로 '응용하는' 태도에 대한 저항일 것이다. 다케우치의 이러한 '의심'이야말로 지적 생산에서 '비판'이 존재하는 방식 자체를 보여준다. 그것은 무엇보다도 역사감각(여기서 말하는 역사감각이란 역사를 이미지로서 포착한다는 의미가 아니라 유동적인 정황에서 사고를 이끌어내는 감각을 일컫는다)에 의한 것이며, 사료를 이론적 결론에 끼워맞추는 행위와는 정반대이다. 이러한 입장에 발 딛고 다케우치 요시미는 같은 문장에서 "모든 것을 추출할 수 있다는 합리주의의 신념이 두려운 것이다. 합리주의의 신념이라기보다 그 신념을 성립시키는 합리주의의 배후에 있는 비합리적인 의지의 압력이 두려운 것이다"라고 예리하게 지적하고, 이론감각이 결여된 '이론활동'의 이데올로기적 성격을 간파했다.

다케우치 요시미의 훌륭함은 그의 사상적 한계로부터 분리할 수 없다. 사상가로서의 공헌과 그 한계를 대립시키는 발상으로는 다케우치의 전체상을 이해할 수 없다. 그렇듯 단순한 '학문'의 존재가치는 이미 다케우치 요시미에 의해 일찍이 의문에 부쳐지지 않았던가. 다케우치가 사고한 문제는 다양하지만, 아마도 근본적으로는 이러한 단순한 가치판단을 부수고 복잡한 역사감각을 확립할 필요성에 대한 것이었으리라. 일본 사상사연구에서 주류였던 이항대립의 발상이 다케우치 본인에게 전혀 영향을 주지 않았으리라고는 말할 수 없다. 그 이항대립의 발상법으로 인해 그는 일본을 비판하려고 한편으로 중국을 이상화한 면이 있었다는 점도 부정할 수 없다. 그러나 다케우치 요시미는 그러한 이항대립의 구도로는 결코 회수되지 않으며 역으로 그것을 돌파할 사상적 자원을 생산했다. 아시아주의와 근대의 초극에 관한 그의 발상법은 그 가능성을 암시한다. 하지만 그 가능성은 어디까지나 가능성으로서 있을 뿐이며, 그대로 베낄 수 있는 완성된 상태는 아니다. 사상가들이 이후 세대에게 남긴 사상적 유산은 상상력을 작동시킬 때만 비로소 계승할 수 있다. 다케우치 요시미도 예외는 아니다. 다케우치 요시미는 우리를 위해 문제의 해결방법까지 마련해두지는 않았다. 대개의 사상가가 그러하듯 그의 사상도 직관적인 감각만으로는 계승할 수 없다. 우리가 지닌 사상의 빈약함을 뛰어넘을 수 있다면 '최후의 의심'이라는 장소에서, 그리고 '비판'이라는 창조적인 순간에서 다케우치 요시미의 사상유산은 비로소 계승가능하게 될 것이다.

　다케우치는 반세기 전에 루쉰과 진정한 만남을 이루었다. '다케우치의 루쉰'은 실물의 루쉰과는 다른 면이 있으며, 즉 루쉰이라는 인물로 환원되지 않는다는 점에서 학문에 사상을 불어넣는 행위가 실현된 실증이었다. 정작 다케우치 요시미 자신은 학문의 또 다른 존재방식을 자각하지 못했을지 모른다. 하지만 학문이 빈사상태에 있는 오늘날의 상황에서 진정한 의미의 '비판'을 통해 다케우치가 암시했던 또 다른 학문의 존재방식을 발굴하는 일은 참으로 긴박한 과제이지 않을까.

2004년 8월 도쿄에서

# 중국어판 서문 : 사고의 습관*

'누구도 같은 강물을 두 번 건널 수 없다'는 서양 옛말이 있다. 사실 이 말은 절반만의 진실을 전한다. 나머지 절반은 이러할 것이다. '이미 흘러간 그 강물을 두 번 건너는 사람 또한 같은 이일 수 없다.'

이 세계는 시시각각 변하고 있으며 우리 개개인 역시 자신의 의지와 상관없이 변하기 마련이다.

이 책에서는 독자에게 이러한 변화의 과정을 보여주고자 했다. 나는 그것이 과정이지 결과가 아니라고 말하고 싶다. 작가로서 나는 앞으로도 늘 새롭게 변화할 것이기 때문이다. 여기에서는 다만 몹시 부족한 이해에 기초해 사고의 한 단계를 제시했을 따름이다.

이 책의 첫 두 장은 1998년에 썼으며 『학술사상평론』에 한 편의 논문으로 게재되었다. 당시 나는 일관된 논의로 구성된 전문 연구서를 쓸 요량이었다. 제목은 '문학의 위치'로 정했다. 그 시기 나는 어떻게

---

* 이 서문은 孫歌, 『竹內好的悖論』(北京大學出版社, 2005)에 수록된 것으로, 『다케우치 요시미라는 물음』은 쑨거가 이 책을 수정하여 일본에서 출간한 책이다.

하면 학제간 연구를 잘 수행할 수 있을지에 골몰하고 있었다. 당시 학제간 연구나 문화간 연구 같은 분야를 건드리려면 상당한 용기가 필요했다. 용기가 필요한 것은 아무런 준비도 되어 있지 않은 이 분야에 탄탄한 사상적 토대를 마련해야 했기 때문이다. 또한 사이비 '학제간 연구'가 오늘날처럼 유행하지는 않았지만 당시에도 이미 적지 않았기 때문이기도 하다. 어느 학과나 자기반성능력이 결핍되어 있었기에 학제간 연구의 기본전제와 정당성 또한 충분히 논의될 수 없었다. 그런 상황으로 인해 말로는 '학제간' 연구라고 하지만 쉽사리 기존 학과의 지식영역을 확장하는 것으로 변질되어 갔다.

내가 자신의 연구주제를 '문학의 위치'라고 정하게 된 것은 사실 정치사상사를 전공하는 두 일본 학자 덕분이다. 그들과 몇 차례 토론회를 진행하면서 나는 한 가지 사실을 분명히 알게 되었다. 문학연구자의 사유방식이 때로는 정치사상사와 상보적인 관계를 형성할 수 있으며, 이러한 상보관계에 의거하여 단일 학과 내부에서는 가려지고 마는 문제를 드러낼 수 있다는 점이다. 나는 학제간 연구가 두 개의 학과를 병합하거나 다른 영역에 손을 뻗는 것이라 생각하지 않는다. 다른 학과의 지식을 자기 분야에서 과시하는 것 또한 아닐 테고, 수많은 기존 학과에 새로운 학과를 하나 더하는 것은 더더욱 아닐 것이다. 이러한 몇몇 잘못된 인식에 기대어 사이비 학제간 연구성과가 나오고 있지만, 가장 근본적인 문제는 성찰되지 않고 있다. 그것은 우리가 왜 학과의 경계를 모호하게 만들어 학제간 연구를 제기하려 하는가이다. 진정한 학제간 연구는 사실 기능적인 것이며, 자신과 타인 모두에게 자아를 개방하도록 요구하는 기제일 뿐이다. 자신이 훈련받은 학과의 사유방식에서 벗어나야 하는 것은 아니며 그럴 수도 없다. 그러나 학제간 연구가 열어놓은 시야는 학과 내부에 봉쇄되어 있어 절대화되어버린 지식과 그러한 지식을 재생산할 때 건강하지 않은 방식으로 표출되는 학문의 정치적 행위에 대항하고 질문을 던질 수 있게 한다. 따라서 학제간 연구는 다른 학과와의 긴장감 있는 대화를 통한 것이어야 하며, 이러한 대화에서 지식 생산의 새로운 장을 만들어가야 한다. 이 새로운 장은 어떤 물리적인 위치를 지닌 공간을 뜻하지 않으며, 하나의 고정된 명칭을 필요로 하지도 않는다. 그러나 반드시 고도의 정신적 창조능력에 근거해야 하며, 상식적이거나 직관적이지 않은 정신적 작업방식에 의한 것이어야 한다. 이론적으로 이러한 작업의 결과는 대화에 참여한 모든 학과의 지식 구조에 새로운 충격을 주며, 지식과 문제를 처리하는 기본방식을 새롭게 조직할 것이다.

학제간 연구가 왜 필요한지에 대해 나 자신도 그리 깊게 고민한 것은 아니었다. 그저 문학연구영역의 너무 직관적이고 자의적인 사유와 토론방식에 싫증난 탓일 수도 있고, 뼛속 깊이 한 번도 문인이었던 적이 없었던 까닭인지도 모른다. 한 가지 그럴듯한 이유를 대자면 내가 문학의 시대와 조우하지 못했다는 점이다. 비록 이 시대에 문학이 필요하지 않은 것은 아니지만, 지금은 날로 좁아져 가는 '문학'에 속하는 시대가 아니다.

요즘 시대에 '잘 나가는' 학과에 영합하려고 이렇게 말하는 것은 아니다. 다른 분과들도 자신만의 특성을 확보하지 못했음을 수긍해야 할 상황이기 때문이다. 그리고 사실 다른 많은 학과들에서도 문학에서 느꼈던 가볍고 직관적인 태도를 감지하게 된다. 실제로 나의 이런 느낌은 매우 빠르게 변하는 시대 자체에서 나온 것이다. 이 시대는 우리에게 더욱 세밀하고 엄격한 사유를 요구하지 멋 부리는 연극을 요구하지 않는다. 사유에는 자원이 필요하다. 자원을 찾아 나섰을 때 나는 어느새 문학연구영역을 '벗어나' 있었다.

이 책의 첫 두 장을 쓰고 난 후 나는 이어서 다른 논문에 착수했다. 논문들 중 일부는 이미 출간된 『주체가 확산되는 공간』에 수록되었고, 일부는 아직 중국에서 출판되지 않았다. 이 과정에서 나는 갈수록 '문학의 위치'에 흥미를 잃어가는 변화를 경험했다. 나는 내 글쓰기의 대상을 주시하기 시작했고, 그들이 위치한 역사적 과정 속으로 들어가 그들의 고민과 쩡짜를 느끼기 시작했다. 이 과정에서 다케우치 요시미와의 만남은 하나의 결정적인 사건이었다. 그로 인해 나는 학제간 연구에 대한 의문과 고민에서 벗어나, 문학이라는 학과를 어떻게 개방할 것인가라는 문제가 사실 그리 중요한 것은 아니라고 느끼게 되었다. 중요한 것은 무겁게 가라앉은 역사 속의 이 한 페이지와 어떻게 대면할 수 있는가라는 걸 알게 된 것이다.

이 책의 3, 4부을 쓰고 있던 2001년 초여름, 나는 다케우치 요시미가 사직한 도쿄도립대학에 머물고 있었다. 이 대학은 이미 도쿄도 서남부의 하치오지시(市)로 교정을 옮겼다. 이 도시는 미군 공군기지가 위치한 아쓰기와 요코다의 중간지대에 자리잡고 있다. 나는 매일 두 기지 사이를 왕복하는 수많은 미군 전투기의 소음을 견뎌야 했다. 게다가 당시는 미군이 중국 하이난섬에서 비행기 충돌사건을 일으킨 지 얼마 되지 않은 시기였다.

거기에서 지내는 동안 나는 다케우치 요시미와 새롭게 만났다. 미군 전투기가 굉음을 울리며 지나가지만 전쟁의 음영은 조금도 없는 '평화로운' 캠퍼스 풍경을 보면서, 나는 역사로 들어가기 시작했.

다케우치 요시미가 활약하던 시기는 중국과 일본 사이에서 가장 비참한 전쟁이 벌어지던 때였다. 이 시기의 역사는 당시 청년기를 보내고 있던 다케우치 요시미 세대에게 공포와 무기력뿐 아니라 강렬한 정치적 열정 또한 가져다주었다. 이런 공포와 무기력, 그리고 정치적 열정은 전후 세대가 관념적으로 추론해서는 경험하거나 이해할 수 없는 것들이다. 전후 일본 지식계가 수행한 전쟁 시기의 사상적 입장에 대한 반성과 이후 세대의 상당히 단순화된 비판으로는 결코 그 시기의 기본적인 상황을 효과적으로 파악할 수 없다. 더욱이 사상을 전승한다는 의미에서 그 시기의 사상적 유산을 정리하거나 계승하지 못했음은 말할 필요도 없다. 이 책에서 많은 지면을 할애하여 보여주려 한 것은 정치가 가장 잘못된 길을 가고 있던 역사 시기에 일본 사상계가 경험한 내재적 충돌이다. 이 충돌 과정에서는 가장 '정확'하고 가장 추상적인 사상적 입장이야말로 가장 현실에서 유리되고 말았다.

다케우치 요시미는 일본 현대사에서 가장 극심한 변화의 시기를 경험하면서 시종 그 역사와 함께하였다. 다케우치 요시미는 내가 세계를 인식하는 방식을 바꿔놓았으며, 이미 알고 있던 바를 역사에서 찾으려는 내 습관을 고쳐놓았다. 나는 영원한 의미를 다시 사유하게 되었고, 현실과 역사, 앞 세대와 이후 세대의 관계를 새롭게 사유하기 시작했다. 또한 '진보사관'이 사유의 방향을 규정할 때 드러나는 배타성과 편협함을 새롭게 주시하게 되었으며, 나아가 당위성으로서의 정치와 가능성으로서의 정치의 의미에 대해 새롭게 사유하게 되었다. 동시에 다케우치를 통해 루쉰을 읽고 생각하는 과정에서 나는 또 다시 아주 곤란한 문제에 직면하게 되었다. 만약 우리가 역사적 상황에서 이탈하지 않는 것을 가장 중요한 사상적 전제로 삼는다면, 만약 우리가 사후약방문식의 싸구려 '정확한 관념'을 사유의 출발점으로 삼지 않는다면, 이런 '이탈하지 않음'의 진실성은 어떻게 판단할 수 있는가?

　나는 2003년 초에 발발한 이라크전쟁을 계기로 이런 문제를 고민하게 되었다. 이 전쟁의 복잡성은 태평양전쟁 시기 일본과 미국이 대치하던 상황에 뒤지지 않는다. 이라크전쟁으로 인해 나는 역사에 진입할 때 필요한 어떤 감각을 발견했고, 역으로 그것에 비춰 오늘날의 현실을 판단하게 되었다. 일본의 진주만 공습이 태평양전쟁의 도화선이 되었음은 분명하다. 그러나 전후 미국은 일본을 점령했으며, 문명의 이름으로 일본을 자신의 동아시아 군사기지로 만들어버렸다. 그리하여 한국전쟁, 베트남전쟁의 발발로부터 중국 해역에서의 정찰비행에 이르는 일련의 정의롭지 못한 군사행동의 발판이 마련되었다. 그렇지만 이것을 일본의 진주만 공습에 뒤따르는 필연적인 결과라고 간단히 정리해서는 안 된다. 일본이 중일전쟁 시기 행한 범죄와 태평양전쟁에서 채택한 제국주의 책략은 미국이 동아시아에서 '준 식민지'를 완성했다는 결과를 핑계 삼아 청산될 수 없다. 더욱이 실제로는 제국주의를 행하고 있는 미국이 문명의 심판자 역할을 맡을 권리는 없는 것이다. 그러나 역사는 결국 그렇게 씌어졌고 그대로 묵인되었다. 2차 세계대전이 끝나가던 시기 이 모든 것이 중대한 역사적 사건으로 나타나리라 예견하기란 쉽지 않은 일이다. 그러나 그렇게 어려운 시대에 일본 지식계는 이 세계를 위해 가장 뛰어난 사상가를 배출했다. 우리가 이후에 온 자들로서 그 세대의 사상 활동에서 발견해야 할 것은 그들이 어떻게 과거를 재단하고 미래를 예언했는지가 아니다. 무수한 가능성으로 인해 선택하기 어려운 매 순간, 반대로 조금도 선택의 여지가 없는 극한상황에서 그들이 어떤 어려운 결단을 내렸는지 살펴야 한다.

　다케우치 요시미 세대의 사람들은 바로 이처럼 무수히 많은 결단을 통해 역사에 진입했고 역사를 창조했다. 바로 이런 의미에서 다케우치 요시미는 일본이 패전했던 당시에 지금도 여전히 지속되고 있는 '미국 모델'과 사상적으로 맞설 수 있었다. 또한 이 '문명일원론'을 기초로 한 제국주의 모델이 동서양(사회상류층과 지식계를 시작으로)이 공모하며 강화된 것임을 예리하게 지적하였다. 따라서 동아시아에서의 미국적 헤게모니에 찬성하느냐 반대하느냐는 결코 실질적인 분기점이 아니다. 실제로는 문명에 대한 이해로부터 갈라진다. 전후의 사상 활동에서 다케우치 요시미는 줄곧 서구중심의 문명관에 맞서는 토착적인 사상자원을 개척하는 데 온힘을 쏟았다. 이를 위해 우익 색채가 짙은 일본 민족주의와 아시아주의 사조에서 "불 속에서 밤을 줍는"(火中取栗) 노력도 아끼지 않았고, 이로 인해 똑같이 서구 문명일원론에 기대고 있는 진보와 보수 양 진영에서 협공 당하는 일도 마다하지 않았다. 이는 동양 민족이 외부세력의 도움을 받아서는 자신의 문명을 건립할 수 없다는 점을 절실히 의식하고 있었기 때문이었다. 하물며 미국이 문명의 대변자로 자처한 '문화'가 이미 비서구 세계에 막심한 대가를 지불하게 한 오늘날에는 말할 필요도 없지 않은가!

이라크전쟁은 당시의 문제를 더욱 또렷한 모습으로 무대 위에 올려놓았다. 일찍이 2차 세계대전이 끝난 후 극동군사재판의 판결을 조종하면서 미국이 '문명'의 이름으로 걸쳤던 정의의 변장이 이 전쟁에서도 통할 것 같지는 않아보인다. 그렇게 당당하지만 자주 갈아치우는 변명을 세계는 점점 더 믿지 않게 되었으며, 이라크 국민들 또한 패전 당시의 일본인처럼 미 점령군이 안겨준 '해방'에 감격하는 것 같지도 않다. 그렇다고 문명관의 기본구조가 허물어지지는 않았으며, 미국의 '문명의 대변인' 자격 또한 충분히 문제제기를 받은 적이 없다. 그러나 이런 오늘날의 상황이 갑자기 우리에게 2차 세계대전이 종결되던 그 시기로 진입하는 역사적 동력을 제공해주는 것만 같다. 아마도 바로 이렇듯 잔혹한 '지금' 이 시각 역사가 돌연 우리 눈앞에 자신을 드러냈다고 볼 수 있으리라. 만약 바깥의 '해방자'에 의존한다면 비서방세계는 진정으로 구원받을 수 없다. 토착적 독재와 보수세력 또한 의지할 만한 정치적 힘과 사상적 에너지가 아니다. 그렇다면 어떻게 이원대립의 허구적 도식에서 벗어나 진실한 자유를 찾을 것인가? 오늘날 이라크 국민들이 "사담 후세인도 원치 않고 미국도 원치 않는다"라며 소리 높여 외치듯 그 옛날 미군 점령하의 일본인은 "미국식 민주도 원치 않고 천황제 독재도 원치 않는다"를 외치려 노력한 적이 있었던가?

일본 제국주의에 대해 소박한 복수의식을 품고 있고 미국의 추상적 '민주자유'에 대해서는 여전히 순진한 환상을 지니고 있는 중국 사회와 중국의 지식계는 우리와 밀접하게 관련되어 있는 이 시기 역사에 대해 아직 가장 기초적인 정리도 못하고 있으며, 다음과 같은 가장 기본적인 역사문제에도 아무런 관심을 기울이지 않는다. 당시 극동군사재판은 대체 누가 주재하고 누가 심판하였던가? 일본에 대한 미국의 전후 점령과 개혁은 민주를 가져왔는가 아니면 침략이었는가, 그도 아니라면 민주의 수입을 통해 합법적으로 침략을 완성한 것인가? 불안하게 동요하던 20세기 전체에서 아시아와 서방세계, 특히 미국과의 불평등관계는 도대체 어떻게 만들어진 것인가? 문명관과 민주자유의 이념은 현실정치의 과정에서 대체 어떻게 사용되었고, 어떻게 재구조화되었으며, 또한 어떻게 동서양의 공모관계에서 미국 강권정치의 휘황찬란한 장식품이 되었던가? 이 모든 문제는 우리와 밀접한 관련을 가지며, 우리 현대사와도 긴밀히 연관되어 있다.

2년 전 이 책의 3부와 4부를 쓸 때, 나는 도쿄재판(극동군사재판)의 문제를 간단히 언급만 했다. 왜냐하면 나는 국제법에 대한 기본적인 훈련이 되어 있지 않은 데다 그렇게 많은 사료를 접하고 보니 경솔하게 이 문제를 내 시야에 담을 수가 없었다. 게다가 나는 얼마간 근본적인 곤혹감을 느끼고 있었다. 설사 도쿄재판을 일본 군국주의의 악행에 대한 최고 판결로 단순화하지 않더라도, 이 재판이 정의의 이름으로 일본이 2차 세계대전 중 평화와 인도주의에 대해 행한 악행을 기소했다는 점만은 부인할 수 없다. 게다가 실제로 재판을 통해 국제법에 이 두 가지 재판 기준을 추가하였다. 도쿄재판은 결코 간단히 부정할 수 있는 법률적 사건이 아니다. 그 안에 담긴 진정한 문제는 추상적으로 논의될 성질의 것이 아니다. 도쿄재판 시기 원리가 변경되거나 혹 왜곡된 일은 역사화가 충분히 진행된 다음에야 드러날 수 있다.

 따라서 국제법 지식에 어둡다는 전제 하에 다음과 같은 몇 가지 걱정을 품게 되었다. 단순화되고 추상적인 이원대립적 사유가 지식계에 만연되어 있는 지금의 상황으로 보건대, 도쿄재판에 대한 질문이 자칫 그것이 표면적으로 강조하는 평화와 인도주의라는 전제에 대한 의문으로 여겨지지는 않을까? 심지어 도쿄재판에 대한 역사적 분석이 일본의 침략전쟁을 긍정하는 일로 곡해되지는 않을까? 내가 이처럼 복잡한 문제를 처리하여 독자에게 정확히 전달할 충분한 능력을 지니고 있는가? 그러나 이 책을 편집하면서 나는 이것이 역사상 가장 중요한 한 페이지임을 의식하기 시작했다. 최근 중국 지식인들의 사상 진영이 참전과 반전으로 나뉘어져 있는 상황에서, 오늘의 우리는 미국이 도쿄재판 때 사용한 적 있는 기본 모델을 합법적으로 무시하였다. 추상적인 정의의 이름으로 대상의 구체적인 비정의를 심판하되 자신의 비정의와 비인도적 행적에 대해서는 한마디도 언급하지 않는 바로 그것 말이다. 일본이 추상적인 정의의 구호로 사용한 '대동아공영'은 추상성과 보편성이란 면에서 볼 때 분명 미국이 내세운 '평화', '인도', '문명'의 구호에 필적할 수 없다. 그러나 일본 파시즘이 그 구호를 사용하면서 한 일이 미국이 인도나 정의 같은 개념을 사용하면서 행한 일과 본질적인 차이가 있는 것은 아니다. 그렇지만 미국이 정의의 이름으로 투하한 원자탄이 초래한 대규모 민간인 학살은 일본의 국가적 죄업을 청산한다는 명목 아래 단숨에 무효화될 수 있었다. 더욱 가증스러운 것은 '731부대'를 위시하여 세균전 연구를 진행하던 일본 군대가 중국에서 수많은 민중에게 저지른 만행이 도쿄재판에서는 최대한 은폐되었다는 사실이다. '731부대'의 두목 이시이 시로는 재판 과정에서 사면되었고 관련 연구자료는 미국이 독점하여 거의 공표되지 않았다. 미국은 '731부대'가 중국대륙에서 시행한 생체실험결과를 독차지하기 위해, 정의와 인도의 이름으로 진행된 이 재판에서 현대 전쟁의 역사에서 가장 잔혹한 한 페이지를 말소시켜버렸던 것이다.

미국이 이라크 공습을 실시하기 한 달 전, 나는 번역하고 있던 다케우치 요시미 논문집에 필요한 주석을 달기 위해 도쿄도립대학 도서관에서 일본인이 편찬한 도쿄재판 관련 자료를 살펴보고 있었다. 열람 당시에는 직접 이 문제를 논의해야겠다는 생각이 없었다. 그 많은 자료를 보기만 해도 자신의 능력에 회의를 품지 않을 수 없었기 때문이다. 그러나 짤막한 주석 몇 개를 달기 위해 읽었던 상당히 제한적인 자료에서만도 지금껏 지나쳐왔던 사실 하나가 분명히 드러났다. 전후 일본의 양식 있는 사람들도 침략의 역사가 민족에게 가져다 준 재난을 치유할 수 없었기에 도쿄재판의 결론을 뒤집겠다는 생각을 하지는 않았지만, 동시에 도쿄재판의 불공정한 면에 대해서는 줄곧 많은 의혹과 불평이 있어왔다는 점이다. 일본천황의 무죄를 선포한 이 재판에서 태평양전쟁이 주요 심리대상으로 간주되고, 영미의 전쟁포로 문제가 인도주의 문제의 핵심으로 단죄와 심판의 가장 중요한 근거를 이루었다. 그러나 난징대학살이 비록 법정에서 심리를 받았다고는 하더라도, 일본 군국주의가 중국과 동남아에서 범한 용서할 수 없는 야만적인 행위는 결코 이 법정이 다루려는 기본적인 문제에 포함되지 못했다.

다케우치 요시미는 "제국주의는 제국주의를 심판할 수 없다"라고 말했다. 도쿄재판이 있은 지 이미 11년이 지나서였다. 그 11년 동안 미국은 동아시아에 대한 침략행위를 자행함으로써 도쿄재판 때 자임했던 문명과 정의의 역할을 스스로 저버렸으니 다케우치가 이런 결론을 도출하기에 충분한 이유가 있었던 셈이다. 그러나 문제는 거기에 있지 않다. 설사 다케우치가 이 명제를 제시하던 당시라 하더라도, 미국이 문명을 대표하는 힘이라고 믿는 심리와 미국이 타국의 주권을 약탈하는 것에 대항하는 심리가 일본 사회에서 결코 상충되지는 않았기 때문이다. 이 속에 곤란한 문제가 숨겨져 있다. 바로 도쿄재판이 제시한 문명과 야만의 문제를 원칙적으로는 부정하기 어렵다는 점이다. 설사 10여 년 후 다케우치가 "제국주의는 제국주의를 심판할 수 없다"고 단언했다 해도, 다케우치와 대다수 사람들이 이 문명에 관한 원칙까지 부정할 수는 없었다. 문제는 이런 원칙 차원이 아니라, 원칙의 구체적 층위에서 발생한다. 다른 말로 하자면, 문명이란 것을 누가 대표할 것인가, 그것은 일원적인가 다원적인가. 이런 구체적 층위에서 지식계가 갈라지며 이런 분기점에서 각각의 정치적 입장이 연역되는 것이다.

반세기 후 미군은 바그다드를 공격하면서 이라크 박물관의 문물이 강탈당하도록 내버려두었으며, 걸프전쟁에서 미국이 투하한 열화우라늄탄 등 비정규 무기가 초래한 '걸프전 증후군'의 그림자가 여전한데 지금 또 다시 같은 전철을 밟으려 하고 있다. 그런데도 미국에게 '문명'의 문제란 전혀 문제로 여겨지지 않는 것일까? 이 모든 것은 후세인 정권이 쿠웨이트를 침략한 역사와 연합국에 대한 이라크의 비협조적 태도를 이유로 정당화될 수도, 협애한 민족주의적인 시각을 반대한다는 명목으로 감출 수도 없다. 왜냐하면 이 문제가 문제로서 논의되지 않는 한, 우리는 전후 일본에 줄곧 존재해온 모순적 심리를 계속하여 반복하게 될 것이기 때문이다. 미국적 헤게모니를 규탄하는 동시에 미국을 문명의 대변인으로 승인하는 모순 말이다. 그렇다면 잊혀져서는 안 될 다케우치 요시미의 그 명제는 누구에게도 기억되지 않을 것이다. 제국주의는 제국주의를 심판할 수 없다.

문제의 복잡성은 여기서 그치지 않는다. 만약 우리가 문제를 "미국의 헤게모니에 반대"하는 것으로 단순화시킨다면 여전히 현실의 복잡성에 접근하기 어렵고 진정 역사 속으로 진입하는 일도 불가능하다. 왜냐하면 반헤게모니와 반미가 항상 동일한 문제인 것은 아니기 때문이다. 도쿄재판에 대한 태도만 놓고 보더라도, 명확하게 적대적인 입장을 견지하는 쪽은 사실 일본의 우익이다. 야스쿠니 신사에 A급 전범의 합사를 주장하는 우익과 보수파는 보통 가장 명쾌한 방식으로 일본 전범의 무죄를 선포하고, 이런 면에서 아주 간단히 도쿄재판을 부정한다. 사실 근래 일본의 우익 지식인 중에는 상당히 단도직입적으로 반미 입장을 표출하는 이들도 있는데, 그 배경에는 협애한 민족주의적 이데올로기가 도사리고 있다. 바로 이런 상황에 처해 있기 때문에 일본의 진보인사들은 동일한 방식으로 명쾌하게 도쿄재판을 비판하거나 지지하기가 어려운 것이다. 만약 우리가 '반미' 혹은 '친미'를 척도로 사상적 입장을 재단한다면 상술한 상황에서 모두가 수긍할 해석은 찾을 수 없게 된다. 왜냐하면 현실에서 받아들일 수 있는지 여부를 도외시한 채 반미배외를 표방하는 일본 우익은 단지 동아시아에서 미국이 갖고 있는 헤게모니를 일본이 대신하기를 바랄 뿐이기 때문이다. 그렇다고 그들의 반미적 입장이 반드시 거짓이라고 단언하기도 어렵다.

이와 같이 갖가지 뒤엉킨 문제를 해결하기 위해 이 책의 3부에 도쿄재판에 관한 절을 첨가해야 했다. '친미' 아니면 '반미'라는 층위에서 간단히 문제를 종결시켜버리는 것이 아니라 문제의 복잡성을 그대로 보여줘야겠다는 생각이 든 것이다. '문명' 혹은 '민주'의 이름으로 패권을 장악한 제국주의가 통하는 까닭은 이 새로운 헤게모니 구조가 제1세계와 제3세계의 '공모관계'에 얼마간 의존하고 있기 때문이다. 이 공모관계란 바로 문명에 대한 일원화된 이해이다. 이러한 일원화된 이해는 '문명의 충돌' 담론 따위로 결코 해소될 수 있는 게 아니다. 이라크전쟁에서 세계가 미국에 보여준 태도가 이미 이 점을 증명해주고 있다. 경제적 이익과 자본의 운용에만 기대어 문제를 일으키는 모든 변화를 해석한다면, 그 힘에 의해 문명관이 만들어졌을 테고, 그 문명관을 바꾸기란 불가능할 것이다.

나 자신은 이 글에 절대 만족할 수 없다. 왜냐하면 관련 전공지식이 부족한 데다 보충할 시간도 없었기 때문이다. 그러나 도쿄재판이 국제법적인 사건에 그치지 않고 이라크전쟁 또한 단순한 군사행동에 머물지 않는다면, 비록 문외한이지만 다음과 같은 몇 가지 문제를 가지고 지금 이 순간의 '현재'에 개입하고자 한다. 도쿄재판을 우리 중국인이 승리한 표지인 양 간주하고, 일본 군국주의가 정의의 힘에 의해

처단되었다고 보는 역사적 글쓰기는 의문시되어야 한다. 그러나 이 의문은 절대 일본 군국주의가 행한 죄업의 사면을 의미하지 않으며, 일본 우익의 '반미' 입장을 지지하는 일도 아니다. 도쿄재판의 역사적 공헌을 부정하는 것은 더더욱 아니다. 이 의문의 진정한 대상은 바로 우리의 이원대립적 사유방식과 다케우치 요시미가 반세기 전에 추궁한 '문명일원론' 관념이다. 이원대립적 사유방식과 문명일원론 관념은 이라크전쟁을 판단하는 기준으로 지금도 여전히 우리를 움켜쥐고 있으며, 여전히 우리를 역사의 진행과정 바깥으로 내몰고 있다.

전후 냉전구도로 인해 한동안 이원대립적 사유는 유효한 정치적 운용방식이 되었으며, 현실은 끊임없이 이 구조 속으로 억지로 쑤셔넣어졌다. 오늘날 현실은 더 이상 이 도식에 얽매이지 않게 되었지만 사람들의 생각은 오히려 그 속에서 나오려 하지 않는 것 같다. 이라크전쟁은 바로 이런 의미에서 좋은 증거가 되고 있다. 참전과 반전의 의견대립이 일단락된 후 다케우치 요시미가 안보운동의 시기에 직면했던 새로운 이원대립의 문제를 우리 역시 마주하지 않을 수 없게 된 것이다. 미일안보조약의 발효는 안보조약에 반대한 민중들의 투쟁이 실패했음을 뜻하는가? 같은 의미에서, 이라크전쟁의 종결은 전지구적 반전운동의 실패와 참전파의 승리를 의미하는가?

다케우치 요시미는 아니라고 답했다. 안보조약은 중상을 입은 상태에서 발효되었다. 때문에 '전부 아니면 무'라는 양극단 가운데 하나를 택할 수 없다고 그는 말한다. 정치는 바로 이 양극단의 사이에서 발생하고 운용되기 때문에, 형식적인 승부만 놓고 평가할 수 없는 것이다. 당시 안보조약의 반대를 내건 일본의 군중운동이 안보조약의 발효를 막지 못했지만 다케우치는 '수확이 아주 크다'고 결론을 내렸다. 대규모 운동으로 인해 기시 노부스케 총리가 사임하고 미국 대통령의 방일계획이 취소되었기 때문만이 아니라, 일본의 민중이 처음으로 국민적 규모로 저항의 경험을 할 수 있었기 때문이다. 지식인에게 정신적 지도자의 소임이 허락된 시대에 다케우치 요시미와 그 동시대인들은, 전쟁시기에는 발생한 적이 없고 전후에도 20여 년이 지나서야 나타난 국민적 저항의 경험을 움켜쥐고서 일본 역사상 한 번도 출현하지 못했던 민주전통을 창조하고 확인하려고 시도했던 것이다. 이러한 민주는 결코 미국 점령군의 선물이 아니다. 그것은 미국에 대한 저항을 통해, 기꺼이 미국과 공모하는 일본 정부에 대한 반항을 통해, 형식적으로는 민주대의제이면서 실제로는 독재를 시행하고 있는 이 '민주적 현실'에 대한 반성을 통해서만 진정으로 탄생할 수 있었다.

일본 안보시기에 탄생한 민주 경험은 결코 일회적인 제도상의 맛보기가 아니었다. 그것이 지닌 '군중운동'적 성격과 지식 엘리트가 운동 과정에서 남긴 사상적 모색은 추상적이고 형식화된 민주제도가 현실에서는 독재로 나타날 수 있음을 추궁하는 것이었으며, 미국식 '민주 수출' 모델에 대한 저항이기도 했다. 다케우치를 비롯한 소수를 제외하면 대부분의 당시 일본 지식인들은 여전히 '민주'가 독재와 대립되는 이념이기 때문에 의문의 여지없는 전제라며 추상적으로 인식하고 있었다. 그러나 최소한 안보투쟁에서 표방한 "민주를 원하는가 독재를 원하는가"라는 구호는 일본 사회의 구성방식 자체를 근본적으로 되묻게 하였다. 이로써 지식인들은 '민주'를 제도적 목표가 아니라 시민이 정치화 훈련을 하는 경로로 운용할 수 있게 되었으며, 이런 운용을 통해 사회공간의 정치화를 실현하고자 시도할 수 있었다. 민주 이념은 당시 지식인의 관념투쟁에 그치지 않았으며, 독재와 대립하기 때문에 무조건적인 정치적 올바름을 보장해주는 추상적인 기준이 되지도 않았다. 그 시대의 일본 지식인들이 지닌 현실적인 정치감각은 그들로 하여금 민주라는 관념을 넘어설 수 있게 하였고, 토착적인 정치사회를 건립할 수 있는 기본 경로를 모색할 수 있게 해주었다.

아마도 일본의 안보운동 이후 정치사회를 건립하려는 이런 노력은 성공하지 못했다 할 것이다. 그 표지의 하나는, 안보운동에서 정신적 지도자 역할을 자처하지 않았던 일부 보수 지식인들이 60년대 초반 토착적인 사상자원을 개척하는 움직임을 주도했다는 점이다. 이 책 4부에서 언급한 것처럼 메이지유신 이래 '백년 역사'를 술회하려 했던 지식인은 보수파와 직관적인 지식인이 대부분이었다. 다케우치 요시미도 물론 이 작업에 투신하였다. 그러나 일본의 '아시아주의'를 정리하겠다는 다케우치의 의도는 안보운동 시기 같이 활동했던 동료들에게 충분한 호응을 얻을 수 없었으며, 그렇다고 그가 보수 지식인들과 같은 길을 걸을 수도 없었다. 분명 토착적인 정치사회의 건립에 '서양 모델'을 도입하든 '반(反)서양 모델'을 추구하든 출로가 없기는 마찬가지이다. 문제는 이런 이원대립을 벗어날 출로는 어디에 있는가이다.

다케우치 요시미는 평생 그 가능성을 찾았다. 그것이 그가 루쉰에게서 읽어낸 "자기가 되는 것을 거절하는 동시에 자기 이외임도 거절하는" "깨어난 노예"의 숙명이다. 그는 지식인의 관념 유희로 루쉰 정신을 다루는 데 만족하지 않고, 루쉰을 모든 현실정치 문제와 사상적 문제로 통하는 유일한 길로 삼았다. 평생에 걸친 다케우치의 사상적 실천이 보여주는 가장 두드러진 특징은 그가 한번도 '전부(100)'와 '무(0)' 중에서 하나를 택하지 않았다는 점이다. 이 고정된 양극으로는 표현할 수 없는 부단히 변화하는 과정에 자신의 관점을 두면서 그는 어떠한 '개념조작'도 거부하였다. 물론 다케우치가 개념을 사용하지 않았다는 말은 아니다. 그러나 그는 어떠한 기성의 개념도 사용하지 않았으며, 정해진 문맥에 기존 개념을 그대로 대입하지도 않았다. 사상가 타입의 지식인인 그에게 이러한 점은 모든 문제를 처리할 때 기존 지식체계에 직접적으로 기댈 수 없었으며, 지식계에서 관습적으로 굳어진 주류 사유에도 의존할 수 없었음을 뜻한다.

바로 이러한 작업방식으로 인해 다케우치 요시미는 '학자'의 지위를 거절하는 동시에 동서양 이원대립의 사유구조를 거부할 수 있었다. 루쉰의 '쩡짜'를 빌어 다케우치는 개념만으로 주체성과 타자의 관계를 논의한다면 흘려버리기 쉬운 문제를 드러냈다. 자아부정의 과정을 통해 타자와 자아를 진정으로 연결시킬 수 있는 사상적 절차를 마련한 것이다. 다케우치는 몇 차례 논쟁을 거치면서 토착적인 것이 근대사상의 자원으로 직접 전환될 수 없음을 점차 깨닫게 되었다. 심지어 비역사적 대가를 지불하는 것도 마다하지 않고 현대 일본 지식계가 서양 이론의 서술방식을 빌어 반복적으로 재생산해온 민주주의 담론에 빗대어 메이지 천황의 "5개조의 어서문"*을 풀이하기까지 했다(이

---

*메이지천황이 신에게 맹세하는 방식으로 반포한 메이지정부의 기본 정책으로, 그 첫번째 항목이 "널리 회의를 열어 모든 일을 공론으로 결정지을 것"이다. 그러나 여기에 근거하여 메이지정부와 민주주의의 관계를 설명하는 방식은 그다지 적절치 않다. '어서문'은 국민이 아니라 신에게 행한 것이고, 여기서 말하는 회의도 민주적 함의가 아니라 '어전회의'를 가리키기 때문이다. 다케우치는 「굴욕적 사건」이란 논문에서 '어서문'을 사용하여 민주주의를 설명한 옛 경험을 술회하고 있다. 국민 참여의 의미가 담기지 않은 '어서문'으로 민주주의를 설명하는 것이 일본식 민주주의의 한계라는 지적에, 정확한 민주주의 개념은 일반인이 이해하기 어렵고, '어서문'을 거론해야 직접적인 감각적 효과를 불러올 수 있기 때문에 그렇게 했다고 다케우치는 말한다. 이와 관련된 전후맥락에 대해서는 다음을 참조하라. 竹內好, 『近代的超克』, 李冬木·趙京華·孫歌 譯, 三聯書店, 2005, 62~64쪽, 232~233쪽 주석. 본문 바로 뒤의 괄호 안에서 언급되는 "논문집" 역시 이 책을 의미한다. ―옮긴이

는 진정 다케우치 요시미의 글 가운데 상당히 흥미로운 실패작이다. 싼롄 서점에서 곧 번역출판될 다케우치 요시미의 논문집을 참고하라). 이는 모두 토착 대 외래, 자아와 타자라는 추상적인 이원대립 바깥에서 일본의 근대화 과정이 보여준 진정한 동력과 실현 가능성을 찾으려는 시도인 것이다.

다케우치 요시미는 민족주의자가 아니다. 비록 그가 어떠한 민족주의자보다 명확하게 자신은 일본에만 관심이 있다고 공언했음에도 말이다. 다케우치 요시미는 근대주의자도 아니다. 그가 비-이론적인 방식으로 시도한 사상적인 실천이 서양 근대성의 기본문제와 상통할 뿐 아니라 포스트모던의 기본문제와도 관련되지만 말이다. 다케우치 요시미는 이러한 모든 분류의 바깥에 있다. 그 옛날 루쉰과 타고르가 그랬듯이 그는 사유를 분류하는 우리의 습관을 변화시켰다.

이 책 마지막 대목인 5장에서 논의하려 한 것은 바로 이런 문제들이다. 우리가 자신의 근대사를 기존의 서양 혹은 반서양의 틀 속에 집어넣으려 한다면, 과연 우리는 우리 자신의 '근대'를 찾을 수 있을까? 이 장은 원래 미국에서 편집하여 아시아에서 주로 발행되는 다언어 간행물에 싣기 위해 다급히 쓴 논문이었다. 사실 이 글은 '근대성'에 대해 논의해 달라는 주변의 요구에 미흡하기 그지없다. 아마도 이 책이 시작된 이유이기도 하기 때문에 이 장은 가장 관념적이고 간략하게 서술되었다. 독자들에게 보다 충실히 제시해야 하는 내용이기에 적절한 시기에 대폭 수정하여 '다른 강물'로 변화시킬 생각이었다. 그러나 그런 능력을 얻기도 전에 거의 원래 골격 그대로 이 책에 수록할 수밖에 없었다.

근대성은 결코 사상이나 문화의 문제로 한정되지 않는다. 가장 응집되고 극단적인 표현 형식인 전쟁은 줄곧 근대성의 가장 중요한 사건이 되어 왔다. 5장에서 전쟁이라는 사건을 사상적 배경으로만 간단히 다룬 것은 그것을 무대에 올릴 능력을 갖추지 못한 탓이다. 그러나 미국이 이라크에서 일으킨 전쟁은 관련지식이 부족한 누구라도 전쟁이 근대성 문제에서 차지하는 위상을 충분히 의식할 수 있게 해주었다. 여전히 나는 이 문제를 처리할 능력을 갖추지 못했다. 그럼에도 불구하고 최소한 이라크전쟁은 나와 친구들에게 상대할 능력이 없는 문제도 반드시 상대해야 한다는 것을 깨닫게 해주었다. 지난 역사를 볼 때, 태평양전쟁 발발 직후 일본 지식계에서 대두된 '근대의 초극' 논쟁은 바로 전쟁과 근대성의 관련을 무대 위로 올려놓은 사건이었다. 따라서 그것은 사상적일 뿐 아니라 정치적이었으며, 이론적일 뿐 아니라 실천적이기도 했다. 더욱 중요한 것은 이후 세대에게 비난만 받아온 이 혼란스러운 좌담회가 그 구성관계를 통해 근대성 문제 자체에 내재된 갈등과 복잡성, 심지어는 폭력성까지도 어렴풋이 보여주었다는 점이다. 그것은 순수한 사변적인 의미로는 해결할 수 없는 패러독스를 이후 세대에게 안겨주었다. 바로 후쿠자와 유키치가 서양의 '문명'을 대면했을 때 느꼈던 천연두에 걸려 면역력을 키울 수밖에 없다는 곤혹감 같은 것이다. 2차 세계대전을 겪으면서 일본은 후쿠자와가 「탈아론」에서 보여준 극히 긴장감 넘치는 비유를 원래의 문맥에서 탈각시켰으며, 결국 면역력을 거의 상실하고는 독극물 자체가 되어 버렸다. 그러나 2차 세계대전 이후의 일본은 결국 수많은 역경을 이겨내면서 건강한 사람의 대열로 돌아오려 노력하였다. '문명'은 일본에게 대외확장이란 독소뿐 아니라 독소에 저항하는 힘까지 가져다주었던 것이다. 전국을 휩쓴 전염병이 한 민족에게 어떤 이치를 깨닫게 해주었다. 그것은 병에 저항하는 힘은 체내에서 키워내야지 비타민 알약을 먹는다고 해결되는 게 아니라는 사실이다.

나는 문명을 천연두에 비유한 후쿠자와 유키치의 생각을 다케우치 요시미가 가장 깊이 감지했다고 생각한다. 진보 지식인은 돌아보지도 않던 '근대의 초극' 좌담회에서 '불 속에서 밤을 줍는' 모험을 감행한 까닭은, 자신이 후쿠자와와 동일한 사상적 과제를 대면하고 있다고 느꼈기 때문이다. 내부에서 진정한 '저항' 정신을 키워내야만 외부의 재난을 막아낼 수 있다. 그러나 내부의 저항력은 선천적으로 타고나는 능력이 아니다. 다케우치 요시미는 감염된 후, 심지어는 맞아 쓰러진 후에야 저항이 비로소 일어날 수 있음을 우리에게 일깨워준다.

다사다난한 2003년 봄에 우리 체내의 저항력은 가혹한 고문을 받았다. 어쩌면 양차 대전이 시작되기 전으로 돌아가 "무엇이 '문명'인가?"를 다시 한 번 사고해야 할지도 모르겠다. 또 어쩌면 2차 세계대전이 끝난 후 동아시아를 곤혹스럽게 만들었던 "무엇이 '저항'인가?"라는 기본적 문제를 다시 한 번 물어야 할지도 모르겠다. 나는 이것이 이미 지나간 역사에 대한 의문만은 아니라고 확신한다.

2003년 4월말 베이징에서

# 1 루쉰과의 만남

그러나 다케우치는 행운아이기도 하다.
왜냐하면 그처럼 자기 정신세계의 참조축이 될 무언가를 발견한 인간은 드물며,
생애에 걸쳐서 한 인물을 자기 영혼의 원점으로 삼는 일도 거의 없기 때문이다.
그 인물은 루쉰이다. 그리고 그 참조축이란 루쉰문학이다.

**다케우치** 요시미는 매우 특이한 사상가이다. 그 특이성이란 그를 자리매김하기 어렵다는 데 있다. 다케우치는 도쿄제국대학의 지나문학과를 졸업했으며 일본에서 중국 근·현대문학 연구의 기초를 세우는 역사적 업적을 남겼다. 하지만 정작 자신은 엄밀한 의미에서의 '학자'가 아니며 아카데믹한 방식으로 작업하지도 않았다. 그는 일생을 통틀어 자신을 중국 연구자, 그게 아니라면 '중국과 관련된 사람'으로 일컬었지만, 일본 근대사상사의 중요한 모든 과제에 관심을 기울였으며, 그가 살아간 시대에 일본 사상계의 진정한 정신적 지도자가 되었다. 따라서 다케우치 요시미가 이룬 업적은 단지 중국연구로 한정되지 않는다. 또한 다케우치는 늘 '문학'을 자신의 영혼이 돌아갈 거처로 삼았다. 그렇지만 그가 다시 자리를 마련한 **문학**은 이미 오늘날의 '문학연구'가 규정하는 의미를 벗어나 개방성과 창조성을 지닌다. 다케우치의 평생에 걸친 사고와 행동은 일관되게 이 '문학'을 근원으로 삼았다. 그것이야말로 그의 사상과 독창적인 견해의 원천이 되었다 할 것이다. 하지만 이로 인해 다케우치 요시미는 마루야마 마사오\*처럼 사상사가(思想史家)로서의 '윤리의식'을 근엄하게 지킬 수는 없었다. 다케우치의 독특한 문학적인 자유분방함은 한편으로 시대적 과제의 복잡함을 드러냈지만, 동시에 서술의 허점도 피할 수 없었다. 이리하여

---

\* 마루야마 마사오(丸山眞男, 1914~1996). 정치학자. 1946년 『세계』(世界)에 「초국가주의의 논리와 심리」라는 논문을 발표하였다. 이 논문은 '초국가주의'(ultra nationalism)를 비난하고 부정해야 할 '심성'이 아니라 분석하고 성찰해야 할 '개념'으로 파악하여, 전시체제에 대한 도덕적 비난이 지배적이던 당시의 지성계에서 냉철한 이성에 기초한 비판의 장을 열었다. 그는 일본 정치사상사연구의 최고봉으로 전후 민주주의 사상의 지도적인 존재가 되었다. 저서로는 『현대정치의 사상과 행동』(現代政治の思想と行動), 『일본 정치사상사연구』(日本政治思想史硏究), 『충성과 반역』(忠誠と反逆) 등이 있다.—옮긴이

당연히 생산적이거나 비생산적인 여러 가지 오독이 발생했다.

이렇듯 자리매김 하기 어렵다는 특이성을 지니기에 다케우치 요시미는 현대의 학술 제도나 지식 유형에 어긋나는 인물이었으며, 그 까닭에 그의 정신적 유산은 늘 이러저러하게 논의되어 왔지만 지금까지 어떤 학문영역에서도 말끔히 정리되거나 계승되지 않았다. 어떤 의미에서는 치켜세워지곤 말았다고 하겠다. 새것을 선호하는 일본 지식계에서 다케우치 요시미 역시 마루야마 마사오와 마찬가지로 자연스레 '과거의 인물'로 여겨지게 되었다. 그러나 다케우치 요시미는 마루야마 마사오보다 불행했다. 다케우치는 마루야마 마사오처럼 확고한 전문영역도, 그의 사상을 계승할 제자도 얻지 못했기 때문이다. 따라서 다케우치 요시미가 죽은 이후의 어렴풋한 적막은 어떤 의미에서 일본 현대학술의 맹점을 보다 드러나게 했다.

그러나 다케우치는 행운아이기도 하다. 왜냐하면 그처럼 자기 정신세계의 참조축이 될 무언가를 발견한 인간은 드물며, 생애에 걸쳐서 한 인물을 자기 영혼의 원점으로 삼는 일도 거의 없기 때문이다.

그 인물은 루쉰이다. 그리고 그 참조축이란 루쉰문학이다. 후지타 쇼조*가 훌륭하게 지적했듯이 다케우치 요시미는 루쉰을 시작점이자 종점으로 삼았다. 이런 시작점과 종점의 일치야말로 그가 후세의 사람들에게 남긴 하나의 시대적 과제였다.** 아마도 문학의 특질에 관한 다케우치 요시미의 생각을 이해하려면 루쉰을 둘러싼 그의 독특한 독해

---

\* 후지타 쇼조(藤田省三, 1927~2003). 도쿄대학 법학부에 진학하여 마루야마 마사오의 문하에서 정치사상사를 공부했다. '천황제국가의 지배원리'를 지양하기 위해 현대문명에 대한 심층적인 비판으로 사상적 지평을 넓혀갔다. 저서로는 『천황제국가의 지배원리』(天皇制國家の支配原理), 『전향의 사상사적 연구』(轉向の思想史的硏究), 『전체주의의 시대경험』(全體主義の時代經驗) 등이 있다. ─옮긴이

에서 출발해야 할 것이다. 그래야 동시대의 중대한 과제를 다케우치가 어떻게 사고했는지에 다가설 수 있다. 여기에 생각이 미치자, 나는 다케우치 요시미가 단지 일본 근대사상사에 대한 나의 이해를 변화시켰을 뿐만 아니라 루쉰에 대한 이해도 뒤집어 놓았음을 알게 되었다.

---

** 후지타 쇼조는 1977년에 다케우치 요시미를 추도하는 글인 「다케우치 요시미」에서 다음과 같은 기록을 남기고 있다. "다케우치 요시미는 하나의 정점(定點)이었다. 루쉰에 육박함으로써 출발하고 『루쉰 문집』을 작업하면서 세상을 떠났기 때문은 아니다. 물론 그것을 포함한다. 그러나 작업의 겉이 아니라 그 작업의 진행방식, 논조, 어법, 어조, 그러한 모든 것에서 그는 독자적이었으며 독자적인 방식을 통해 보편적이었다. 예를 들어 왜 그가 (유머감각 하나에서도 알 수 있듯이) 자신과는 너무도 다른 루쉰에게 다가섬으로써 그의 작업을 시작했는지, 왜 그가 루쉰 문집의 완성을 그의 최후 작업으로 선택했는지와 같은 것은 그의 문제일 뿐만 아니라 우리의 문제이며 시대의 문제이며 현대 일본 사회의 문제이다. 그렇게 그는 자신의 루쉰 이해를 문제로 삼았다." (藤田省三, 『戰後精神の經驗 II』, 影書房, 1996)

# 1장_지나학자들과의 논쟁

다케우치 요시미는 1934년에 도쿄제국대학 문학부 지나학과를 졸업하면서 졸업논문으로 「위다푸*연구」를 제출했다. 당시 지나철학, 지나문학과 서른 네 명의 졸업생 가운데 중국의 근대문학, 더구나 동시대 작가를 논문의 주제로 선택한 사람은 다케우치 요시미뿐이었다. 1930년대에 일본의 중국 근·현대문학연구는 아직 규모를 제대로 갖추지 못한 상태였다. 그 앞에는 오래 축적된 지나학의 전통이 높게 자리잡고 있었다. 당시 학술적 요충지였던 도쿄대나 교토대 등지에서 교편을 잡고 있던 이들은 주로 지나학자였다. 지나학자 가운데 문학연구를 시작한 선구자로는 가노 나오키를 꼽을 수 있을 것이다. 그는 도쿄제국대학 한학과 1기생으로 도쿄제국대학의 학풍에 불만을 느껴 교토로 옮겨와, 나이토 고난 등과 함께 교토 지나학을 세우고 학과로서의 지나학 건설에 큰 힘을 쏟은 인물이다.[1] 지나학은 프랑스 시놀로지**의

---

* 위다푸(郁達夫, 1896~1945). 중국의 소설가. 일본에서 고등교육을 받았으며, 그곳에서 궈모뤄(郭沫若) 등과 문학단체인 창조사(創造社)를 결성했다. 그의 소설들은 대중적으로 큰 성공을 거두었으며, 중국의 현대문학 발전에도 큰 공헌을 했다. —옮긴이

틀을 참조해 일본 전통의 산만한 한학과는 다른 '과학적인' 중국연구를 하기 위해 설립되었다. 즉 전통적인 일본 한학 속에서 견강부회되어 온 중국 고전을 엄격한 실증적 태도로 다시 해석하여 중국소설이나 희곡과 같은 장르에 '순문학'(純文學)의 지위를 부여하고, 현대적인 가치관 아래 중국연구를 외국연구의 학문으로 간주하고자 했다. 초기의 지나학이 학술연구의 객관성을 강조했을 때, 그것이 당시로서는 획기적인 의미를 지녔음은 의심할 여지가 없다. 가노 나오키 이후 일본의 지나학은 걸출한 후계자들을 배출했다. 교토든 도쿄든 불후의 연구업적들이 나왔다. 예를 들어 아오키 마사루, 요시카와 고지로,*** 구라이시 다케시로와 같은 인물들이 중국의 고전희곡이나, 시가, 전적(典籍), 언어연구 등 각각의 영역에서 일본의 중국연구사 가운데서도 찬란한 성과를 올렸던 것이다. 그러나 그들이 동시대 중국문학의 행방에 관심을 기울였다고는 해도(예를 들어 아오키 마사루는 문학혁명에 관한 연구논문을 집필했으며, 요시카와 고지로도 후스의 『사십자술』을 번역했다) 전체적으로 보자면, 동시대의 중국은 그들 연구의 주요한 대상이 되지 못했으며 학술연구의 대상은 여전히 고전이었다.

　이러한 상황에서 다케우치 요시미는 보란 듯이 동시대 작가를 졸업논문의 주제로 채택했다. 그가 얼마만큼 주관적인 의지를 지녔고 또 자각했는지는 알 수 없지만, 그것은 다케우치가 당시 중국연구에서 지

---

**　** 1900년을 전후로 하여 유럽인들이 실증적 문헌고증에 입각해 중국을 연구하기 시작했는데, 이를 시놀로지(Sinology)라 부른다. ─옮긴이
***　요시카와 고지로(吉川幸次郎, 1904~1984). 중국문학자. 교토제국대학 문학부에서 가노 나오키의 지도를 받았다. 1928년에서 31년 사이에 중국으로 유학하여 청조 고증학을 배웠다. 실증주의적인 입장에서 언어예술로서의 문학을 연구했고, 특히 당시(唐詩), 원곡(元曲) 등의 연구에서 뛰어난 업적을 남겼다. ─옮긴이

배적이었던 '학술성'의 반대측에 서는 것을 의미했다. 후일에 다케우치는 농반진반으로 대학 진학 당시 지나문학과만이 시험을 보지 않고도 입학할 수 있었으며, 대학에 가야만 일하지 않고 집에서 생활비를 받을 수 있었기에 도쿄제국대학의 지나문학과에 들어갔을 뿐이라고 말한 적이 있다. 사실 재학시절 다케우치는 우등생이 아니었다(쓰루미 슌스케*는 다케우치가 대학에 입학하기 전에는 줄곧 우등생이었지만 학교에 다니면서 그는 우등생 가치에 회의를 느끼고 그것을 부정하기 시작했으며, 그런 이유로 도쿄제국대학에서 지나학 및 한학의 전통에 반항하기로 결심했다고 술회한다). 가까운 벗인 다케다 다이준**과는 같은 수업을 들었지만 졸업 즈음에야 결성된 '중국문학연구회'에서 알게 되기까지 서로의 존재를 전혀 몰랐다고 한다. 둘 다 수업에 얼굴을 내밀지 않았던 까닭이다. 다케우치 요시미를 지나학의 학자로 간주할 수 없음은 이 대목에서도 확인할 수 있다.

그러나 다케우치 요시미는 개인적 특성에 속한다고 해야 할 이러한 생활방식을 사상적 독창성으로 바꿔놓았다. 이미 자신이 가볍게 표현했듯이 개인적인 태만이라고는 할 수 없는 것이다. 참으로 다케우치와 중국문학연구회의 동인들은 그 '태만'을 무기삼아 지나학의 전통에 저항하는 이데올로기로 멋지게 변모시켰으며, 여기에 바로 문제의 핵심이 가로놓여 있다.

1934년 3월 졸업을 얼마 앞둔 다케우치 요시미는 다케다 다이준

---

* 쓰루미 슌스케(鶴見俊輔, 1922~ ). 철학자이자 평론가. 『사상의 과학』(思想の科學)을 주도했으며, 일상성에 근거해 유연한 사상을 전개하였다. ―옮긴이
** 다케다 다이준(武田泰淳, 1912~1976). 소설가. 승려 집안에서 태어났으며 좌익 운동을 경험했다. 전쟁 중에는 상하이로 출정했으며, 전후 문학을 대표하는 작가가 되었다. 『사마천』(司馬遷), 『풍매화』(風媒花) 등이 대표작이다. ―옮긴이

등과 논의하여 '중국문학연구회'를 정식으로 결성하였다. 다음해인 1935년 2월에는 회보 『중국문학월보』를 간행하였다(1940년 제60호부터 『중국문학』으로 개칭). 이 잡지는 재정도 부족하고 시국의 긴장감도 나날이 높아져갔지만, 1943년까지 전부 8권 92호가 발행되었다.*** 초기 다케우치 요시미가 이 잡지를 근거로 하여 주된 활동을 했음은 연구자들도 인정하는 바이다. 일반적으로 다케우치 요시미의 사상을 전기·후기로 나누고 『중국문학월보』 시대를 다케우치의 전기라고 부르지만, 나는 이것을 피상적인 인식이라고 생각한다. 다케우치 요시미의 생애를 관통하는 기본사상은 이미 이 시절에 형성되었으며 평생 동안 변하지 않았다. 변한 것은 다른 시기 다른 문제마다 보인 그의 반응이었을 뿐, 기본적인 사유방식은 변하지 않았다. 내가 가장 흥미를 느끼는 것은 이 시기 다케우치 요시미가 **어떠한 형태로 어떠한 문제를 겪음으로써** 그러한 독자적인 **사고양식**을 형성했던가이다.

『중국문학월보』를 펼치면 두 가지 기본적인 문제가 주의를 끈다. 첫째로 이 잡지는 일본의 사상적 전통을 형성하는 일을 자신의 임무로 자각하면서 동시대 중국문학 상황을 고찰하고 소개하고 있다. 분명 상당한 비율로 지나학자의 의견이 걸러지지 않은 채 담겨 있지만, 이 잡지는 일본 사상이 주체성을 지니고 있는지에 관해 지나학과 대립하고 있었다. 이렇듯 품이 넓은 것은 젊은 중국학의 관용을 보여주는 것이 아니라, 단지 여전히 자기의 진영이라 할 만한 것을 형성하지 못한 시대에 나타나는 특유의 모습이라 할 것이다. 창간 당시와 그 후 일정한 기간 동안 다케우치는 주체적인 태도로 한학과 지나학에 대해 이야기

---

*** 전후 『중국문학』은 복간되었으나 편집자가 바뀌었기 때문에 이 책의 논제에서 벗어난다.

했다. 하지만 자신은 진영의 바깥에서가 아니라 그 속에서 새로운 틀을 만들 뿐이라고 말했다. 이는 당시에 한학과 지나학 그리고 중국문학연구 삼자가 아직 엄밀하게 구별되지 않고 동일한 학문영역에 속해 있었음을 보여준다.

둘째로 다케우치 요시미는 이 잡지에서 특이한 위치를 점하고 있었다. 주요한 발기인으로서 그는 잡지를 위해 많은 물리적 수고를 들였을 뿐 아니라, 후기나 원고를 통해 늘 잡지의 방향성을 정하고 수정했다. 다케우치의 손으로 이루어진 원고와 그렇지 않은 원고가 선명한 대조를 보인다는 점은 흥미로운 사실이다. 중국문학연구회를 통일된 전체로 간주해서는 안 될 일이다. 처음부터 다케우치는 절친한 전우들과 기본적인 인식의 차이를 품고 있었다. 아니 차라리 이 차이로 초래된 고독이야말로 전후의 다케우치 요시미로 하여금 중국문학의 영역을 벗어나 다른 영역의 지식인들과 협력하도록 만든 기본적인 동력이 되었다 할 것이다.

첫번째 문제는 매우 복잡한 역사의 전환과 관련된다. 이 대목에서 일찍이 일본의 한학과 지나학이 직면했던 과제를 간단히나마 되돌아봐야겠다. 느슨한 지식 영역으로서 일본 한학은 시대마다 기능을 달리 했다. 그러나 어떤 측면은 기본적으로 변하지 않았다. 그것은 한학이 '외국학'으로서의 성격을 갖지 않았다는 점이다. 일본 한학은 그 시기 통치자의 이데올로기적 도구의 역할을 담당했을 뿐 아니라 자신의 '유가적 전통'을 지향했다. 그것은 역사적으로 중국 고전에 대한 연구가 아니라, 중국 고전에서 '국적을 빼앗고' 일본화시키는 역할을 담당했다. 그런 까닭에 메이지유신을 전후로 일본 한학은 표면상으로는 사상계의 무대에서 모습을 감췄지만 은연중에 일본 지식계와 일본 사회,

나아가 일본 '양학'(洋學)의 특성에 영향을 미쳤던 것이다. 한편 19세기 말 탄생한 일본 지나학은 일본 한학의 이런 '학제성'(學際性)을 하나의 구체적인 학과로 전환하려고 노력해왔다. 한학을 일반적인 교양이나 이데올로기의 도구에서 실증가능한 하나의 독립된 학문으로 바꾸려 한 것이다. 지나학이 창설 당시부터 내건 '과학성'이라는 바로 그 목표 말이다.* 중국을 타자로 인식하고 이해한다는 지나학의 타자적 입장은 모두 **과학성**이라는 대전제 속에서 세워진 것이다.

    지나학이 과학적인 실증주의의 전통을 확립하기까지는 몇 세대에 걸친 시간이 요구되었다. 그 기본형이 갖춰진 것은 요시카와 고지로의 세대에 이르러서이다. 이 시기 지나학의 학술적 객관성은 이미 자각적인 학술규범이 되었으며, '말에는 반드시 근거가 있어야 한다'는 기준이 지식으로 성립될 수 있는지 여부를 가늠하게 되었다. 그와 동시에 가노 나오키가 제창했던 순수학문적 입장도 지나학자들에게 영향을

---

\* 지나학의 가장 전형적이고 대표적인 인물은 가노 나오키일 것이다. 지나학의 개조(開祖)라 일컬을 수 있는 이 연구자가 남긴 혁명적 공적은, 그러나 그가 표방했던 순수학문을 세운다는 슬로건 아래 가려진 면이 있다. 지나학을 창시한 20세기 초, 가노 나오키는 지나학과 한학과의 기본적인 차이를 다음처럼 정리했다. 양자의 차이는 지나학이 '지나에서 발생한 문화'를 자기의 연구대상으로 하며, 따라서 인문과학과 자연과학의 모든 분야에 걸쳐 있는 내용들과 아울러 고대부터 현대까지의 유구한 역사를 포괄하지만, 한학은 간신히 소위 '경사자집'(經史子集)의 전문지식을 취해 다룰 뿐이며, 그것을 만들어내는 문화 전체는 보려 하지 않는다는 것이다. 가노 나오키는 과학적인 지나 연구를 세우려면 다음과 같은 내용이 필요하다고 생각했다. 우선 첫째로 순수학문의 입장, 즉 실용적인 목적을 넘어 지식을 추구하는 입장을 기르는 것. 그 다음으로 모든 각도에서 다면적으로 대상과 마주하는 습관을 양성하는 것. 즉 한 분야의 지식 속에 갇히지 않고, 다종다양한 지식의 교차관계 속에서 자기의 연구대상을 이해하려고 노력해야 한다는 것. 셋째로 가능한 한 다양한 '색안경'을 벗고 객관적으로 지나 문화 자체에 접근하는 것. 이러한 의미에서 가노 나오키는 프랑스의 시놀로지가 지닌 과학성을 높이 평가하고, 그것을 일본 지나학의 모범으로 삼고자 했다(가노 나오키의 『支那學文藪』[みすず書房, 1973]에 수록된 「支那學硏究について」와 「支那學硏究の目的について」두 편의 글 참조).

주었다. 『중국문학월보』가 초기에 실었던 아오키 마사루의 글 「지나광」은 전통적 한학과의 차별적인 취향을 전형적으로 반영하고 있다.*
이때가 바로 다케우치 요시미가 자신의 지적 활동을 시작했던 시기이다. 『중국문학월보』가 한학자와 지나학자를 두루 포함한 '중국학 연구'를 게재하던 시대, 그것은 다케우치가 실로 복잡한 지식의 전통과 직면했음을 의미한다. 전통적 한학은 체계성과 실증성을 결여하고 있었으며 타자의식도 자기의식도 갖추지 못했다. 한편 지나학은 지식의 수준에서 개혁을 진행하였기 때문에 분명 엄밀성과 체계성이 제고되었다. 동시에 중국을 하나의 전체적인 세계로서 다루는 타자의식도 갖추고 있었다. 그러나 이 모든 것이 '과학성'의 전제 아래 추진된 탓에 지나학 연구자가 주체성을 '결여'하는 폐해를 낳았다. 주체성의 결여는 반성과 비판정신이 결핍된 새로운 학벌 형성을 야기했다. 가노 나오키의 세대는 지식을 위한 지식이라는 모습으로 의식 형태의 혁명을 완수했다. 그러나 지식은 나날이 활력을 상실했으며, 단순하고 고정된 인식 대상으로 변화해갔다. 다케우치 요시미는 공교롭게도 이와 같은 지식의 변모기와 조우한 것이다. 다케우치는 오로지 과거를 답습하는 구(舊)한학의 수구성과 경직화가 불만이었다. 또한 한학의 비과학성을 개조하려고 한 지나학마저 그 수구적 체질과 경직화를 무의식적으로 계승해버렸다는 점 역시 불만이었다. 다케우치는 온화한 태도로 구한

---

* 이 글에서 아오키는 가노 나오키의 지도 아래에서 서양식 취향(西洋趣味)에서 벗어나 중국식 취향(中國趣味)을 기르는 과정에 전념했던 학생시절을 떠올린다. 특히 그 과정에서 겪게 된 사건, 즉 자신의 일본식 취향(日本趣味)과 점차 형성되던 중국식 취향이 배척하던 것에서 변화해 융화되어 갔던 미묘한 관계를 회상하고 있다. 거기에서 아오키는 가노 나오키의 말을 인용하면서 자신의 중국식 취향을 '지나광'(支那かぶれ)이라 부른 것이다. 青木正兒, 「支那かぶれ」, 『中國文學月報』第一號, 1935년 2월호.

학을 '과학적으로 개조' 하고 학술적 객관성의 기초를 다진 지나학의 근대적 아카데미즘 정신은 귀중한 자산이 아니라 오히려 청신하고 건강한 학술적 공기를 저해하는 장애물이라 지적했다. 다케우치는 시작부터 그 비판의 창끝을 구한학과 지나학으로 동시에 향했으며, 더구나 지나학을 '한학' 이라 일컬었다는 사실은 흥미로운 것이다.

『중국문학월보』 제5호에 한학자 다케우치 데루오의 「소위 한학에 관하여」라는 글이 발표되었다. 이 글은 당시 뭇사람의 비판 대상이었던 한학을 변호하고 있다. 그는 한학의 특성은 삼라만상을 망라하며 '지어내지 않고 기술하는' 태도, 거기에 겸비된 실천성에 있다고 말하고, 따라서 그것은 가장 적절한 계몽의 수단이며 총체성에 근거해 진선미를 파악하는 성스러운 학문이라고 강조했다. 다케우치 데루오의 한학변호론은 당시 지나학의 학문적 전문화가 초래한 지식의 분화를 반비판하고자 꾀해진 것이다. 당시 과학정신을 업으로 삼은 전문화 추세는 한학의 비전문성과 비과학성에 대한 비판과 호응하고 있었기 때문이다. 다케우치 데루오의 해명에 따르자면, 당시 학계는 과학정신에 열광했기 때문에 학술의 전체성을 놓쳤을 뿐만 아니라, 사상이라는 것이 현실의 삶에서 발휘해야 할 기능마저 상실하고 말았다. 따라서 "한학을 분해하여 개별과학을 세우는 것은 필연성에 대한 반역이며, 이 세계에서 인간에게 진정한 행복을 줄 수 있는 유일한 정신을 잃는 일이다."

분명 다케우치 데루오의 글은 논리적으로 완벽한 것이었다. 그러나 당시 일본 지식계에서 한학이 놓여 있던 실제상황과 유리되어, 그것을 무시했다는 점에 큰 문제가 있었다. 사실 한학은 그 시기부터 오늘날에 이르기까지 다케우치 데루오가 기대했던 계몽의 수단이나 성스러운 학문이 된 적이 없다. 오히려 날로 폐쇄적이며 보수적인 유학자들이 기생하는 장으로 변해갔다. 따라서 다케우치 데루오의 탁상공론은 그 주장이 아니라 입론방식에 문제가 있었으며, 그 문제점은 현실을 민감하게 감각하는 사람만이 포착할 수 있는 성질의 것이었다.

편집자로서 다케우치 요시미는 이 글을 실은 이후에 누군가가 반박하기를 기대했다. 그러나 아무도 반론하지 않았다. 하는 수 없이 자신이 응답하기로 결심했다. 그는 제8호(1935년 10월)에 「한학의 반성」을 발표해 다케우치 데루오의 입론방식을 날카롭게 비판했다. "한학(물론 지나학의 의미에서)의 역사적 기초를 논했다는 점에서 논지는 수긍할 만하다. 하지만 현실의 한학을 비판하는 대목에 이르러서는 총명함이 지나친 탓인지, 현실의 한학을 한학의 이념으로 슬며시 바꿔놓고는 조금도 현실을 다루려 하지 않는다. 이런 논자의 태도는 몹시 기이하다." 다케우치 요시미는 거기에서 한 걸음 더 나아가 한학의 타락, 즉 한결같이 답습을 좋아라 하는 폐쇄성, 그리고 논쟁이나 비판정신의 결여를 꼬집었다. "동지인 마쓰다는 우리가 취해야 할 태도를 한 마디의 잠언으로 표현했다. '학계에 아첨하느니 저널리즘에 영합하겠다.' 지당한 말이었다. 오늘날의 한학에 가장 필요한 것은 통쾌한 유희정신이다." "한학의 이념이 어떠하든 현실의 한학이 이미 학문하는 정열적 분위기를 잃었다는 사실은 숨길 수 없다. …… 한학의 부진은 무엇보다 한학의 잘못이다. 그러나 이에 대해 일언반구도 항의하지 않는다면, 그 잘못은 은연중 우리의 피 속으로 스며들 것이다."

이 짧은 글이 다케우치 요시미가 『중국문학월보』에 쓴 첫 비판의 글이었다. 이후의 저술과 비교하자면 좀 유치하지만, 이 글에는 사상을 시작하던 당시의 방향성이 뚜렷하게 담겨 있다. 다케우치는 '지나학이라는 의미에서의' 한학이라고 강조했다. 대개의 사람들은 표면적인 수준에서 한학과 지나학을 다른 것이라고 여겼다. 그러나 다케우치는 신흥의 지나학이 그 '과학성'에 근거해 탁월한 업적을 일구던 그때, 지나학과 구한학의 한계를 관류하는 요소를 주시했다. 이리하여 문제는 다른 방향을 향한다. 즉 지나학이 만들어낸 새로운 학술규범과 구한학과의 어긋남(그것은 주로 엄밀한 학과 구분과 근엄한 고증정신으로 표현된다)은 이미 문제의 핵심이 아니다. 따라서 다케우치 데루오가 지나학의 '과학적' 태도를 공격했던 것은 다케우치가 비판하고자 하는 중점이 될 수 없다. 다케우치 요시미는 지나학과 한학이 공유하는 현실생활에서의 유리, 삶에 대한 열정의 결여라는 치명적인 약점을 지적하고자 했다. 그런 사정으로 양자는 모두 열린 논쟁의 정신을 결여하고 있다는 것이다. 동시에 책상머리의 학문으로 지식을 축적할 수는 있겠으나 사상을 낳을 수는 없으며, 더구나 "현실의 혼탁함을 직시할" 수 없기에 다케우치는 이러한 '학계'에 실망을 표하고, 차라리 저널리즘 쪽이 생기 있다고 여긴 것이다.

    스물다섯에 쓴 이 짧은 글은 다케우치 요시미의 일생을 관통하는 사상적 기조를 이루었다. 그가 일생동안 힘을 쏟았던 것은 바로 '현실의 혼탁함을 직시하는' 일이며, 인생에 대한 열정으로 일본의 사상적 전통을 형성하는 일이었다. 이러한 현실의 더러움 속에서도 완고하다고 할 만큼 사상적 전통을 형성하는 일에 힘을 기울였던 그 집착이야말로 그에게는 살아간다는 행위 자체를 이루었다. 다케우치 요시미는 자신의 사상을 '아카데믹'한 형식에 끼워맞출 수 없었다. 그가 평생 입버릇처럼 말하던 "나는 학자가 아니니 이 문제는 잘 모르겠습니다만"은 겸손의 표현이 아니라, 사상적 독창성을 결여한 현대 아카데미즘에 대한 반감과 거절이었던 것이다. 흥미롭게도 다케우치 요시미와 마루야마 마사오는 마루야마가 문학에 문외한이었으며 엄밀한 의미에서 학자였음에도 사상적인 동반 관계를 이루었는데, 이 문제는 뒤에서 다루겠다.

여기서 우리는 『중국문학월보』의 두번째 기본 문제와 만난다. 즉 다케우치 요시미의 이러한 사상적 기조는 다른 동료들과 선명한 대비를 이루었다는 점이다. 바로 그 점이 이 잡지에서 다케우치를 특이한 존재로 만들었다. 전체 8권 92호에 달하는 잡지를 전부 훑어보면, 늘 현실에 관심을 갖고 사상계와 지식계를 향해 강렬한 비판정신을 품은 이는 다케우치 요시미 한 사람뿐인 것 같다. 더욱이 그만이 어떤 종류의 **논쟁적 자세**를 줄곧 유지하였다. 그의 가까운 친구들, 이를테면 다케다 다이준이나 오카자키 도시오, 마쓰에다 시게오는 분명 함께 잡지를 창간하고 잡지를 위해 노고를 아끼지 않았지만, 학술적인 틀 속에서 사고하고 표현하기를 좋아했으며 자신들의 격정을 온화한 태도 속에 감춰두었다.

하나의 전형적인 사례는 제57호(1939년 12월)에 실린 「이년간」이라는 글이다. 다케우치 요시미는 1937년 10월에서 39년 10월까지 외무성 지나문화사업부의 장학금을 받아 베이징으로 유학을 떠났다. 그 시절의 유학생활은 뒷날 『다케우치 요시미 전집』에 수록된 두 권의 일기에 상세하고 솔직하게 기록되어 있다. 그것은 분명 '학자'와는 전혀 다른 '유학' 체험이었다. 다케우치는 제멋대로 술 마시며 대담하게 기생과 노니는 식욕과 색욕 사이에서 자신의 방식으로 이국적 삶을 체험했다. 게다가 그는 그러한 비상시국에 자신이 '역사의 증인'이 되었다고 큰소리쳤다. 물론 이후에 다케우치 자신이 도저히 그 임무를 감당할 수 없다며 생각을 바꾸었지만, 적어도 특이한 개인적 경험에서 추구했던 것은 단순한 육체적 만족은 아니었으며 인간미 있는 '생'의 감각이었다. 보다 중요한 것은 이러한 경험을 한 이후에 점점 전운이 깊어가는 일본으로 돌아간 다케우치는 당장 그 이년간 『중국문학월보』가 보여줬던 온건하며 아카데믹한 작태에 강한 불만을 터뜨렸다는 사실이다. 「이년간」에서 그는 이렇게 적는다. "오늘날 우리는 이미 『월보』를 근거지로 하던 고고한 정신을 잃었다. 『월보』를 보면 생명 없는 육체를 보는 듯 상심이 인다." 이 글에서 다케우치는 그의 친한 벗들이 중국문학연구회에 품고 있는 열정을 애정 어린 목소리로 이야기한 다음, 애써 온화한 어조로 자신과 벗들 사이에는 인식 방식과 표현 방식에서 차이가 있다고 언급했다. "언젠가 다케다가 말했다. 『월보』를 정치적으로 전환시키려는 자네의 의도에는 찬성할 수 없네. 지금이 아무리 혼란스러운 시대라곤 하나, 그로 인해 『월보』가 갖는 의미가 장래의 약속에 관해서까지 무익하다고는 생각하지 않네. …… 어디까지나 문화적인 것이 좋지 않은가?" 다케우치는 벗의 요구에 나름의 해석을 더한다. "다케다가 말한 뜻은 이러하다. '중국의 꿈'을 추구한다 하더라도 우리 자신을 곧 생활의 환희에 도달하게 하는 삶의 무언가가 내재〔蟄伏〕되어야 한다. 또한 내재하는 이러한 힘에 대한 믿음을 우리 행위를 비판하는 근거로 삼아야 한다. 여기서부터 다시 출발하자. 이러한 것이다. 나는 말했다. 그것은 취미로 떨어지는 것이 아닌가. 다케다가 당당하게 말했다. 취미여야 좋아. 지금 우리는 취미에조차 이르지 못했어."

여기에는 역시 인생과 사상에 관한 다케우치 자신의 태도를 다케다 다이준에게 무리하게 덧씌운 면이 없지 않다. 차라리 그의 이러한 해석은 다케다 다이준이 아니라 루쉰을 떠올리게 한다. 사실 다케우치 요시미가 다케우치 데루오의 한학 이념을 비판한 이후에 다케다 다이준은 한 편의 짧은 글을 발표했다. 거기에서 다케다 다이준은 "물에 빠진 개를 때리는" 다케우치의 태도와는 다른 '페어플레이'를 주장했다.\* 사상적 기점에서 두 벗은 미묘한 차이를 보여준다. 확실히 다케다 다이준은 루쉰을 포함한 중국문학에 대해 비범한 이해력을 갖추고 있었으며, 높은 수준의 문화적 취미를 지녔다. 그러나 다케우치가 말하는 '무언가가 내재한다고 믿는 힘'은 지니질 못했다. 다케우치 요시미가 다케다 다이준의 이야기를 빌려 표현한 것은 인생의 고통에서 발하는 '대환희' 혹은 자기부정과 자기회의라는 비판정신이었다. 그는 교양이 아니라 **힘**의 버팀대가 필요하다고 생각했다. 그것이야말로 루쉰 정신의 정수에 다름 아니다. 이러한 '내재'하는 인생에 대한 성향은 그로 하여금 일찍이 몰두했던 위다푸를 버리고 진정 루쉰으로 향하게 만들었다.

「이년간」을 발표한 후 다케우치는 곧바로 『월보』의 '고고한 정신'을 되찾는 작업에 착수했다. 「이년간」과 같은 호에 지나학자 메카다 마코토의 「문인의 예술」이 발표되었는데, 2개월 뒤인 1940년 2월 다케우치 요시미는 『중국문학월보』 제59호에 「메카다씨의 문장」을 발표해 그것을 비판한다. 이로써 다케우치와 지나학자와의 논쟁이 개시되었

---

\* 다케다 다이준이 제기한 기본적 논점은 다음과 같다. 즉 한학도 전혀 쓸모가 없는 것은 아니며, 그 한적(漢籍)에 관한 지식은 바로 새로운 동양학을 생산하기 위한 기초가 된다. 한학 자체가 진보성을 잃고 방법론적으로 뒤처져, 학문적으로 체계화되지 못했다는 결점은 부정할 수 없다. 그러나 다케다 다이준은 이런 이유로 한학의 가치를 부정하는 것에는 찬성하지 않았다. 그는 한학의 '개인주의'와 '고립주의'를 극복하여 새로운 한학을 세울 것을 제안했다. 다음을 참조하라. 武田泰淳, 「新漢學論」, 『中國文學月報』 第九號, 1935.

고 다케우치가 비판하는 대상은 애매한 '한학'에서 지나학으로 옮겨왔다.

다케우치의 「메카다씨의 문장」은 "사실에 기대어 사실을 말하는" 식이었으며, 다케우치의 논전(論戰) 중에서도 가장 읽는 맛이 떨어지는 것들 가운데 하나이다. 그러나 이 글로 지나학자(그것도 가장 우수한 부분)에 대한 다케우치의 도전이 서막을 열었다. 한학을 비판할 때의 태도와는 달리 지나학자와의 논쟁에서 다케우치의 창끝은 어떤 종류의 추세 내지 분위기를 비판하는 데에 머물지 않고 늘 매우 구체적인 개인을 향했다. 그가 지핀 논전에 이름이 오른 상대로는 메카다 마코토(59호, 60호), 요시카와 고지로(70호, 72호), 구라이시 다케시로(73호) 등이 있다. 논쟁을 하면서 다케우치는 이를테면 메카다의 논문은 논리적으로 혼란스럽고 시각도 평범하다, 요시카와 고지로의 번역은 문체가 저속하며 오역도 많다는 식으로 상대를 비판했다. 주의해야 할 것은 다케우치가 이러한 방식으로 한학과 지나학에 선전포고를 했다는 사실이다. "나는 '나가사와〔長澤規矩也〕, 요시카와, 구라이시, 메카다'를 제목으로 삼아 글을 쓸 작정이다. 이 품종들은 나에게는 좀처럼 흥미로운 것이다."[2] "자신을 남과 구분하고 싶다는 욕망을 느꼈다. 한학이나 지나학의 전통을 뒤엎기 위해 중국문학이라는 명칭은 반드시 필요했다."[3] 그렇다면 다케우치는 왜 이렇게까지 한학과 지나학에 대해 강렬한 거부반응을 보인 것일까. 그리고 그는 늘 이런 기술적인 수준의 문제만을 염두에 두고 있었던 것일까.

다케우치 요시미와 선명한 대조를 이루는 이가 요시카와 고지로이다. 걸출한 지나학자인 요시카와는 지나학의 지적 태도를 반성하면서도, 언제나 관조적인 태도로 연구대상과 마주하여 '지나'(지나의 사상을 포함한)를 일종의 지식으로 다루었다. 따라서 다케우치로부터 번역 기교에 문제가 있다고 지적당하자 상당한 지면을 할애해 기술상의 문제에 대해 자신을 변호하였다. 동시에 '중국학'에 대한 다케우치의 이러한 도전에 틈을 두지 않고 반격을 개시했다. 다케우치 요시미와의 논쟁에서 요시카와는 다소 난삽한 비유를 사용한다. "수구암(手毬岩)이라는 돌은 물리적으로는 울퉁불퉁한 돌에 불과하지만, 아이들의 눈에는 마치 공처럼 보인다." 여기에서 요시카와는 어른의 눈으로 본 사실과 아이들 눈에 비친 사실의 차이를 문제로 삼았다. "그러나 시각을 바꾸니 대상의 형태가 바뀌어 보이는 일은 있을 수 있으며, 또한 대상에 대한 태도로서는 물리적인 관찰을 우선시해야 할 경우도 있다. 현재의 지나학은 종래의 시각과는 다른 입장에 설 필요가 있으며, 지금은 차라리 분석적인 물리적 관찰을 필요로 하는 시기이다." 요시카와가 지나학 개혁을 위해 이러한 '분석적 물리학'을 요청했다는 점에 주목해두자. 이른바 '어른의 눈'이다.

"나는 동심을 존경한다. …… 그러나 동심이 만능은 아니며 세상에는 그것만으론 곤란한 경우가 있다. …… 우리의 학문에는 오히려 어른의 눈이 필요한 시기이지 않은가." 요시카와가 비판하는 중국학 '전사들'이 빠진 함정은 바로 '어른의 눈'이라면 볼 수 있는 문제이며, 그는 이를 '사항편중주의'(事項尊重主義) 내지 '대충주의'〔粗枝大葉主義〕로 일컬었다. 그는 "과학적인 체계는 정밀한 실증 위에, 즉 정밀한 정독 위에 세워져야만 한다"고 강조하였는데, 메이지 이래의 한학에 내재하는 문제는 그 체계성을 위해 독서와 실증의 정밀함을 희생했던 점에 있다는 것이다. 책을 읽을 때 말로 드러나는 사항만을 검토하고, 말과 말 사이의 관계를 중시하지 않는 '사항편중주의'가 발생했다는 것이다. 요시카와는 공격의 창끝을 오카자키 도시오가 번역한 궈모뤄*의 『검은 고양이』로 돌렸으며, 그 책에는 지나학의 낡은 폐단이 온존하고 있으며 새로운 과학정신은 티끌만큼도 갖추지 못했다고 비판했다. 요시카와는 나아가 비꼬아 말한다. 구래의 지나학자야 '대충주의'적인 교육을 받아왔기에 다른 사람의 언어에 대한 통찰력이 부족하다 쳐도 이상할 일이 아니나, 지나학에 반기를 든 중국학의 '전사들'도 구래의 지나학과 전혀 다를 바 없는 결점을 가지고 있다고 말이다.[4] '사항편중주의'를 비판한 것은 오늘날에도 여전한 저열한 학풍을 경계할 때에 무시해선 안 될 제언이다. 그러나 그것을 일종의 기술로 고정하려 했다는 점에서, '어른의 눈'이 요구하는 실증과 정밀함은 일본의 현대 학술세계에 있어 요시카와 고지로의 공헌이자 한계가 되었다. 여기서 우리는 요시카와가 다케우치 요시미의 '동심'을 정확하게 지적했지만, 그것을 이해할 힘을 지니지 못했음에 유의해야 한다. 왜냐하면 다케우치가 추구했던 것은 바로 지나학의 실증성과 엄밀한 논의에서는 누락되어버리는, 지식으로써는 영원히 규명할 수 없는 **사상**이었기 때문이다.

　이 점이 바로 다케우치 요시미와 지나학자가 양립할 수 없는 원인이었다. 다케우치가 도무지 참을 수 없었던 것은 근대적 아카데미즘이나 적확한 지식 자체가 아니었다. 모든 정신활동을 '지식'으로 변환시키고, 거기에 '과학'의 이름을 덧씌우는 행태였다. 중국의 5·4 이후

---

* 궈모뤄(郭沫若, 1892~1978). 시인이자 사학자. 낭만주의 문학단체인 창조사(創造社)를 결성하고, 국민혁명군의 북벌에 정치부 비서차장으로 참가했다. 과부원장, 인민대표회의 상무위원회 부위원장 등의 요직에서 활동했다. 주요 저서로는 『중국고대사회연구』(中國古代社會研究), 『여신』(女神) 등이 있다.─옮긴이

사회사조처럼 일본의 근대지식계도 '과학'을 의심해서는 안 될 절대적인 전제로 간주하고, 그 이름 아래 관련된 모든 사물을 절대화했다. 30년대 사상계·문학계에서 마르크스주의의 퇴조와 아울러 문학으로 '과학'을 대체하려는 노력이 이뤄졌지만*, 과학에 대한 숭배는 근본적으로는 변하지 않았다. 다케우치 요시미에게 이런 문화적, 학술적 분위기는 학술의 주체성 상실을 의미했다. 따라서 다케우치가 지나학자의 학술적 방식을 공격했던 때, 그 창끝은 실은 이렇듯 과학적인 실험과 증명가능성을 절대화하는 '어른의 눈'을 향하고 있었다.

번역을 둘러싸고 요시카와 고지로와 벌인 수차례의 논쟁과 이후 작성된 글에서 다케우치 요시미는 다음과 같은 문제를 지적하고 있다. "학자로서의 요시카와씨는 존경하지만 문학가로서, 그러므로 문학작품의 번역자로서의 요시카와씨에게는 절대로 승복할 수 없다."[5] "지식은 그것을 부정하는 계기(그것은 정열일 것인가) 없이는 지식으로 살아갈 수 없다. 지식은 부정되기 위해 추구되어야 한다. 이것이 문학의 태도이다. 내가 주석을 달지 않고 중국문학을 말할 경우, 늘 태도로서의 문학을 말하는 것이다."[6]

그렇다면 태도로서의 문학이란 무엇인가. 문학이 추구하는 지식이란 또 무엇인가.

---

* 마루야마가 지적했듯이 일본의 20년대에 마르크스주의는 정치사상으로서만이 아니라 일종의 이론적인 유행으로 많은 젊은이를 매료시켰다. 이 유행의 산물이기도 하겠으나 일본의 지식인들은 '과학방법'이라는 이름 아래 마르크스주의 이론을 이해하려고 했다. 따라서 30년대에 일본 프롤레타리아 문학운동이 좌절되자 '과학정신'과 대립하는 '문예부흥'이라는 슬로건이 제창되어, '문학주의와 과학주의'라는 전혀 소득이 없었던 논쟁마저 일어났다. 그 논쟁은 결국 문학이라는 '비논리적'인 것으로 일본 마르크스주의의 '이론적' '과학적' 입장과 대결한다는 것이었다. 필자의 마루야마 마사오에 관한 연구를 참조. 孫歌, 「丸山眞男におけるフィクションの視座」, 『思想』, 1998년 6월호.

최초의 글 「메카다씨의 문장」의 결론부에서 다케우치 요시미는 "막연하지만 무언가 관능적인 생생함"이 그로 하여금 '지나문학이라는 환영(幻影)'에 대한 말로 표현할 수 없는 고통을 안긴다고 고백하고 있다. 그리고 자신이 갈구하는 말을 적는다. "미려한 말. 사랑스런 말. 우렁찬 말. 침착한 말. 하늘을 찌르는 불꽃 같은 말. 기둥에 기대어 나지막하니 탄식하는 말. 말이 사상인 말. 사상이 그대로 행위가 되는 말. 이국의 시인에게 세태가 여의치 않아도 슬퍼하지 말라고 전하는 말. 귀여운 자기 아이에게 바르게 살라고 격려하는 말. 싸움을 말리는 말. 숯이 없을 때 숯이 되고 종이가 없을 때 종이가 되는 말. 어떤 것을 전할 때 다른 표현으로 그 어떤 것을 전하는 말. 교단을 내려올 때 잊혀지지 않는 말. 학문인지 예술인지 모를 것을 학문이나 예술로 위장하지 않는 말. 정치나 관념이나 일상생활을 정치나 관념이나 일상생활 이상으로 다루지 않는 말. 그러나 정치나 관념이나 일상생활을 떠나면 역사 역시 없음을 깨닫는 말. 말이 사라져도 그 말이 거하는 공간만은 남는 말. 신들의 말. 인간의 나라와 하백의 나라 혹은 참새의 나라를 이어주는 말. 무의미한 말. 지쳐 힘없는 말……."

이러한 '말을 찾지 못한' 무력감이 다케우치를 일생동안 따라다녔다. 그러나 그 무력감을 문학가의 독선으로 봐서는 안 된다. 다케우치는 지나학자들이 갖고 있던 말에 대한 사고방식과는 반대편에서 자신의 언어관을 제시했기 때문이다. 다케우치는 근대적인 지식제도에서 걸러진 말의 혼을 구했다. 그의 무력감은 근대적인 지식제도 속에는 그가 갈구하던 '말', 곧 태도로서의 문학이 추구하는 지식이 부재했음을 뜻한다. 반대로 우리가 세계 속의 사물이 고립된 모습으로 우리의 바깥에 '객관적으로' 존재하지 않음을 인정했다고 해서, 즉시 인간의 사유와 외부세계의 관계가 모두 '말'의 위상으로 회수되고 처리된다는 것을 의미하지는 않는다. 어떤 '탈근대주의자'들이 그러하듯이 역사와 사회과정을 바로 말의 위상에 놓고 거기에 안주한다면 역사와 사회과정의 복잡함을 은폐해버릴 뿐만 아니라, 인간과 세계의 관계를 절단하고 말 것이다. 다케우치는 '말을 찾지 못한' 곤혹스러움을 통해 더없이 선명하게 이 딜레마를 전한 것이다.

인간과 외부세계의 진정한 관계는 말에 대해 부단히 그 현실을 표현하는 능력을 조절하고 고심하면서 새로운 말을 구하는 그러한 긴장 속에서만 존재할 수 있다. 다케우치 요시미가 토로한 말에 대한 무력감이나 회의능력이 이 모든 긴장을 결정했다. 그것은 다만 사상과제의 방식을 결정했을 뿐만 아니라, 말에 대해 무력하고 회의를 품을 수밖에 없지만 사상의 말로서만 현실에 개입할 수 있다는 역설적인 진실을 드러낸다. 지식인은 말을 통해서만 이 세계를 인식하고 그것에 개입할 수 있지만, 말이 그 자신으로 완결되지 않는다는 성질을 인식할 때에만 세계에 대한 인지와 개입의 진정성이 담보된다.

바로 이러한 의미에서 번역의 '말'을 둘러싸고 다케우치 요시미와 요시카와 고지로 사이에서 벌어진 논쟁을 고찰하는 일은 오늘날 우리가 놓여 있는 지적 상황을 더욱 깊이 성찰하도록 만든다. 이 논쟁은 논쟁의 양측이 모두 말의 위상에서 문제를 전개하려고 했기에 성립되었다. 앞서 언급한 '사항편중주의'를 요시카와 고지로가 비판한 사정도 바로 말의 문제를 둘러싸고였다. 그러나 비판의 방향은 서로 완전히 달랐다. 요시카와는 말을 '단어'와 '단어의 결합으로 만들어진 관념의 망'으로 구분하고, 후자는 문법적 규칙과 문화심리로 나타난다고 생각했다. 요시카와가 비판하는 '사항편중주의'란 다음과 같은 학계의 현실을 가리킨다. "단어에 극도의 긴장을 갖고 주의하는 일과 반비례로, 단어와 단어가 직조하는 관념의 망은 자의적으로 풀어진다. 그것을 변호하는 구실로서 지나학에는 문법이 없기 때문에 어떻게 읽어도 된다는 이야기조차 나온다."[7]

물론 요시카와의 비판은 가치가 있다. 그러나 이 비판은 하나의 가설 위에 세워졌다. 즉 단어와 관념의 망은 모든 현실을 감당하며 현실을 충분히 해석하고 설명할 수 있기에, 문제는 그것을 자신이 파헤쳐낼 수 있는지 여부라는 것이다. 그런 까닭에 요시카와는 다케우치의 '언어감각'과 어떤 접점을 발견하는 지점에 이르렀음에도 논의를 급히 역방향으로 돌려놓았다. 그는 중국어의 음운학에 관한 지식을 도도하게 말하면서, 중국어는 문법이 없는 것이 아니라 문법이 지나치게 복잡하며 귀납하는 것이 어렵다는 결론을 도출했다. 문화심리의 문제가 단순한 기술적 문제로 바뀐 것이다. 요시카와 고지로는 한 번도 지나학 '지식'의 유한성에 고통을 느낀 적이 없으며, 그에게 지나학이라는 대전제는 절대적인 것이었다. 그에게 가장 커다란 고뇌는 현대 일본인처럼 "자기의 완성에 안달하는 인간은 타인의 인생에는 냉담하다. 타인의 인생에 냉담한 이상 타인의 언어, 거기에 투영된 섬세한 심리가 그늘진 곳, 그런 것에 관여할 여유는 없는" 데에 있었다.[8] 요시카와가 보기에 자신과 다케우치와의 어긋남은 자신이 쌓아올린 지나라는 관념의 망을 다케우치가 이해하지 못한 데서 기인한다. 그는 '지나라는 관념의 망'이 어떠한 기초 위에서 구축되었는지, 그것이 존재할 수 있는 근거나 한계가 무엇인지에는 관심을 두지 않았다.

바로 이 점이 지식에 대한 태도에서 다케우치 요시미와 지나학자들이 지니는 기본적인 차이이다. 메카다 마코토와의 논쟁에서 다케우치는 "말과 등지는 세계"가 존재함을 강조하고, 메카타를 "한 번도 말에 배반당한 적이 없는" 인물이라고 비판했다.[9] 나아가 요시카와 고지로와의 번역논쟁에서도 다케우치는 문제를 '주체적으로 파악하느냐 방관자의 위치에 서느냐' 라는 수준으로 몰고 갔다. 이런 의미에서 요시카와의 '오역회피가능' 설과는 달리 다케우치는 주체가 개입하기 때문에 오역은 불가피하다고 강조했다.[10] 나아가 구라이시 다케시로가 지나어 교육의 개혁안을 발표한 무렵, 다케우치는 보다 직접적으로 지나학이 학문의 객관성 아래 은폐하고 있는 주체적 정신의 취약함을 지적했다. "구라이시씨에게 지나학이란 의심하는 일조차 상상해본 적 없는 실제 세계이다. …… 지나학이 학문으로서의 존립근거를 잃었을 때, 학문 수단의 개혁에 뜻을 두었다. 이는 자신을 구제할 방법이 빈곤하다는 사실을 명명백백 보여주는 꼴이다. 지금 구라이시씨는 수단을 개혁하면 지나학을 빈곤함으로부터 구원할 수 있다고 믿는다. 실은 지나학은 사상 자체가 빈곤한 것이다." 동시에 다케우치는 지나학자처럼 자신을 위하겠다는 마음이 자신에게는 없다는 것을 강조했다. 지나학자의 자기긍정적인 방식과는 달리, 다케우치는 늘 자기부정의 입장에 서 있었던 것이다.[11] 이후 논하겠지만, 이런 자기부정이 결국 다케우치가 중국문학연구회의 해산을 결단하도록 만들었다. 자기부정은 다케우치 요시미의 사고양식 중에서도 가장 역설적인 대목이다. 따라서 전후 일본과 아시아의 문제에 대한 다케우치의 구체적인 태도를 정확히 이해하기 위해서는 『중국문학』 시대의 논쟁에 연원을 둔 이 자기부정의 정신을 분명히 파악하지 않으면 안 된다.

일련의 논쟁에서 다케우치는 열세에 처했다. 그것은 소수로 다수에 맞섰기 때문은 아니었다. 그의 도전이 쇠망하고 케케묵은 학문 분야가 아닌 생명력을 지닌 일본의 근대적 학술세계를 향했기 때문이다. 그러나 이 학술의 주류는 부단히 누적하면서 한 세대 한 세대 거대한 지식의 왕국을 구축했지만, 자기부정은커녕 어떠한 자기반성 능력도 결여하고 있었다. 이러한 의미에서 다케우치 요시미가 지나학과 한학 사이에는 어떠한 차이도 없다고 한 지적은 정확하다. 그는 "이제껏 인간은 왜 모든 것을 회의하지 않는가. 회의하는 정신을 시대착오적으로 만드는 힘은 대체 무엇인가. 사람은 왜 회의하지 않게 되었는가. 사람은 왜 회의하지 않고도 살아갈 수 있는가. 왜 세상이 진보한다고 생각하게 되었는가"[12]라고 개탄했다. 또한 "한학은 불사신으로 움직이고 있다. 그런 이유로 나는 무력감을 느낀다. 결국은 힘이 강해야 살아남는구나라고 생각하게 된다"[13]라며 슬프게 토로했다. 이때 그는 이미 자신이 처한 상황을 명확하게 인식하고 있었다. 그러나 그러한 이유로 다케우치가 제기한 문제는 높이와 깊이를 지니며, 그 강렬한 자기부정의 정신이 일군 역설은 지금도 그 빛을 잃지 않는다. 오늘날 학계의 주류를 점하고 있는 지식은 요시카와와 구라이시의 '어른의 눈'을 통해 생산되고 있으며, 다케우치의 방식을 따르지 않는다. 문제의 어려움은 그것만이 아니다. 사상적으로 빈곤한 '전문가'만이 아니라, 소위 비판적 지식인도 다케우치가 지적한 '말에 배반당하는 것'에 대한 경계를 잃은 채, 사실상 요시카와처럼 말을 신용하는 입장 가까이에 자신의 자리를 마련하곤 한다. 이리하여 충격력을 갖춘 비판적 사조는 어느덧 공동화(空洞化)되어 말의 게임으로 변질된다.

    그것이 단지 일본 학술의 문제로 그치지 않는다는 점에 그 심각성이 있다. 세계 지식계에서도 일반적인 현상이다. 프랑스 지식인이 이 상황을 돌파하기 위해 '탈구축' 전략을 제안했지만, 상황을 얼마만큼 개선시켰는지는 쉽게 답하기 어렵다. 그런 정치한 이론을 전통적 사유 양식으로 회수한 이들이 바로 1세기 전 일본의 지나학자들이었다. 의심할 수 없는 지적 전제가 확정되지 않는다면 사태의 의미를 이해할 수 없다는, 실로 알기 쉬운 지적 입장이었다. 다케우치는 오히려 이곳에서 길을 얻었다. 그가 자신의 사상을 창조하던 시기에 품었던 염려, 즉 말에 안주해서는 안 되며 확정할 수 없는 말의 성질을 경계해야 한다는 그의 생각은 결국 그가 사상의 생산과정 자체를 회의하도록 이끌었던 것이다. 바로 이 대목에서 사상가로서의 다케우치 요시미는 루쉰과 만난다.

## 2장_『루쉰』의 탄생

잡지 『중국문학』 시기에 지나학자들과 백병전을 치른 후, 다케우치 요시미는 사상 그리고 감정의 면에서 루쉰과 만날 준비를 마쳤다. 유례없는 논쟁의 경험과 거기에서 비롯된 고독감을 껴안으면서 다케우치 요시미는 독자적인 '주체적 오독'을 통하여 루쉰이라는, 무한한 빛을 뿌리는 한 명의 중국**문학가**라는 세계로 들어섰다. 동시에 다케우치 요시미라는 특이한 독해자이자 매개자를 거쳐서 루쉰의 정신은 일본에서 모습을 이루었고, 그후 일본 지식계에서 하나의 정신적 원점이 되었다.

1943년 1월. 다케우치 요시미의 제안으로 중국문학연구회는 해산하고 잡지 『중국문학』은 폐간되었다. 그리고 같은 해 다케우치는 명저 『루쉰』을 완성했다.\*

---

\* 『루쉰』의 탈고일은 1943년 11월 9일이었지만, 12월 1일에 다케우치는 소집영장을 받고 12월 28일에 출정하여 후베이성 깐닝으로 파견되었다. 그리하여 훗날 다케우치는 유서를 적는 심정으로 이 책을 썼다고 말한다. 1944년 12월 『루쉰』은 니혼효론샤(日本評論社)에서 출판되었다. 교정은 다케다 다이준. 초판은 3천 부가 발행되었다.

루쉰이 문단 생활을 했던 18년은 시간상으로는 길지 않다. 그러나 중국문학에게 그것은 근대문학의 모든 역사였다. (중략) '문학혁명' 이전부터 최후까지 살아남은 이는 루쉰 한 사람이었다. 루쉰의 죽음은 역사적 인물로서가 아니라 현역 문학가로서의 죽음이었다. (중략) 어찌하여 그는 이토록 긴 생명을 얻었던가. 루쉰은 선각자가 아니었다.(「서장 : 죽음과 삶에 관해서」)

루쉰과 같은 계몽가가 있다는 것은 중국근대문화로서는 자랑할 만한 일이라고 생각한다. 그러나 문학가 루쉰이, 계몽가로서의 자신에게 반역한 루쉰이 그보다 더욱 위대하지 않을까. 차라리 문학가 루쉰이 있었기에 계몽가 루쉰이 우리 앞에 모습을 드러내지 않았을까. 따라서 계몽가 루쉰으로 고정시켜서는 그가 죽음으로 속죄하려고 했던 단 한 가지를 망각하는 것이 아닌가라는 의문이 생겼다.(「전기에 관한 의문」)

그의 문장을 읽으면 반드시 어떤 그림자 같은 것과 마주친다. 그 그림자는 늘 같은 장소에 있다. 그림자 그 자체는 존재하지 않지만, 빛은 그곳에서 생겨나 그곳으로 스러지며, 그렇게 존재를 암시해주는 듯한 점의 어둠이 있다. 건성으로 읽고 지나치면 알아차리지 못하겠지만, 일단 의식하면 마음에 걸려 잊을 수 없다. 화려한 무도회장에서 해골이 춤추는 듯, 나중에는 해골을 실체로 생각하게 된다. 루쉰은 그러한 그림자를 짊어지고 일생을 살았다. 내가 그를 속죄의 문학이라고 부르는 것은 그런 의미에서다.(「사상의 형성」)

'절망이 허망함은 바로 희망이 그러함과 같다.' 이것은 말이다. 그러나 루쉰 문학을 설명할 때 이것은 말 이상이다. 말이라고 하면 상징적인 것이 되므로 차라리 태도, 행위라고 하는 편이 낫겠다. 내가 생각한 루쉰의 회심(回心)을 만약 말로 밝힌다면, 결국 이렇게 되어버리지 않을까 생각한다. 절망이 허망함은 바로 희망이 그러함과 같다. 사람이 '절망'과 '희망'을 설명하는 것은 가능하지만, 그러한 자각을 얻은 사람을 설명하는 일은 불가능하다. 그것은 태도이기 때문이다. 그 태도를 부여한 것이 「광인일기」이다. 「광인일기」가 근대문학의 길을 열었던 것은 그것에 의해 구어(口語)가 자유롭게 되었기 때문도, 작품 세계가 가능케 되었기 때문도, 하물며 봉건사상이 타파되었기 때문도 아니다. 이 유치한 작품에 의해 어떤 근본적인 태도가 자리잡았다는 데에 가치가 있다고 생각한다. 그리고 그것 때문에 「광인일기」의 작가는 소설가로서 발전하지 못했으며, 오히려 소설을 소외함으로써 자기 작품에 대한 속죄를 해야만 했다고 생각한다. "길은 아득하여 멀기도 하나니"이다. 「광인일기」는 한 사람의 문학가를 가능케 했다. 그러나 동시에 "나는 장차 오르내리며 찾아보려 하노라"라고 하는 문학가를 가능하게 했던 것이다. 중국근대문학 최초의 기념비는, 루쉰에게는 초나라의 고대 시인〔굴원〕과 동일한 비극의 탄생을 알리는 것이었다.(「작품에 대하여」)

루쉰연구의 기초를 다진 기념비적 저작으로서 『루쉰』은 전세계 루쉰 연구자의 필독서가 되었다. 걸출한 분석과 비범한 결론은 일본과 중국의 루쉰 연구자들에게 커다란 영향을 끼쳤다. 예를 들어 루쉰의 생사 관념이나 허망 관념에 대한 분석 혹은 루쉰연구를 이데올로기로부터 건져내려는 노력 및 루쉰의 속죄의식에 관한 분석, 특히 '회심'이라는 개념에 응축된 풍부한 내용은 우상 루쉰에게서 벗어날 가능성을 후세 사람들에게 시사해주었다. 그러나 흡사 다케우치 자신이 루쉰 문학의 현실적 기능이 반드시 루쉰에게 가장 근본적인 부분은 아니라고 여겼듯이, 다케우치의 루쉰 독해에서도 현실 분석에 관한 논의가 루쉰관의 핵심을 이루지는 않는다. 다케우치는 루쉰과 루쉰 작품과의 관계를 분석하면서 "루쉰이 말하는 자기는 말하자면 과거형의 자기이지 현재형은 아니다. 현재형의 그는 많은 경우 작품의 바로 앞에 있다. 그는 작품으로 몸을 씻은 것이 아니라 옷을 벗어던지듯이 작품을 내던졌다"(「전기에 관한 의문」)고 쓰고 있다. 그리고 다케우치가 루쉰의 전기나 사상, 작품과 인생을 분석하면서 도출한 일련의 결론도, 그 자신이 '옷을 벗어던지듯이 작품을 내던진' 것에 불과하다. 진실로 다케우치의 생애를 늘 떠나지 않은 것은 『루쉰』에서 '어둠'이나 '무'로 표현된 궁극적인 문학적 깨달음이며, 마치 블랙홀처럼 모든 빛과 그림자를 삼켜버리는, 실체화할 수 없는 해골 같은 존재였다. 실체화가 불가능하기에 그것을 두르고 있는 빛을 해석해야만 그 존재를 암시할 수 있다. 그리고 그것이 차지하는 궁극적인 위치는 무릇 빛을 설명하고자 할 때 그 어둠을 피한다면 모래 위의 누각처럼 취약한, 나아가 영혼이 빠졌다고 할 만큼 단순한 기술적인 논증에 지나지 않게 된다는 점에 있다.

    다케우치 요시미의 루쉰연구가 후세에 미친 영향은 주로 '옷을 벗어던지듯이 내던진' 결론이었음을 부인할 수 없다. 그러나 다케우치의 일생을 따라다닌 블랙홀 혹은 궁극적인 문학적 깨달음은 일본에서도 세계의 루쉰연구에서도 그 전통으로는 진입하지 못했다.

    다만 직접 표현할 수는 없지만 피할 수도 없는 블랙홀은 다케우치 요시미가 사고한 문학이라는 것의 위치를 암시한다. 그것은 '초나라의 고대시인과 동일'하게 영원히 발견되지 않을 대답을 오르내리며 구한다는 숙명이며, 절망과 희망을 일신에 모으는 '허망'한 위치이다. 다케우치가 우리에게 남겨놓은 일련의 구체적인 문제에 관한 비판은 이미 그 유효성을 상실했으며, 다케우치의 여러 관념(루쉰에 대한 해석도 포함해)은 편향적이며 잘못되었음이 역사에 의해 증명되었다. 하지만 다케우치가 평생토록 짊어졌던 그림자는 여전히 우리와 함께 존재하고 있다. "건성으로 읽고 지나치면 알아차리지 못하겠지만, 일단 의식하게 되면 마음에 걸려 잊을 수 없다." 일단 마음에 걸려 잊을 수 없게 되면 다케우치의 저작을 읽는 일도 전혀 다른 면모를 드러낸다. 그가 끝끝내 놓지 않았던 '태도로서의 문학' 이야말로 생애에 걸쳐 견지하려던 입장이었기 때문이다. 이 입장을 둘러싼 그의 일련의 관점이나 결론은 거기서 생겨나 거기서 스러지는 덧없는 빛에 불과하다. 다만 블랙홀의 존재를 암시하는 역할을 맡을 따름이다.

『루쉰』에서 다케우치는 이러한 방법을 사용하였다. 루쉰의 생애에서 어떠한 변화가 일어났는지가 아니라 어떤 부분이 변하지 않았는지를 찾는 것. 변하지 않은 부분이야말로 다케우치가 '회심'이라는 말로 표현했던, 무릇 모든 인간이 지니는 **결정적인 시기**에 다름 아니다. "모든 사람의 일생에는 어떤 결정적인 시기가 어떤 모습으로든 있을 것이다. 여러 가지 요소가 요소로서의 기능적인 형태가 아니라, 일생을 돌면서 회귀하는 축으로 형성되는 시기가 있을 것이다. 그리고 그것은 많든 적든 간에 다른 사람에게 설명되지 않는 편이 보편적이리라."(「사상의 형성」) "루쉰은 변했을지도 모르겠다. 그러나 나에게는 그가 변했다기보다도 그가 변함으로써 표현했던 것이, 요컨대 이차적인 전환을 통해서 조망된 본질적인 회심이 중요하다."(「정치와 문학」) 이 회귀의 축이야말로 빛을 빨아들이며 동시에 생산하는 '어둠'과 '무'에 다름 아니다. 그것이 존재하기에 인생에서 다양한 요소(당연히 사상적 수준의 여러 요소를 포함해서)와 변화는 단지 그 자체만을 의미하지 않고, 이 회귀의 축의 유기적인 구성요소가 되는 것이다. 그러나 이 회귀의 축은 설명할 수 없는 것이기에, 다시 말하면 일종의 '문학적인 지식'이기에 다케우치는 그 존재를 증명하기 위해 우회전략을 취해야 했다. 즉 어둠을 에워싸면서 동시에 그것에 빨려 들어가는 '여러 가지 요소'를 모두 끌어내고, 그것들의 탄생과 소멸의 길을 따라서 어둠인 '회귀의 축'이 **위치**하는 곳을 더듬어간다는 전략이다.

이런 의미에서 루쉰의 삶을 구성하는 다양한 요소(전기, 작품, 논쟁과 같은 행위들)는 단지 그 자체의 의미로 그치지 않게 되었다.* 루쉰이 지녔던 회심의 축을 따라 다케우치가 이런 요소들을 다시 조직하자 그것들은 첨예한 내적 모순을 품는 강인한 생활자의 이미지를 구성하게 되었다. 루쉰의 일생은 하나의 역설을 이룬다. 죽음과 삶, 추억과 현실, 절망과 희망, 농촌과 도시, 문학과 계몽, 문학과 정치 사이의 긴장관계로 충만한 결합체인 것이다. 그러나 이 역설은 결코 정태적인 의미에서 이항대립 사이의 '변증법적 관계'를 의미하지 않는다. 그것은 일종의 독특한 **역동성**으로 표현된다. "그는 물러나지 않았고 추종

---

* 방법론의 측면에서 이 점은 매우 중요한 의미를 지닌다. 수많은 루쉰연구와 다케우치 요시미 연구 가운데 작가이자 사상가인 이들의 관념과 사상을 단지 관념과 사상으로만 취급한 예가 드물지 않게 보이는데, 이러한 연구로는 루쉰이나 다케우치 요시미 사상의 핵심에 결코 다가갈 수 없다. 연구자가 연구 대상의 다양한 요소를 단지 요소로 다루기를 멈추고, 대상의 삶에서 본원적인 중심축을 둘러싸고 존재하는 유기적인 구성요소로 여긴다면, 그 요소들은 비로소 우리를 그 중심축으로 인도할 것이다.

하지도 않았다. 우선 자신을 새로운 시대에 대결시키고, '쩡짜'로 자신을 씻고, 씻겨진 자신을 다시 그 속에서 끌어낸다"(「서장:죽음과 삶에 관해서」). 구체적으로 예를 들어 말하자면 다케우치는 루쉰이 량치차오**에게 영향을 받았는지에 대해 "받았다고 해도 그 방식은 자신에게 본질적인 것을 뽑아내기 위해 그 속으로 몸을 던지는 행위, 즉 '쩡짜'적인 받아들임을 택했던 것은 아닐까. 따라서 그것은 후년 혁명문학의 경우와 같은 태도가 아니었던가"(「사상의 형성」)라고 분석한다. "그는 그 고통을 자신에게서 추출해 상대방 속에 두었다. 그리고 그 대상화된 고통을 타격한다. 그의 논쟁은 이렇게 실행되었다. 이른바 그는 자신이 만든 '아Q'와 싸웠던 것이다. 따라서 논쟁은 본질적으로 문학적이다. 결국 행위 외에는 아무것도 아니다. 작가가 작품 속에서 하는 일을 그는 작품 밖에서 한 것이다. 비평가가 비평의 세계를 세우는 일과 동일하게 그는 논쟁으로 세계 밖에 세계를 구축했던 것이다."(「정치와 문학」) 다케우치가 이런 역설적 관계를 이해할 수 있었던 것은 루쉰을 읽었기 때문이 아니다. 그것은 지나학자들과 벌였던 저 '무물의 진'***

---

** 량치차오(梁啓超, 1873~1929). 청말 중화민국초의 계몽사상가이자 문학가. 캉유웨이(康有爲)를 만나 서학(西學)과 공양학(公羊學)을 익혔다. 1895년 캉유웨이와 함께 강학회(强學會)를 설립하여 번역, 신문 잡지 발행, 정치학교의 개설 등에 매진하였다. 1895년 이후에는 탄쓰퉁(譚嗣同)과 함께 변법자강운동에 진력하였다가 실패하자 일본으로 도피하였으며, 1912년 중화민국이 수립된 후 중국으로 돌아와 진보당(進步黨)을 세웠다. 저서로서 『음빙실전집』(飮氷室全集), 『청대학술개론』(淸代學術槪論), 『중국근삼백년학술사』(中國近三百年學術史) 등이 있다. ─옮긴이
*** '무물의 진'(無物の陳)은 루쉰의 산문 「이러한 전사」(「野草」)에서 유래한다. 루쉰은 자신의 싸움도 포함하여 당시 중국의 사상적 투쟁의 상황을 이렇게 묘사했다. "그가 무물의 진에 발을 들여놓았을 때, 거기서 만나는 것들은 모두 그에게 예를 갖춘다. 이 예가 적의 무기임을 그는 알고 있다. (중략) 그러나 그는 투창을 치켜든다. (중략) 모든 것이 땅으로 꺼진다. 단 한 장의 외투만이 남아 그 속은 무물이었다. 무물의 것은 모두 사라지고 승리를 얻었다." 여기서 '적과 만나지 않는' 싸움의 방법이 거론된다. 다케우치가 지나학자와 벌인 논쟁도 이렇듯 전혀 접점을 발견할 수 없는 것이었다.

에서의 싸움처럼 접점 없는 논쟁에서 비롯되었으며, 다케우치가 전쟁의 시대 속에서 느낀 시대의 모순과 지식인의 자기모순에 바탕을 두고 있다. 이리하여 일찍이 요시카와 고지로가 배제했던 그것, 정밀함과 실증성이 결여되어 현대의 지식제도에서는 받아들일 수 없는 '동심'이 루쉰을 만나자 다케우치 요시미 자신의 역설적 특질을 기르는 풍부한 영양원이 되었다.

다케우치 요시미는 『루쉰』에서 한 가지 기본원칙을 제시했다. 그것은 내부에서 발한 부정만이 진정한 부정이라는 명제이다. 바꿔 말하면 자기부정만이 부정의 가치를 지니며, 자기부정을 거치지 않은 사상이나 지식, 밖에서 주어진 기성의 것들은 그것이 무엇이든 생명력을 지니지 못하는 죽은 지식이라는 의미이다. 이것이 다케우치가 지나학자와 대립하던 시기에 형성했던 기본적인 입장임을 재차 설명할 필요는 없겠다. 그 시기에 이미 다케우치는 이를 두고 '문학적 태도'라 명명하였다. 『루쉰』에 이르러 자기부정의 원칙은 살을 더해 '쩡짜'라는, 루쉰에게서 유래하는 핵심어를 중심으로 삼는 역설적 입장을 이루었다. '쩡짜'의 특징은 보통 대립하고 있다고 여겨지는 모순적인 사물의 양극을 주체 속에 두고서, 주체의 부정적 개입을 통해 새로운 주체적 정신을 기르는 데에 있다. 이때 새로운 주체적 정신은 원래의 주체성과 단순히 대치하지 않는다. 주체는 표층적인 의미에서 부단히 회심의 축을 향해 돌고 있을 따름이다. 일견 현학적으로 보이는 이러한 주장은 말장난이 아니다. 오히려 하나의 중요한 실천원칙이다. 이후 언급하겠지만 전후에 다케우치 요시미가 일본의 근대화와 근대성이라는 중요한 문제를 정면으로 다룰 때, 특히 일본이 유럽적 근대화 속에서 자신의 사상적 전통을 형성한다는 난제에 직면한 장면을 다룰 때, 이러한 역설적 특질은 늘 문제를 이야기하는 출발점이 되었다.

　문학 텍스트 분석으로서 『루쉰』은 반세기가 지난 오늘날 보아도 여전히 훌륭하다. 분석방법이 정밀하지 못하고 엄밀한 논증도 제시하지 않았지만, 루쉰이라는 한 명의 복잡하고 특이한 대상을 대하는 다케우치 요시미의 방식은 무척 유효했다. 루쉰이 창작한 작품이 루쉰이 우리에게 남긴 정신적 유산 가운데 가장 아름다운 색채를 띠는 것은 아니기 때문이다. 통상의 문학 정의를 따른다면 루쉰의 문학작품 중에서는 소설과 산문이 중요하며, 그의 문필 생활에서 커다란 위치를 점했던 잡문은 '사상'을 담고 있다고는 여겨지지 않는다. 그리되면 문학가로서의 루쉰은 몹시 가치절하될 것이다. 다케우치 요시미의 『루쉰』은 그러한 시각으로 루쉰에게 접근하지 않았다. 다케우치는 루쉰이 통상의 문학 관념과는 무관하다고 생각했다. 말하자면 루쉰의 존재로 인해 문학은 새로 정의되었다.

　책의 도입 부분에서 다케우치는 루쉰이 중국의 신문학운동 속에서 유일하게 최초부터 최후까지 현역으로 살아남은 문학가라고 말하고, 따라서 루쉰의 문단 생활은 중국근대문학의 모든 역사에 값한다고 상찬한다. 그때 다케우치는 우리에게 어떤 새로운 문학의 정의를 보여주고자 했다. 루쉰은 자신의 작품에서 여느 문학에 관한 이해와는 다른 특성을 보여준다. "만약 고뇌가 그대로 작품에 드러나는 작품만을 작품이라고 간주하는 습관이 있다면, 루쉰은 그런 사고방식을 바로잡게 했을 사람이다"(「전기에 관한 의문」). 즉 루쉰은 문학적 창작과정에서 자신의 고뇌를 표현하지 않았으며, 간신히 과거형의 자기를 말했을 따름이다. 옷을 벗어 내던지듯. 그러므로 문학가 루쉰은 창작이 아닌 방법으로 가장 문학적인 영혼을 표현했다.

"그는 작품 속에서 자신을 분열시키는 대신에 작품을 자신에게 대립시킴으로써, 이른바 작품의 바깥에서 자신을 말하고 있다. 그의 소설이 고풍스러운 이유 가운데 하나가 여기에 있으며, '잡감'(雜感)이라는 독특한 문체를 창조한 것도 이와 무관하지 않을 것이다. 나는 수년 전에 썼던 짧은 루쉰론에서 루쉰이 소설을 쓰지 않게 되었던 것은 문학이 사상을 따라가지 못했기 때문이라고 고찰했으나, 지금 생각해보면 이러한 고찰 방식은 순서가 뒤바뀐 것이다. 오히려 처음부터 사상을 다가오지 않게 했던 것은 아닐까 생각한다. 그에게 소설을 쓰는 일은 잡감을 쓰는 일과 같은 행위가 아니었으며, 잡감을 쓰는 일은 문학사 연구에 깊이 몰두하려는 마음을 한편으로 유지할 때에만 비로소 행위로 나타날 수 있었다."(「전기에 관한 의문」)

'행위'는 다케우치 요시미가 문학을 정의할 때에 사용하는 핵심어이다. 그는 그것을 관념과 대립하는 의미로 사용하고 있다. 다케우치의 어휘 가운데 진정 '행위'인 것들은 부단한 자기부정을 수반해야 한다. 진정한 행위는 마땅히 '쩡짜'이지 않을 수 없다. 다케우치는 루쉰의 문학을 진정하게 자리매김 한다면 문학의 영혼을 구성하는 '행위'는 그의 창작이 아닌 잡문에 있다고 여겼다. 따라서 루쉰의 문학정신을 논할 때는 행위의 담지체인 잡문을 중시해야 한다. 이를 위해 다케우치는 작품과 잡문 사이의 교량 역할을 담당하는 『야초』를 중히 여겼다. 다케우치가 앞에서처럼 말했던 까닭은 그가 기성의 정설과 정면으로 맞서야 했기 때문이다. 문학이란 허구에 근거한 창작이라는 관념 말이다. 문학에 대한 다케우치의 정의는 기존의 정설을 깨는 데서 시작해야만 했다.

다케우치는 물론 협의의 문학에 관한 정의도 존중했다. 그렇기에 그는 루쉰 문학에서 창작이 차지하는 중요성까지도 급진적으로 부정하지는 않았다. 그러나 존중했다는 이유로 그가 기존의 문학에 관한 이해를 은근히 해체하고 재구성하는 데에 방해를 받지는 않았다. 이 점은 그가 '작품'과 '문학'을 구분하여 사고했다는 점에서 잘 드러난다. 『루쉰』은 전부 6장으로 구성되어 있는데,* 그 중 4장과 5장은 흥미로운 대조를 이룬다. 4장은 '작품'을 다루는데, 이른바 "강하게 작품이라 부를 수 있는" 루쉰의 소설, 산문, 산문시가 검토되고 있다. 여기에 다케우치는 설명을 덧붙인다. "나는 창작과 잡문을 구별하고, 그것을 기반으로 문학론 비슷한 것을 운운할 생각은 털끝만큼도 없다. 하고자 하는 바는 단 한 가지 루쉰의 위치를 결정하는 일이다. 사상이나 작품 행위, 일상생활이나 미적 가치가 아니라, 그런 잡다한 것들을 가능케 한 본원적인 무언가를 알고자 하는 것이다." 이에 비해 5장 「정치와 문학」에서는 정치와 문학의 관계가 검토되는데, 여기서 다케우치는 창작이 아닌 잡문을 활용한다. 다시 말해 다케우치는 문학가 루쉰이 표현한 문학과 정치의 관계는 다만 잡문의 세계에서만 찾을 수 있다고 여긴 것이다.

다케우치 요시미가 푸대접한 통상의 '문학론이라는 것'은 확실히 우리를 루쉰 문학의 깊은 곳으로 인도하지 못한다. 루쉰 문학이 지닌 강렬한 정신은 문학의 새로운 정의를 요구한다. 『루쉰』은 바로 그러한 작업이었다. 다케우치는 '문학'을 하나의 창작행위로부터 궁극적이며 본원적인 존재 자체로 끌어올렸으며, 동시에 '문학'이라는 이름 아래

---

* 이 여섯 장의 제목은 순서대로 '서장: 죽음과 삶에 관하여', '전기에 관한 의문', '사상의 형성', '작품에 대하여', '정치와 문학', '결어: 계몽가 루쉰'이다.

이러한 궁극성과 본원성이 현실 인생에서 유동적인 양태를 획득하도록 만들었다. 이 점은 「정치와 문학」이라는 장에서 가장 집중적으로 표현되고 있다.

"정치에서 유리된 것은 문학이 아니다. 정치에서 자기의 그림자를 보고 그 그림자를 파괴함으로써, 바꿔 말하면 무력함을 자각함으로써 문학은 문학이 된다. 정치는 행동이다. 따라서 그것과 대결하는 것 또한 행동이지 않을 수 없다. 문학은 행동이다. 관념이 아니다. 그러나 그 행동은 행동을 소외함으로써 성립하는 행동이다. 문학은 행동의 밖이 아니라 행동 속에서 회전하는 공의 축처럼 일신에 동(動)을 집중하는 극치적인 정(靜)의 형태로 존재한다. 행동이 없다면 문학은 생겨나지 않지만 행동 그 자체는 문학이 아니다. 문학은 '여유의 산물'이기 때문이다. 문학을 만들어내는 것은 정치다. 그러나 문학은 정치 속에서 자신을 끄집어낸다. …… 진정한 문학은 정치에서 자신의 그림자를 파괴한다." 이러한 유동적인 '자기 선택' 이야말로 루쉰이 쑨원에게서 본 '영원한 혁명가'의 정신 바로 그것이다. 이에 비해 쑨원에게서 혁명의 성공자 혹은 실패자밖에 읽어내지 못하는 '문학'은 응고된 세계일 뿐이다. 자기생성은 이루어지지 않으며, 따라서 문학의 생명은 소멸될 따름이다. 이때 문학이란 현실 정치와는 대등하지 않은 형태로 자신의 독특한 '여유'를 지니는 '문화의 정치'로 이해할 수 있다.

그렇지만 다케우치의 '문학'은 또한 '문화의 정치'라는 개념에 다 담기지도 않는다. 다케우치는 『루쉰』에서 문학의 본원적 위치를 추구하여 세계 전체가 지녀야 할 '문학적 구조'에 대한 비전을 일궈냈다. 문학이란 사상이며, 행위이며, 정치이며, 미학이다. 그러나 그 모두를 아득히 초월해 있고, 그것들 모두를 생산하고 지워버리는 본원적인

'무'이며, 부단히 유동하는 그림자와 부단한 자기갱신의 공간이다. 이리하여 지나학자들과의 대결은 더 이상 사실 문제에서 초래되어 사실을 논하는 그러한 기술상의 문제가 아니게 되었으며, 세계관이라는 의미에서 자각을 획득하는 활동이 되었다.

『루쉰』을 집필하던 시기는 다케우치가 중요한 사상적 결단을 내린 시기이기도 하다. 다케우치 한 사람에 의해 방향이 정해지던 중국문학연구회는 마침 이때 곤경을 겪었다. 10년간의 분투를 거치며 이 연구회는 바야흐로 상당한 영향력을 갖게 되었고 실적도 쌓았지만, 동시에 한학과 지나학이 맞닥뜨린 문제에 직면하게 되었다. 어떻게 자기갱신을 할 수 있는가라는 그 문제 말이다. 한학과 지나학은 이 문제와 정면으로 마주하기를 거부했으며, 그런 까닭에 다케우치는 그것들과 대결하였다. 이제 중국문학연구회 역시 같은 문제에 직면했으니 다케우치는 어떻게 해야 할 것인가.

다케우치는 이 장면에서 후에 『루쉰』에서 제시된 궁극적으로 본원적인 문학적 태도를 훌륭하게 실천해 보였다. 1943년 1월 23일 다케우치는 다케다 다이준의 집에서 5인 회의를 소집하였다. 이들 중심 멤버들은 연구회 해산과 잡지 폐간을 결정하였다. 회의 참석자 가운데 한 명인 치다 구이치는 다케우치 요시미가 자신은 중국문학연구회를 그만둘 것이며 누군가 다른 사람이 대신하기를 바란다고 말을 꺼냈을 때의 상황을 잡지의 종간호에 상세하게 묘사한다. "다케우치가 하지 않으면 누구도 할 수 없다. 다케우치가 해낼 수 없다면 누구도 해낼 수 없다." "이런 것은 두 번 다시 일어설 수 없는 문화의 버거운 모습이다. 다케우치는 누구보다 그것을 잘 느끼고 있었다. …… 일련의 외적 요인도 있었지만 결국 그것은 다케우치가 살아가는 방식이었다."[14]

연구회의 해산과 잡지의 폐간에 일련의 외적 요인이 있었다 하더라도, 그 근본적 원인은 '다케우치가 살아가는 방식'이었다. 종간호에 발표된 다케우치의 「『중국문학』의 폐간과 나」는 그것을 뚜렷하게 전한다. 제목에서 드러나듯이 잡지의 발간은 집단적인 행위라기보다, 다케우치라는 '나'의 개인적 행위이다. 행간을 읽으면 드는 생각이지만, 이 글은 실로 무겁다. 당시 다케우치는 아직 서른셋이었지만 훗날 『루쉰』에 적었듯이 "살기 위한 선택"으로서 죽음을 헤쳐나갔던 것이다. 정간 대신 '폐간'이라 쓴 까닭은 온갖 심혈을 기울인 『중국문학』이라는 '문화'가 이미 '다시 일어설 수 없는' 상황이며, 재기는 불가능하다는 사실을 분명히 꿰뚫고 있었기 때문이다. "끝내는 것이 결정된 지금, 농담에서 망아지가 나온 듯 불장난이 지나간 듯 그러한 쓸쓸한 생각도 들지만, 도리어 끝내는 것이 진실되었다는 안심도 느낀다." 여기서 중요한 메시지를 읽어낼 수 있다. 연구회 해산은 다케우치 개인의 의지로 결정되었다. 동료들의 소극적 동의를 얻었지만 "농담에서 망아지가 튀어나온 듯" "불장난이 지나간 듯"한 기분이 안도감으로 이어진 까닭은 '절망에 대한 절망'이라고도 할 어떤 감정이 생겨났기 때문이다. 이 감각이 후일에 『루쉰』의 분석방향을 결정하게 된다.

    다케우치는 10년이라는 시간을 할애하고 전력을 다해 중국문학연구회와 잡지를 유지했지만, 연구회와 잡지는 그의 개인적인 의사를 따라가지 못했다. 이 '쓸쓸한 생각'은 그가 불만을 가졌던 모든 현상이 어찌 보면 자기 탓으로 생겼으며, 또한 연구회가 자신의 이념을 등지는 방향으로 나아가는 모습을 보면서도 막지 못했다는 분함에 기인한다. 뿐만 아니라 연구회를 그만두는 것은 10년간 노력에 대한 자기부정이 되며, 그가 느낀 적막은 적의 공격 속에서의 적막이 아니라 사랑하는 친구들 속에서의 적막이었다. 문제는 더 번거롭다. 다케우치는 선구적으로 세상사를 예언하는 형태로 연구회를 운영하지 않았다. 그는 자신의 이념을 뚜렷한 형태로 벗들에게 전할 수 없었으며 윤곽조차 그릴 수 없었다. 이러한 시행착오의 모색 속에서 그는 연구회의 해산 이유를 이렇게 밝힌다.

첫째로, "우리는 당파성을 상실했다." 그가 말하는 당파성이란 세속적인 의미와는 다르다. 즉 지식계에서 어떤 종류의 확고한 위치나 영향력을 손에 넣는다는 의미가 아니라 주체성 자체를 뜻한다. 모순으로 풍만한 혼돈 속에서 부단히 자기확립을 구하는 것. 부단한 자기부정을 통해 환경 속에서 자기를 선택하는 것. 동시에 그러한 자기확립을 통해 지식계 전체를 개조하는 에너지를 움켜쥐는 것. 달리 말해 당파성이란 바깥에 타자를 두고 그것과 대결하는 것이 아니라, 내부의 본원적인 모순 속에서 회의의 정신을 기르고 그리하여 자신과 환경의 갱신을 도모한다는 의미이다. 다케우치는 지나학자들과 논쟁하면서 이러한 '당파성'을 정확히 체현하였다. 그러나 다케우치는 동료들에게서도 이해를 얻지 못했다. "근원적인 모순이 사라져 안정이 도래했다. 지속의 날이 시작되었던 것이다. 나는 이러한 연구회가 불만스럽다." 중국문학연구회는 다케우치의 구상과는 달리 일본의 지적 상황을 변화시키지 못했으며 도리어 타협하여 그 일부가 되어갔다. 지나학과 한학에 맞선다는 다케우치의 항쟁은 실패로 끝난 것이다. 이리하여 연구회는 세간으로부터 인정받았지만, 다케우치는 그것을 세간의 지배를 받게 된 것이라 여겼다. 그는 그러한 상황을 '세속화'라고 일컬었다. "세속화는 연구회의 발전에 따른 필연적 현상이며 이른바 운명이다." 그러나 이런 종류의 세속화에 도전하는 태도야말로 그를 본원적인 문제로 돌아가도록 만들었다. 다케우치는 찬란한 빛에 대한 추구를 포기하고 빛을 따라 저 궁극에 있는 블랙홀을 향해 걸어갔다. 그가 블랙홀을 추구한 데에는 일본의 지식계에 대한 실망이 묻어난다.

둘째로, 폐간과 연구회의 해산만이 다케우치의 기본이념을 '행위'로 변화시킬 수 있었다. 다케우치는 이 '행위'를 통해서 동아시아 문제를 둘러싼 메이지 이래 일본의 입장을 비판적으로 성찰할 수 있었다. 한 사람의 현대중국연구자로서 다케우치는 태평양전쟁이 발발한 후 그가 기대를 보냈던 '대아시아주의'의 이념에 깊은 배신감을 느꼈다. 전쟁에 대한 그의 태도는 뒤에서 상세히 검토할 예정이기에 여기서는 간단히 언급해두는 정도로 하자. 1943년의 다케우치는 그가 일찍이 판단을 유보하거나 혹은 지지했던 국가행동, 즉 구미에 대한 선전포고가 일종의 기만이었음을 의식하기 시작했다. 그러나 그 시기에는 전쟁 자체를 부정할 생각은 하지 못했고, 전쟁을 지지하는 기만적인 문화적 기초를 비판하는 데에 머물렀다. 다시 말해 다케우치는 소위 비식민화를 목적으로 하는 '해방전쟁'에 여전히 환상을 품고 있었다. 더구나 자신의 행동으로 당시 식민지의 문화적 분위기에 맞서 진정한 대동아문화를 건설하려고 하였다.

"오늘날의 문화는 본질에서부터 관료문화이다. 관료문화는 그 성격이 자기보존적이다. (중략) 우리 일본은 이미 대동아지역들에 대한 근대적 식민지배를 관념으로서 부정하지 않았던가. 나는 한없이 옳다고 생각한다. 식민지배의 부정이란 자기보존욕의 포기이다. 개체가 다른 개체를 수탈하여 자신을 유지하는 것이 아니라, 개체가 스스로를 부정함으로써 다른 개체를 포섭한다는 입장을 자기 안에서 만들어내는 것이다. 수탈이 아닌 나눔으로써 세계를 그려야 한다." 이것이 전쟁과 아시아의 문제를 대하는 다케우치의 기본입장이었다. 동시에 그가 일본 사상의 전통을 생각할 때 무엇보다 뼈아프게 느끼는 문제였다. 왜냐하면 메이지 이래로 일본은 동아시아에서 바로 다케우치가 비판했던 '자기보존'을 지속해왔기 때문이다. 이런 의미에서 다케우치 요시미는 '자기 한 몸의 선함'을 꾀할 수밖에 없었다. 자신의 '자기부정' 이념을 철저하게 관철하여 그것을 '행동'으로 전환하고, 따라서 연구회를 해산하고 기관지를 폐간할 수밖에 없었다. 이를 통해서 다케우치는 협소하면서도 확장하려는 성격을 지닌 일본 정부에 깊은 실망을 표명했다.

셋째로, 한학과 지나학 속에서 자기부정을 통해 탄생한 중국문학연구회도 결국은 자기부정으로 나아간다는 숙명, 즉 최종적으로는 근대 및 근대문화에 대한 부정으로 나아가지 않을 수 없다는 숙명이다. "중국문학연구회는 부정되지 않으면 안 된다. 즉 현대문화는 부정되지 않을 수 없다. 현대문화란 현대 유럽의 근대문화가 우리 자신에게 투영된 것이다. 우리는 그렇게 존재하는 자기 자신을 부정해야만 한다. 우리는 자신 속에서 세계사를 만들어내는 창조자로 존재하기 때문이다." 다케우치 요시미는 이때 '세계사 속의 근대'라는 시각에서 자기부정의 역사적 의의를 논하면서 한 가지 흥미로운 역설을 제시하였다. 즉 일본 정부는 일본 정부 자신을 부정해야만 세계화되며 동시에 외국문화의 문제는 일본 정부의 문제로 바뀌어야 비로소 의미를 갖는다는 것이다. 구한학은 타자의식을 결여했지만, 다케우치 요시미의 역설에는 각성된 타자의식이 담겨 있다. 또한 일반적인 외국문학 연구와 달리 다케우치 요시미의 역설은 '국가'나 '민족문학'을 방편으로 삼아 타자를 구축하는 틀을 철저하게 해체할 가능성을 갖는다.

여기서 40년대 전반의 지적 풍토, 특히 교토학파\*가 1942년 전후에 행한 '세계사적 입장과 일본'이라는 좌담회를 떠올려야 할지도 모르겠다. 다케우치가 사용했던 일련의 용어를 염두에 둔다면, 그가 교토학파에게서 영향을 받았음은 틀림없는 사실이다. 그러나 영향을 받았는지 여부를 논하는 일은 무의미하다. 오히려 그의 '수용'에 주목할 필요가 있다. 『루쉰』에서 다케우치 요시미는 '영향 받음'을 분석했다. 루쉰이 량치차오에게서 어떠한 영향을 받았는가보다 루쉰이 량치차오에게서 '무엇을 버렸던가'를 생각해야 한다는 것이다. 즉 진실된 영향이란 흉내가 아니라 오히려 '무엇을 버림'으로써 계승되거나 혹은 거절되거나 하는 것이다. 다케우치는 또한 1952년 쇼겐문고판 『루쉰』의 「정치와 문학」이라는 장에서 '모순의 자기동일'이라는 용어와 관련해 주석을 달았다. "니시다 철학에서 빌려온 용어가 많지만 이는 당시의 독서경향 탓으로, 지금 보면 사상적 빈곤이 드러난다. 니시다 철학의 용례를 철저히 따르지는 않았다."[15] 다케우치는 당시의 정황에서 자신을 '니시다 철학의 영향'으로부터 거둬들이려 했는지도 모른다. 그는 니시다\*\*를 필두로 한 교토학파의 영향을 부정하지는 않았다. 하지만 그는 이 영향을 '사상적 빈곤'이라고 평가했다. 이른 시기 "말이 모자

---

\* 교토학파(京都學派). 교토제국대학의 교수였던 니시다 기타로(西田幾多郎), 다나베 하지메(田邊元)를 중심으로 하는 철학 학파. 철학적 인간학과 역사 철학을 중심으로 독자적인 일본 철학을 구축하려 했다. 2차 세계대전 당시에는 해군과 가까워 육군의 탄압을 받기도 했으며, 이들 중 일부가 '근대의 초극' 좌담회에 참석하기도 하였다. ─옮긴이
\*\* 니시다 기타로(西田幾多郎, 1870~1945). 철학자. 주관과 객관, 정신과 물질의 통일이라는 철학의 근본 문제를 직접 주어진 순수 경험으로 해결하려 했다. 교토제국대학의 제자들을 중심으로 한 교토학파에 지대한 영향을 끼쳤으며, 세계 문명의 충돌과 서구 근대의 종언을 주장한 교토학파의 세계사 철학에 형이상학적 기초를 부여했다. 1911년에 출간된 주저 『선의 연구』(善の究)는 일본인이 쓴 최초의 철학서이다. ─옮긴이

라다"라던 초조감도 어떤 의미에서는 이런 '사상적 빈곤함'의 함의를 입증한다. 다케우치는 교토학파에게서 '말'을 구했다. 그러나 그는 마치 루쉰이 량치차오에게서 영향을 받고는 곧 그것을 버렸듯이 교토학파를 버렸다. 『중국문학』을 폐간하는 시점에 다케우치는 이미 사상적 빈곤을 보완해 사상적 창조에 진력했다. 그는 교토학파의 '세계사관'과 본질적으로 다른 '세계사관'을 마련하고, 교토학파에게는 가장 결여되었던 '자기부정'이라는 테제를 자기 세계사관의 혼으로 삼았다.

우리는 다케우치 요시미가 '외국문학 연구'에 관한 자신의 견해를 밝힐 때, 아울러 '일본 속의 중국'이라는 극히 복잡한 문제를 제기했다는 사실에 주목해야 한다.*** 10년에 이르는 중국문학연구회의 노력으로 중국을 전혀 이해하지 못하고 있었던 일본 사회는 중국문화에 관한 기본지식을 획득하기에 이르렀다. 그러나 다케우치는 그런 고정된 '중국' 이미지 속에서 가장 큰 위기를 발견했다. 그 위기란 '중국'이라는 타자가 역으로 일본의 '자기보존' 경향을 강화한다는 사실이다. 그는 중국문학연구회가 '당파성'을 잃고 관료문화의 타파라는 자신의 역할을 다하지 못했음을 가슴 아파했다. "우리는 방법상 일반 외국문학연구의 태도를 따랐다. 그러나 뒤집어 보면 일반 외국문학연구를 가능하게 만드는 현대문화의 틀을 지나를 매개로 비판할 수 있었기 때문이었다. 오늘날에도 중국문학연구회가 부정한 한학과 지나학은

---

*** 이에 관해 다케우치는 1963년 「'일본 속의 중국'이 가능하지 않은 이야기」에서 "'일본 속의 중국'이라는 문제설정은 중국 문제를 밖에 있는 것으로 여기지 않겠다는 방법적 규정을 포함한다. 나에게는 전후에 일관된 기본적 태도다"라고 밝힌다.(『竹內好全集』第一三卷, 490쪽 참조) 다케우치가 전후에 견지한 이 기본적 태도는 일찍이 그의 사상적 기점에서 형성되었는데, 그의 생애 내내 오독·왜곡되어왔음은 유감이라 하지 않을 수 없다.

잔존하고 있다. 중국문학연구회 자체가 지나학처럼 되는 경향을 보이고 있다. …… 한학과 지나학을 부정하고, 그 부정을 자신의 입지로 삼아 일반 외국문학 연구방법을 자신의 것으로 취했던 중국문학연구회는 바로 그런 이유로 정체상태에 빠지게 되었다. 한학과 지나학을 부정하기 위해서는 중국문학연구회 자체를 부정할 필요가 생겼다."

다케우치 요시미는 중국 현대문학연구가 지나를 매개로 삼아 현대문화의 틀을 비판한다고 하였다. 이때 다케우치는 일본의 근대성 문제에서 가장 근본적인 부분을 건드렸다. 그것은 바로 국민국가의 창출과 근대문화와의 관계이다. 요시카와 고지로와 번역의 문제를 둘러싸고 논쟁하던 시기에 다케우치는 구한학의 훈독과는 다른, 진정한 일본어역을 세우고자 했다. 다시 말해 다케우치 요시미는 중국어와 일본어를 두 종류의 상이한 문화양식으로 구분하려 했다. 동시에 지나학의 학술적인 객관성을 비판하면서 이런 구분을 할 때에는 경계해야 할 점이 있다고 말했다. 즉 연구 주체는 어떤 경우에도 중국이라는 대상을 외재화하는 것 자체를 절대화해서는 안 된다는 자각이다. 그리하여 다케우치 요시미의 중국연구는 근대성의 문제와 연결된 하나의 역설에 이르게 된다. 그것은 국민국가는 근대문화의 세계화를 초래하지만 동시에 근대문화의 세계화를 저해하는 요인이 되기도 한다는 사실이다.

이 문제에 대한 다케우치 요시미의 답변이 바로 그의 주저 『루쉰』의 핵심사상을 이루는 '쩡짜'이다. 다케우치는 자신의 연구대상인 '중국'에 진입하면서 온 몸과 온 힘으로 그것을 체험하고 감수하며 이해하려고 했다. 동시에 연구대상 속에서 부단히 '자신을 선택하고' 자신이 중국화되는 것도 중국을 추상화하거나 기호화하는 것도 거부했다. 이런 끊임없는 '드나듦' 속에서 다케우치는 중국과 일본이라는 틀을 부수고 독자적인 인식방법을 일구어냈다.* 그런 인식방법은 다케우치가 이후 복간된 『중국문학』에 대해 경고를 하는 장면에서 확연하게 드러난다.** 국가를 추상화하거나 기호화하는 일에 대한 경계심은 그가 「『중국문학』의 폐간과 나」에서 비판했던 두 가지의 극단적인 사고방식과 대립하는 것이다. 그 중 하나는 일반적인 외국문학연구의 태도인 '자기보존을 전제로 대립자[對者]의 존재를 짐작'하는 방식이다.***

---

* 예를 들어 일찍이 지나학자와 논쟁하던 시기의 다케우치는 다음처럼 적고 있다. "나는 지나인을 반드시 사랑해야 한다고 믿지 않는다. 그러나 나는 어떤 지나인을 사랑한다. 그것은 그들이 지나인이기 때문이 아니라, 그들이 나와 같은 슬픔을 늘 몸에 두고 있기 때문이다."(「支那と中國」, 『中國文學』 第六四號, 1950년 8월호) 또한 「『중국문학』의 폐간과 나」에서도 다음처럼 강조했다. "존재로서의 지나는 어디까지나 내 밖에 있지만, 내 밖에 있는 지나는 초월해야 할 것으로서 밖에 있기에, 궁극적으로 그것은 내 안에 있다 해야 할 것이다. 자타가 대립하는 것은 의심할 바 없는 진실이지만, 그 대립이 육체적인 고통인 경우에만 나에게 진실이다. 즉 지나는 궁극에서 부정되어야 한다."

** 1946년 『중국문학』은 예전 동인들의 손으로 복간되었지만, 다케우치는 이미 복간된 잡지에서 사상의 고갈과 창조성의 상실을 느꼈다. 같은 해 8월 씌어진 「각서」(覺書)라는 글에서는 복간 후의 『중국문학』을 매섭게 비판하였다. 다케우치는 다시금 '당파성'의 의의를 강조하여 당파성은 문제를 구체적인 초점으로 모으기에, 즉 사상에 개성을 부여하기에 의미가 있으나, 이 새로운 잡지는 이러한 특성을 지니지 못했으며 문제를 허풍선(大風呂敷)처럼 취급한다고 비난했다. 다케우치는 이렇게 말한다. "내가 생각하기에 '경애하는 이웃 나라 지나'라든가 '친근한 지나문학' 일반, 그런 것은 존재하지 않는다. 그런 말은 무의미하다. 다만 그러한 무의미한 말에 기대야만 안심하는 사람들이 존재한다. 그리고 그러한 사람들은 '일본 정부의 부흥'이라는 창조적인 작업과는 아무런 관계가 없다."(「覺書」, 『竹內好全集』 第一三卷, 94~101쪽)

*** 『竹內好全集』 第一四卷, 454쪽. 원문의 '대자'(對者)는 필시 '대립물'이라는 의미일 것이다. 이 점은 지나학자들의 초기 지적 활동에서 여실히 드러난다. 아오키 마사루는 「지나광」에서 중국문화와 접촉했을 때의 불편함이 점차 '지나광'으로 변해갔던 경험을 이야기 한다. 이러한 '광'(かぶれ)과 다케우치가 취한 태도와의 차이는 전자는 다만 취미로서 중국에 접근할 뿐, 자기의 신심 모두를 그 속에 던지려 하지 않는다는 점에 있다. 바꿔 말하면 그러한 지나광은 지나를 자기부정의 일부로서 대하지 않는다. 이 페이지 첫번째 각주에서 인용한 다케우치의 중국연구에 관한 태도를 참조한다면, 지나광은 일종의 자기보존을 전제로 한 투입임을 알 수 있다. 중일전쟁의 시기, 지나라는 이문화를 연구하기 위해 만든 이 '외국문학연구'의 입장은 오히려 진보적 의의를 갖고 있다 할 것이다. 그러나 객관적으로는 그것도 근대문화의 국민국가적 틀을 강화했으며, 연구자가 이 틀을 벗어나 자기 생명의 각도에서 외국문화로 진입하지는 못했다.

다른 하나는 '경제인이든 사상가든 어떤 추상적인 자유인'을 전제하면서 표면상으로는 다케우치가 말하는 자기보전의 욕망을 갖지 않은 방식이다. 그것은 결국 다케우치가 비판한 지나학의 객관적 입장이며, 요시카와 고지로가 견지한 '어른의 입장'이기도 하다. 다케우치는 이러한 '방관적 태도'를 "궁극적으로 자기보존적이며, 유럽적 근대를 긍정하는 입장이기에 비역사적이며, 어떤 유럽적 세계상을 전제로 하는" 것이라고 분석했다. 바꿔 말해 다케우치의 눈에 이 두 가지 태도는 한 패거리였던 것이다. 자기보존을 전제로 하는 '타자의식'과 방관자적인 '자유인 의식'은 당시부터 오늘에 이르기까지 지식계에 만연해 있는 두 사고방식이며, 흔히 서로 대립한다고 여겨져왔다. 그러나 다케우치는 표면적인 대립 속에 내재된 동일성을 감지했고, 그들이 비역사적인 사유를 전제로 삼아 존재하고 있음을 알아차렸다. 그는 그것들을 '유럽적 근대의 입장'이라고 불렀다. 이 두 입장은 어느 것이나 일본이 동시대의 과제를 회피하고 기껏해야 추상적이고 정적인 태도로 유동하는 현대 세계를 마주하게 만들 뿐이다. 그것이 바로 다케우치가 다음의 글에서 지적하는 '철학적 구조'이다.

    방금 언급한 사고방식이 정말 다케우치가 말하듯이 '유럽적 근대의 입장'인지는 잠시 묻어두자. 또한 다케우치가 말하는 '유럽적 근대'가 어떤 독자적인 시니피에를 갖는지도 보류해두기로 하자. 중요한 것은 이러한 비판 이후에 다케우치가 스스로 문학가를 자임하며 세계를 '문학화' 시키려 했다는 점이다.

    「『중국문학』의 폐간과 나」의 맺음말에서 다케우치는 이렇게 쓰고 있다. "객관적으로 설명하자면 문학이 쇠퇴하는 까닭은 세계가 문학적 구조를 지니지 않은 탓이다. 오늘의 세계는 문학적이라기보다는 확실히 철학적이다. 오늘의 문학은 대동아전쟁을 다루지 못한다." 다케우치의 창조/응고, 행위/관념이라는 대립구도를 가지고 보면, 철학적 구조란 확실히 응고되어 있고, 추상적이며, 행위를 수반하지 않는 관념의 세계를 가리킨다. 그런 의미에서 세계의 철학화란 생의 본원적인 고갈과 역사의 정태화를 의미한다. 그리하여 세계는 자기갱신의 능력을 잃게 된다. 여기에 더해 우리는 1943년에 씌어진 이 글의 행간에서 그가 교토학파의 '세계사의 철학'에 대해 지니고 있었던 대항의 의지를 읽어낼 수도 있을 것이다.

「『중국문학』의 폐간과 나」에는 대동아전쟁의 이념에 대한 유보 없는 긍정이 드러나기 때문에 일반적으로 다케우치 요시미 연구자들은 이를 거의 언급하지 않는다. 그러나 다케우치 요시미의 문학적 입장을 이해할 때 이것은 매우 중요한 문헌이다. 왜냐하면 이 글이 다케우치의 '회심의 축'을 정면으로 드러내며, 그 회심의 축이 진정한 의미에서 행위로 외재화되어 있기 때문이다. 중국문학연구회의 해산으로부터 일본의 자기부정을 주장하기까지, 혹은 대동아전쟁의 이념을 고취하는 데서 국민국가의 틀을 해체하기까지, 1943년이라는 고통스러운 시대에 다케우치는 자신의 문학적 구조를 더없이 난해한 형태로 자신의 사상에 접합시켰다. 근대성의 문제가 응집되고 격화되는 전쟁이라는 현대적 사건이 한층 격렬해진 상황에서 그는 세계의 철학적 구조를 문학적 구조로 전화시키려 한 것이다. 그는 『루쉰』에서 그려낸 자기부정 속으로 뛰어들어 쩡짜하는 문학정신을 근대성의 문제를 다루는 최대의 에너지원으로 바꾸고자 하였다.

다케우치 요시미는 실패로 운명지어졌다. 전쟁은 피와 죽음이 난무하고 야만적 폭력이 격화되는 복잡한 사건이다. '문학'으로 '철학'

을 대체할 기회는 좀처럼 갖기 힘들다. 세계는 그때나 지금이나 여전히 문학적 구조를 획득하지 못했으며, 거꾸로 문학은 다케우치가 가장 혐오했던 방식으로 쇠퇴하고 있다. 문학은 그가 말하던 궁극적인 입장으로 전화하지 못하고 '쩡짜'의 진정한 동력이 되지도 못했다. 교양을 위한 기술이거나 혹은 자폐적인 지반이 되었을 따름이다. 세계의 문학화란 세계가 자기부정의 과정 속에서 부단히 자기를 갱신하고 자기를 창조하는 것을 뜻한다. 이러한 바탕을 세울 수 있다면 비로소 이 세계는 진정 문학을 이해하게 된다. 다케우치가 『루쉰』에서 내비친 다소 이해하기 어려운 표현은 문학과 세계, 문학가와 세계의 관계를 정확히 개괄한다. "절망에 절망했던 사람은 문학가가 되는 수밖에 없다. 누구에게도 의지하지 못하고 누구도 자신의 버팀대가 될 수 없기에, 전체를 스스로 자기 것으로 만들어가지 않으면 안 된다."(「정치와 문학」) 다케우치의 실패는 엄준한 현실을 앞에 두고 지나치게 이상주의적인 격정을 드러낸 탓이다. 허나 현실에 대한 판단착오는 다만 그때 그 장소의 흐름에 대한 판단착오일 뿐 원리적인 착오는 아니었다. 일견 '탁상공론'처럼 생각되는 이러한 논의가 시공을 초월해 우리의 정신적 자산이 될 수 있는 까닭은 다케우치 요시미가 탁상공론하기는커녕, 바로 현실에 존재하는 원리적 문제를 단단히 움켜쥐고 루쉰의 '절망에 대한 절망'을 이해하며 실천했기 때문이다. 문학을 세계의 구조로 만들겠다는 이상이 깨진 후에도 다케우치는 '절망'하는 노력을 그만두지 않았다. 오히려 절망하는 노력은 전후 그가 일본 사회와 근대성을 둘러싼 일련의 문제에 개입하는 출발점이 되었고 문학을 개방하는 원동력이 되었다.

# 2

# 문화-정치의 시좌

다케우치 요시미는 다시 『루쉰』에서 모티브를 가져온다.
즉 문학의 진정한 역할은 올바른 정치적 마니페스토를 도출하는 일이 아니라,
자기 특유의 방식으로 현실에 진입하여
자신의 '문화 정치'를 형성하는 데에 있다.

# 1장_근대를 둘러싸고 : 세계구조로서의 문학

1948년 마루야마 마사오가 「육체문학에서 육체정치까지」를 발표하기 일년 전, 다케우치 요시미는 「중국의 근대와 일본의 근대 : 루쉰을 단서로 삼아」(나중에 「근대란 무엇인가 : 일본과 중국의 경우」로 제목을 바꿈)를 발표했다. 마루야마 마사오가 일본 사회의 실체화에 내재된 전근대성을 규탄했다면, 다케우치 요시미는 일본의 무저항적인 근대화에 착목해 일본의 근대를 비판하고자 했다. 다케우치가 글의 부제로 내비쳤듯이, 전후 일본이 걸어야 할 근대를 찾으려 했던 이 논문은 루쉰을 단서로 삼고 있다. 루쉰의 출현은 역사를 다시 쓰게 했다. 루쉰 이전에도 몇몇 선구자가 있었지만 그들은 한결같이 역사에서 고립되었다. 루쉰 정신의 핵심을 이루는 것은 그의 '저항'이었다.

일본과 중국의 근대를 다루는 이 논문의 핵심명제는 이렇다. 일본의 근대는 일종의 '우등생문화'이며 부단히 밖을 향하는, 자기부정이 결여된 '노예' 문화이며 일종의 매개 없는 전향문화이다. 이에 비해 중국의 근대는 언제나 자기 내부를 향해 혁명이 일어나는 '회심'의 문화이며, 늘 저항을 매개로 하여 자기의 갱신을 이룬다. 다케우치는 진보

관념에 관한 일본 근대주의자의 이해를 깨고, 메이지유신의 성공은 바로 근대 일본이 타락하기 시작한 계기라고 지적했다. 가속적으로 진행된 일본의 근대화 과정에서 만들어졌던 것은 기껏해야 노예가 노예의 주인으로 바뀐 구조였기 때문이다.

　이 기본명제는 분명 획기적인 의미를 지닌다. 그런 까닭에 이 논문은 오늘날에도 일본 사상계에서 주목을 받는다. 1948년 발표된 뒤 이 논문은 1951년 9월에 가와데서방에서 나온 다케우치의 『현대중국론』에 실리고, 1959년에는 치쿠마서방의 '현대교양전집' 제15권 『일본 문화의 반성』에도 수록되었다. 1964년에는 『중앙공론』 10월호 특집 '전후 일본을 창조한 대표논문'의 한편으로 노무라 고이치의 해설을 더해 다시 실렸다. 그러나 이 논문은 전후 일본에서 일본 근대의 문제를 토론한 명문이 되었지만, 진실된 이해를 얻지는 못했다. 1966년 다케우치가 스스로 『다케우치 요시미 평론집』 제3권 『일본과 아시아』를 위해 쓴 해제에는 이렇게 적혀 있다. "발표 당시에는 거의 세론에 오르지 못했다. 16년을 뛰어넘어 『중앙공론』에 수록된 것은 기연(奇緣)이 아닐 수 없다. 노무라 고이치는 해설에서 '전후 일본이 낳은, 언어 본래 의미에서의 역사철학 가운데 하나'라고 쓰고 있다. 효과가 아니라 의도에 치우친 호의적인 해석이지 않을 수 없다."

　다케우치 요시미는 확실히 독자들로부터 기대했던 반응을 얻지 못했다. 사람들은 단지 '회심'과 '전향' 사이에서 동양의 근대화를 이해할 뿐, 그가 전하려던 근본적인 문제에는 이르지 못했다. 실제 '회심'이나 '전향'과 같은 용어는 이 글에서 가장 어찌되어도 좋을 것들이다. 이 글은 보통의 학술논문과는 달라서, 우리에게 가능한 것은 기껏해야 그러한 말을 의지해서 이 논문의 이치를 찾아내고 파악해 들어가는 정도이다. 그러한 말들을 글의 기본적인 입론이나 핵심어로 여겨서는 안 된다.

「중국의 근대와 일본의 근대」는 구성을 보자면 그다지 꽉 짜여졌다고 할 수 없으며(여기에는 물론 작가가 극도로 빈곤한 생활을 해서 지속적으로 집필할 수 없었기 때문이기도 하지만, 지나치게 많은 명제를 다루는 데다 본디 작가의 표현 문제 탓도 있다), 전편을 관통하는 잠재적인 단서는 루쉰뿐이다. 그런 이유로 루쉰에 대한 다케우치의 독특한 독법을 빌려야 그의 기본적인 사고의 조리를 이해할 수 있다. 논문의 도입 부분에서 다케우치는 루쉰이 근대 중국의 역사에서 차지한 위치를 실마리로 삼아 '역사철학'(노무라 고이치의 이러한 평가는 정확했다고 말해야겠다)을 논하고 있다.

다케우치 요시미는 우선 루쉰의 출현은 '역사를 다시 쓰는 의미'를 지닌다고 강조했다. 그러고는 유럽 근대의 형성과정을 예로 들어 '역사를 다시 쓴다는' 의미를 다음처럼 풀이한다. "근대란 유럽이 봉건적인 것으로부터 자신을 해방하는 과정에서(생산의 면에서는 자유로운 자본의 발생, 인간에 대해서는 독립된 평등한 개체로서 인격의 성립) 그 봉건적인 것으로부터 구별된 자신을 자신으로서, 역사에서 바라본 자기인식이다. 그렇기에 본디 유럽이 가능했던 것은 그러한 역사에서라고 말할 수 있으며, 역사 그 자체가 가능케 된 것도 그러한 유럽에서라고 말할 수 있지 않을까. 역사는 공허한 시간의 형식이 아니다. 자신을 자신이게 하는 순간, 그 때문에 그러한 곤란들과 싸우는 무한의 순간이 없다면 자기를 잃고 역사도 잃어버린다." 다케우치는 이어 유럽과 동양 사이에서 벌어진 일진일퇴의 긴장관계를 논술한다. "전진 = 후퇴는 순간이다. 그것은 유럽이 유럽이 되는(따라서 동양이 동양일 수 없는) 긴장의 순간이다. 순간이란 극한으로서 연장(延長)을 갖지 않는 역사상의 한 점이라기보다 역사가 거기에서 (확장되는 것이 아니라) 나오는 장소라는 의미이다." 이것이 다케우치 요시미의 역사철학이며 그가 말한 이른바 '역사를 다시 쓴다'는 함의이다. 표현은 다소 난삽하지만 이해하기는 결코 어렵지 않다. 적어도 우리는 다케우치의 그것과 놀라우리만큼 일치를 보이는 벤야민의 「역사 개념에 대하여」(소위 「역사철학 테제」)를 빌려 다케우치가 말하려 한 바를 이해할 수 있을 것이다. 즉 역사는 지금 여기 있는 주체의 힘을 통해서야 비로소 존재하며, 또한 지금 이곳의 주체가 고도로 긴장된 위기의식을 지녀야만 비로소 순간 속에서 전개되어 주체가 역사 속으로 진입할 수 있다는 것이다. 그러나 문제는 남는다. 다케우치의 역사철학을 이해하고 나면, 그가 왜 연장도 확장도 갖지 않는 순간의 특징을 강조하고 그것을 역사가 탄생하는 모태로 여겼는지를 추궁해야 한다. 그는 역사를 객관적 존재의 연속적 실체가 아니라, 어떠한 **흔들림**의 여지도 없는 '순간'의 산물이라고 강조했다. 그리고 자기와 자기를 형성한다는 긴장이 없으면 역사는 사라진다고 힘주어 말했다. 이때 그는 우리에게 대체 무엇을 말하려 한 것인가.

　이어 다케우치는 그러한 긴장의 순간은 '유럽적인' 것이라고 말한다. 동시에 그것이 유럽적인지 동양적인지 정의내리는 근거는 결코 충분치 않으며, 불가지론이나 상대론에 불과할지도 모른다고 말한다. 그러나 이런 종류의 문제를 검토하는 일은 그의 임무가 아니었다. 다케우치는 "나는 다만 경험적으로 알고 있는 것을 가지고서 문학적 직감을 단서 삼아 주어진(결국 현재 나 자신의) 문제를 풀고자 할 따름이다. 푼다고 하기보다 문제 자체를 더듬고 있을 뿐이다"라고 적었다. 다시 말해 다케우치는 결코 세계에 존재하는 동양/서양의 대립문제와 역사 형성의 도식에 대해 하나의 철학적인 '해답'을 꺼내려 하지 않았다. 그의 역사철학은 매우 실재적인 대립과 마주하면서 그가 불만을 품고 있던 지식의 위치를 겨냥했다. 다케우치는 우리에게 지금 역사가 실체화되고 있으며, 지식을 사용하면 접근할 수 있는 객관적 실재물로 응고되고 있다고 경고하려 했다. 그러한 응고된 사고방식에 근거해 사람들이 몰두하고 있는 논쟁, 즉 동양과 서양의 대립 혹은 역사인식의 상대화와 같은 것들은 거짓 명제에 불과하다는 것이다.

따라서 다케우치는 말한다. "나는 모든 것을 뽑아낼 수 있다는 합리주의의 신념이 두렵다. 합리주의의 신념이라기보다 그 신념을 성립시키는 합리주의의 배후에 있는 비합리적인 의지의 압력이 두렵다. 그리고 그것은 내게 유럽적인 것으로 보인다. 나는 자신의 두려운 감정을 그런 식으로는 깨닫지 못하고 지나쳐 버렸다. 일본의 사상가든 문학가든 소수의 시인을 제외한 많은 이들은 내가 느끼는 것을 느끼지 못하며, 합리주의를 두려워하지 않으며, 게다가 그들이 합리주의(유물론을 포함해서)라고 부르는 것은 어찌 보더라도 내게는 합리주의로 보이지 않는다는 점들이 나를 불안하게 만들었다. 그리고 나는 그때 루쉰과 우연히 만났다. 그리고 내가 느끼고 있는 그러한 공포에 루쉰이 몸을 던져 견디는 모습을 보았다. 그렇다기보다 루쉰의 저항에서 나는 내 마음을 이해할 실마리를 얻었다. 내가 저항이라는 것을 생각하게 되었던 것은 그때다." 이것이야말로 다케우치가 우리에게 전하려는 참뜻이며, 그가 '문학적인 직감'을 실마리로 삼았을 뿐이라고 무거운 어조로 강조하려 한 바이다.

1948년 이 논문에서 제기한 문제가 다케우치 요시미가 벌인 일생

동안의 논쟁을 관통한다는 사실을 놓쳐서는 안 된다. 젊은 시절 기존의 연구대상에 무한히 접근하는 요시카와 고지로의 '학문적 태도'와 자신은 가는 길이 다르다고 밝혔던 때, 다케우치는 은근히 '역사를 다시 쓰고' 있었던 것이다. 주체가 자기형성을 위해 싸우는 그 매순간 역사가 발생한다. 다케우치 요시미에게 역사는 주체가 자기이기 위해 기꺼이 자기를 잃을 위험을 무릅쓰는 것, 즉 자기갱신을 위해 유동적인 상황을 만든다는 의미를 갖는 것이다. 다케우치는 지나학자와 충돌한 지 20년 남짓 지난 후에도 '아시아주의'의 문제를 둘러싸고 여전히 같은 자세로 일본의 역사학자들과 논쟁을 치르고, 더구나 새삼스레 20여 년 전과 변하지 않은 자신의 입장에 대해 말한다. "도야마 시게키에게 인간은 동기와 수단이 명료하게 구별되는, 타자를 통해 전체를 파악할 수 있는 투명한 실체이다. 그러나 나는 유동적인 상황을 통해서만 자타를 파악할 수 있다고 여긴다. 역사 역시 도야마에게는 묵직하게 주어진 것이지만, 나에게는 만들 수도 분해할 수도 있는 구축물이다."[1] 여기서 다케우치의 역사철학이 지니는 비판의 칼날은 일본 학계에서 주도적인 위치를 점하는 실체적 사유를 향했다는 사실을 알 수 있다. 다케우치는 무엇보다도 합리주의적 역사해석에 저항하기 위해 역사의 순간성을 강조했다. 그렇지만 이 대목에서 다케우치를 비합리주의자로 간주하면 그 또한 오해이다.

이리하여 우리는 가까스로 문제의 입구에 이르렀다. 다케우치 요시미가 역사의 순간성이 품은 '극한' 상태를 강조했던 때, 그가 단지 '학자'의 합리주의적이며 추상적인 방식에 의문을 던지고 일본 근대를 비판하는 일만을 염두에 두었던 것은 아니다. 그보다는 그가 복잡하지만 긍정적인 건설을 일구려 했다는 점이 중요하다. 그는 루쉰에게서 읽어낸 '저항에서 절망으로 이르는 과정'을 동양이 근대를 구축하는 과정에서 구체화시키고자 했다.

일본의 합리주의를 거침없이 비판하면서 다케우치는 몇 가지 기본문제를 검토하였다. 첫째, 동서 대립도식에서 동양과 서양의 관련성 문제. 둘째, 서양의 침략에 대항하는 과정에서 동양이 어떻게 자신의 근대를 형성할 실마리를 마련할 것인지의 문제. 그리고 셋째, 절망의 의미에 관한 문제. 다케우치 요시미는 이러한 문제들을 순서에 따라 논리적인 형태로 제기하지 않고 뒤섞어 말했기 때문에 파악하기 어렵다. 그런 사정으로 논의의 핵심을 이해하고 정련하려면 상당한 신중함이 요구된다. 동시에 그는 실체화된 기성의 개념으로 기능의 문제를 다뤘다. 그렇기에 그의 진정한 논점은 글의 표면이나 논리적 추론에 담기지 않고 행간에서 잠재적인 모습으로 존재하고 있다. 따라서 우리는 논의의 핵심에 다가서는 한편, 그러한 기성의 개념이 유혹하는 사고의 타성을 늘 경계해야 한다. 이것이 논문을 정확하게 이해하기 어렵게 만드는 근본 원인이다.

다케우치는 첫번째 문제, 즉 서양과 동양의 관련성 문제를 검토할 때 서양과 동양을 대립개념으로 보는 기성의 틀을 빌려왔다. 그러나 그는 이러한 대립이 유럽과 동양 사이에 존재하는 것이 아니라 유럽 내부에서만 존재한다고 분명히 밝혔다. "동양을 이해하고 동양을 실현했던 것은 유럽에 놓여 있던 유럽적인 것이었다. 동양을 가능케 했던 것은 유럽이다. 유럽은 유럽에서 가능하게 되었을 뿐만 아니라 동양도 유럽에서 가능하게 되었다. 만약 유럽을 이성이란 개념으로 표현한다면, 이성만이 아니라 반이성(자연)도 유럽의 것이다. 모든 것이 유럽의 것이다." 다케우치는 이미 1948년의 시기에 다음 같은 인식에 도달했다. 즉 아시아의 문제*는 아시아의 문제로만 자족할 수 있는 문제도, 아시아인 자신의 문제도 아니라는 발상이다. 이 대목에서는 다케우치가 훗날에 아시아주의의 문제를 다루면서 보여준 방법론적으로 매우 고도의 관점이 이미 마련되어 있음을 엿볼 수 있다. 적어도 오늘날 동아시아의 지식인이 아시아는 누구의 문제인가를 고민할 때, 이러한 인식은 실로 시사적이다.

다케우치는 본론에서 어떻게 유럽의 사고틀을 돌파하여 아시아로부터 사상의 자원을 길어올 것인가라는 문제를 제기했다. 그러나 아시아의 사상자원은 겉으로 보기에 유럽에 대항하는 모습을 취하겠지만, 반드시 '반유럽적'이지도 않다. 다케우치는 루쉰을 통해 일찍이 이항대립적 발상의 허위성을 폭로한 바 있다. 다케우치에게 서양과 동양은 결코 실체적인 개념이 아니었다는 점을 이미 일본의 많은 논자들은 지적하고 있으며, 그 지적은 기본적으로 옳다.** 아울러 유럽과 동양이라는 개념은 다케우치의 문맥에서 폄하와 찬양, 두 방향의 가치판단을 동시에 지니며, 긍정의 대상이기도 하지만 부정의 대상인 때도 있어 자못 혼란스럽다는 사실도 지적해둬야 겠다. 만약 이를 두고서 다케우치가 독특한 근대주의자라거나 반대로 독특한 민족주의자라고 판단한

---

\* 이 논문은 아시아의 문제를 정면으로 검토하지 않았으며, 또한 동양이라는 개념은 그것이 지닌 관념성으로 말미암아 아시아의 문제가 지닌 복잡함을 다 전하지 못할 것이다. 하지만 다케우치에게 동양이라는 개념과 아시아라는 개념은 방향성에서 잠재적으로 일치한다고 이해할 수 있겠다.

\*\* 그러나 다케우치도 실체적인 지역 개념을 자신의 세계사 도식 속에 들이려 했다. 예를 들어 글 속에서 유럽 근대의 내적 모순으로 초래된 분열을 소비에트, 미국, 동양이라는 세 부분으로 대상화했다. 러시아혁명은 유럽 모순의 산물이며, 미국은 초유럽적 형태로 유럽과 대립하며, 동양은 저항을 통해 비유럽적 형태를 세운다고 말한다. 그러나 다케우치의 논술 전체에서 보자면 이런 류의 분석은 중요한 가치를 지니지 못하므로 기본적으로 무시할 수 있다.

다면 피상적인 견해일 뿐이다. 그 수준에서 다케우치의 공헌을 찾으려 한다면 아무것도 얻을 수 없다. 왜냐하면 다케우치 자신이 이 논문에서 그러한 판단 자체를 소위 '합리주의'의 산물이라며 해체하려 했기 때문이다. 다케우치가 늘 사용하던 '유럽적인' 혹은 '서양적인'과 같은 판단도 사실 그가 진실로 관심을 기울인 문제는 아니었다. '저항'이나 '절망'과 같은 개념을 사용할 때는 고민을 숨기지 않고 상세한 해설을 더했지만, 찬양의 의미로든 폄하의 의미로든 '유럽적'이라는 어휘를 사용할 때는 설명이 없거나 무성의한 설명만을 할애했을 뿐이다. 자신이 이렇게 강조하듯 말이다. "유럽과 동양은 대립 개념이다. 근대적인 것과 봉건적인 것이 대립 개념이듯이. 하지만 이 두 개념 사이에는 공간적 그리고 시간적인 범주의 차이가 있을 것이다. 그러나 나는 논리학이나 역사철학을 연구하지 않기 때문에 그러한 것은 어찌되어도 좋다." "동양의 일반적 성질이라 해도 그러한 것이 실제로 존재한다고는 생각하지 않는다. 동양이 존재하는가 않는가는 나에게 무의미하고 내용도 없는, 학자들 머리 속에나 있는 퇴행적인 논의에 불과하다. 그러한 것을 객관적인 학문의 내용인 양 인식하는 학자들의 두뇌 구조가 문제이며, 그것 자체가 동양이란 관념의 일본에서의 타락사, 그 결과 학문 일반의 타락사를 상징한다."

다케우치는 '모든 것을 뽑아낼 수 있다는 합리주의의 신념'과 확실한 경계를 긋고 있다. 그리고 유럽과 동양이라는 개념이 어떤 '시니피앙'과 '시니피에'를 담는지는 학자선생의 일이라며 관심을 두지 않았다. 따라서 다케우치가 '유럽적'이라든가 '유럽적 근대'와 같은 말로 자신의 글을 매듭지을 경우에도 우리는 그다지 무겁게 받아들일 필요가 없다. 다케우치의 관심은 이러한 가치판단이 아니었다. 근대 이후에 유럽적 관념이 동양에 침투했다는 기본적인 사실이 세계사상사에서 지니는 의의, 특히 그것이 동양의 사상적 전통을 형성하는 일에서 갖는 의의였다.

논문을 자세히 읽어보면 다케우치는 동양과 서양의 관계를 다룰 때 그 관계가 지닌 **관련성**의 문제에 주된 관심을 두었음을 알 수 있다. 그 관련성은 '전진과 후퇴'의 관계로서 혹은 '침략과 저항'의 모순으로서 표현될 수 있다. 그러나 다케우치는 동양 대 서양의 관계에는 배타성을 기반으로 하는 **의존성**이 내재되어 있음을 특히 강조하고, 늘 유동적인 운동 상태로부터 그것을 인식하고자 했다. 운동이 발생할 때 한쪽이 전진하면 다른 쪽은 후퇴한다. 후퇴라는 관념 자체도 전진 속에서 생겨난다. 이런 의미에서 후퇴는 상대에게 전진을 투사한 것이며, 서로를 매개로 삼아 상대에 의거해 자기를 실현한다. 다케우치가 보기에 이러한 의존성을 지니는 모순 관계는 유럽의 근대화 내부에서만 존재한다. 왜냐하면 "유럽에서는 물질이 운동할 뿐만 아니라 정신도 운동하기" 때문이다. 다케우치는 경제사에는 흥미를 갖지 않았다. 물질적 운동의 근대화는 그의 고찰대상이 아니었고, 그가 관심을 품었던 것은 다만 '정신적 운동'뿐이었다. 그는 동양에는 유럽적인 정신의 자기운동이 없다고 지적한다. 그런 까닭에 동양이 서양의 근대화 운동(그것은 다양한 수준에서의 확장으로 표현되는데)에 직면하면, 서양의 운동을 **'고정화'** 하고 **'실체화'** 하는 경향이 쉽게 발생한다. 구체적으로 말하면 전진과 후퇴를 고립된 실체로서 고정화하는 것이다. 그리하여 전진과 후퇴 사이에 존재하는 상호의존과 상호매개라는 관계는 사라지고 단순한 가치판단만이 남게 된다.

만일 운동이 서양 정신의 성질이라면, 그리고 동양에는 운동하는 정신이 존재하지 않는다고 한다면, 부득이 세계화되지 않을 수 없었던 근대 이후에 동양은 유럽의 침입을 어떻게 마주해야 하며, 세계사에서 자신을 어떻게 자리매김해야 할 것인가.

이런 사정으로 학문적으로 보아 몹시 독단적인 다케우치 요시미의 이해방식은 당시 대중적인 견해, 즉 서양은 선진적이며 동양은 낙후되었다는 견해에서 비롯되었다며 비난받곤 했다. 그러나 다케우치가 이미 전제에서 부정한 문제("유럽과 동양이 구체적으로 무엇을 가리키는지는 어찌되어도 좋다")에 구애된다면, 우리는 다케우치가 몸을 두었던 맥락 속에서 길을 잃고 말 것이다. 문제의 방향은 다케우치가 동양과 서양의 관련을 고찰하면서 제기한 다음과 같은 기본적 명제에 담겨 있다. 즉 서양에는 정신의 운동이 존재하기에 부단히 자기를 넘어서는 유동적인 기능이 갖춰져 있지만, 동양에는 그러한 역동성이 부재하기에 대항과 모순을 정태화·고립화하는 경향이 있다. 다케우치는 바로 이 점을 논의 전개를 위한 기축으로 삼았다.

그런 까닭에 우리는 그가 이 대목 이후에 곧 전개한 일본 학자의 합리주의적 사고방식에 대한 비판을 읽어야 한다. 그들의 사고방식이야말로 이미 전술했듯 다케우치의 역사철학이 비판의 대상으로 삼았던 "동양이 존재한다는 명제에 동양은 존재하지 않는다는 명제를 대립시키는 방법, 즉 추출한 것을 비교하는 방법", 그러한 '과학적 방법'에 다름 아니다. 운동이 만들어내는 상관성을 민감히 주시하려는 다케우치의 인식 태도와 사물을 실체화해 파악하는 정지된 사고에 대한 그의 비판을 겹쳐 생각한다면, 다케우치가 합리주의적 사고양식과 그것을 떠받치는 일본 우등생문화의 어느 지점을 비판하려고 했는지 정확히 찾아낼 수 있을 것이다. 문제는 단지 자기가 있느냐 없느냐가 아니다.

오히려 그런 자기가 어떠한 형태로 근대화 과정에 개입하느냐이다. 일본의 근대화 과정에는 결코 유럽의 확장을 자신의 매개나 계기로 삼는 태도가 없었다. 단지 자기 바깥에 미리 설정된 '주어진 것'을 재빨리 가져와 늘 옛것을 버리고 새것을 추구했을 따름이다. 이 과정에서 가장 핵심적인 문제는 일본과 유럽 사이에는 어떠한 **관련성**도 존재하지 않았다는 점이다. 유럽에게 일본은 자기형성의 계기가 아니었으며, 일본에게 유럽도 자기실현을 위한 매개가 되지 않았다. 이것은 일종의 모순도 연관도 없는 병존관계이다. "우월감과 열등감이 병존하는 주체성을 결여한 노예정서는 여기에서 근원한다." 다케우치는 늘 일본의 근대화 과정은 그저 루쉰이 말한 "노예가 되려고 해도 되지 못하는" 상태와 "잠시 편안히 노예가 되는" 상태의 악순환이었다고 일축했다. 이 말의 진의는 일본이 겉으로 보기에 서양 강국에 굴복했다는 점에 있지 않다. 그 굴복이 우월감과 열등감의 병존을 기반으로 하였으며, 그 결과 일본은 근대화 과정에서 이문화와의 관련성을 통해 자신의 역사를 형성하지 못했다는 점에 있다. 우리는 다케우치 요시미가 자신의 역사철학에서 만일 자아의 긴장과 자기 형성을 위한 투쟁이 없다면 역사를 잃게 된다고 강조했던 사실을 잊어서는 안 된다. 그가 보기에 메이지 유신 이래의 일본은 이미 역사를 형성할 기회를 상실하고 있었다.

그렇다면 동양의 역사를 어떻게 형성할 것인가. 우리는 여기에서 다케우치의 두번째 물음으로 들어선다. 즉 서양에 맞서는 과정에서 동양은 어떻게 자기 형성의 계기를 움켜쥘 것인가의 문제이다. 이 대목에서 다케우치는 동양의 근대성 문제를 논의할 때 사용하는 핵심어인 저항을 끌어들인다.

'저항'이라는 말에 관해서는 다케우치의 독특한 정의가 있다. 『루

『루쉰』의 주석에서 그는 이렇게 적는다. "쩡짜(chêne-cha)라는 중국어는 참다, 용서하다, 발버둥치다 등의 의미를 지닌다. 루쉰 정신을 이해하는 데 중요한 단서라고 생각하여 원어 그대로 종종 인용하고자 한다. 억지로 일본어로 옮기면 지금의 용어로 '저항'이라는 말에 가깝다."[2] 확실히 『루쉰』에서 다케우치는 중국어인 '쩡짜'를 누차 사용하고 있다. 이 중국어는 다케우치를 경유하여 일본에 들어왔지만, 그 의미는 아마도 단어 자체에 있지 않으며, 그것이 '저항'이라는 말로 다시 정의되었다는 점에 있을 것이다. 통상의 의미에서 저항이라는 말은 그 방향이 바깥으로 향하며, 주체 내부의 자기변혁 내지 자기부정을 환기하지는 않는다. 그런 까닭에 타자를 배척한다는 의미를 품곤 한다. 이에 반해 다케우치에게 저항의 방향은 자기 안이며, 마침 '쩡짜'라는 말이 표현하듯이 자기에 대해 일종의 부정성을 고수하고 재구축한다는 의미를 띤다. 『루쉰』 속의 정치와 문학에 관한 논술과 연결해 생각해보면, **소위 '쩡짜'란 주체가 타자 속에서 이루는 자기선택**임을 알 수 있다. '쩡짜'의 과정이란 타자에 내재하면서 타자를 부정하는 과정이며, 동시에 자기 속으로 타자가 진입하여 자기를 부정하는 과정이다. 양자는 반드시 동시에 진행되어야 한다. 그리고 이때의 부정이란 관념적인 범주가 아니라 기성의 질서를 파괴하는 구체적 행위이다.

「『중국문학』의 폐간과 나」에서 서술했듯이, 지나라는 '타자'와 다케우치 사이에 자타의 대립관계가 존재했음은 두말할 나위도 없다. 그러나 "이 대립이 육체적인 고통인 경우에만 나에게 진실이다." 즉 타자가 자기의 일부가 되었을 때 비로소 의미를 갖는다. 이는 또한 **부단한 자기부정의 과정에서 타자 역시 부단히 부정되는 과정을 겪어야만 비로소 타자일 수 있다는** 의미이기도 하다. 초기 다케우치가 지나문학가들을

"매일 아침 가방을 끼고서 지나문학 사무소로 출근한다"고 풍자하며 자신과 요시카와 고지로와의 근본적인 차이를 두고 "나에게는 나 자신으로 인해 지나문학이 존재한다. 요시카와씨에게는 지나문학에 무한히 접근해 가는 것이 학문의 태도이다"[3]라고 밝혔던 때, 다케우치는 바로 '쩡짜' 즉 '저항'의 입장을 제시했다. 다케우치의 눈에는 이것이 야말로 동양적 근대의 입장으로 여겨졌다.

「중국의 근대와 일본의 근대」에서 다케우치 요시미는 이러한 기본적 입장을 관철하고 있다. 이 글은 쉬이 오독될 여지가 있다. 글 속에서는 '저항'이나 그와 관련된 '회심'이라는 말이 핵심어로 활용되지만, '저항'의 방향성을 규정하는 '쩡짜'라는 말은 사용되지 않았기 때문이다(아마도 이 점은 '쩡짜'에 상당하는 일본어 어휘를 찾아내기 힘들다는 사정과 긴밀히 관련되어 있겠다). 그러나 글 속에서 다케우치는 역시 저항이라는 말을 자신이 어떻게 이해하는지 밝히고 있다. "저항이 무엇인가라는 문제는 나로서는 알지 못한다. 저항의 의미를 끝까지 파고들어 생각하는 일은 나에게 불가능하다. 나는 철학적 사색에는 익숙하지 않다. …… 저항이란 무엇인가라고 묻는다면 루쉰에게 있는 그러한 것이라고 답할 수 있을 뿐이다. 그리고 그것은 일본에는 없거나 거의 없는 것이다. 그 점에서 나는 일본의 근대와 중국의 근대를 비교하여 생각하게 되었다." 다시 말해 다케우치는 루쉰에 기대어 근대성의 문제를 검토했던 것이다. 따라서 쩡짜라는 말도 여전히 유효하며, 그것이 어떠한 방향성을 지시하는 작용을 하고 있음 역시 분명한 사실이라 하겠다.

루쉰에게서 다케우치는 근대화 과정에서 동양이 세계사로 발을 내딛어 자신의 역사를 형성하는 계기를 보았다. 저항을 통한 자기실현의 길이었다. 동양은 근대화 과정에서 후발의 위치에 놓여 있는 이상, 먼저 확장하기 시작한 서구와는 달리 반드시 저항의 방식으로 세계화 운동에 참여해야 한다. 그러나 다케우치는 그 '저항'의 의의란 서구를 대신하거나 열위에서 우위로 전환하는 데에 있지 않으며, 서양 근대와의 관련성을 생산하는 계기를 품는 데에 있다고 여겼다. 이것은 일종의 '쩡짜'이며, 자기 내부에서 타자를 부정하고 자기를 부정한 뒤 다시 만들어지는 타자와 모순대립을 품는 자기에 다름 아니다. 이러한 자기는 타자와 떨어져 존재할 수도 타자에 동화될 수도 없다. 쩡짜 속에서 비로소 주체는 부단히 갱신되는 유동성을 얻는다. 이것이야말로 다케우치가 말하는 '행동'의 의미이다.

　루쉰은 바로 이러한 측면에서 진정 **근대성**을 지녔다. 루쉰의 출현이 역사를 다시 쓰게 만들었다고 할 때, 다케우치는 루쉰이 중국의 근대를 세계사와 연결시켰다고 말한 것이며, 이러한 연결의 매개는 저항의 행위 속에서 만들어진다고 말한 것이다. 다케우치는 루쉰에게서 역사가 어떻게 형성되는지를 보았고 역으로 일본이 역사를 상실했음을 통감했다. 일본의 우등생문화는 더할 나위 없이 빠른 경제발전을 이루었지만, 그 이유로 자기를 형성하는 데는 이르지 못했다. "자신은 역사 속으로 깊숙이 파고 들어가지 않고서 역사라는 코스를 달려가는 경마를 밖에서 바라본다. 자신이 역사에 깊숙이 들어가지 않기 때문에 역사를 충실하게 하는 저항의 계기는 놓치지만 대신에 '어떤 말이 이길까'는 잘 보인다. …… 올바로 볼 수 있는 것은 자신이 달리지 않는 까닭이다." 다케우치는 이러한 일본의 근대화를 '타락'이라 불렀다. 그리고 타락의 최전선에 그가 비판한 아카데미즘의 지식인과 그들의 '합리주의 정신'이 있었다.

저항에 관해 고찰하면서도 다케우치가 사실 잡지 『중국문학』 시절에 시작한 아카데미즘의 '객관주의'에 대한 비판을 지속했음에 유의하자. 서양 근대와 일본의 근대, 그리고 중국의 근대에 대한 다케우치의 견해는 그 연장선상에서 만들어졌다. 말하자면 다케우치는 사람과 학파에 대한 견해를 문화에 대한 평가로 확대하였다. 그러나 그 시각은 『루쉰』과 「『중국문학』의 폐간과 나」라는 기점 위에 엄격히 한정되어 있다. 달리 말하면 그가 서양에 대한 동양의 '저항'을 검토할 때, 그 서양이란 이미 동양의 **내적인 부정**을 겪고 동양에 의해 비로소 존재와 자기확인을 얻었다. 동시에 동양도 서양으로 끌려들어가 그 속에서 '자기를 선택하고' 자기확인을 획득했다. 이러한 자타관계는 근대 세계사에서 철혈의 전쟁을 수반하지만, 그 '쩡짜'라는 성질은 『루쉰』에서 묘사된 바와 전혀 다르지 않다. 다케우치가 비판한 근대 일본의 우등생문화는 그렇듯 내부에서 생겨나 내부로 향하는 쩡짜를 결여하고 있으며, 영원히 밝은 이상과 새로운 것을 선호하는 속성을 버리지 못한다. 따라서 다케우치는 중국문학연구를 근대성 연구의 차원으로 끌어올리고, 사상사적으로 통용되고 있는 동양과 서양의 대립이라는 단순화된 사고틀을 철저히 부정했다.*

다케우치는 자기 나름의 근대화 가설을 세우려 했다. 그것은 후발국가적 근대화 모델이라 부를 수 있는데, 적어도 일본형과 중국형 두

---

* 「중국의 근대와 일본의 근대」에는 다음과 같은 언급이 있다. "국수주의와 일본주의가 유행한 적이 있다. 그 국수와 일본은 유럽을 추방한다는 것이지, 그 유럽을 확장시켰던 노예적인 구조를 추방하는 것은 아니었다. 지금은 그 반동으로 근대주의가 유행하지만, 근대를 확장시켰던 구조는 역시 문제가 되지 않고 있다. 즉 주인을 바꾸고자 하는 것이지 독립을 바라는 것이 아니다. …… 일본 문화의 노예적인 구조를 그대로 두고 위에 얹혀 있는 부분만을 바꿔놓고자 한다."

종류를 생각할 수 있다. 전자는 전향형(轉向型), 후자는 회심형(回心型)이다. 전자는 끊임없이 변화를 추구하는 동안 자신을 방기하고, 후자는 부단한 저항 속에서 자신을 혁신한다. 전자의 근대화는 외부에서 빌려온 것이나 후자의 근대화는 내부에서 생겨난다. 시간이 흘러 이제 더 이상 다케우치의 구체적인 논술은 의미를 갖지 못할지도 모른다. 그러나 적어도 역사와 근대성의 유동상태에 관한 인식과 거기에서 비롯되는 실체적이고 정지된 사고에 대한 경계는 여전히 유효할 뿐만 아니라, 지금도 강렬한 현실비판의 의의를 지닌다. 특히 **세계사 속에서 일본사를 세우려는** 다케우치의 노력이 '저항'과 '절망'을 독자적으로 해석하여 표현되었으며, 거기에 담긴 다케우치적인 역사철학이 오늘날에도 현실을 강하게 때리는 힘을 지녔다는 사실은 놓치지 말아야겠다. 곧 다루겠지만 이것이 바로 근대성에 대한 태도에서 다케우치 요시미와 마루야마 마사오가 가장 근본적인 일치를 보이는 대목이다.

저항을 동양이 세계사에 진입하기 위한 불가결의 계기로 여기자 다케우치는 일본의 '휴머니즘'이라는 가장 큰 장애에 직면하게 되었다. 시라카바파**가 정식으로 '상표등록'한 후 일본에서는 현실에서 유리된 유토피아적 이상주의가 성행하였다. 일찍이 다케우치는 「『중국문학』의 폐간과 나」에서 추상적인 자유인은 자기를 숨기고는 정태적인 자기보존을 꾀하는 '유럽 근대의 입장'(즉 다케우치의 정의에서는 '근대주의'의 입장)이라고 비판한 적이 있다. 「중국의 근대와 일본의 근

---

** 시라카바파(白樺派). 1910년 학습원(學習院)의 동인들이 모여 잡지 『시라카바』(白樺)를 창간했다. 그들을 '시라카바파'라고 부른다. 시라카바파는 반자연주의의 일익을 담당하면서 에고이즘을 철저히 긍정하였으며, 코스모폴리탄 인간주의를 주창했다. 다이쇼 말에 노동운동의 영향으로 쇠퇴했다. ─옮긴이

대」에서는 이러한 일본식 휴머니즘을 한층 강하게 공격했다. 이때 휴머니즘에 대한 비판은 루쉰 독해의 핵심개념과 결합된다. 즉 휴머니즘의 천박함은 루쉰이 표현하고 '쩡짜'로 체현된 **절망**과 **저항**정신을 지니지 못했기 때문이라는 것이다. 이것이 다케우치의 세번째 물음이다. 다케우치는 이렇게 쓰고 있다.

> 그는 자신임을 거부하고 동시에 자기 이외임도 거부한다. 그것이 루쉰에게 있는 그리고 루쉰 그 자체를 성립케 하는 절망의 의미다. 절망은 길이 없는 길을 가는 저항에서 나타나며, 저항은 절망의 행동화로서 드러난다. 이것은 상태로서 본다면 절망이고 운동으로서 본다면 저항이다. 거기에 휴머니즘이 비집고 들어갈 여지는 없다.

이 인용구를 전후로 하여 다케우치는 새삼스레 '현인과 바보와 노예'라는 유명한 우화를 들여온다. 그러고는 루쉰의 또 다른 유명한 글에 나오는 '쇠로 된 방'의 비유를 빌려 다음의 해설을 더했다. 이 우화는 사람이 깨어난 후 달아나고 싶은 현실에서 달아날 수 없다는 고통을 전한다. "이 우화를 그렇게 해석하려면 해석하는 이의 주관에 어떤 조건이 필요하지 않을까 생각하는데, 그 조건은 대상인 루쉰에 의해 역으로 규정되는 듯이 보인다." 이 문구는 다케우치의 독해가 루쉰 내부로 들어감을 전제로 하며, 동시에 다케우치 자신의 "가야 할 길이 없는" 체험을(당면의 타도 목표인 일본 휴머니스트 작가의 "가야 할 길이 있는" 희망을 곁눈으로 흘겨보면서) 근거로 하고 있음을 암시한다. 다케우치는 이렇게 적는다. 이 우화의 주어는 노예이지만, 추상적인 노예근성이 아니라 구체적인 노예(극단적으로 말하면 루쉰 자신)이다. 다시 말해 이 우화에서는 현인과 바보라는 대립적인 인간성을 취할 것이 아니라, 추상화될 수 없는 개성을 읽어내지 않으면 안 된다. 그렇다면 노예를 주인공으로 삼는 이 서술의 개성은 어디에 있는가.

바보는 노예를 구할 수 없으며(왜냐하면 노예는 그러한 구원을 거부하므로) 단지 노예를 깨워 길이 없음을 알릴 따름이다. 현인은 노예를 구할 수 있지만, 그 방법이란 노예를 깨우지 않고 그대로 꿈을 꾸게 내버려두는 것이다. 이리하여 노예는 구원 없는 절망의 경지에 이른다. 이때 문제는 이미 노예가 구원될 수 있느냐 없느냐가 아니다. 꿈에서 깨어난 후 가야 할 길이 없다는 "인생에서 가장 고통스런" 상황을 견딜 수 있느냐 없느냐이다. 만약 견딜 수 없다면 자신이 노예라는 자각을 잃고 환상에 빠진 채 노예로 남게 된다. 만약 견딜 수 있다면 그는 노예임을 거부하겠지만 동시에 해방이라는 환상도 거부하게 된다. 이 차원에서 비로소 루쉰이 "절망이 허망함은 바로 희망이 허망함과 같다"라는 말의 구체적인 내실이 드러난다. 그리고 앞서 말했던 절망과 저항의 관계에 관한 다케우치의 훌륭한 논술도 더 이상 난해하거나 선문답처럼 여겨지지 않게 된다. 우리는 이를 『루쉰』의 서두에서 언급된, 루쉰은 선각자가 아니며 그렇기에 중국근대문학과 늘 함께 걸을 수 있었다는 명제와 연결할 수 있다. 그리고 이로부터 절망과 저항의 관계에 관한 다케우치의 사고방식, 나아가 동양 그리고 중국에 존재하는 근대성의 방식을 한층 깊이 이해하게 된다.

루쉰은 현인도 바보도 아니다. 확실히 현인을 미워하고 바보를 사랑했지만, 루쉰은 노예 그 사람이다. 그러나 작품 속에서 묘사된 노예와는 다르다. 루쉰은 꿈에서 깨어난 후에 가야 할 길이 없는 인생에서 가장 고통스런 상황을 참고 견뎌낸 노예이다. 이러한 루쉰의 깊은 어둠과 비교한다면 중국의 근대문학 속에서 결렬(決裂)과 신생(新生)을 대표하는 휴머니스트 작가를 중국 근대문학의 대표로 간주해서는(바꿔 말하면 문학이라는 형태로 중국적 근대를 체현했다고 보아서는) 안 될 것이다. 어떤 의미에서 이는 중국근대문학의 숙명이 아닐까.

일본의 '휴머니스트 작가'라면 어떨까? 다케우치는 이렇게 말한다. 그들은 감히 이 우화를 루쉰처럼 다루지 못할 것이다. 그들의 붓 아래서 노예는 현인에게 구원받거나 바보에게 구원될 것이다. 혹은 스스로를 구원할 것이다. 결국 깨어났음의 고통을 그리지 않을 것이다.\* 일본의 휴머니스트 작가와 루쉰 사이에는 근본적인 차이가 존재한다. 전자는 주어지는 '해방'을 구하여 노예라는 자신의 처지를 인정하지 않고 그렇게 손에 넣은 환상의 해방에 안주하고 만다. 후자는 주어지는 해방을 거부하고 마주한 절망적 상황을 직시함으로써 절망에 절망하며, 그러한 극한상태의 쩡짜 속에서 저항을 만들어간다.

이상으로 다케우치의 관점에서 세 가지 측면을 검토하였다. 여기서 한발 더 나아가 『루쉰』과 「중국의 근대와 일본의 근대」의 관계를 고찰해보자.

먼저 『루쉰』에서 다케우치는 중국근대문학에 대한 자신의 견해를

---

\* 한 가지 흥미로운 방증으로 필자가 1991년 도쿄에서 보았던 연극이 떠오른다. 현대 일본의 극작가 이노우에 히사시(井上ひさし)가 루쉰을 주인공으로 하여 만든 「상하이의 달」(シャンハイムーン)이다. 이 연극의 결말부에서 루쉰은 이렇게 결의한다. "음울했던 마음에서 벗어나고 갖가지 치료로 건강을 회복하여, 상하이에서 잡문을 무기로 삼아 이 세계의 결함을 밝혀나가야겠다." 또한 루쉰은 주위의 일본인이 '살아가는 방법'에서 자기를 치료할 약을 얻었다고도 말한다. 루쉰은 이노우에 히사시가 그려낸 일본 휴머니스트의 도움으로 노예의 지위에서 탈출하여 한 명의 휴머니스트로 변모했던 것이다. 반세기를 사이에 두고서 천박한 휴머니즘은 일본 통속문화의 지지 아래, 이렇게까지 무참히 루쉰을 개찬하였다. 다케우치가 살아 있다면 어떠한 감상을 느낄 것인가.

제시한다. 그것은 '후진성'이다. 그러나 이때 후진성이란 동아시아 근대화 과정의 '후진성'과 겹쳐지며, 따라서 진실하다. 후진성으로 인해 중국근대문학의 대표자는 선구자가 아닌, 늘 시대에 반보 뒤처진 비선구자 루쉰이었다. 루쉰은 중국 근대의 가장 진실한 존재방식을 창조하였다. 그것은 내부를 향하는 쩡짜와 저항이라는 형태로 실현되었다. 이렇듯 영원한 자기부정을 수반하기에 성공도 정지도 영원히 있을 수 없는 나그네의 '부단한 혁명'이 동양적 근대가 세계사에 내준 응답이 되었다. 그 부단한 혁명의 담지체는 행위로서의 정치(예를 들어 쑨원과 마오쩌둥)이며, 행위로서의 문학(예를 들어 루쉰)이었다.

「중국의 근대와 일본의 근대」에서 다케우치는 루쉰적인 절망이 역사철학에서 지니는 의의를 강조한다. 그 절망으로 동양의 역사는 세계사의 조성요소가 될 수 있었다는 것이다. 동시에 이 논문에서 다케우치는 이미 『루쉰』에서 모습을 이루고 있던 동양의 근대성과 근대 동양문학의 역설을 완전한 형태로 가다듬었다. 통상 하나의 실체적인 분야로 간주되는 문학이라는 정신양식을 주체의 유동적인 자기부정과 창조의 메커니즘으로 개방하였던 것이다. 구체적으로 말해 문학을 끊임없이 내뱉고 빨아들이는 궁극적인 '블랙홀'로 파악하였다. 그것은 사상가나 문학가를 만들어내고 늘 다양한 형태로 자기를 실현하지만, 그 자신은 정해진 형태를 갖지 않으며 하나의 대상으로 고정되지도 않는다. 그것은 그 자신이면서 또한 자신임을 거부한다. 이러한 문학의 역설적 성격은 근대성의 성격으로, 나아가 동양과 서양의 관계로 확대되어 전개된다. 주체라는 것을 일단 상실하면 자신의 역사를 만들 수 없다. 그러나 주체가 일단 절대화되어 타자와 대립하면, 이번에는 상관성을 잃어버린다. 절대적으로 실체화된 대립 속에서 근대성의 문제는 말끔히 소거되며 동양의 역사도 사라진다.

이리하여 관련된 또 하나의 문제가 떠오른다. 다케우치는 왜 이토록 격하게 일본의 '합리주의' 정신을 비판하였던가. 이 점에 대해서는 간단하나마 설명이 필요하다. 다케우치가 비판한 '합리주의'는 추상적인 의미의 근대 합리주의 정신이 아니라, 구체적인 맥락에서의 구체적인 문제를 가리킨다는 점이다. 달리 말해 다케우치의 합리주의 비판은 분명 서양 근대성에 대한 문제제기이며 이성에 대해 회의를 품는다는 덩치 큰 문제이기도 하겠으나, 우리는 다케우치가 일본 합리주의를 비판하는 구체적인 문제점에 주의해야 한다. 다케우치라면 문제점의 구체적인 존재양식을 그가 세계의 근대성 논의에 참가하는 전제로 삼았을 것이다.

마루야마 마사오는 『일본의 사상』과 『근대 일본의 사상과 문학』에서 이론가의 윤리의식 및 정치와 문학의 닮은 점을 다루면서,[4] 아카데미즘 내부에서 합리주의적 방식의 문제점을 검토했다. 거기에서 표적이 된 대상은 다케우치가 "어떻게 보아도 나에게는 합리주의로 보이지 않는다"고 평했던 일본 지식계의 소위 합리주의였다. 마루야마 마사오는 현실을 건져올릴 수 없는 이론이 무한히 확대되어 현실을 대체하기에 이르렀다는 점에 문제의 원인이 있다고 보았다. 그러한 사고방식이 필연적으로 빚어낸 '이론의 무한 책임'이야말로 마루야마가 근대 일본 사상을 비판하는 중점이었다. 그런 까닭에 마루야마는 학리(學理)에 있어 개별적 경험이 지니는 중요한 가치를 확정하고, 이론과 현실 사이의 비대칭적인 긴장관계를 이론 작업으로 끌어올려 이론가의 윤리의식을 배양하고자 했다. 그에 비해 다케우치는 이른바 바깥에서 이러한 '이론의 무한책임'을 비판하고 전면 부정의 태도를 취했다. 따라서 표면만을 보아서는 다케우치는 마루야마 마사오와 대립적인 입장에 서 있다고 여겨진다.

분명 마루야마 마사오가 일본의 근대 합리주의를 비판한 내용은 그 강도와 효과의 면에서 아카데미즘에 대립하는 위치에 선 다케우치 요시미를 능가한다. 물론 마루야마는 늘 자신의 직업윤리를 엄수했으며, 그런 까닭에 그는 여러 문제에서 지나친 근엄함을 보여주기도 하였다. 이런 면에서 다케우치는 마루야마와 상보적 관계를 이룬다고 하겠다. 위에서 언급한 일본의 근대 합리주의에 관한 고찰에서 두 사상가는 놀라울 정도의 일치점을 보여주는데 이는 의미심장하다. 그들은 절대화된 과학적 이성의 허위성을 비판하였다는 데서 일치한다. 그들은 복잡한 근대화 과정을 감당할 수 있는 사상적 전통과 건설적인 사고양식을 건설하려 했다는 점에서도 일치한다. 마루야마에게는 그것은 '허구'(fiction)의 정신이었으며, 다케우치에게는 '행위'로서의 문학이었던 것이다.

다케우치가 자신의 문학 행위를 '개방하였던' 그때, 그의 역설적 정신은 다른 어떠한 시기보다 강렬하게 표출되었다. 다케우치가 비판한 폐쇄적인 아카데미즘의 학술적 입장이 정태적인 분석과 절대화된 이항대립의 시각을 바탕으로 삼는다면, 다케우치의 모든 대표저작은 그것과 첨예하게 대립하는 역설적 특징을 지닌다. 다시 말해 다케우치의 모든 중요한 관념 속에는 늘 서로 모순되고 상반되는 기본 성분이 포함되어 있다. 『루쉰』에서 밝히고 있듯이 모든 관념 안에는 사라지지 않는 긴장관계가 잠재되어 있으며, 바로 그 긴장관계가 그가 인간과 역사의 유동상태에 관심을 갖는 이유이다. 마루야마 마사오에게 그 긴장관계는 주로 관념과 관념 사이에 존재하지 하나의 관념 속에 존재하지는 않았다. 하지만 다케우치는 그러한 긴장관계의 **내재성**에 시선을 둔 탓에 더욱 복잡하거나 '답이 없는' 문제를 주목해야 했다. 그런 까닭에 다케우치를 읽기는 어렵다. '답을 구하는' 일은 가장 보편적인 현대의 학술적 습관이다. 이러한 습관은 사물이 객관적으로 존재하며 서로 구분되는 실체라 간주하는 또 다른 관습적 발상과 더불어 발전해왔다. 그러나 다케우치의 역설은 결코 단순한 스타일이나 수단이 아니라 하나의 입장이며, 세계를 인식하는 출발점이었다. 우리는 앞서 다케우치 요시미와 지나학자가 충돌하는 장면에서 *그*가 주체와 객체의 대립을 고찰하면서 강렬한 비실체적 특징을 마련했음을 확인한 바 있다. 객체와 주체는 다케우치에게 다만 기능적인 의미를 지닐 뿐이다. 사고를 **기능성** 위에 세운다면 역설은 방법 이상의 가치를 얻게 된다.

문화의 주체성 형성을 바라보는 이러한 역설적인 안목은 전후 다케우치 요시미가 사유하는 전과정을 관통하게 된다. 이러한 사유는 분명 국민국가나 민족주의 혹은 국민문학과 같은 기본적인 개념과 관련된다. 이러한 기본개념과 관련해서는 실로 다양한 의견이 존재하며, 이데올로기적 색채를 강하게 띠는 이 문제군은 다케우치가 문화의 주체성 문제를 탐구할 적에 풍부한 토양이 되었다. 그러나 동시에 다케우치를 심각한 딜레마에 빠뜨리기도 했다. 다케우치는 국민문학이나 민족주의처럼 가장 실체적인 색채로 물든 관념이나 콤플렉스조차 '기능화' 하려고 시도했으며, 자신도 다만 그러한 기능 속에 몸을 두기 위해 진정 역설적인 태도로 실체와 기능성의 관계를 다루어야 했다. 그는 형이상학적인 수준에서 세계의 문학적 구조에 대해 논의하는 일을 결코 용납하지 않았다. 스스로 그 속에 몸을 던지는 문화적 행위를 그것이 지금 존재하는 장으로부터 끄집어내고, 다시 원래로 되돌린다는 그러한 추출과 환원의 반복. 바로 그 과정에서 현대 세계 안에 있는 주체가 자기 자신을 건설하는 길을 찾았던 것이다.

물론 전후의 소위 주체성 논쟁이 일세를 풍미하는 상황에서 주체성에 관한 이러한 역설적 인식은 자라날 토양을 얻기 어려웠다.* 전후 일본 사상계에서 주도적 지위를 차지했던 것은 다케우치가 비판한 우등생식의 근대적 사고였기 때문이다. 그것은 일본의 토착적인 '육체 감각'을 봉한 채 이와 무관한 담론을 끌어들여 일본의 문제를 검토했다(그런 종류의 담론은 오늘날에도 여전히 재생산되고 있다). 이것은 절망이 없는 이유로 저항운동도 생기지 못하는 "어떻게 보아도 합리주의로는 보이지 않는" 합리주의적 사고양식이다. "그 신념을 성립시키는 합리주의의 배후에 있는 비합리적인 의지의 압력이 두려운 것이다." 그것은 단순한 선입견으로 진정한 문제를 가려버린다. 이렇듯 현실과 사고가 엇갈려서는 기존 일본의 민족주의를 구해낼 수 없다.** 또한 현실에서 어긋한 사고방식으로서는 민족주의를 부정하거나 국가형태를 비판해도 그 문제를 해결할 수 없다. 문제를 해결하는 열쇠는 그러한 엇갈림을 먼저 백일하에 드러내고, 그로써 전후 일본 사상계에서 자기

---

* 전후 1946년 이래 일본의 문학계에서 철학계에 이르기까지 주체성을 둘러싼 일련의 논쟁이 진행되었다. 논쟁은 많은 문제에 걸쳐 있었다. 예를 들어 정신과 물질의 변증법적 관계, 정치와 문학의 관계, 문학에서 인간성의 문제, 마르크스주의 문학예술관과 예술에서 개성 독립의 문제. 그러나 이 논쟁은 논쟁이라기보다 일종의 시대의 분위기라고 말해야 하며, 전후 일본의 '근대주의'적 지식인이 세계의 조류에 호응하려고 노력했으며, 마르크스주의 이론에 대한 그들의 천박한 '청산'을 반영하였다는 것 이외에는 건설적인 성과를 남기지 못했다. 그 후 철학의 영역에서는 히로마쓰 와타루의 비판이 나왔지만, 문학의 영역에서는 현재에 이르기까지 제대로 총괄하는 이는 나오지 않고 있다.
** 필자는 일찍이 마루야마 마사오에 관한 논문에서 전후 일본이 연출한 '일본적 육체'와 '외래 사상'의 대립적 도식을 분석하면서, 그 도식이 도리어 그러한 엇갈림 자체를 은폐하고 간단한 이항대립으로 만들었다고 검토한 바 있다.

형성의 계기를 움켜쥐는 데에 있다. 이리하여 마루야마 마사오가 다무라 다이지로의 소위 "매개 없는 실화정신(實話精神)"을 청산하려 했을 때, 다케우치 요시미는 당시까지 봉해져 있던 일본의 '육체 감각'을 개방하고 그것과 일본 근대주의 사이의 내재적 연관을 들춰내어, '자기임을 거부하며' 또한 '모두가 되는 것도 거부할' 가능성을 찾고자 하였다.

# 2장 _ 민족독립의 문화-정치

50년대 초기 일본 지식계가 공유한 과제는 민족주의 문제였다. 메이지 이래 서양 열강의 일원으로 가담하고자 사회 상층부가 노력을 거듭하면서, 일본의 민족주의는 잠재적으로 굴절된 모습으로 존재하며 사회혁명의 추세와 유리되어갔다. 그런 까닭에 일본의 민족주의는 2차 세계대전 시기를 정점으로 간신히 천황제 국가주의 이데올로기와 결합하는 형태로만 사상의 무대에 올랐다. 당시 그것은 극우의 얼굴을 지닌 채 출현했다. 한편 일본의 프롤레타리아 문화운동은 처음부터 선명한 국제주의적 입장을 표방했다. 그러나 극우적 민족주의 세력을 유효하게 비판하지는 못했다. 동시에 사회 전환기에는 늘 우익 이데올로기와 결합한 민족주의 사조의 잔재가 표면으로 부상하였다. 이러한 사실은 일본이 민족주의를 부정하고 그것을 대체할 만한 건전한 민족주의 정신을 만들지 못했음을 보여준다.*

---

* 물론 '건전한 민족주의'라고 운운할 만한 것이 있는지 의문이겠으나, 굳이 이 말을 사용하는 까닭은 그것이 존재하는가가 아니라 민족주의나 민족정신이 반드시 파시즘으로 번지지는 않는다는 점을 강조하고 싶기 때문이다.

또한 2차 세계대전 시기에 복잡한 경험을 하면서도 일본의 민족주의와 근대주의 사이의 갈등은 침략인가 반침략인가, 천황제 국가주의의 유지인가 반대인가라는 단순화를 거쳤기 때문에, 건전한 민족정신의 생장은 한층 어려워졌다. 전후 피점령의 상황에서 서양 근대의 가치관을 안이하게 따랐던 사상계의 소위 '근대주의' 추세는 우익 민족주의를 방지했다는 진보적 의의를 갖기도 했지만 건전한 민족정신을 형성하는 데는 이르지 못했다. 이러한 현실로 인해 일본의 민족주의를 심도 있게 분석한 사상가나 그것과 실제로 맞선 좌익 정치활동가는 일본의 민족주의에 깊이 절망하게 되었다.

이런 상황에서 다케우치 요시미는 「중국의 근대와 일본의 근대」를 발표했다. 발표 이후에 그는 거의 필연적으로 일본의 민족주의 문제로 눈을 돌렸다. 50년대 초 이미 여러 전문분야의 학자들이 민족주의 문제를 토론하기 시작했다. 그 가운데 마루야마 마사오는 일본의 민족주의는 '처녀성'을 잃었다고 표현해 가장 큰 주목을 받았다.* 다케우치가 일본의 민족주의를 논의하는 출발점도 마루야마와 일치한다. 다케우치 역시 일본의 민족주의는 건강한 사회적 에너지를 얻지 못한 채 변질되고 타락했음을 인정했다. 그러나 일본의 민족주의에 관

---

* 마루야마 마사오는 아시아의 여러 나라 가운데 일본은 '울트라 내셔널리즘'을 경험하는 과정에서 내셔널리즘의 처녀성을 잃은 유일한 나라이며, 반면 다른 아시아 국가에서 내셔널리즘은 청년기의 약동하는 생명력으로 풍만하다고 말했다. 분명 마루야마 마사오는 민족주의가 어떻게 사회혁명과 결합될 수 있는지의 맥락에서 '처녀성' 문제를 검토했다고 하겠다. 마루야마의 민족주의 개념과 이 문제에 관한 마루야마와 다케우치의 차이와 공통점에 관해서는 다른 글을 통해 검토할 예정이기에 여기서는 생략한다. 1951년에 발간된 마루야마 마사오의 「일본에서의 내셔널리즘」(日本におけるナショナリズム)과 「전후 일본의 내셔널리즘의 일반적 고찰」(戰後日本のナショナリズムの一般的考察) 참조(丸山眞男, 『丸山眞男集』第五卷, 岩波書店, 1995).

한 다케우치 요시미의 고찰에는 늘 독특한 기본선이 깔려 있다. 그것은 어떻게 '민족주의로 진입'하여 건전한 민족주의의 생장을 촉진할 것인가이다. 그는 결코 처녀성을 잃은 기존의 민족주의를 어떻게 억누를 것인가에 머무르지 않았다. 이런 맥락에서 다케우치 요시미는 충분히 토의되지 못한 채 끝나버린 하나의 논쟁, 즉 국민문학논쟁을 불러일으켰다.

1948년부터 1954년까지 다케우치는 「근대주의와 민족의 문제」를 핵심으로 하는 일련의 논문을 발표하여 근대주의와 민족문제를 묶어 사고하고는, 전후 일본의 민족의식 위기와 관련된 실제 상황과 그 애로점을 검토하였다. 이 논문들은 이후 『국민문학론』이라는 제목 아래 모아졌는데** 대충 살펴보면 이렇다. '국민문학'은 전후의 맥락에서 전시의 '국민문학론'을 잇는 국가주의 사조***라는 혐의를 받아 진보적 지식인으로부터 외면당했다. 그러나 동시에 일본공산당 계통의 이데올로기적 색채도 지니고 있었다. 일본공산당의 주류는 1951년 신강령(新綱領)의 초안에서 '인민'을 '국민'으로 바꾸고, 국민문학이나 '민족주의 문학'의 건설을 자신의 사명으로 삼았다. 이리하여 '국민문학'은 복잡한 개념이 되어 여러 지식인들로부터 주목을 받았다. 이런 사

---

** 1954년 도쿄대학출판회에서 출판한 단행본 『국민문학론』(國民文學論)에는 다케우치의 논문 열일곱 편과 한 편의 대담이 수록되어 있다. 그 가운데 국민문학논쟁과 직접적으로 관련된 여덟 편은 이후 『전집』 제7권에 다시 수록되었으며, 대담을 제외한 나머지 글들은 여러 권에 나뉘어 실렸다.
*** 2차 세계대전 중인 1937년부터 1943년 무렵까지, 국가주의의 입장에서 일본정신과 일본의 민족주의를 강조하는 '국민문학론'이 줄곧 제기되었다. 그 논리로 보자면 '일본낭만파'처럼 군국주의 이데올로기와 명확히 구분하기는 어렵다. 이러한 특수한 시대 분위기로 인해 당시 지식인들이 '국민'에 관해 갖고 있던 사고방식은 국가주의의 틀과 구분되지 못한 채 후세 사람들에게 계승되었다.

정으로 다케우치는 강조해야만 했다. '비록 '국민문학'이라는 말이 한 번 더럽혀졌다고는 하나 오늘날 우리는 국민문학에 대한 염원을 저버릴 수 없다.'[5] 문제가 너무 복잡했기에 당시 다케우치는 자신의 주장도 포함해 주요한 문제점들을 깔끔하게 정리할 수 없었다. 그러나 다케우치의 개입으로 논의가 높은 수준에서 출발할 수 있었던 것 또한 사실이다.* 하지만 여기서 중요한 것은 이러한 시각을 거치면서 다케우치가 문학에 관한 자신의 사고방식을 정면으로 제시했다는 점이다.

다케우치가 어떤 사유를 하면서 '국민문학'을 제기하였는지는 관련된 일련의 논문을 함께 읽어야 이해할 수 있다. 동시에 다른 문학가들의 질의나 비판에 대한 다케우치의 응답 속에서도 그가 직면하고 있던 기본 문제를 비교적 정확히 파악할 수 있다. 우선 다케우치가 국민문학과 국민국가의 문제, 나아가 패전 후 일본이 식민지적 방식으로 근대화를 이뤘다는 문제 모두를 아울러 고찰했다는 점에 주의해야 한다. 그 고찰 속에는 중국과 일본 두 종류의 근대화 패턴에 관한 다케우치의 일관된 견해, 특히 『루쉰』에서 확립된 기본적 입장이 지속되고 있다. 따라서 다케우치의 '국민문학론'을 독해할 때에는 여러 방면에 관한 그의 기본적 태도를 함께 살펴야지 즉흥적으로 하나만을 떼어내 다뤄서는 안 된다. 또한 이 논쟁에서 다케우치가 주목한 '문학의 위치'를 검토할 때에는 당시 다른 문학가들이 어떻게 사고했는지를 염두에 두고 다케우치의 사고를 위치지어야 한다. 그럴 수 있다면 우리는 다케

---

* 이와 관련해 혼다 슈고(本多秋五)는 『이야기 전후 문학사』(物語戰後文學史)에서 상당히 정확한 판단을 내렸다. "애초 다케우치 요시미는 일본인의 영혼 깊은 곳을 탐구하기 위해 국민문학의 문제를 제기했다. 그것이 문학운동으로 접어들면서 '인민문학'(人民文學)파도 신일본문학회도 얕은 정책 토론에 머물게 되어 일시적인 화제로 부상하는 데에 그쳤다"(本多秋五, 『物語戰後文學史』 中卷, 岩波同時代ライブラリー, 1992, 242쪽).

우치 요시미가 제기했지만 이해받지는 못했던 기본명제와 당시 그 명제를 다른 문학가들이 독해하던 방식이 오늘날에도 여전히 현실적 의의를 잃지 않았음을 알 수 있을 것이다.

1948년 다케우치는 「중국문학의 정치성」이라는 글을 발표해 3년간 지속된 '정치와 문학' 논쟁에 관한 자신의 견해를 밝혔다. 이 논쟁은 일본의 민주주의적 문학 진영 내부의 진보적 지식인들 사이에서 발생했다.** 논쟁에서는 '정치'라는 개념이 추상화되어 문학을 상대하는 힘으로서 실체화되었다. 그런 연유로 문학과 인간성에 관한 논의도 공식주의나 정치 사이에 확실한 구분이 존재하느냐와 같은 수준에 머물러, 중국에서의 논쟁과 마찬가지로 건설적인 결과를 남기지 못했다. 그런 와중에 『루쉰』의 시기부터 늘 정치와 문학의 기능적인 관계를 주목해온 다케우치는 이 논쟁에서 중요한 화두가 제시되었으나 주목받지 못했음을 직감하고는 논쟁에 참가하기로 결심했다.

다케우치는 이렇게 지적한다. "근대문학에 있어 정치는 문학이 자신을 끌어내는 장이다. 문학이 사회적으로 개방된 형태라면 장의 문제가 가치의 문제와 혼동되어 문학의 내부로 들어올 리가 없다. 문학가가 문학의 문제를 두고 하는 발언이 동시에 정치적 발언이 될 수 있다."[6] 이것은 일찍이 『루쉰』에서 밝힌 내용이지만, 다케우치가 일본 문단의 논쟁을 평가하기 위해 그 내용을 구체화시켰다는 점에서 차이가 있다. 다케우치가 보기에 논쟁의 애로점은 문학을 정치와 대등하게 다

---

** 이 논쟁은 1946년 5월 히라노 겐(平野謙)이 발표한 「한 가지 안티테제」(ひとつの反措定)와 같은 해 8월 나카노 시게하루(中野重治)가 발표한 「비평의 인간성 1」(批評の人間性 1)에 의해 달아올랐다. 주로 히라노 겐·아라 마사히토와 나카노 시게하루 사이에서 전개되었는데, 전전의 프롤레타리아 문학, 특히 고바야시 다키지(小林多喜二) 문학에 대한 평가와 인간성과 문학의 관계 문제를 둘러싸고 격한 논쟁이 펼쳐져 1948년까지 3년간 지속되었다.

룰 것인가 아닌가가 아니었다. 어떻게 일본의 문학가들이 **가치**로서는 배제된 '정치'를 **장**으로 환원하여, 문학과 정치 사이에 생산적인 관계를 이룰 것인가였다.

「중국문학의 정치성」은 사실 '국민문학론'의 선언문과 같은 글이다. 글 속에는 다케우치가 이후 '국민문학' 논쟁에 참가하면서 견지했던 기본적 방법이 담겨 있기 때문이다. 이 논문에서 다케우치가 중국문학의 상황을 다룬 부분이 꼭 정확하다고는 할 수 없으며 그 상황을 이상화한 대목도 있지만, 그는 중국문학을 논하여 하나의 핵심적인 문제를 포착할 수 있었다. 문학이 실체적이지 않고 기능적으로 존재할 때 문학은 길드적 문단에서 해방될 수 있으며, 진정한 의미에서의 정치감각을 획득한다는 것이다. "마오둔\*은 전후 중국문학의 방향과 관련해 전후에도 전쟁 중에도 변하지 않는 것, 즉 대내적으로는 철저한 민주화, 대외적으로는 모든 제국주의로부터의 독립에 그 근본 목적이 있으며, 그 선상에서 개별적인 문학의 문제를 다루어야 한다고 말한다. 일본 문학가들의 입장에서 보자면 이는 분명 정치적 발언이다. 사실 일본에서 이런 말을 한다면 그렇게 되기 십상이다. 그러나 중국에서는 그렇지 않다. 마오둔의 견해에 반대하는 사람도 그것이 문학적 발언임은 의심하지 않는다. 거기에 정치 감각의 차이가 놓인다. 왜 그런가. 문학이 길드에서 해방되었기 때문이다." "중국문학에서는 말이 실체적이지 않고 기능적으로 존재한다. 특수한 문단 용어 따위는 없다." 다케우치가 말하는 '정치'(즉 소위 문학의 '장')는 실제로는 매우

---

\* 마오둔(茅盾, 1896~1981). 작가. 마오둔은 마르크스주의가 요구하는 계급성과 역사적 전망을 자신의 작품에 매우 치밀하게 결합시켰다. 30년대에 나온 『새벽이 오는 깊은 밤』(子夜)은 마르크스주의와 리얼리즘을 결합한 최초의 작품이라 평가된다.—옮긴이

소박하며 그렇기 때문에 더욱 근본적이다. 즉 사회 전체의 이익과 관련된 행위의 공간이며, 오늘날 '공공영역'이라 불리는 것과 가까운 구석이 있다. 여기에서 정치성을 가늠하는 기준은 사회성을 갖췄는지 그렇지 못한지, 비실체적인 기능성을 갖췄는지 그렇지 못한지이다. 즉 특수한 집단이나 계층의 요구를 넘어 사회의 일반의지와 연결되는지 여부이다.

이 대목에서 다케우치 요시미는 정확하게 마루야마 마사오가 말하는 근대적 의미의 **허구로서의 정치**라는 차원에서 논의를 진행시켰다고 말할 수 있다. 다케우치는 중국 학생운동을 예로 들어 정치성을 설명했다. "중국의 학생들은 일본에서처럼 특수한 폐쇄적 사회층을 형성하지 않았다. 그들은 학생이라는 신분이 아닌 학생이라는 기능으로 대의제의 역할을 담당하였다." 이런 의미에서 다케우치 요시미는 중국이 일본보다도 근대적 성격을 갖췄다고 말하면서, 정치 감각을 결여한 일본 문학계를 날카롭게 비판하였다. 일본의 프롤레타리아 문학은 기능적인 정치 감각을 결여했기 때문에 고바야시 다키지[**]를 어이없이 희생시켰다.

다케우치는 일본이 국민문학을 세우고 길드적인 폐쇄성을 가진 문단을 타파해야 한다고 강조했다. 그 점에서 고바야시 다키지는 소원해진 정치와 문학의 관계를 끝끝내 놓지 않았던 인물이며, 그의 생애는 그를 이 같은 길로 걷게 만든 '잘못된 힘'의 존재를 실증한다. 그것

---

[**] 고바야시 다키지(小林多喜二, 1903~1933). 소설가. 프롤레타리아 문학의 대표적인 작가. 시가 나오야(志賀直哉)의 리얼리즘에 강한 영향을 받아 그 방법으로 사회적인 문제를 추구하다가 경찰에 의해 학살당했다. 그의 죽음은 루쉰, 로맹 롤랑을 비롯한 국내외의 진보적 문학가들과 여러 단체의 추도와 항의를 불러일으켰다. 그의 장례는 1933년 3월 15일 노농장(勞農葬)으로 거행되었다. ─옮긴이

은 정치 감각을 잃은 일본의 프롤레타리아 문학이다. 정치 감각을 결여한 정치문학운동은 상황을 독립적으로 비판할 힘을 지니지 못한 채 밖에다가 궁극적인 정치적 목표를 설정한다. 이 목표로 인해 고바야시처럼 몸을 던질 수 없었던 이들은 자신의 떳떳치 못함을 끌어안아야 했으며, 그 결과 늘 변동하는 대중사회로부터 유리되어 자학적인 전향 행위마저 쉽게 저지르게 된다. 이러한 의미에서 고바야시가 피를 흘린 것은 부질없는 일이었다. 다케우치는 이렇게 말한다. 일본의 비정치적 정치성은 죽창을 들고 전차로 돌진해도 그것이 쓸모없다는 사실을 인정하지 않는 점에 있다. 그것은 비인간적이다. 이러한 비인간적 정치 감각은 일본의 프롤레타리아 운동이 고립되는 이유였을 뿐만 아니라, '특공대' 현상의 정치적 토양이 되기도 했다. 이런 의미에서 다케우치는 루쉰의 "피는 필요하지만 낭비해서는 안 된다"는 표현을 인용하고는 "지혜로운 말이라고 생각한다"고 덧붙였다. 다케우치는 여기서 추상적인 그리고 고정된 '의사정치'(擬似政治)가 아닌 정치적 지혜를 강조한다. '의사정치'야말로 정치과정의 풍부함을 지우고, 비정치적 '정치 감각' 과 '정치와 문학의 대립', '정치와 학술의 대립' 과 같은 거짓 주제를 양산하는 장본인이다.

다케우치는 글에서 '세계의 문학구조'에 관한 자신의 생각을 거듭 밝힌다. 그는 지적한다. 일본의 지식인은 자주 이분법적인 도식으로 중국을 관찰하고 중국인을 국민당과 공산당, 유물론과 관념론, 공산주의와 자유주의 등등으로 나누려 하지만 "이것도 정치 감각의 결여에서 비롯되는 오해이다." "실제로 중국인의 정치의식은 그처럼 도식적이지 않다. 그들은 현실의 일상생활에 입각하여 정치적인 요구를 제시한다. 중국 사회는 복잡한 계급으로 구성되어 있기 때문에 그 요구

역시 다양하다. 그러나 전체적인 통일성은 있는데, 그것을 잘 보여주는 것이 문학이다."

중국문학의 정치성에 관한 다케우치의 분석은 단순화의 우려가 있지만, 문제의 핵심을 정확하게 집어냈다.「육체문학에서 육체정치로」에서 마루야마 마사오가 했던 논의를 참고한다면, 다케우치가 확립하려 한 '문학구조'란 **기능성**의 문제임을 보다 분명히 이해할 수 있을 것이다. 정치와 문학의 관계는 문학가가 상정하듯 두 개의 대치하는 실체가 아니라 얽혀 있는 기능 사이의 관계이다. 그러한 기능들은 늘 변동하면서 서로의 힘관계를 변화시켜 간다. 문학은 그러한 기능적인 상호작용 속에서만 자신의 독립성을 확립할 수 있다. 다케우치는 '장(場)'이라는 비유를 들어 정치와 문학의 관계를 설명했는데, 그 때 '장'이란 고정된 물리적 공간이 아닌 바로 기능 자체다. 여기에 이르러 다케우치는 1936년「루쉰론」에서 시작하여『루쉰』을 거치고, 1948년 이「중국문학의 정치성」의 발표로 마감되는 오래고 오랜 사고의 역사를 완성한다. 사고의 핵심은 문학의 위상이었다. 다케우치가 줄곧 고뇌한 문제는 어떻게 문학을 현대사회의 정치 속에서 자리매김할 것인가, 어떻게 문학을 개방된 상태로 유지하면서도 문학의 독립된 품격을 지킬 것인가였다. 이러한 사고방식은 자명한 전제가 되어 있는 '문학의 정치성'만이 아니라 '정치의 정치성'도 허공에 매단다.

다케우치에게 문학과 정치의 관계는 하나의 역설이지 않을 수 없다. 이 역설을 완성하는 데에 12년 세월을 들였다.「루쉰론」을 쓰던 시기만 해도 다케우치는 여전히 "정치와 예술의 상극이 현대중국문학의 기본적 성격"이며, 루쉰은 이러한 기본적 성격을 계승하기 위해 작가 인생을 버리고 "문학의 지도자"가 되었으며, 문학의 순수성을 정치주의의 편향으로부터 지켜냈다고 여기고 있었다.* 그러나 「『중국문학』의 폐간과 나」에 이르러서는 문학이 하나의 장르에서 일종의 구조, 더구나 세계사의 철학과 맞서는 세계의 구조로 변화하였다. 정치에 종속된 문학을 정치와 삼투작용하는 위치로 끌어올린 것이다. 『루쉰』에 이르러서는 정치와 문학의 관계 그리고 중국근대문학의 성격을 평가할 때 더 큰 변화가 일어났다. 다케우치는 「루쉰론」에서 논했던 정치와 문학의 대립관계에서 한 걸음 더 나아가 양자간에 얽혀 있는 복잡한 관련성에 주의를 기울였다. 그런 까닭에 루쉰의 '작가인생 포기'는 더 이상 문학가로서의 입장을 버렸다는 의미가 아니게 되었다. 오히려 중국 특유의 근대적 맥락에서 루쉰은 '포기' 함으로써 중국근대문학과 호흡을 같이 하는 유일한 '현역 문학가'가 되었다. 그리하여 최후의 「중국문학의 정치성」에서는 정치와 문학의 관계를 장(場)과 장 속 존재와의 관계로 이해하기에 이르렀다. 양자의 상호의존과 상호제약 관계는 문학의 위상을 **실체화되지 않도록** 만들었다. 즉 다케우치가 거듭 강조한 '행위'와 '기능'을 이루게 되었다.

 이 대목에서 우리는 문학의 정치성을 이해하는 다케우치 요시미의 방식이 마루야마 마사오의 그것과 놀라울 정도로 닮아 있음을 깨닫게 된다. 문학이 본원적인 것인가라는 문제를 다룰 때 그들은 문학이 어떠한 위치에 있든 간에 그 위치는 기능적이어야지 실체적 의미를 지녀서는 안 된다고 여겼다. 즉 문학은 늘 유동적인 상태로 자기갱신을 할 수 있어야지 응고되거나 불변적이어서는 안 된다는 뜻이다. 이것이

---

* 「루쉰론」(魯迅論)은 루쉰에 관해 다케우치 요시미가 최초로 발표한 글이며, 『중국문학월보』 제20호(1936년 10월) '루쉰특집호'에 게재되었다.

바로 다케우치가 『루쉰』에서 반복해 강조했던 **문학은 행위**라는 말의 참뜻이다. 마루야마 마사오에 대해 말하자면 그는 문학의 기능성을 참조하여 일본의 정치사상사 연구는 어떻게 실체적 사유를 돌파할 것인지, 일본 사회의 정치적 메커니즘은 어떻게 육체성에서 해방되어 진실로 근대적인 허구정신을 획득할 것인지라는 문제를 탐구했다. 여기서 그는 근대 정치의 '허구성'이라는 사고의 방향을 도출했다. 한편 다케우치 요시미는 일본 문단의 폐쇄성을 타파해야 한다고 보았으며, 그것을 문단 길드라 불렀다. 이 좁디좁은 집단 속에서 사소설(私小說)식의 사유방식이 끊임없이 재생산되어, 문학의 문제도 좁은 범주 안으로 국한되고 만다.

다케우치 요시미는 그 폐쇄성을 타파하고 문학의 **정치적 기능**을 발휘하고자 이른바 '국민문학론'을 제기했다. 문학은 공공성을 특징으로 하는 정치성을 지녀야만 비로소 개방적일 수 있으며, 실체성의 속박에서 해방될 수 있다. 그러한 정치적인 문학을 다케우치 요시미는 '근대적 문학'이라 일컬었는데, 그 기반을 이루는 것은 근대적인 의미에서의 '국민'이었다. 이런 까닭에 다케우치는 개방성을 지닌 중국문학이 일본문학 이상으로 근대적이라고 생각했다. 우리는 그의 이러한 주장으로부터 정치와 문학이 흥미로운 보완관계에 있음을 읽어내게 된다. 마루야마 마사오에게 그것은 문학으로써 정치적 허구를 완성시키는 일이며, 다케우치 요시미에게 그것은 정치로써 문학적 허구를 만들어 내는 일이었다. 두 사람 모두 '상식'으로부터 정치와 문학을 개방시켰다.

그다지 닮은 점이 없는 이 두 명의 일본 근대사상가는 여기서 깊은 의미에서의 일치점을 보여준다. 그러나 다케우치는 거기서 더 나아가 '정치'의 정확한 알맹이가 무엇인지에 대해서는 따져들지 않았다. 문학에서 정치가 어떤 기능을 갖는지를 언급했을 뿐, 정치구조나 정치 과정 자체를 논하지는 않았다. 그 작업은 정치사상사가인 마루야마의 몫이었을 것이다. 그러나 만약 우리가 두 사람의 작업을 대질하여 '허구'를 정치와 문학의 기능적 특징을 이해하는 단서로 받아들인다면, 아마도 우리는 문학연구와 정치학의 영역에 동시에 존재하는 어떤 종류의 문제를 마주하게 될 것이다. '문학'과 '정치'를 대립시키는 발상의 무수한 변주들, 예를 들어 '학문과 정치' '학문과 사상'의 대립을 자각 없이 인정한다면, 그것은 바로 다케우치가 「근대란 무엇인가」에서 비판했던, 모든 사물을 추상화하고 대립시키는 사고패턴에 빠지는 것은 아닌가라는 문제이다. 정치, 문학, 학문, 사상을 대립된 관념으로 추상화하면, 그것들의 복잡한 존재방식은 은폐되고 만다. 그것이야말로 역사를 성립시키고 현재형의 사회를 형성한다. 다케우치는 일찍이 지나학자와 논쟁하면서 이 문제를 문학의 정치성에 관한 물음으로 정면으로 제기했던 때, '기능'은 하나의 핵심어가 되었으며, 그는 진정 동시대의 문화 정치로 진입할 수 있었다. 말하자면 다케우치의 문화적 실천이 갖는 정치적 성격은 기능의 수준에서 형성되었으며, 이러한 정치적 성격이 그가 논쟁에 참가하는 방식이나 문제를 다루는 각도를 규정하였다.

「중국문학의 정치성」 말미에서 다케우치는 루쉰을 예로 삼아 다시금 자기부정의 필요성을 강조한다. "새로움을 위해 오래됨이 할 수 있는 것은 오래됨을 타파하는 일이다. 동시에 그것은 중국인의 마음을 이해하기 위한 기초를 마련하는 일이기도 하다."

다케우치에게 중국인을 이해하는 일이란 단지 중국학 연구자로서 연구대상을 이해한다는 의미는 아니었다. 일찍이 『중국문학월보』 시기에 그는 의식적으로 중국에 대한 이해를 자기 이해의 기반 위에 두었다. 일본 문학계가 자기부정과 자기갱신의 능력을 갖추지 못했음을 뼈저리게 느꼈을 때, 거의 이상형으로 묘사된 중국문학의 정치적 기능은 다케우치가 일본의 문화적 전통을 건설하는 일에 참여하는 **방식**으로 전화되었다.

유감스럽게도 다케우치가 제시한 '방법으로서의 중국'은 실체적 사유가 압도적인 일본의 지식계에서 진정한 이해를 얻지 못했다. 다케우치와 일본의 지식계, 특히 일본의 문학계 사이에는 어떤 근본적인 차이가 존재하고 있었다. 다케우치가 1951년 6월 「망국의 노래」를 발표하여 일본 문단을 정면으로 비판하고, 같은 해 9월 「근대주의와 민족의 문제」를 발표하여 일본의 민족문제와 정면으로 맞설 것임을 보여주고, 나아가 1952년 8월에는 「국민문학의 문제점」을 발표하여 이미 진행된 논의의 혼란스러운 부분을 정리했을 때, 일본 문단에서 두 부류의 인물들이 그를 오독하였는데 그 차이는 흥미롭다.

첫번째 부류의 인물들은 예술을 정치적 도식에서 벗어나게 한다는 전제 아래 예술의 민족성 문제를 검토한 자유파 지식인이다. 1952년 5월 14일에 다케우치 요시미는 1950년 『채털리 부인의 연인』을 번역했다는 이유로 기소당하고, 그런 사정으로 언론의 자유를 위해 싸웠던 비평가인 이토 세이*와 『일본독서신문』에서 서신을 주고받는 형식으로 국민문학의 문제를 토론했다. 「근대주의와 민족의 문제」에서 다

---

* 이토 세이(伊藤整, 1905~1969). 자유파 지식인. 『근대 일본인의 발상형식』(近代日本人の發想の諸形式), 『문학입문』(文學入門) 등의 저작을 남겼다. ―옮긴이

케우치는 다음과 같은 관점을 제기하였다. 일본의 근대주의*는 전후의 공백상태 속에서 일종의 문화적 기능을 담당했으며, 강권통치에서 벗어난 해방의 희열을 표현했다는 점에서 상대적으로 긍정적인 가치를 지닌다. 그러나 근대주의적 사유(일본공산당과 좌익 지식인의 이데올로기도 포함하여)는 전시의 악몽을 머금고 있다는 이유로 일본의 민족주의적 요소를 배제했다. 이런 상황에서 근대주의는 문화적 공백을 메울 수는 있었지만 문화를 창조할 수는 없었다. 그리고 민족의 문제는 "그것이 무시될 때 문제가 되는 성질을 지닌다. 민족의식은 억압받을 때 생겨난다." 그런 맥락에서 다케우치는 다음처럼 지적했다. 전시의 '일본낭만파'는 애초 근대주의의 안티테제로서 제기되었다. 즉 민족을 하나의 요소로서 인정해야 한다고 보았던 것이다. 그러나 전후에는 민족 문제가 **하나의 요소**가 아니라 **만능의 전제**가 되었는데, 이는 정치권력 탓만은 아니며 근대주의가 그것과 대결하는 일을 피했기 때문이기도 하다. 안티테제를 안티테제로서 인정하지 않은 것이 거꾸로 민족주의를 과도하게 경직시키고 확장시켰다. 시라카바파가 추상적인 자유인을 설정했던 때부터 근대문학의 한 가지 요소인 민족주의는 말살되어 버린 것이다. 일본의 프롤레타리아 문학도 시라카바파의 연장선상에서 생겨났기에 말살된 민족 문제를 풀어낼 수 없었다. 따라서 프롤레타리아 문학 진영에서 전향하는 이들이 극단적인 민족주의자가 되는 일은 하나의 필연이었다.

---

* 근대주의라는 말은 일본어에서는 서양에서 기원한 사상이나 문화 모델을 일본의 현실에 단순하게 적용하려는 방법을 가리킨다. 전후 이 말의 의미는 변화하여, 2차 세계대전 전승국의 이론 모델을 일본 지식계가 모방한다는 뜻을 갖게 되었는데, 여기에는 신중국에서 그에 상당하는 부분을 복사한다는 의미도 담긴다.

다케우치는 이렇게 쓴다. "문학 창조의 근원을 덮고 있는 어두운 부분을 샅샅이 비춰내려면 하나의 조명으로는 충분치 않다. 그 충분치 못함을 무시했던 곳에 일본 프롤레타리아 문학의 실패가 있다. 그리고 그 실패를 강행했던 곳에 일본 근대사회의 구조적 결함이 있다." 서양의 문예이론과 문학사에 조예가 깊었던 이토 세이는 이러한 언급에 화답하여 다음처럼 적는다. "골격과도 같은 근대주의의 도식은 민족이라는 내용에 근거해 형성된 수많은 육체적 실질을 담지 못한다. 우리는 이 사실을 무시해서는 안 된다."[8] 이토 세이는 근대주의에 의존하는 서양식 비평 방법으로는 일본 문학계의 대가 몇 명만이 무시되지 않을 뿐이며, 대부분의 문학가들에게는 무리하게 신을 신겨 발을 못 쓰게 만든다는 사실에 주의를 촉구했다. 이 말은 바로 근대주의로는 민족의 육체적 실질을 담을 수 없다는 의미이다. 이 대목에서 다케우치 요시미는 이토 세이와 공감할 수 있었다. 그러나 국민문학을 토론할 때 이토 세이는 늘 '문학'의 틀 속에서 문제를 설정했는데, 이 점은 다케우치와 달랐다.

이토가 관심을 기울였던 문제는 문학이 자신의 규율 속에서 어떻게 자신을 완성해 갈 것인가였지, 어떻게 철학에 맞서는 '세계의 구조'를 이룰 것인가는 아니었다. 다케우치는 서한에서 우선 문제를 정리하자고 요구했는데, 이토는 동의하지 않았다. 그는 반드시 "사상을 만들어내는 창작 방법 자체의 구체성 속에서" 문제를 전개해야 한다고 생각했다. 그는 지체 없이 다케우치의 '정리 방법'은 가설에 불과하다고 지적했다. 다케우치가 '정리'를 요청했던 까닭은 근대주의와 민족주의의 대립을 이항대립으로 도식화한 데서 당시의 혼란이 야기되었다고 느꼈기 때문인데, 이토 세이는 이 점을 이해하지 못했다. 이토 세이

앞으로 보내는 편지인 「국민문학의 제창」에서 다케우치는 당시 다양한 사상적 입장의 문단 사람들이 국민문학에 대해 품고 있는 태도를 간결하게 분석했다. 그는 역사적으로 근대주의와 민족주의가 외견상 대립적인 양상을 보이는 시기가 있었지만, 반드시 양자가 결합될 수 없음을 뜻하지는 않는다고 말한다. 특히 전후에는 민족주의자들만이 아니라 근대주의의 입장에 서 있는 지식인들도 국민문학을 제창했다. 그런 사정으로 '국민문학'이라는 말은 상당히 복잡한 가치관을 내포하게 된다. 그것이 바로 다케우치가 '문제 정리'를 제안한 이유이다. 다케우치는 '국민문학' '민족' '근대주의' 등의 개념을 좇아서는 당시의 현실 상황을 유효하게 파악할 수 없다는 사실을 꿰뚫고는 그런 제안을 했다. 그는 논의를 보다 실천적인 수준으로 끌어올리고자 시도했으며, 이러한 일련의 개념에 비이데올로기적이며 적확한 리얼리티를 주입하려고 했다. 개념들의 정리는 분명 새로운 방향의(이데올로기의 위상에서는 거의 알아차릴 수 없는) 문제의식을 수립하는 일이었다. 즉 국민문학의 제창은 민족주의의 입장을 보강하기 위함이 아니라, 다케우치가 「중국문학의 정치성」에서 강조했듯이 문단의 폐쇄성을 타파하고, 기능으로서의 문화-정치를 세우려는 의도에서 비롯되었다. 거듭 말하지만 다케우치 요시미가 의도한 '국민문학'은 어디까지나 『루쉰』 이래 일련의 저작에서 반복된 모티브를 고려하지 않으면 그 함의를 파악할 수 없다. 그 모티브란 '자기부정'과 "쩡짜로 자기를 씻고, 씻긴 자기를 다시 그 속에서 끄집어낸다"는 것이다. 그런 이상 다케우치가 당시 문단에서 벌어지던 관념적인 설전에 만족할 수 없었던 것은 당연한 일이다.

이토 세이는 다케우치가 기대했던 문제전개의 방식, 즉 근대주의와 민족주의의 대립도식을 무너뜨리고 문단의 보다 복잡한 도식을 드러내는 데는 이르지 못했다. 되려 다케우치에게 보내는 답신에서 다케우치가 무너뜨리려던 모델을 일부러 원래 상태로 되돌려놓았다. 물론 이 우수한 문예비평가 역시 '민족을 위한 문학'과 '근대적 자기 확립의 문학'이 반드시 대립하지 않음에 주목했지만, 그에게는 이것이 문제를 심화시키는 에너지가 되지 못했다. 그는 이 문제를 관념적인 수준에서 보류하고, 곧 화제를 동양 문명(중국, 인도, 일본) 특유의 사고양식과 근대주의의 대립으로 바꿔놓고는 이들 동양 사상의 자원을 소생시켜 "유럽 계통의 문화구조를 비판하는" 일의 필요성을 강조하는 데 머물렀다. 다케우치가 중시한 문단의 폐쇄성 문제와 관련해서도 이토 세이는 관념적인 수준에서 상업 사회에서는 순문학과 대중문학이 분열된다며 일반적 견해만을 밝힐 뿐, 다케우치가 일본문학으로 상징되는 일본의 사회구조 자체를 조준하여 문제를 제기했음은 간과하지 못했다.

다케우치는 이른바 골격과 육체의 관계에 관한 이토 세이의 의견에는 완전히 공감하지만, 수박 겉핥기식의 태도에는 만족할 수 없었다. 이후 발표된 「국민문학의 문제점」에서 다케우치는 재차 일본 문단의 폐쇄성에 병의 원인이 있음을 강조하며, 이토 세이의 설명방식에 이론을 제기한다. 그는 상업 사회에서 매체가 어떤 작용을 하는지만으로 문단문학과 대중문학의 괴리를 설명하는 것은 쓸모없는 일이라고 지적한다. 왜냐하면 매체의 개입은 모든 자본주의 국가에서 볼 수 있지만, 일본식 문단(그 중에서도 사소설의 전통)은 역시 일본 독자의 것이기 때문이다. 오히려 이러한 괴리현상이야말로 일본식 봉건적 신분제도의 문제점을 드러낸다 할 것이며, 그런 의미에서 대중문학과 순문

학은 그 뿌리가 같다는 것이 다케우치의 생각이었다.[7]

비교적 이른 시기에 발표된 「망국의 노래」에서 다케우치는 일본 문단의 폐쇄적인 길드적 형태를 날카롭게 비판했다. 하지만 그는 자신이 문단의 협소함을 비판하는 까닭은 문학가가 문학 이외의 영역에 관심을 가져선 안 되기 때문이 아니라, 그들이 문학을 협소하게 사고하는 데다가 문학의 본질에 관해서는 고민하지 않기 때문이라고 강조했다. 다시 말해 문학가라면 문학의 울타리를 벗어나 문단의 문제를 다루어야 하는데, 그렇게 못하고 있다는 것이다. 가령 이토 세이와 같은 민주주의 작가조차 다케우치가 말한 협소함을 벗어나지 못했다. 다케우치가 여러 관념들을 정리해야 한다고 요청했던 때, 서양 학문에 조예가 깊은 이토 세이는 도리어 개념을 추상적인 수준에서 허구로 꾸리고, 그 문제를 보류하는 데에 만족했던 것이다. 이 점은 필시 지식의 문제만으로는 설명할 수 없으리라.

그러나 다케우치의 명제는 보다 강력한 도전에 직면하게 되었다. 그가 마주한 두번째 종류의 인물은 일본공산당 계열의 진보적 작가였기 때문이다. 그들은 전후 프롤레타리아 문학의 전통을 의식적으로 계승하고, '국민문학'을 통해 민족을 위기에서 구해내고자 했다. 일반적인 의미의 민주주의 작가와 달리 그들은 문학의 사회적 기능을 강조했으며, 대표적으로는 구라하라 고레히토 같은 이론가에 힘입어 이론적 형태를 지니고 있었다. 동시에 이들 좌익계 지식인은 사상적인 위치로 보자면, 이토 세이 같은 자유계 지식인과 대립하고 있었다. 그런 상황에서 다케우치는 문단의 폐쇄성을 타파하고 광범한 사회적 요구에 기초하는, 즉 '정치성'을 지니는 국민문학을 세우려면 일본의 좌익 지식인과 같은 행보를 취해야 하는가라는 문제를 해결해야 했다.

「중국문학의 정치성」에서 다케우치는 이렇게 예언한다. "프롤레타리아가 미래의 문화를 담당하리라는 것은 의심의 여지가 없다. 그러나 청산을 철저히 하지 못한다면 미래의 문화가 예전의 프롤레타리아 문학마냥 뒤틀어지리라. 생각만 해도 비참하다."[9] 그 '뒤틀림'이란 무엇인가? 관련된 다른 글과 결부해 생각해보면, 다케우치는 전전의 프롤레타리아 문학이 지닌 가장 큰 문제는 '근대주의'였다고 여긴 모양이다. 다케우치가 보기에 일본의 프롤레타리아 문학은 시작부터 '사상 수입'의 길을 걸었다. 그런 국제주의와 계급이론은 일본의 민족주의 문제를 누락하였다. 또한 프롤레타리아 문학이론이 반복해 강조한 '민족 독립'에서 '민족'이란 선험적인 개념으로 자연적인 생활 감정을 담고 있지 않았다. 이리하여 일본의 프롤레타리아 문학은 서양과 러시아의 시선을 빌어 자국의 '계급문제'를 조망했으며, 그런 까닭에 이후 파시즘 이데올로기로 발전하는 민족주의와 대결하거나 그것을 개조할 능력을 지니지 못했다. 그러나 보다 중요한 것은 일본의 프롤레타리아 문학은 일본 민족주의에 관한 진정한 인식을 결여하고 있었기에, 일본적 특색인 천황제가 **사상운동에 내재된 조직형태**로서 은폐된 채 자신의 그림자를 드리우고 있었다는 점이다.

다케우치는 일본 사회에서 권력구조가 존재하는 방식을 천황제 속에서 읽어냈다. 그는 다음처럼 지적한다. 천황제로 상징되는 일본 정치의 권력구조는 폭력적 지배라고만 정리해서는 안 된다. 천황제는 '사물'이 아니다. 그것은 고체가 아닌 기체이며, 자타를 품는 장이다(여기에는 '장'에 관한 다케우치의 기능적 감각이 잘 드러난다). 촌락 공동체는 천황제의 기초로서 부단히 절대주의적 이데올로기를 생산하고 있다. 천황제는 하나의 가치체계가 아니라 복합적인 체계이며, 체계라기보다 차라리 모든 평가를 상쇄시키는 일종의 장치다. 이리하여 부드럽게 공기처럼 일본 사회 구석구석으로 스며든 천황제는 나치 지도자들의 부러움을 살 정도로 동원력을 발휘할 수 있었다. 다케우치 요시미는 이 대목에서 "나무 한 그루, 풀 한 포기에 천황제가 있다"라는 테제를 제시했다. 이 테제의 가치는 천황제로 상징되는 권력 문제를 제도에 관한 협의의 논의로부터 공공성에 관한 사회적 의제로 바꾸어 놓았다는 데에 있다.[10] 다케우치는 일본의 프롤레타리아 문학운동에도 천황제의 구조가 반영되고 있다고 생각하고는 이 운동을 하나의 사례로 삼아 천황제의 실질을 연구하자고 제안했다.

그러나 다케우치는 프롤레타리아 문학운동을 부정하기 위해 이런 제안을 한 것이 아니다. 오히려 프롤레타리아 문학운동이야말로 일본의 혁명사상을 발굴할 유일한 원천이었다. 표면만을 보면 이런 사고는 자기모순으로 여겨진다. 다케우치는 일본 프롤레타리아 문학운동의 '외래성'을 이 운동이 민족 문제와 거리를 둘 수 있었던 중요 원인으로 지적하지만(외래성으로 인해 프롤레타리아 문학운동은 일본의 토착적 상황에서 벗어난다는 '선구성'을 지닐 수 있었다), 그 속으로 스며든 '토착성'에 주목한다면 천황제의 구조가 부상하게 되는 것이다. 그러나 다케우치는 이렇듯 가장 보수적인 구조 속에서만 진정한 일본의 혁명 가능성을 발견할 수 있다고 생각한 듯하다.* 이런 발상은 그가 훗날 일본의 아시아주의 계보를 정리하고, 메이지유신과 후쿠자와 유키치**로부터 일본의 민주주의 사상이나 제도의 원형을 발굴하려던 때에 사상 창조의 축으로서 유감없이 발휘되었다.

이러한 이유로 말미암아 다케우치와 일본의 좌익 지식인, 특히 공산당계 작가 사이에는 방향성의 차이가 뚜렷했다. 다케우치는 프롤레타리아 문학운동과 그것이 전후에도 이어진 사실을 일본 근대주의와 민족주의의 내재적 관계를 연구할 때 가장 좋은 본보기로 삼았다. 그가 자신을 그들 바깥에 두었음은 두말할 나위 없다. 다케우치가 보기에 '뒤틀린' 길을 걷는 이 사상운동은 민족해방을 표방했지만 폐쇄성을 돌파할 수 없었다. 도리어 그 근대주의의 관념성이 진실한 모습을 가려 자신의 일본적인 조직구조도 알아차리질 못했다. 그러나 보다 중요한 문제는 다케우치와 좌익 지식인 사이의 이러한 거리감이 어떻게 문학의 자율성에 관한 사고로 이어졌는가이다.

국민문학 논의가 전개되자 다케우치의 「국민문학의 문제점」은 공산당계의 실력파 작가인 노마 히로시***로부터 비판을 받았다. 1952년 9월부터 12월에 이르기까지 노마는 「국민문학에 대하여」라는 글을 세 차례 연재하여 다케우치와 상당한 수준의 논쟁을 진행하였다. 노마

---

* 1959년에 발표된 「프롤레타리아문학 II」(プロレタリア文學 II)에서 다케우치는 다음처럼 적는다. "예술로서의 프롤레타리아 문학은 이렇다 할 성과를 거의 내지 못했다. 그러나 예술을 낳는 조건을 만드는 사상운동으로서는 무엇과도 비견할 수 없을 만큼 강력했다. 프롤레타리아 문학운동은 강력했기 때문에 특수일본적(特殊日本的), 즉 오다 기리(小田切)가 말하는 '이식관념적'(利殖觀念的), 내 용어로는 '근대주의적'으로 결정(結晶)되었지만, 동시에 그로 인해 천황제 구조로 두 번 입혀지는 특수일본적인 운동과정을 겪었다. 천황제의 본질을 규명하려면 어떡하든 프롤레타리아 문학을 실마리로 삼지 않으면 안 된다. 그리고 그것은 일본의 혁명사상을 발굴할 거의 유일한 원천이기도 하다."(「プロレタリア文學」, 「竹內好全集」 第七卷, 242쪽) 이 글은 '이와나미강좌' 『일본문학사』(日本文學史) 제13권에 실렸다. 이 시리즈의 제15권에는 마루야마 마사오의 「근대일본의 사상과 문학」(近代日本の思想と文學)이 수록되었다.
** 후쿠자와 유키치(福澤諭吉, 1834~1901). 메이지시대의 사상가. 하급무사의 아들로 태어나 난학(蘭學)을 배우고 스스로 난학숙(蘭學塾)을 열었다. 또 독학으로 영어를 배워 막부의 사절로서 세 번에 걸쳐 서유럽을 시찰한다. 메이지유신 후에는 신정부의 부름을 거절하고 일본의 근대화를 위한 계몽활동에 진력했다. 『학문의 권장』(學問の進め), 『문명론의 개략』(文明論之槪略), 『서양사정』(西洋事情)이 그의 3대 명저로 꼽힌다. ─옮긴이
*** 노마 히로시(野間宏, 1915~1991). 소설가. 청춘의 사색과 체험을 형상화한 『어두운 그림』(暗い繪)으로 데뷔해, 전쟁소설 가운데 최고 걸작으로 꼽히는 『진공지대』(眞空地帶)를 발표하여 '전후파'를 대표하는 작가가 되었다. ─옮긴이

는 다케우치의 논문에 육박하기 위해 매우 정밀하게 독해했으며, 전후의 맥락에도 주의를 기울였기에 그의 비판은 일리가 있었다. 이토 세이와 달리 노마는 문제를 '정리' 하자던 다케우치의 제안을 높게 평가했다. 그 역시 국민문학에 관한 논쟁이 혼란스러워졌음을 인식했기 때문이다. 동시에 다케우치의 구체적인 '정리' 방식에는 이론을 달았다. 노마는 먼저 다케우치의 글에 매우 모호한 구석이 있음에 주의한다. 그것은 다케우치가 문학의 자율성을 강조할 때, 자율성을 예술을 위한 예술의 입장과 구별하면서도 '문학 외의 강제'를 배제하려고 한 결과, 그의 국민문학론이 이른바 순문학도 수단으로서의 문학도 아니게 되었다는 점이다. 노마는 객관적으로 분석하여 다음처럼 지적했다. 문학의 자율성에 관한 다케우치의 정의가 분명하지 않은 탓에 문학의 자율성을 둘러싼 고찰도 단지 문학을 정치에서 구분해내는 데 그친다는 것이다.

나아가 노마는 이렇게 말한다. 다케우치의 발언이 이렇게 애매하게 되어버린 까닭은 확실히 좌익 문학운동이 문학을 수단으로 다루는 경향을 갖고 있긴 하지만, 다케우치의 국민문학에는 국민을 독립시키기 위해 다양한 분야의 협력을 요구하는 내용이 담겨 있지 않은 탓이다. 노마는 문학의 자율성을 "정치, 경제, 문화 각 영역의 혁명 혹은 개조운동에서 그 사상 자체를 개조하는 자율성이며, 새로운 영혼의 창조운동을 품는 자율성"[11]이라고 말한다. 이러한 자율성이야말로 정치, 경제 등과 같은 위상으로 문학을 이끌어주며, 사회혁명운동과 문학운동이 독립된 특성을 지니면서도 함께 사상개조운동을 책임질 수 있게 만든다. 다케우치가 강조한 문학의 자율성은 이러한 사상개조운동 안에서 자신의 자리를 찾지 못했기에 협소해지고 말았던 것이다. 더욱이 다케우치는 개인주의에 기대어 '사람'을 고찰했지만, 노마를 비롯한 좌익 지식인에게 '사람'은 '사회주의적 인간상'을 중심으로 한다. 그리하여 노마 히로시에게 국민문학은 모름지기 민족해방투쟁의 모든 내용을 자신의 모든 내용으로 삼는 것이어야 했다.[12]

다케우치는 즉각 진지한 반응을 보였다. 1952년 11월 잡지 『군상』에 발표한 「문학의 자율성 등」은 노마에 대한 성실한 응답이기도 했다. 다케우치는 우선 자신과 노마가 민족의 위기감을 자각하고 일본 민족의 영혼을 해방시킨다는 대전제에서는 일치한다고 인정했다. 그러나 문학의 자율성 문제와 일본이 어떻게 봉건제도로부터 해방될 것인지와 관련해서는 방향이 다르다고 언급했다.

첫번째 차이점은 사고방식이다. "내가 문학의 자율성을 말할 때 정치와 문학을 실체적으로 구별했다는 인상을 노마씨에게 주었다면, 내 설명이 충분치 못한 탓이다. 그런 의미가 아니었다. 나는 정치와 문학은 기능적으로 구별되어야 한다고 주장했을 따름이다. 문학은 정치를 대신할 수 없으며, 정치도 문학을 대신할 수 없다. 목적은 전인간의 해방이며(노마씨는 이를 사상이라는 말로 표현한다), 이 목적을 위해 정치와 문학은 나름의 책임을 져야 한다. 소설 쓰기도 정치행위이며, 강령을 작성하는 일도 문학적 행위이다. 목적을 실현하기 위해 책임감을 갖고, 자신의 기능을 수행하며, 유기적으로 결합하는 것이야말로 진정한 자율성이다."[13] 실로 명석한 정의이다. 다케우치는 '기능'을 강조하면서 실체와 그것의 기능을 구분해 고찰해야 한다고 요구한 것이다. 그렇게 한다면 분명 전혀 새로운 인식방법을 획득할 수 있다고 말이다. 상황을 실체로서 다루는 사람들은 본래는 실체를 갖지 않는 대상(예를 들어 문학의 창작과정이나 정치과정 등)마저도 '실체화'하고 나서야 분석하고 이해할 수 있다고 여긴다. 이리하여 과정이 아닌 결과(예를 들어 문학작품이나 정치제도의 조건 등)를 주목하게 된다. 왜냐하면 결과만이 '실체화'를 가능케 하기 때문이다. 이러한 발상으로 인해 대상에게 정적인 성격을 요구하는 일은 전혀 이상할 것이 없다. 배타적인 자족성을 지녀야 비로소 대상은 안정적으로 실체화되기 때문이다. 또한 실체적 사유는 구체적인 사물만을 향하지 않는다. 실체적 추상성도 편재한다. 실체적 구체성과 고도의 추상성은 늘 어떤 종류의 공범관계를 맺는다. 구체적 실재와 실체적 추상성은 모두 '정지'라는 의미에서 대상을 폐쇄적인 공간으로 억누르기 때문이다. 전자가 개별적인 내용을 갖는다면, 후자는 아무래도 보편적인 양상을 취한다는 차이가 있을 뿐이다.* 반면 기능성을 강조한다는 것은 바로 그런 종류의 '실체화'의 잠재의식을 해소하기 위함이며, 따라서 유동성에 몸을 맡기면서 대상의 변화를 민감하게 감지하고, 관심을 결과에서 과정 자체로 옮기는 일이다.

국민문학논쟁에서 표현된, 문학을 정치와 대립시키고 정치의 개입을 배제하는 데서 문학의 자율성을 찾는 사고방식은 전형적인 실체

---

* 여기서 실체화된 추상과 이론적 추상을 구별할 필요가 있다. 후자는 기능성을 위한 이론적 사유로서, 비직관적 방식에 근거해 현실의 상황으로 개방해가는 사유를 한다는 데에 그 특징이 있다. 이리하여 그러한 추상은 허구로서밖에 성립할 수 없다. 만약 이론적 사유가 진정한 허구의 기능을 갖춘다면, 그것은 결코 현실로 환원되지 않는 형태로 분석의 구조를 이룰 것이다. 이와 달리 실체화된 추상은 이러한 기능을 전혀 갖지 못한다. 이런 종류의 추상적 사유는 이론적 사유로부터 결론을 빌려가는 일에 만족한다. 빌려온 이론적 결론은 실체화되고, 구체적인 현실문제는 그 모습 그대로 실체적 결론에 짜맞춰진다. 이론적 사유에서 가장 중요한 '사유과정' 자체가 결여되었기 때문에, 이러한 '추상적 분석'은 언제나 단순하며, 생산성이 없으며, 사고 자체의 기반이 되는 긴장감을 결여한다. 이런 종류의 실체적 추상에 발 딛고 있는 '사상 비판'이 범람하는 양상은 지적 생산에 있어 매우 부정적이라 말하지 않을 수 없다.

적 발상이다. 그럴 경우 정치는 단지 정치권력의 폭력 혹은 체제의 억압으로 한정되고, 도덕의 수준에서 추상적으로 '악'이라 규정되고 말기 때문에, 정치과정에서의 다양한 가능성이나 여러 복잡한 모순 등은 안이하게 제거되어버린다. 한편 노마 히로시가 각 영역은 민족의 독립을 위해 나름의 책임을 지면서 연합해야 한다고 주장했을 때, 문학은 추상화되어 정치·경제와 나란히 놓이는 '사물'로 존재할 따름이었다. 그런 주장은 기껏해야 문학의 배타적 '자율성'에 대한 안티테제로서 의미를 지닐 뿐이다. 여기서 문학의 존재방식은 전혀 탐구되지 않는다. 다케우치가 기능으로서의 문학과 정치를 구분해야 한다고 요구했을 때, 그는 문학이 '문화 정치'의 특수한 과정이 되어 단순히 정치적 결론을 반복하고 마는 악순환으로부터 문학을 어떻게 해방시킬 것인가라는 문제를 고민하고 있었다. 마치 마루야마 마사오가 정치학의 영역에서 현대정치의 '허구성'을 강조해 정치판단을 세우고자 했듯이, 다케우치 요시미 역시 문학 영역에서 기능성을 강조해 문학을 직관에서 해방시키고, 정신적 영위로서의 자율성을 확립하려고 한 것이다.

확실히 노마 히로시의 오독은 실체적 사유와 대결하여 정치성을 마련한다는, 다케우치가 말하는 문학의 자율성을 이해하지 못한 데서 비롯된다. 그러나 노마의 이 같은 오독이 과연 다케우치의 "설명이 충분치 못한" 탓일까. 사실 다케우치는 동시대의 거의 모든 중요한 문제와 관련해 늘 이 같은 '기능적인' 반응을 보였지만, 그것은 번번이 '실체적인' 사고양식에 의해 굴절되어 오독되어왔다. 노마 히로시처럼 우수한 창작활동을 지속한 작가조차 다케우치에게 문학과 정치의 관계를 물을 때면 실체적 사고를 논의의 축으로 삼았다. 이런 차이는 '설명'을 자세히 한다고 해결되지 않는다. 다케우치와 노마의 논쟁은 결국 그 이상 진전되지 못했다. 어쩌면 그들은 서로의 차이가 근본적인 것이어서 간단히 해소될 오해가 아님을 알게 되었는지도 모른다.

이 차이와 관련하여 두번째 문제, 즉 일본은 어떻게 봉건제로부터 해방될 수 있는가라는 문제에 대해 다케우치는 이렇게 해석한다. 노마는 '민족의 독립'을 문학의 목적으로 삼았기에 '국민 영혼의 해방'이 갖는 중요성을 놓치고 말았다. 이리하여 봉건제와의 투쟁에서 노마는 '민족의 독립'을, 다케우치는 '국민 영혼의 해방'을 말하는 방향상의 차이가 나타나게 된 것이다. 그리고 바로 이 차이가 그들이 근본적으로 갈라지는 지점이었다. 다케우치 요시미는 「국민문학의 문제점」에서 일본의 좌익작가들이 자신들의 정치용어인 '민족의 독립'을 문학에 밀어붙여서는 도리어 문학이 독자적인 기능을 발휘할 수 없게 만든다고 지적했다. 그리고 "그러한 문학은 '자아확립의 문학'을 담지 못하며 봉건제와의 싸움을 회피한다"[14]며 문제를 심화시켰다.

한편 노마는 다케우치가 무엇을 말하는지 도무지 이해하지 못한 채 "봉건제와의 싸움을 회피"한다는 표현에 크게 반응을 보였다. "우리의 문학이 민족해방의 강령을 문학 안에서 구체화하고, 문학으로 쟁취할 것을 지향하고 있음은 이미 언급한 바다. 그러한 문학이 어찌 봉건제와의 싸움을 회피한다는 말인가. 식민지 종속국의 혁명 방식과 제국주의국가의 혁명 방식 사이의 차이를 분명히 밝히고, 그로써 식민지 일본의 혁명을 민족해방혁명으로 규정하고, 그 위에서 일본 민족의 해방을 도모하기 위해 필요한 강령 중 가장 중심에 자리하는 것이 농촌의 토지개량이며, 나아가 바로 제국주의의 토대가 되는 천황·관료봉건제 타도이다. 우리의 문학이 봉건제와의 싸움을 회피한다고는 생각할 수조차 없다."[15]

하지만 다케우치가 말하는 소위 '봉건제와의 싸움'은 분명히 일본 프롤레타리아 문학운동에 '천황제의 특징'이 드리워져 있다는 관찰에 기반한 것이었다. 그는 일본의 좌익진영은 지나치게 관념적인 정치적 올바름에 구애된 나머지, 현실에 대한 비판적 역할을 담당하지 못한다고 생각했다. 뿐만 아니라 도리어 안티테제(비판)라는 형식을 취해 일본 사회의 봉건적 토양을 간접적으로나마 보강해왔다. 다케우치가 보기에 일본공산당 강령을 인용하면서 다케우치를 비판한 노마 히로시는 오히려 그 때문에 문학의 영역에서 정치적 강령을 처리할 기회를 놓쳐버렸다. 다케우치는 "당원 예술가의 비극을 본다"[16]고 기술했다.

여기에서 다케우치 요시미는 다시 『루쉰』에서 모티브를 가져온다. 즉 문학의 진정한 역할은 올바른 정치적 마니페스토를 도출하는 일이 아니라, 자기 특유의 방식(다케우치는 그것을 "여유의 산물" 혹은 "일신에 동[動]을 집중하는 극치적인 정[靜]"이라고 묘사했다)으로 현실에 진입하여 자신의 '문화 정치'를 형성하는 데에 있다. 그리고 이 문화 정치는 현실 정치와는 결코 대등하지도 않고 일치한다고도 할 수 없는 '무용의 용'(無用の用)이라는 역설적인 방식으로 현실 정치의 전 과정에 개입한다는 것이다. 이것이야말로 다케우치가 「문학의 자율성 등」에서 쓴 "소설 쓰기도 정치행위이며, 강령을 작성하는 일도 문학적 행위이다. 목적을 실현하기 위해 책임감을 갖고, 자신의 기능을 수행하며, 유기적으로 결합하는 것이야말로 진정한 자율성이다"라는 말의 참뜻이다.

일본문학 사조의 역사에서 국민문학논쟁에 관한 공식적 견해는 이렇다. 일본공산당이 개입하여 국민문학논쟁은 이데올로기화되어 다케우치가 기대했던 문학 규율의 위상으로까지 논의가 심화되지는 못했다. 그러나 실상은 그 반대일 것이다. 앞서 살펴본 자료만 하더라도 이 논쟁에서 이미 중대한 문제가 제기되었음을 알 수 있다. 그 문제가 지닌 중요성은 다케우치의 예상을 훨씬 뛰어넘었다고도 말할 수 있다. 그 문제란 대체 무엇인가. 바로 '문화-정치'가 국민국가와 민족이라는 틀 속에서 어떤 위상을 지니는가이다. '민족의 해방'과 '민족 영혼의 해방'이라는 문제는 바로 이런 의미에서 구별되어야 한다. 왜냐하면 민족의 해방은 현실의 정치투쟁과 직접 연결되며 고정적인 판단기준도 수반하지만, 민족 영혼의 해방은 결코 현실 정치에 따르는 외적인 시선을 갖지 않으며, 현실의 정치판단으로는 결코 제대로 포착할 수 없기 때문이다. 이러한 의미에서 **전자가 현대 국민국가의 틀에 의거해 존재한다면, 후자는 그 틀을 벗어나는 곳에서 존재한다.**

우리는 여기서 노마 히로시가 오독했던 문제로 되돌아가야 한다. 풍부한 창작경험을 갖고 있으며 엄정한 논쟁의 자세를 지닌 이 문학가는 다케우치의 텍스트를 꼼꼼히 읽었지만, 여전히 다케우치가 제기한 '정치와 행위로서의 문학 사이의 역설적 관계'라는 테제를 이해할 수 없었다. 이 점을 그저 '당원예술가의 비극'이라며 일축해서는 안 되겠다. 사실 이 당원예술가의 정치적 이해방식은 매우 대표적이다. 그리고 이 대표성은 단지 공산당계의 지식인에게만 한정되지 않으며, 그들과 대립하고 있던 자유파 지식인의 정치적 이해방식과도 깊은 관련을 맺고 있다. 따라서 이 문제의 묵직함도 '당원예술가의 비극' 운운하며 속히 이야기를 마무리하려던 다케우치의 비평으로 정리될 사안이 아닌 것이다.

노마 히로시는 1953년, 정치와 문학의 관계를 다룬 다른 글에서

이 문제에 접근할 단서를 제공했다. 현실의 정치적 상황에 강한 우려를 품고 있었던 이 지식인은 우선 이렇게 강조했다. "인간이 아무리 정치와 관련되지 않으려 해도, 정치는 그 인간 위에 관계를 가져온다. 자신은 정치와 관계가 없다, 자신은 홀로 존재한다고 생각하더라도 역시 마찬가지이다."[17] 이어 그는 당시 일본이 직면하고 있던 정치적 정세를 다음처럼 분석했다. "현대세계에서 가장 중대한 문제는 평화의 문제일진대, 만약 자신은 정치에 관련되고 싶지 않다며 이 문제에서 몸을 뺀다면 어떻게 될 것인가. 전쟁이 발발하면 전쟁은 결코 그 인간을 피해 지나가지 않는다. (중략) 우리 일본인이 평화를 생각하여 평화를 지키려 한다면, 일본이 전쟁을 일으키고 싸움에서 패배해 어떻게 되었는지, 전후 일본은 어떻게 변화하고 있는지를 따져 물어야 하며, 거기에서 평화에 이르는 길을 찾아야 한다. 일본이 전쟁으로 파괴되고 오랫동안 미국에게 점령되었다가 작년[1951년] 샌프란시스코조약을 거쳐 독립했지만, 일본의 예산은 일본인의 자유가 아니며, 일본에는 외국 군대를 재판할 권리가 없으며, 일본 기지에서는 미국 폭탄을 실은 비행기가 매일 뜨고 있다. 만일 일본이 미국의 기지가 되지 않는다면 미국은 지금처럼 조선전쟁을 지속할 수는 없을 것이다."[18]

나아가 노마는 마르크스주의의 원리를 인용하면서, 계급투쟁을 정치투쟁, 경제투쟁, 이데올로기투쟁 세 가지로 구분하고, 문학 활동은 이데올로기투쟁에 속한다고 강조했다. 그러면서 문학의 역할에 관해 다음처럼 말했다. "그것은 인간이 살아갈 길이 전쟁에 반대하는 투쟁 속에 있음을 주인공을 통해 구체적으로 보여줌으로써 완수된다. 특히 문학가는 과학자와는 달리 시나 소설로써 이곳 사람들이 갖고 있는 체험의 본질을 포착하고, 그것을 전형으로 삼아 인간의 오감을 때리듯이 그려내는 것이기에, 그것을 읽는 사람은 마치 자신이 그것을 체험한 양 인식하게 된다. 그런 이유로 진정 그 사람의 피가 되고 살이 된다. 영혼에 스며들어 영혼을 고양시킨다. 영혼의 개조(改造)가 고조되는 것이다. 스탈린은 문학가를 '영혼의 기사'(技師)라고 불렀는데, 현재 일본에서 영혼의 기사가 지니는 임무는 미국이 강요하는 거짓 평화와 국민이 바라는 진정한 평화를 언제 어떠한 경우라도 똑바로 구분해내고, 자신 속에 배어 있는 거짓 평화를 도려낼 진정한 영혼의 힘을 길러줄 문학작품을 창작하는 데에 있다."[19]

이처럼 길게 인용한 까닭은 노마 히로시가 당시의 정치상황에서 갖고 있었던 긴박감과 문학작품에 건 정치적 기대를 가급적 사실대로 전하고 싶었기 때문이다. 노마의 생각이 틀렸다고 말할 이유는 없다. 또한 문학과 정치에 관한 그의 사고방식이 다케우치의 그것과 대립했다고도 단언하기 어려울 것이다. 그렇다면 왜 노마와 다케우치는 문학과 정치의 관계에 관해 진정한 대화를 나누지 못한 것일까.

아마도 그 이유는 이 일본 문학가의 시야에는 어떤 기본적인 참조축이 결여되었기 때문이 아닐까. 이 일본 문학가에게는 루쉰으로 대표되는 중국현대문학과 중국현대문학에 관한 다케우치의 독해 시좌(視座)라는 기본적인 참조축이 빠져 있었다. 만약 『루쉰』을 다케우치의 사상적인 원점으로 받아들이지 않는다면, 일본문학이나 일본사상을 두고 한 그의 모든 발언은 이해될 수 없다. '루쉰' 이야말로 다케우치가 일본사상과 일본문학에 육박하는 계기였으며, 다케우치에게 루쉰은 요시카와 고지로가 다룬 '객관적' 연구대상마냥 바깥에 머물지 않았기 때문이다. 루쉰은 다케우치를 노마와 다른 정치적 이해로 이끌었다. 이른바 '올바른' 관념적 추상화를 버리고, 실로 복잡한 현실과 정면으로 마주한다는 것이다. 시국에 관한 노마 히로시의 분석은 과연 올바르다 할 것이다. 그러나 이 올바른 '마땅한 자세'가 미묘하게 전후 일본의 대중사회가 갖고 있던 기본과제로부터 유리되어, 일본문학도 이런 종류의 '이데올로기적 책임'을 맡을 수 없었다. 거꾸로 노마 히로시는 문학을 사상 이데올로기투쟁의 일부로 간주하면서, 이 부문이 다른 부문과 함께 어떻게 동아시아에 대한 미국의 헤게모니를 반대하는 유효한 계몽의 도구가 될 수 있는지를 주목했다. 그는 문학의 특수한 메커니즘을 인정하지만 그 메커니즘은 그에게 다만 하나의 '방법'일 뿐이었으며, 문학의 궁극적 목표는 당의 강령에 의해 이미 결정된 것이었다.

다케우치 요시미가 노마에게서 '당원예술가의 비극'을 보았던 것은 이러한 의미에서 얼마간 옳았다. 노마가 좀처럼 이해할 수 없었던 문제는 이러한 것이었다. 문학은 그 특수성으로 인해 현실에서 현실정치와 같은 파장을 갖지 않으며, 때로는 현실의 정치목표와 배치되는 듯이 보이기도 한다는 번거로운 문제 말이다. 또한 국민의 영혼을 개조하기 위해서라 해도 꼭 당의 강령을 문학으로 형상화하여 '올바르게' 민중의 감각세계로 침투시켜야 하는 것은 아니다. 이러한 '계몽작품'은 대개 표면적인 설교로 흐르기 쉽고, 노마가 기대하듯이 독자가 그것을 자신의 체험으로 받아들이는 경우는 드물다. 이리하여 좌익 지식인들은 다케우치 요시미가 「중국문학의 정치성」에서 지적했던 일본 프롤레타리아 문학운동의 비정치성으로 빠져든다. 즉 자신들이 설정한 올바른 방향으로 현실이 움직이지 않을 경우 자신의 설정을 수정하지 않고 '현실의 잘못됨'을 탓한다.

이러한 정치성의 문제를 이해하려면 정치과정이란 무엇인가라는 문제를 먼저 탐구해야 겠다. 노마의 경우는 일본공산당의 강령을 정치 자체로 받아들이고는, 매우 추상적인 수준에서 현실적 위기를 파악했다. 모든 우연성이나 순간적 결단, 그리고 정세의 돌발적인 변화에 따른 상황 전체의 구조전환 등, 현실의 정치과정 속에 담겨 있는 본래의 구조적인 요소들을 노마 히로시는 빠뜨렸다. 이러한 '큰 정치' 와 '일상생활' 의 괴리(마루야마 마사오)는 노마처럼 우수한 진보적 지식인으로 하여금 정치과정의 복잡함이나 유동성을 단순화하거나 이데올로기화하도록 만들었다. 실로 이러한 특징으로 인해 일부 일본의 진보적 지식인은 도그마적인 혹은 '비정치적' 인 정치성을 갖게 되었으며, 그들은 정치적으로 미숙할 수밖에 없었다.

흥미롭게도 노마 히로시와 진실로 대립하고 있던 이는 다케우치 요시미가 아니라, 오히려 자유파 지식인이나 순수예술을 주장하는 예술가들이었다. 그들은 문학이 정치에서 벗어나야 한다며 문학의 정치화에 반대했다. 그러나 그들의 대립이 성립하려면 전제조건으로서 양자에게는 어떤 공통성이 요구된다. 그것은 그들이 문학을 정치와 공존하거나 대립하는 '사물' 로 인식했으며, 정치도 이데올로기로서 단순화했다는 점이다. 바로 이러한 의미에서 정치와 문학의 관계를 둘러싼 노마 히로시의 발상은 자신의 논적이 갖고 있던 사고방식과 훌륭히 포개진다. 그러나 다케우치는 이러한 사고방식 바깥에 있었다.

국민문학논쟁에서 다케우치는 이처럼 정치나 문학을 실체화시키고, 그 위에서 그것들을 대립시키거나 결합하는 그러한 사고들과 마주해야 했다. 이 논쟁은 다케우치의 "정치와 문학 각자의 기능을 추궁한다"는 자세에 의해 당시의 여느 논쟁과는 달리 몇 가지 흥미로운 쟁점을 제공했다. 국민문학론에 관한 다케우치의 사고는 끝까지 민족주의의 모습을 취했다. 하지만 만약 다케우치가 노마를 두고 "민족의 독립만을 우선시했다"며 비판하고 "일본 민족 전체의 영혼을 해방하는" 것을 무시했다고 지적했음을 염두에 둔다면, 그에게 '민족문학'의 역할은 결코 현실정치 수준의 '민족독립'이라는 목표로 한정되지 않는다는 사실을 이해하게 될 것이다. 말하자면 다른 대표적 작가들의 오독을 통해서야 다케우치의 문학기능론은 불모한 논쟁 속에서 생산적인 의미를 지닐 수 있었던 것이다. 더 나아가 일본 문단에서 이토 세이와 같은 자유파 지식인과 노마 히로시와 같은 사회주의적 지식인 사이에 분화가 생겨 '정치와 문학의 대립'이 발생했을 때, 국민문학에 관한 다케우치의 사고는 바로 그 대립구도를 해체하고, 이런 종류의 대립이 지닌 **허위성**을 폭로한 것이다.

다케우치는 말한다. 문제는 관념상의 대립에 있지 않고 관념과 양립하는 생활실감에 있다고. "민족의 독립이라는 고도의 정치목표는 결코 민중의 생활에서 직접 끌어낸 것이 아니다."[20] 무릇 생활실감에서 유리된 이념은 결국 사상을 절대화의 막다른 길로 몰아넣는다. 다케우치가 '민중'이라는 말을 사용하는 지식인 길드를 해체한다는 역할을 자임했던 때(다케우치에게 '민중'은 기본적으로 하나의 관념적 범주에 불과함을 지적해두어야겠다), 그것은 다만 지식인을 견제하기 위한 전략에 지나지 않았다. 전후에 예를 들어 자오수리\*처럼 농민을 묘사한 작가에 관심을 둔 적이 있다고는 하나, 그 민중관에는 상당한 엘리트의식이 담겨 있었다. 다케우치는 민중(즉 국민)을 강조하여 국민국가의

---

\* 자오수리(趙樹理, 1905~1970). 작가. '인민문학'을 성공적으로 실현했다는 평가를 받는다. 그의 작품 가운데는 『샤오얼헤이의 결혼』(小二黑的結婚)이 유명하다. —옮긴이

틀을 상대화할 수 있었는데, 이는 반드시 지적해두어야 한다. 다케우치 요시미의 국민문학 제창은 결실을 맺지 못했다. 그러나 그의 사고는 이 논쟁을 거치면서 방향을 드러내게 되었다. 다케우치가 그 생애에서 어떤 사고의 과정을 밟았는지 연구할 경우, 그가 지닌 기본적인 사고의 방향은 이러한 구체적인 논쟁 속에 잠재되어 있다. 논쟁 자체나 그 결과는 다케우치가 남긴 시대를 초월하는 정신유산과 비교할 때 그다지 중요하지 않은데, 실패로 끝난 여느 시도들과 마찬가지로 이 논쟁이 중요한 까닭도 여기에 있다.

　국민문학론을 통해 우리는 적어도 다음과 같은 기본적인 문제점을 정리할 수 있겠다. 정치에 대한 관념적 이해는 정치적 올바름을 보강하는 이데올로기적 입장의 기반이 된다. 또한 문학 진영은 복잡한 현실의 정치과정과 정면으로 맞서는 일을 자신의 임무로 여기지 않기에, 정치과정을 단순화하거나 관념적 발상에 머무르는 경우가 일반적이다. 문학가는 정치를 도덕적으로 사고하는 경향이 있어 현실 정치에서 좋은 돌 나쁜 돌을 선험적으로 가려내고는 단순한 가치판단을 내리곤 한다. 그런 탓에 격동의 20세기 속에서 이렇듯 단순한 정치판단은 왕왕 지식인들을 역사 과정 바깥으로 밀어내게 되었다. 지식인은 자신의 '올바른 이상'을 의심의 여지없이 절대화하기 때문에 지식인의 행동은 현실과 유리된다. 늘 유동하는 현실 한복판에서 그런 올바른 이상을 조정해야 하는지 여부는 고려하지 않으며, 더욱이 올바른 이상이 어떻게 현실로 진입할 수 있는지, 즉 큰 정치를 어떠한 형태로 일상 정치의 과제와 연결해야 하는지도 거의 검토하지 않는다. 이리하여 우리는 '기회주의'(日和見主義)와 '원리주의'의 대립을 자주 목도하게 된다. 진정한 정치적 지혜는 이런 대립 속에서는 결코 성장할 수 없다.

기본적인 상황에 비추어 말하자면, 매우 소수의 예외를 제외하고 일본의 좌익은 전후 서서히 도그마적인 '원리주의'로 기울어갔으며, 우익은 차츰 원리를 상실하여 기회주의적이 되어갔다. 이러한 상황은 정당정치의 성장을 저해하고 정치사상의 성숙도 가로막았다. 그런 와중에 나타난 비교적 복잡한 사례는 아마도 노마처럼 정당정치에 참가했던 지식인의 경우일 것이다. 그들의 정치적 시야는 분명 이토 세이와 같은 지식인보다 현실감 있고 구체적이었다. 앞서의 인용에서도 확인되듯이 노마가 일본공산당의 강령에 근거하여 시국을 분석할 때, 그 글은 긴박감과 사명감으로 충만하다. 사실 그의 시국분석, 특히 전후 동아시아에서 미국의 '식민주의'의 문제에 관한 분석은 다케우치 요시미의 그것과도 상당히 일치하며, 대체로 당시의 양심적 지식인이 갖고 있던 기본적 견해를 대표한다고 말할 수 있겠다.

그러나 문제는 이러한 것이다. 노마가 일본공산당의 강령을 인용하면서 자신의 위기의식을 표현했을 때, 그는 이 강령이 일상 정치의 성격을 갖추지 못했다는 사실을 무시했다. 문학이 어떻게 이런 강령을 실현할 수 있는지를 검토하면서, 그는 거의 본능적으로 '올바름'이라는 말을 반복했다. 이리하여 문제의 존재방식은 올바름이라는 판단기준에 의해 미묘하게 '마땅한 양태'로 바뀌었고, 당시 현실정치나 사회 상황이 지닌 복잡함과 깊이를 가려버렸다. 다케우치가 논쟁에서 '문제의 정리'를 강조했던 까닭은 논쟁의 방향을 추상적인 '마땅'한 수준에서 보다 복잡한 현실상황으로 전환하려 했기 때문이다. 이러한 태도는 '상황주의'가 아니라 현실을 직시하려는 원리적인 태도라 할 것이다. 바로 이런 의미에서 다케우치가 굳이 "민족의 독립이라는 고도의 정치 목표는 결코 민중의 생활에서 직접 끌어낸 것이 아니다"라며 잘라 말했던 것은 정치적 올바름을 지상명제로 삼는 지식인들에게 도전한다는 의미를 품는다.

그러나 다케우치 요시미는 정치적 올바름에 대한 도전을 자신의 사상과제로 삼지 않았다. 다케우치가 진정 구애되었던 과제는 어떻게 역사로 진입할 것인가였다. 이런 의미에서 정치적으로 올바르지 못하다는 대가를 치른 다케우치는 자신의 사상적 실천을 통해 역사로 진입하는 일의 곤란함을 보여주고 상황 속에서 사상이 취해야 할 자세를 가르쳐준다.

# 3 전쟁과 역사

설사 다케우치가 전쟁의 변두리에 있었다손 치더라도, 그 역시 일본의 침략전쟁에 참가했으며 이 사실은 그의 사상 형성에 있어 중요하다. 내가 가장 관심을 갖는 대목은 다케우치가 그의 사상활동에서 어떻게 자신의 종군경험을 처리하는지이다. 그리고 개체의 경험을 그 시대 전체의 이데올로기로부터 구분해 다시 한 번 시대의 사상 형성과정 속으로 뛰어들고 싶다.

# 1장_역사적 순간에서의 '그릇된' 선택

논의가 여기까지 이르면 우리는 다케우치 요시미의 사상 가운데 가장 다루기 곤란한, 그러나 결코 피할 수 없는 문제와 만나게 된다. 바로 일본의 침략전쟁에 대한 그의 태도이다.

1943년 말 다케우치 요시미는 『루쉰』을 탈고하고 나서 다케다 다이준에게 그 원고를 출판사로 넘겨달라고 부탁했다. 이 시기에 그는 중국 후베이로 출정할 것이 결정되었다. 다케우치 요시미의 전쟁 체험의 경위에 대해서는 자신이 입을 다물고 있기에, 우리로서는 중요한 내용은 얻기가 힘들고 다만 지엽적인 내용을 다룬 몇 편의 글을 자료로 삼을 수 있을 뿐이다. 충분치는 않지만 말이다. 『다케우치 요시미 전집』의 연보와 그가 쓴 얼마 안 되는 글을 모아보면 이렇다. 다케우치는 출정 후 노병이나 학도병, 허약자로 구성된 독립혼성여단에 보충요원으로 배속되어 제1선으로는 나서지 않았으며, 다행히 사람을 죽인 적도 없다. 그러나 전장에서 부상이나 죽음 앞에 노출되었으며, 그것과 정면으로 부딪칠 가능성은 늘상 있었다. 다케우치 요시미는 병사로서는 실격이었으며(암호수 교육을 받았지만 통신기기를 운반할 체력이 없거나, 행군 중에 낙오하기로 유명하거나, 말에서 떨어져 의식을 잃는 경우도 있었다), 게다가 지독한 이질을 앓아서 반년 후에는 대대본부 '선무반'으로 전속되어(그는 반장의 유일한 부하였다) 병영 밖에서 거주할 권리를 얻었다. 그 후에는 중국어를 가르치거나 통역을 맡기도 했다. 이러한 종군경험은 1943년 12월부터 일본의 패전에 이르기까지 2년 가까이 지속되었다.

  설사 다케우치가 전쟁의 변두리에 있었다손 치더라도, 그 역시 일본의 침략전쟁에 참가했으며 이 사실은 그의 사상 형성에 있어 중요하다. 내가 가장 관심을 갖는 대목은 다케우치가 그의 사상활동에서 어떻게 자신의 종군경험을 처리하는지이다. 그리고 개체의 경험을 그 시대 전체의 이데올로기로부터 구분해 다시 한 번 시대의 사상 형성과정 속으로 뛰어들고 싶다. 즉 다케우치가 『루쉰』에서 책정한 사고방법을 나 역시 운용하고 싶다. 그래야 비로소 역사과정 속에서 극히 부자유한 개체의 선택이 지니는 진정한 의미에 다가갈 수 있으며, 개체의 경험을 얼추 그 시대로 환원하고 마는 사고의 타성을 깨뜨릴 수 있기 때문이다.

  일본의 진주만 기습으로 태평양전쟁이 발발한 다음달인 1942년 1월, 『중국문학』 제80호에는 다케우치 요시미가 집필한 중국문학연구회의 선언 「대동아전쟁과 우리의 결의(선언)」이 게재되었다. 다케우치는 낭만주의적 격정으로 가득 찬 이 선언에서 태평양전쟁에 대한 무조건 지지를 표명했다. 그것은 일본이 서양 근대를 상징하는 미국에 선전포고를 던졌기 때문이다. 다케우치 요시미는 말한다. 노구교사변 이후로 자신과 동료들은 일본이 약한 자를 못살게 구는 것은 아닌지 의혹을 떨쳐낼 수 없어 전쟁에 주저해왔지만, 태평양전쟁은 일본이 강자에 맞서 저항을 선언한 것이기에 "훌륭히 지나사변을 완수하여" 전쟁의 성질을 "동아(東亞)에서 침략자를 몰아내는 것"으로 바꾸어야 했다. 그때까지 이념으로도 행동으로도 일본의 중국침략에 줄곧 저항해 온 다케우치 요시미였지만, 이번에는 어떤 망설임도 없이 태도를 바꿔 태평양전쟁을 지지하기 시작했다. 그는 이렇게 적는다.

오늘날 우리는 일찍이 부정했던 자기를 동아해방전쟁의 결의로써 다시 부정한다. 우리는 올바르게 놓여졌다. 우리는 자신을 회복했다. 동아의 해방을 세계 신질서 속에 놓기 위하여 오늘 이후 우리는 우리의 자리에서 미력하나마 최선을 다한다. 우리는 지나를 연구하고, 지나의 올바른 해방자와 협력하고, 우리 일본 국민에게 진정으로 지나를 알려야 한다. 우리는 사이비 지나통, 지나학자 및 지조 없는 지나방랑자를 축출하고 일본과 지나 양국의 영원한 공영을 위해서 헌신할 것이다.[1]

텍스트를 읽을 때 눈에 들어오는 선명한 특징은 그 공허함이다. 이 선언은 기본적으로 추상적으로 씌어졌으며, 일본이 약한 자를 못살게 구는 데서 강자를 두려워하지 않는 태도로 변화한 것에 대한 다케우치의 '미학적'인 격정을 제외하면, 현실상황에 대한 분석은 거의 이루어지지 않았다. 그러나 글속에는 한 가지 실재적인 현실 대상이 있다. 그것은 "사이비 지나통, 지나학자 및 지조 없는 지나방랑자"이다. 초기 다케우치 요시미와 지나학자 사이의 논쟁을 상기한다면, 이 대목에서 그의 발언이 결코 공허한 이야기가 아님을 알 수 있다. 바로 이 부분으로 인해 다케우치 요시미의 이 전투적인 격문은 매우 미묘하고도 어떤 특정한 의미를 품게 된다. 진주만 기습을 시작으로 한 일본 해군의 자살 공격은 그의 글속에서는 배경이 되고 있을 따름이며, 전면으로 부각된 것은 다케우치가 30년대부터 행해온 지나학에 대한 타협 없는 '투쟁'이었다. 겉으로 보기에 두 '전투'는 동떨어진 듯 여겨지지만, 이 짧은 글속에서 그것은 극히 간결한 방식으로 융합되었다. 역사 만들기에 참여하겠다는 그의 열정과 그의 이념이 그 관계를 발생시켰다. 지나학자와의 논쟁을 시작으로 하여 『루쉰』에서 루쉰의 '행동성'을 자리매김하고 다시 전후의 「근대란 무엇인가」에 이르기까지, 그는 일관되게 역사 밖에서 이러쿵저러쿵 비평하는 태도를 거부하고 역사와 공존한다는 기본적 입장을 견지해왔다. 표면적으로는 매우 공허하다고 여겨지는 이 선언도 고도로 긴장어린 역사적 순간에서는 다케우치 요시미의 이러한 역사 감각을 강화하고 있다. 전쟁은 유형의 역사를 만들며 사상은 내부에서 역사의 구조를 변혁시킨다. 관건은 항시 시대의 소용돌이 중심에 서는 일이다.

다케우치 요시미와 『중국문학』이 태평양전쟁을 지지했던 당시의 특정한 역사 감각을 이해하기 위해서는 같은 시기에 나왔던 다른 잡지들을 아울러 살펴봐야 한다. 1941년 12월 8일 진주만 공격 이후 일본의 종합 잡지들은 즉시 원고를 모아 태도를 표명했다. 월간 잡지들이 낸 가장 빠른 특집이 1942년 1월호였는데, 그 1월호에서는 모든 중요 잡지가 반응을 보이고 있다. 『개조』, 『중앙공론』, 『일본평론』은 거의 전 지면을 할애하여 '대동아전쟁' 특집호를 발행했다. 『개조』와 『중앙공론』은 편집부의 '권두언'을 게재하여 기본적 입장을 밝혔다. 『개조』는 좌익의 진보적 잡지로서 중국과 긴밀히 연대하고 있었다. 30년대에는 일본의 중국침략과 중국 인민의 저항을 1선에서 보도하고 관련된 작품을 대량으로 게재하였다. 이로 인해 종종 검열을 받아 민감한 표현이 삭제 당했는데, 지면에 그 흔적이 남아 있다. 그런데 태평양전쟁이 발발하자 『개조』는 변모하여 조금의 주저함도 없이 전쟁 지지로 돌아섰다. 1월호 권두언 「동아해방전에 부쳐」에서는 일본이 앵글로 색슨을 대신해 태평양의 지배권을 장악해야 한다고 강조했다. 나아가 미국과 영국을 배후로 하는 장제스 정권을 고립시키기 위해서 미얀마 루트를 끊어야 한다든가, 소련이 개입할 가능성에 신경을 써야 한다는 등 이야기를 현실적인 측면에서 구체적으로 끌고 갔다. 특집에서는 눈에 띄는 표제를 활용하여 「국난에 몸 바치겠노라」, 「미국 대항 전력의 기초」, 「일미개전과 지나경제」, 「무적해군론」과 같은 좌담회·논문을 게재했다.

그런가 하면 자유주의적인 색채가 농후한 『중앙공론』 역시 권두언 「국민의 결의」에서 전쟁에 대한 무조건 지지를 표명했다. 다만 『개조』와 비교한다면 전쟁을 정합적으로 설명하려는 의도가 다분히 눈에 들어온다. "(오늘의 전쟁은) 무력전임은 물론 사상전, 문화전, 경제전, 외교전이며, 더구나 이러한 요소들이 복잡하게 뒤얽혀 있다. (중략) 전쟁이 장기화되는 이유 중 하나도 근대전이 갖고 있는 복잡한 요소에 있다. 장기전에서 승리하기 위해서는 그런 복잡한 요소를 완전한 통일로 가져가야 한다."[2)] 권두언에 호응하듯이 그 호에는 철학자 미키 기요시*의 「전시인식의 기조」, 오쿠오치 가스오 등의 좌담회 「장기총력

---

* 미키 기요시(三木淸, 1897~1945). 철학자이며 평론가. 마르크스주의, 니시다 철학, 불교 등을 철학적 기반으로 삼았다. 대동아전쟁 당시 그는 동양의 통일, 식민지 해방, 그리고 일본 제국주의 비판이라는 과제를 수행하기 위해 '세계사의 철학'과 '동아협동체론'을 제기하면서 시국에 적극적으로 개입해 들어갔다.—옮긴이

전 의식의 결집」 및 교토학파 4인의 저명한 좌담회 「세계사적 입장과 일본」 등이 수록되어, 그 달의 잡지 가운데 가장 '학술적'인 특집을 이루었다. 같은 시기 또 하나의 종합 잡지 『일본평론』은 육군 중장 이시와라 간지를 초대하여 「전쟁의 형태」라는 이름의 좌담회를 개최하고, 선동적인 제목을 달아 「미영타도론」, 「전쟁의 목표는 여기 있다」, 「거국전쟁체제론」과 같은 글을 실었다. 『일본평론』은 2월호와 3월호에서도 전쟁에 대한 토론을 연재했고 주제를 정치·군사·경제에서 문화로 넓혀 갔다.

이러한 종합 잡지와 대조적이었던 것은 전문 잡지와 동인 잡지였다. 그들은 전쟁에 대해 이러저러한 말을 늘어놓을 필요도 없었으며 능력도 없었다. 어떠한 시대나 사회에서도 마찬가지겠지만, 협의의 전문가가 떠받치고 있고 사상적 긴장감과 기본적으로 무관한 언론 공간은 시국에 순응하기만 하는 태도를 취했다. 예를 들어 서평 잡지 『독서인』은 1월호에 「황국을 축복한다」 따위의 단문이나 와카(일본 고유의 정형시)를 내걸었으며, 『외국의 신문과 잡지』는 천황이 미국과 영국을 향해 선전포고한 조서(詔書)를 등재했다. 또한 동인 잡지 『학등』, 『상품』 등도 각기 시국에 영합하는 글을 발표했는데, 붓끝이 마음을 따라 가지 못하는 기색이 역력했다. 허다한 잡지 가운데 가장 미묘한 태도를 보였던 것은 이와나미서점의 『사상』이었다. 『사상』 1월호에는 진주만 관련 글이 하나도 없었으며, '편집후기'에 다음처럼 적혀 있을 뿐이었다. "쇼와 16년 12월 8일, 이 날은 끝내 세계사에 특필해야 할 날이 되었다. 오늘에서야 모든 일본인이 일본이 맡았던 세계사적 역할을 분명히 이해했으리라. 밝아지고 또한 엄숙해진 사람들의 표정에서 우리는 찬란한 미래를 본다."[3)]

지금 인용한 이 글은 네 단락으로 이뤄진 후기의 마지막 부분이다. 즉 잡지 전체의 마지막 문장으로 다른 잡지와는 현저한 대조를 보여주고 있다. 『사상』도 2월호에는 교토학파의 고야마 이와오가 세계사와 전쟁의 형이상학에 관하여 작성한 두 편의 논문을 싣고 6월호에는 '대동아전쟁' 특집을 마련했지만, 일관되게 전쟁을 사상계의 과제로 삼아 토론에 부치고자 노력하였다. 이처럼 42년 1월 그리고 직후에 발간된 잡지들을 훑어보면, 입을 모아 태평양전쟁 지지를 외치는 명랑한 표정 뒤에는 천차만별의 입장 차가 있었음을 발견할 수 있다. 표면적으로는 대립 없는 차이의 주름 속에는 특정한 역사적 순간의 흥분, 긴장, 주저, 방관, 그리고 일시적으로 통일된 학술적 입장이 각인되어 있었다. 여기에서 볼 수 있는 천차만별의 차이야말로 쇼와 전기(前期) 특유의 풍부함이었다. 비록 압력 아래서 선명한 색채를 드러낼 수는 없었지만, 역사적인 긴장의 시기에 필연적으로 발생하는 표면적으로는 동일한 순간적 반응은, 그 빈곤한 가상(假象) 아래 '종이 한 장'의 차이를 가리고 있었다. 그 후 역사에서 나타난 '꽤 먼' 대립을 이해함에 있어 이 종이 한 장의 차이는 가장 유효한 단서이지 않을 수 없다.

물론 이런 사회적 분위기 배후에 도조 히데키* 정부가 직접 지휘한 여론조작이 숨어 있었음을 무시해서는 안 된다. 육군정보국은 1937년부터 시작된 언론통제 강화정책에 직접적으로 관여했으며, 태평양전쟁 이후에는 그 정도가 더욱 심해졌다. 용지공급 제한, 잡지와 신문의 대량소멸, 게다가 극심한 검열이 행해지고 심지어 한 집은 하나의

---

* 도조 히데키(東條英機, 1884~1948). 군인, 정치가, 육군 대장. 관동군 참모장, 고노에 내각 육군대신 등을 거쳐 1941년 육군대신 및 총리대신을 겸임했다. 참모 총장, 상공 및 군수대신 등도 겸임해 태평양전쟁을 주도했다. 전후 일급전범으로 교수형에 처해졌다. ─옮긴이

신문만을 구독해야 한다는 규정마저 등장해 매체는 이미 호흡곤란 상태였다. 1941년 12월 9일, 그러니까 진주만 공격 다음날에 육군정보국은 전국보도(戰局報道)를 엄격히 규제하기 시작하여 전쟁 상황의 실상을 내보내는 일을 허용하지 않았다. 이런 개입은 먼저 신문을 향했고 다음으로는 종합 잡지였다. 종합 잡지 가운데는 『개조』와 『중앙공론』이 먼저 압박을 받았다. 진주만 사건에 앞선 1941년 2월 육군정보국의 '간담회'에 출석한 중앙공론사의 사장 시마나카 유사쿠는 순진하게도 대좌·소좌급인 정보국원들을 설득하려고 시도했다. "당신들은 명령만 내리면 국민들이 당신들 생각대로 따를 거라 여기지만, 그것은 군대식 사고이며, 언론을 지도한다는 것은 그렇게 간단한 일이 아닙니다. 다만 지식계급을 상대로 하는 언론지도라면 역시 우리가 더 전문적입니다. 얼마간 시일을 두고 사상지도를 차라리 우리에게 맡기는 편이 어떻겠습니까." 서생 기질이 다분히 묻어나는 이 말은 정보국원들을 분노케 하기에 충분했다. 소좌가 벌떡 일어나 살기등등하게 말했다. "이 따위 중앙공론사는 지금이라도 박살낸다."

이런 분위기 아래 당시 대표적 잡지인 『개조』와 『중앙공론』 역시 숨죽일 수밖에 없었다.⁴⁾ 중앙공론사의 입장이 이 사건으로 말미암아 '자유주의'로 간주되고, 정보국원들에게 눈엣가시가 된 것도 당연한 수순이었다. 1943년 『중앙공론』은 1월호와 3월호에서 다니자키 준이치로*의 「세설」을 연재해 "국민의 전의를 상실케 했다"는 죄목으로 정보국의 간섭을 받았고 편집장은 인책휴직으로 물러나야 했다. 그리고

---

* 다니자키 준이치로(谷崎潤一郎, 1886~1965). 소설가. 탐미파로 출발해 인간 육체의 공포를 그린 작품을 발표했고, 나아가 고전주의로 불리는 일본 고전의 아름다움을 그리는 작품으로 전환해 많은 걸작을 남겼다. 산문집 『음예예찬』(陰翳禮讚)이 유명하다. ─ 옮긴이

1944년 7월 『중앙공론』과 『개조』는 모두 폐간명령을 받게 된다.

1942년 1월이라는 특정한 역사적 순간에는 강력한 이데올로기가 가장 원초적인 위협으로 작용하여 일본의 크고 작은 잡지는 좌우중도를 불문하고 계란으로 바위 치는 격인 일본 군국정부의 자살행위를 한목소리로 지지해야 했다. 그러나 우리 같은 후세의 사람들이 문제를 그저 이런 수준으로 정리하고 만족한다면, 역사는 우리를 스쳐 지나갈 따름이다. 사실 이 순간에 내포된 역사적 내용은 후세 사람들의 상상보다 훨씬 복잡하다. 적어도 우리는 다음처럼 생각해볼 수 있다. 여섯 개의 주요한 종합 잡지를 별도로 한다면, 그 밖의 잡지가 비록 동일한 이데올로기적 압력을 받았다 하더라도 압력의 강도는 상당히 달랐을 것이라고 말이다. 즉 강력한 이데올로기 아래서도 이용할 수 있는 틈새와 방법은 남아 있으며, 다양한 '지지' 방법이나 소극적인 대응이 가능했던 것이다. 동시에 육군정보국은 전국보도에 개입하라는 지령을 실행하고 적발·밀고·차압·합병 등의 수단으로 여론을 조절한 것이 사실이나, 후세의 일본 지식인이 얼굴을 붉히는 당시의 저작을 훑어보면, 그 저술들은 훗날 생각하는 정도로 빈곤하지 않았음을 알 수 있다. 사소한 사실 속에서 당시 지식인들이 갖고 있었던 다양한 사상적 태도, 실질적으로는 첨예한 대립이 드러난다. 진정 빈곤한 것은 후세 사람들의 상상력인지도 모르겠다. '강렬한 이데올로기'와 '지식인의 타협'만으로는 이 시기 역사의 맥동을 짚을 수 없기 때문이다. 그러나 달리 보면 이렇기 때문에 우리 역시 오늘날의 '자유주의사관'처럼 특정한 시대의 역사적 긴장을 쉬이 넘겨버리거나, 당시 사회적 분위기를 전국민적인 환호와 도취라고 단순화해서는 안 된다. 역사의 진실은 교과서적인 정리에 존재하지 않는다. 그것은 시대의 긴장관계 한복판 속에 존재하며, 긴장관계란 훗날 다케우치 요시미가 묘사한 바 있는 '종이 한 장 차이'의 모습으로 표면상 아주 닮은 현상의 배후에 존재하는 경우가 대부분이다.*

여기서 지적해두어야 할 것은 전후 일본 지식인이 태평양전쟁과 일본의 중국침략전쟁을 다른 성질의 전쟁으로 바라봤다는 사실이다. 그런 까닭에 후세의 사람들은 양자를 나누어 보려는 경향을 갖게 되었다. 이는 또한 난징대학살과 히로시마·나가사키를 별개의 독립된 상징으로 다루는 이론적 근거가 된다. 일본의 우익 민족주의 이데올로기는 바로 그 틈새를 비집고 들어와, 2차 세계대전을 서양에 대항한 그러나 불행히도 좌절하고 만 '피해자의 역사'로 그려낸다. 그러나 사실 태평양전쟁은 궁지에 처한 전쟁 상황을 바꾸려는 수단이었다. 당시 사람들의 감각에서 태평양전쟁은 그때까지의 침략전쟁을 구체적이며 가시적인 방법으로 '영미에 대한 대항' 도식에 짜넣기 위한 계기에 불과했다. 태평양전쟁이 발발한 후의 잡지를 두루 살펴보면, 태평양전쟁 지지의 글이 중국 전장이나 동남아시아 전장의 정세를 다시 토론하도록 만들고, 더구나 당시 동아시아나 동남아시아의 전황을 전환시킬 가능성으로까지 이야기되었음을 발견할 수 있다.**

다시 다케우치 요시미의 선언으로 돌아가자. 학술 동인잡지인 『중국문학』이 상업적 종합 잡지와 달랐음은 당연한 일이다. 확실히 종이 배급이 제한되어 곤란을 겪었지만 정보국의 관리대상이 되지는 않았

---

\* 다케우치 요시미는 1959년에 집필한 「근대의 초극」(近代の超克)에서 '종이 한 장 차이'(紙一重)라는 말을 사용하고 있다. 이 말은 다케우치 요시미의 기본적 시각을 이해하는 데에 핵심적인 개념이다. 그는 줄곧 사상사의 종이 한 장 차이로서 역사의 긴장관계를 탐구하고, 그로써 사상전통을 수립하고자 시도하였다. 다케우치 요시미의 「근대의 초극」에 대해서는 이 책의 5부를 참조하기 바란다.

다. 잡지가 '사라지는' 것을 면하기 위해 마음에 없는 말을 할 필요도 없었다. 적어도 편집자의 태도표명은 필요했다손 치더라도 『사상』처럼 그 글을 잡지의 말미에 두는 일로 족했다. 그러나 다케우치 요시미는 그렇게 하지 않았다. 잡지의 머리말에 특별히 큰 활자로 실었다. 그의 선언이 마음에 어긋난 말이 아니었음을 알 수 있다. 실제로 전후가 되어서도 다케우치가 이 선언을 후회하지 않았음이 그 증거이다. 다른 한편 『중국문학』은 다른 학술 동인잡지, 예를 들어 『상풍』과는 달리 42년 1월호에 대동아전쟁 특집을 꾸리지 않았으며, 그 후로도 무적해군 따위의 틀에 박힌 글을 싣지 않았다.*** 42년 1월호 특집은 '현대중국과 일본작가'였으며, 다케우치는 「지나를 쓴다는 것」을 발표했다. 그 후 폐간에 이르기까지 『중국문학』은 대동아전쟁 특집호를 내지 않았을 뿐만 아니라, 직접적으로 대동아전쟁을 다룬 글을 한편도 싣지 않았다. 『사상』이 학술색으로 농후한 '대동아전쟁' 특집을 낸 6월호에 『중국문학』은 '중국문예의 정신'을 특집으로 꾸렸다.

　이러한 사실을 염두하면 다케우치 요시미의 선언 「대동아전쟁과

---

** 당시 일본인이 태평양전쟁을 '대동아전쟁'이라고 부르고, 동아시아와 동남아시아를 미국과 영국에 대항하기 위한 기본단위로 이해했다는 사실은 주목해야 할 대목이다. 1942년 초의 대표적인 잡지에는 '대동아의 정치' '대동아의 경제' '대동아 건설' 같은 주제의 글이 잇달아 실렸는데, 그 관심의 중심에는 동아시아와 동남아시아의 전장이 있었다. 그 구조는 미키 기요시가 『중앙공론』 42년 1월호에 발표한 「전시인식의 기조」(戰時認識の基調)에 잘 드러나 있다. "바야흐로 지나사변 이후 결정적인 단계로 비약했다. 사변의 수행을 줄곧 방해해온 미영에 대해 일본은 마침내 전쟁을 결의하기에 이르렀다." 태평양전쟁은 바로 이런 의미에서 일본의 동아시아 및 동남아시아에 대한 침략과 서로 보완하며 이뤄진 것이다.
*** 『상풍』(재단법인 쇼후카이[湘風會] 발간)은 5월호에서 단지 한 편의 글을 발표한다. 「무적해군의 대작전」(無敵海軍の大作戰), 저자는 이토 마사노리(伊藤正德). 이 글은 강연원고로써 일본 해군이 어떻게 천하무쌍, 천하무적인지를 말하고 있다. 『상풍』은 지면을 할애해 중국고전을 다루었지만 일본 한학의 색채가 극히 농후한데, 영향력 있는 중국연구 잡지라고는 하기 어렵다.

우리의 결의(선언)」은 잡지 『중국문학』 전체의 분위기와 동떨어져 있으며 다소 뜬금없다는 느낌이다. 그런 사정으로 그것은 이제껏 다케우치 요시미의 '잘못'이라 간주되거나, 일본낭만파*의 우익적 입장에 대한 지지표명으로 이해되어 왔다. 다케우치 요시미의 동료들은 이 글을 다케우치 사상역정의 오점으로 여기고, 그가 전후에 자기반성을 하는 출발점이라며 호의적으로 해석해왔다.** 그러나 어떠한 종류의 호의를 막론하고 모두 하나의 곤란한 문제에 직면하게 된다. 그것은 다케우치가 이 선언에서 결국 일본 군국주의에 대한 명확한 지지를 표명했다는 점이다.

"우리와 우리 일본국은 한 몸입니다. (중략) 이 세계사적 변혁의 장거(壯擧)를 앞에 두고 생각하자면 지나사변은 감당할 수 있는 희생입니다. 지나사변에 도의적인 가책을 느끼고 여성적인 감상에 취해, 전도대계(前途大計)를 잃어버린 우리란 얼마나 가련한 사상의 빈곤자였습니까. 동아에서 침략자를 몰아내는 일에 조금의 도의적 반성도 필요치 않습니다. 적은 일도양단으로 베어버려야 합니다. 우리는 조국을 사랑하고 조국 다음으로 이웃 나라를 사랑합니다. 우리는 정의를 믿고 힘도 믿습니다."

---

* 프롤레타리아 문학이 붕괴된 이후 두 개의 대조적인 동인잡지가 발간되었는데, 『일본낭만파』(日本浪漫派)와 『인민문고』(人民文庫)였다. 『일본낭만파』는 야스다 요쥬로(保田與重郎), 가메이 가쓰이치로(龜井勝一郎) 등을 중심으로 하여 1935년 창간되어, 일본적인 시정신과 고전의 부흥을 꾀했다. ─ 옮긴이

** 쓰루미 슌스케는 이 선언을 전후 다케우치의 사상적 기초로 간주한다. 또한 「『중국문학』의 폐간과 나」의 발표와 다케우치 요시미가 중국문학연구회를 대표해서 '대동아문학가회의'에 출석하기를 거부한 사건을 근거로 삼아 이 선언을 고찰하여, 이 행동의 오점으로 다케우치는 곤란한 입장에 처했다고 말한다. 그 예로 다음을 참조하라. 鶴見俊輔, 『竹內好 ある方法の傳記』, リブロポート, 1995, 129쪽.

아무리 선의를 갖고 보더라도 다케우치 요시미의 이 말을 변호하기란 어렵다. 일본의 침략전쟁을 합리화하려는 그의 태도 때문이 아니다. 국가와 거리를 유지해온 자신의 입장을 등지고 '일본국과 한 몸'이라고 선언했기 때문이다. 그러나 여기에서 내가 주목하는 것은 다케우치가 만년에 이르기까지 이 글에 대해 참회하거나 은폐하려 하기는커녕 1973년 출판된 평론집 『일본과 중국 사이』에 수록되는 것을 묵인했던 까닭은 무엇이었던가이다. 이런 태도가 후세 사람들에게 역사의 진실을 남겨놓겠다는 책임감에서 비롯되었단 말인가?

쓰루미 슌스케는 다케우치 요시미의 이러한 태도를 해석하여 자기비판을 통해 사상을 건설하는 행동양식이라 일컬었다. 그것은 전시에 '전향'한 지식인이 전후에 공개적으로 자기 '전향'의 글을 싣고, 이를 반성의 출발점으로 삼고자 했던 방식과 완전히 일치한다고 본 것이다.[6) 그러나 쓰루미는 근본적인 부분에서 판단을 그르쳤다. 다케우치 요시미는 '전향'하지 않았으며 전후에도 반성하지 않았다.*** 다케우치 요시미는 다양한 시기 여러 시국에서 자주 판단을 그르쳤음에 대해 늘 인정하며 훗날 자신의 평론집을 『예견과 착오』라고 이름 지었을 정도이나, 착오에 대한 반성을 사상의 원동력으로 삼는 법은 없었다. 자기 입장이 옳은지 그른지에 관심을 기울이는 지식인만이 착오에 대한 반성을 새로운 출발점으로 삼는다. 쓰루미 슌스케는 그런 타입의 지식인이었다. 그러나 다케우치 요시미는 자기의 입장이 정치적으로 옳은

---

*** 가령 1963년 쓰루미 슌스케와의 좌담회에서 다케우치 요시미는 이 선언에 대해 변명한 적이 있다. 그는 당시 태평양전쟁에 대한 긍정을 빌려 일본의 중국침략전쟁에 대한 불만을 표명했을 뿐이며, 동시에 잡지의 자기방위라는 의도도 있었다고 말했다. 그러나 그는 자기의 행위가 '전향'이었다고는 인정하지 않았다. 竹內好, 「大東亞共榮圈の理念と現實」, 『思想の科學』 1963년 12월호, 10쪽.

지 그른지에 대해서는 거의 관심이 없었던 듯하다. 그가 관심을 기울였던 문제는 어떻게 역사 속으로 진입할 것인가였지, 바깥에서 관찰하는 일은 아니었다. 「근대란 무엇인가」를 집필했던 시기에 다케우치는 일본이 근대 이래로 늘 역사 바깥에 있었다고 생각했다. 이러한 문제제기와 관련해 우리는 다케우치가 『루쉰』에서 루쉰을 특별히 평가했던 일로 거슬러 올라감 직하다. 루쉰은 선각자가 아니었기에, 또한 새로운 시대와 대립하고 거기서 '쩡짜' 했기에 중국의 현대문학과 공존하는 유일한 문학가가 될 수 있었다던 발언 말이다. 그리고 더욱 거슬러 올라가보면 이와 같은 사상적 내용은 「『중국문학』의 폐간과 나」, 보다 이른 시기의 「대동아전쟁과 우리의 결의」에서도 찾아낼 수 있다. 이러한 일련의 논문에서 기본적 사상의 내용은 시국 문제에 대한 구체적인 반응에 있지 않다. 역사에 참여하고 역사를 건설하겠다는 초조함에 있다. 후세 사람들을 괴롭히는 상당히 부정확한 입장의 문제 역시 이러한 글에서는 있어도 없어도 좋을 부속물이다. 그것을 비판한다 쳐도 글에 대한 비판이 될 수 없으며, 변호한다 해도 글에 대한 변호가 될 수 없다. 이러한 글들은 완전히 다른 문제를 축으로 삼아 구성되었기 때문이다.

「대동아전쟁과 우리의 결의」의 기본적 구조는 세계사 건설을 향한 관심이 지탱하고 있다. 선언은 다음처럼 시작한다. "역사는 만들어졌다. 세계는 하룻밤 사이에 변모했다." 이어지는 단락에서 다케우치 요시미는 과장된 감정을 표현하듯 일본이 강대한 서양에 도전한다는 역사적 사건에서 느낀 감동, 그리고 이 전환의 순간에서 느낀 흥분을 토해내고 있다. 여기서 다케우치 요시미는 그 특정한 역사적 순간을 통해 러일전쟁의 장면을 **체험**할 수 있었다고 강조한다. 쑨원이 일찍이

「대아시아주의」를 강연할 적의 태도를 연상한다면, 다케우치 요시미가 여기서 강조한 것이 유색인종이 백인에게 승리했다는 특별한 기쁨임은 알기 어렵지 않다. 그것에 이어지듯이 다케우치 요시미는 진주만 사건에 앞서 일본의 중국침략에 대해 느끼고 있던 의문과 무력감, 그리고 12월 8일을 전환점으로 느낀 '성전'(聖戰)의 의의를 써내려간다. "우리 일본은 강자를 두려워하지 않는다." 이 문장 바로 다음에 앞서 인용한 '일본국과 한 몸'이라는 언설 그리고 동아시아에서 침략자를 몰아내는 일에는 도의적 반성이 필요치 않다는 문장이 이어진다. 그 뒤는 이렇다. "역사는 종종 하나의 행위로 말미암아 결정된다. 오늘 우리의 의심은 내일 역사의 울타리 바깥으로 우리 자신을 내팽개칠 것이다. 이 전쟁을 진실로 민족 해방을 위해 싸워낼지 아닐지는 동아 제민족의 오늘의 결의가 어떠하냐에 달려 있다." 이어지는 단락에서는 사람들에게 곤란과 마주하라는 공허한 호소를 한 뒤 갑자기 화제를 돌려 지나통을 쫓아내자고 적는다. 그 후 다시 공허한 단락이 결말로 이어진 후 글은 끝난다.

　　다케우치 요시미의 이 선언을 동시기 다른 잡지의 글들과 비교해 보면 그 특징은 명백하다. 이 글 안에서는 오직 두 개의 문제만이 진실하다. 하나는 역사에 진입하여 자신의 '결의'로써 시국에 영향을 미치고자 한 것. 다른 하나는 민족 생사존망의 갈림길에서 자신이 맡은 바를 다하고, 일본인이 올바로 중국을 이해하는 데 방해가 되는 지나통과 지나학자를 축출해야 한다는 것이다. 미키 기요시와 같은 철학자가 '시국'을 분석한 것과는 대조적으로 다케우치는 시국에 대해 어떠한 현실적인 분석도 내놓지 않았다. 태평양전쟁은 지나사변의 훼방꾼을 몰아내는 전쟁이라는, 당시 많은 사람들이 공유하고 있던 관념마저도 다케우치에게는 "강자를 두려워하지 않는다"는 영웅주의로 치환되었다. 분명 그의 문제의식을 떠받치고 있던 것은 현실의 정치·경제·사회적 인식과는 직접적인 관련이 없는 감정의 수준이며, 그가 시도했던 것은 그 수준에서 '역사에 개입'하고 사상에 의지해 내부로부터 역사의 구조를 변혁하는 일이었다. 이 시기 다케우치에게 **일본국에 대한 지지표명은 인식의 전제가 아니라 역사에 진입하는 수단**이었다.

특히 주의해야 할 것은 다케우치 요시미가 이 참전 선언서를 쓴 다음에도 무턱대고 시국에 개입하지는 않았으며, 오히려 일관되게 국가적 행동에 맞서는 '당파성'을 세우는 데 주력했다는 사실이다. 한 가지 두드러진 사례를 들어보자. 1942년 '일본문학보국회'가 '제1회 대동아문학가 대회'를 개최했을 때, 다케우치는 두 차례에 걸쳐 일본에 있는 유일한 중국문학단체로서 문학가를 접대하는 자리에 참가하라는 요청을 받았다. 다케우치 요시미는 이를 거절했다. 그 이유란 "보국회에 나가느니 『중국문학』을 교정하는 편이 낫다"[7]였다. 나아가 그는 중국문학연구회가 이러한 회의의 사무를 맡는 것은 연구회의 전통이 허락하지 않는다고 강조했다.

중국문학연구회의 전통이란 곧 다케우치 요시미가 말하는 '당파성'이다. 그것은 부단히 자기를 시국 속으로 내몰고, 부단히 거기에서 '자기를 끄집어내는' **문학적** 전통이다. 1934년 3월 연구회가 꾸려진 이후 최초로 행해진 공적 활동은 저우쮜런\*과 쉬쭈정이 도쿄를 방문했

---

\* 저우쮜런(周作人, 1885~1966). 작가·번역가. 루쉰의 동생이다. 일본 유학 후에 미국과 유럽 그리고 러시아 문학을 번역하고 소개하는 작업에 매진했다. 귀국 후에는 베이징대학 교수로 취임하여 루쉰과 함께 5·4 신문학운동을 주도하였다. 저서로 『영일집』(永日集), 『과두집』(瓜豆集) 등이 있다.—옮긴이

을 때 개최한 환영회였다. 이 활동은 연구회의 탄생을 알리는 계기였다. 그런 까닭에 저우쭤런이 그들에게 특별한 기억을 의미한다는 사실은 구태여 말할 필요가 없다. 그런데 1941년 저우쭤런이 문화한간(文化漢奸)이 되고 다시 일본에 와 '동아문화협의회'에 참가했을 때, 다케우치 요시미는 다만 의례상 그가 묵고 있는 호텔에 개인적으로 방문했을 뿐 어떤 특별한 활동도 하지 않았다. "저우씨는 최고의 예우로 다망한 일정을 보내고 있어 요직의 사람들에게 환영을 받는 듯 보였다. 당연히 우리는 삼가지 않으면 안 된다. 언짢아할 것도 없다. 해야 할 것은 하고 하지 말아야 할 것은 하지 않는다."[8] 1년 후에 '대동아문학가대회' 참가를 거절하면서 다케우치 요시미는 다시 이 말을 인용한다. "해야 할 것은 하고 하지 말아야 할 것은 하지 않는다." 그리고 그는 "문학에서 12월 8일을 실현할 수 있다는 자신이 있기 때문이다"[9]라며 강조했다.

　　이로써 다케우치 요시미의 「대동아전쟁과 우리의 결의」와 『중국문학』을 연결하는 **문학적 전통**이 분명하게 되었다. 나아가 이 장면에서 『중국문학』이 폐간될 당시 다케우치 요시미가 오늘의 문학은 대동아전쟁을 다루지 못한다며 실망했던 사실을 상기한다면, 우리는 명확히 알게 된다. 다케우치 요시미가 일본의 태평양전쟁을 지지했던 까닭은 어용학자여서도, 민족주의자여서도, 하물며 군국주의자여서도 아니다. 그는 항시 **세계의 문학적 구조**에서 전쟁을 사고하려 했다. '해야 할 것'과 '하지 말아야 할 것'을 결정하는 근본적인 기초는 협의의 정치적 수요가 아니다. 더구나 전쟁 중에 고조된 일본 파시즘에 의해 떠밀렸다든가 그것에 직접적으로 반항해서도 아니다. 다케우치 요시미에게 근본적인 기초는 세계구조로서의 **문학**일 따름이다.

『중국문학』 모든 호를 훑어보면 중요한 사실이 눈에 들어온다. 이 잡지는 많은 특집을 꾸렸지만, 그 가운데 한 명의 작가 혹은 학자를 주제로 한 특집은 고작 세 번에 불과했다. 순서대로 보자면 루쉰, 왕궈웨이*, 차이위안페이**이다. 이는 우연이 아니다. 만약 『루쉰』과 관련 텍스트들을 정독한다면, 다케우치 요시미가 같은 방향을 따라 이 세 사람을 자리매김했음을 알 수 있다. 그 방향이란 '소일하지 않는다'〔非消閑〕이다. "'소일하지 않음'은 '소일함'과 함께 '공리'〔功用〕에도 대립한다고 생각한다."[10] 다케우치 요시미는 '소일하지 않음'에서 루쉰을 이해하고 나아가 이 단서를 갖고 왕궈웨이, 차이위안페이로까지 거슬러 올라갈 수 있다고 여겼다. 다케우치 요시미는 현실주의도 낭만주의도 아닌 제3의 흐름으로서 "인생관 위의 인생파와 예술관 위의 예술파인" '상징파'를 상정하고 루쉰과 왕궈웨이가 이 흐름에 가장 가깝다고 생각했다. 미(美)에 대해 소일하지 않으며 공리적이지도 않은 태도에서, 즉 **문학이 부단히 현실정치에 자신을 내맡기고 그 투입을 통해 자신의 주체성을 새로 형성하고, 나아가 현실정치에서 자신을 끄집어내는** 태도에서, 다케우치 요시미는 이 세 사람의 공통점을 발견했던 것이다.[11] 다케우치 요시미가 『루쉰』에서 즐겨 사용한 "자신을 끄집어낸다"는 표현은 주체를 자족적으로 생각하여 여러 주체를 외재적으로 대치시켜 '대

---

* 왕궈웨이(王國維, 1877~1927). 청조 고증학의 전통에 따라 경학(經學)·사학(史學)·금석학(金石學)의 연구에 몰두했다. 1927년 청조가 부흥할 가망이 없음을 비관하여 쿤밍호(昆明湖)에 투신 자살하였다. 주요 연구업적은 『관당집림』(觀堂集林)에 수록되었다. ─옮긴이
** 차이위안페이(蔡元培, 1868~1940). 중국의 윤리학자이자 교육자. 중국교육회(中國教育會)와 급진적인 혁명결사 광복회(光復會)를 조직하였고 『소보』(蘇報) 발간에 참여하였다. 중화민국 성립 후, 초대 교육청장이 되어 근대 중국 학제의 기초를 세우고 베이징대학 학장을 역임하면서 5·4운동의 아버지라 불렸다. ─옮긴이

립관계'를 설정하는 사고방식과 맞선다는 의미를 갖고 있다. '끄집어 낸다'란 뒤얽힌 관계성 속에서 대립을 간파해내는 사상적 입장이다. 예를 들어 문학과 정치가 '대립한다'는 통속적 이해로부터 문학은 현실 정치와 무관해야 한다는 이야기가 나온다. 마찬가지로 전통과 현대의 대립, 동양과 서양의 대립도 자족적인 실체와 실체가 자기 바깥에 있는 것과 벌이는 싸움인 양 여겨진다. 다케우치 요시미는 이러한 사고방식을 무너뜨렸다. '투입-끄집어낸다'는 과정을 거쳐 주체의 자족성과 실체성이 부정된다. 모순하는 주체 사이의 긴장관계는 늘 주체의 자족성을 파괴하며, 내가 나이지 않음이 **연속된 과정**으로서 생겨나고, 그와 동시에 내가 나임도 연속된 과정으로 지속적으로 발생한다. 왜냐하면 주체의 자족성은 외부의 기준이 아닌 '내부'의 힘에 의해 파괴되기 때문이다. 바로 이것이 다케우치 요시미가 「근대란 무엇인가」에서 강조한 "그는 자기임을 거부하고 동시에 자기 이외임도 거부한다"는 말의 참뜻이다. 이 대목에서 그가 서양철학으로부터 어떠한 영향을 받았는가라며 따져 물을 필요는 없다. 그런 논의는 오히려 다케우치 요시미에 관한 고찰을 가로막을 우려가 있다. 여기서 문제가 되는 것은 루쉰, 왕궈웨이, 차이위안페이를 '소일하지 않음'의 방향에서 생각하고자 했던 때, 그는 문학과 정치의 관계를 어떻게 상정했으며 어떻게 현실적으로 결단했던가이다.

다케우치 요시미에게 왕궈웨이와 차이위안페이 그리고 루쉰은 역사적인 의미가 각각 다르겠지만 어떤 공통점도 지닌다. 『루쉰 입문』에서 드러나듯이 세 사람은 각자 자신의 맥락에서 시대의 '선구적인' 입장에 대해 미묘한 거리를 두었다. 그 미묘한 거리가 그들의 독특한 문화-정치의 성격을 빚어냈다. 그들이 지닌 문화-정치의 성격은 현실정치에 대항하는 일로 한정되지 않으며, 경우에 따라서는 아무런 정치적 색채도 없는 듯이 여겨진다. 그러나 현실의 정치투쟁에서 늘 영양을 취하는 듯, 문화-정치는 현실에 자신의 장을 마련한다. 루쉰의 논쟁 자세는 그러한 특징을 지니고 있다. 다케우치 요시미가 『루쉰 입문』에 적었듯이 "루쉰처럼 사건을 먹이로 살고 죽고 되살아난다"는 것은 여느 사람으로서는 불가능한 일이다.* 사건을 먹이로 하는 것과 사건을 목적으로 하는 것의 차이는 문학과 정치의 차이이자, 문학과 정치의 관련성이기도 하다. 문학이 정치에서 자신을 끄집어냈다면 그 문학은 이미 정치적이다.

다케우치 요시미 자신도 같은 시각에서 시대에 개입했다고 하겠다. 그것이 "문학에서 12월 8일을 실현할 수 있다"는 의미이다. 흥미로우면서도 상징적인 사건을 하나 들어보자. 1965년에 역사학자 이에나가 사부로**가 교과서에 일본의 침략 역사를 정확하게 반영할 것을 요구하며 소송을 제기했을 때, 다케우치는 바로 편지를 보내 경의와 지지를 표명했다. "영단에 경의를 표합니다. 기울어가는 큰 집을 홀로 떠받치는 기개나 다름없습니다." 그러나 정작 그는 이 중요한 정치적 행동에 참여하기를 거부했다.*** 일본의 중국침략 역사는 지금까지 미화되고 개찬되어 왔다. 그리고 이에나가 사부로 등의 '기울어가는 큰 집

---

\* 『루쉰입문』(魯迅入門)의 「전기」(傳記)를 참조하라(『竹內好全集』第二卷, 66쪽). 여기서 다케우치는 현실의 사건을 "먹이로 한다"는 루쉰의 이런 사상적 요소를 '문학생명의 수명'(文學生命の長い)이라 일컬었다.
\*\* 이에나가 사부로(家永三郎, 1913~2002). 학자적 양심과 실증적 연구, 그리고 이로부터 말미암는 지적 실천이 무엇인지를 한평생 웅변했다. 난징대학살, 731부대 사건을 파고들었으며, 교과서 검정위원 소송의 원고이기도 했다. 저서로 『혁명운동의 선구자』(革命運動の先驅者), 『태평양전쟁』(太平洋戰爭) 등이 있다.—옮긴이

을 홀로 떠받치는' 노력도 여전히 지속되고 있다. 하지만 그것은 다케우치 요시미의 방식이 아니다. 바꿔 말하면 그러한 행동은 『중국문학』의 전통'에 어긋난다. 구체적인 원인(예를 들어 "다케우치는 조직화를 혐오했다")으로 다케우치의 이런 태도를 설명하는 것은 피상적이다. 현실정치에서 자신을 '끄집어내는' 일이야말로 다케우치에게는 정치성에 값하기 때문이다.

　이러한 맥락에 서면 다케우치 요시미의 「대동아전쟁과 우리의 결의」를 동정적으로 이해해야 할지도 모르겠다. 그러나 그것은 역시 잘못된 선택이었다. 그 잘못은 시대의 탓일지도 모르며, 개체가 그것을 떠맡기에는 너무 버거웠을지도 모르겠다. 그러나 한 명의 사상가에게 그러한 핑계는 의미가 없다. 적어도 다케우치 요시미가 보여준 전쟁 속에서의 실천적 입장과 전후 일련의 논문에서 제시한 착안점을 분석한 지금, 우리는 종종 놓치는 한 가지 문제를 의식할 수 있을 것이다. 어떤 사상가가 특정한 순간에 내린 판단이나 실수를 역사적으로 고찰한다는 일은 결코 뒤에 오는 사람이 '타산지석'을 얻기 위함이 아니다. 실로 사상가의 그릇된 선택이란 통상 여겨지듯 후세 사람이 심판하거나 변호할 수 있는 '착오'가 아니다. 그것은 항시 사상적 긴장이나 내재적 모순을 품고 있으며, 그러한 사상적 긴장이나 내재적 모순이 바로 뒤에 오는 사람들에게 역사로 들어설 기회를 제공한다. 그러나 보

---

*** 이에나가 사부로는 다케우치 요시미가 일본의 '조직' 일반에 반감을 갖고 있어 소송을 위해 '조직'을 만드는 일에도 부정적이었으며, 당연히 그 활동에 개입하는 일도 기피했다고 평가했다. 그러나 다케우치 요시미는 이에나가 사부로의 용기를 높이 샀는데 이는 감동적이다. 이에나가 사부로의 글을 참조하라. 家永三郎, 「竹内さんと私」(「月報」, 『竹内好全集』第四卷, 3쪽).

통 후세 사람들은 역사로 진입할 기회를 얻지 못했으며, 마찬가지로 앞선 사람의 착오가 뒤에 오는 이들에게 진정한 의미의 '타산지석'이 되는 일도 드물었다. 이유는 간단하다. 직관적인 방법으로는 앞선 사람의 착오를 반복하는 일도 피하는 일도 불가능하기 때문이다. 역사상 모든 사건은 이후 시대에서 다시 살아날 때에는 필연적으로 복잡한 전환의 과정을 동반한다. 만약 앞선 자의 실수를 직관적으로 다룬다면, 다케우치 요시미가 역사에 진입하기 위해 지불한 노력은 정치적으로 올바른 결론에 의해 그 의미를 잃고 말 것이다.

다케우치 요시미에게 이 선언의 의미는 그것이 옳은가 그른가에 있지 않았으며, 역사의 중요한 순간에 개체로서 참여할 수 있었는가에 있다고 생각된다. 다케우치 요시미는 이런 방식으로 태평양전쟁을 자신과, 그리고 자신의 과제와 연관지었다. 그 연관지음은 나아가 그가 자신의 사상이 형성되는 과정을 고쳐 보는 계기가 되었다. 그것은 『중국문학』을 폐간하고 『루쉰』을 집필하던 때에 특별한 경험으로서 살아났는지도 모르겠다. 주체가 역사에 개입하는 과정이란 이러한 경험 속에 존재한다.

「대동아전쟁과 우리의 결의」가 다케우치 요시미의 일생에서 특별한 위치를 점하는 것은 아니다. '사건'으로서는 초기 지나학자와의 논쟁, 『중국문학』 폐간, 1950년의 사직 등과 비교해볼 때 상징성에서도 실질성에서도 크게 못 미친다. 그러나 이 사건에는 다른 것으로는 대체할 수 없는 사상적 의미가 배어 있다. 이 선언에서 표현된 '결의'는 그릇된 시국 판단이었으나 동시대 다른 잘못된 판단과 비교하면 뚜렷한 개성을 가지고 있다. 그것은 시대의 그릇된 전제나 사고 속으로 몰입하여, 거기에서 가능한 한 **자신의 문화-정치성을 단련한다**는 태도이다. 즉 시국에 대한 일반적 여론에 얽매이지 않고 자기 나름의 정치적 판단을 세운다. 분명 이러한 '정치성'은 시대와 공존했기에 가능한 것이었으나, 동시에 그것은 시대를 초월할 가능성도 만들어낸다. 다케우치 요시미가 시대를 초월했던 것은 그가 옳았기 때문이 아니다. 그가 시대의 과제에 개입하면서 가장 곤란한 문제를 결코 피하지 않았기 때문이다. 이리하여 그는 정치적 올바름을 획득할 기회에서 점점 멀어졌다. 그러나 그는 인간의 사고가 현실정치로 회수되지 않으면서도 정치성을 갖는 것을 가능케 하였다.

이러한 착오 속의 선택, 결단의 순간에서의 내재적 긴장이야말로 다케우치 요시미가 일생 동안 '종이 한 장 차이'에서 사상과제를 다듬어낸다는 사상적 행동을 지속했기에 가능했던 일이며, 그것이야말로 그의 말과 행동을 이해할 확실한 단서가 된다. 그러한 의미에서 비로소 「대동아전쟁과 우리의 결의」는 그릇된 선택이지만 역사성이 각인된 흔적으로 우리에게 다가온다.

# 2장 _ 주체가 역사에 진입한다는 갈망

다케우치 요시미가 태평양전쟁을 지지했던 기본적 입장이 무엇이었는지, 그리고 "문학에서 12월 8일을 실현한다"며 밝힌 그의 포부가 무엇이었는지 분명히 드러났다고 해도 여전히 피할 수 없는 문제가 남아 있다. 다케우치의 문학적 입장이 현실의 전쟁과 어떻게 관련되었는지이다.

출정 직전 『루쉰』을 출판사에 넘길 당시 그는 이 원고를 자신의 '유서'로 여겼다. 그는 시대를 향한 곡절한 말들과 정서를 루쉰에 대한 독해 속에 응축시켰다. 이런 사례는 당시로서는 드물지 않다. 다케다 다이준의 『사마천』이 그렇다. 다케우치가 출정했던 1943년 말은 태평양전쟁이 발발한 지 2년이 지난 즈음이었다. 그 사이 다케우치 요시미는 「『중국문학』의 폐간과 나」에서 표명했던 '대동아전쟁'의 이념이 파멸되는 장면을 목도했으며, 「대동아전쟁과 우리의 결의(선언)」을 집필했을 때처럼 그렇게 낭만적인 격정을 더 이상은 가지고 있지 않았다.

1943년 11월 12일 다케우치 요시미는 마쓰에다 시게오에게 보내는 편지에 이렇게 적었다. "저는 고심 끝에 가까스로 『루쉰』을 손에서 떠나보냈습니다. 어쩐지 꺼림칙한 기분입니다. 적어도 기쁘다는 감정은 생기지 않는군요. 후회, 무엇에 대한 후회인지 모르겠으나 후회 같은 느낌, 적막의 감각만이 남습니다. 이런 것일지요. 그마저 루쉰의 영향 탓일까요. 어찌되었건 저는 처음 이런 것을 경험했습니다."[12]

다케우치 요시미가 루쉰에게서 거대한 영향을 받았음은 분명하다. 그러나 반대 방향에서 생각해본다면 다케우치 요시미의 '루쉰' 이미지와 그의 내면세계가 긴밀히 연결되었으며, 즉 '다케우치 루쉰'이 강렬한 다케우치 요시미적 색채를 띠게 되었다는 점도 말할 수 있겠다. 그것은 이미 단순한 '영향'의 문제가 아니다. 지나학자와의 논쟁, 태평양전쟁의 발발, 나아가서는 온 몸과 혼을 바친 잡지의 폐간 등, 여러 사건을 경험한 다케우치 요시미에게 『루쉰』의 집필은 내면의 복잡한 감정을 비로소 정면으로 표현할 기회였다. 동시에 이 모든 사건의 배경에는 현실의 전쟁이 자리한다. 여기서 다음과 같이 상상할 수 있다. 『루쉰』의 탈고는 다케우치 요시미에게 해방감을 가져다주지 않았다. 그건 고사하고 루쉰 해석을 통해 자기의 복잡한 내면세계를 처음으로 대상화했기 때문에 본디 잠재되어 있던 여러 감각이 모습을 이루기 시작했다. 그리하여 다케우치 요미시는 그가 루쉰을 위해 만든(혹은 루쉰에게 투영한) 분위기 속으로 빠져들어 갔다. 절망에 절망한 후 '문학의 행동'에 호소할 수밖에 없었다.

그러나 다케우치 요시미가 당시 직면한 '행동'은 침략군의 일원이 되어 루쉰의 조국으로 쳐들어가 루쉰의 동포와 전쟁을 벌이는 일이었다. 여기서 특히 주의해야 할 것은 사적인 편지든 공개적인 글이든, 다케우치 요시미가 '군인'으로서의 감상을 거의 남기지 않았다는 점이다. 이는 그가 실제로 싸운 적이 없었다는 사실과도 관계되겠지만,

그보다는 다케우치 요시미가 이러한 방식으로 후세 사람들이 전쟁을 상상하는 데에 어떤 특별한 공간을 마련해주었다는 점이 중요하다. 그것은 전쟁 시대의 고요함이다. 정확히 말하면 『루쉰』에 적어놓은 것처럼 "회전하는 구의 축처럼 일신에 동(動)을 집중시키는 극치적인 정(靜)"[13]의 고요함을 밖으로 두른 '행동'이었다.

떳떳하지 못한 중국체류를 하기 6년 전, 그러니까 「대동아전쟁과 우리의 결의」를 발표하기 4년 전인 1937년, 노구교사변 이후에 다케우치 요시미는 외무성 대지문화사업(對支文化事業) 파견 유학생으로 중국에 가게 되었다. 1932년 처음으로 중국을 방문한 이래 두번째 중국 방문이었다. 그의 『베이징일기』는 후세 사람이 보기에 역겨울 당시 체험이 기록되어 있어야 할 터이나, 일기에서 전쟁의 흔적을 느끼기란 힘들다. 일기에서 그는 당시 베이징에서 꽤 나태한 생활, 단적으로 말하면 상당히 방탕한 생활을 보냈을 뿐이다. 중국 문인과의 교제는 베이징에 있는 일본인과의 교제에 미치지 않았고, 일본인 여성과의 연애에 좌절했던 참이었다. 다케우치 요시미의 베이징 생활은 금전면에서 언제나 여유가 있었다곤 할 수 없지만, 여유 있는 문화적 생활수준을 유지했다고는 말할 수 있다. 그러나 그는 귀국할 때 사람들에게 말 못할 부끄러움은 느끼지 않았다고 한다. 중국문학연구회가 "고고한 정신을 잃었다"는 것을 비판하기 위해 1939년 11월에 발표한 「이년간」은 거의 그의 『베이징일기』에서 따온 것이었다. 다케우치 요시미가 말하길 이 글은 "바보 같은 허탈시대의 자신을 객관화하고자 일기 속에서 재료를 취해보았다." 왜냐하면 "우리 시대에는 응어리진 무언가가 있는데, 어떤 견제가 이 응어리를 진정으로 토해낼 수 없게 만들기" 때문이며, "'아무것도 하지 않는 것보다는 노름이라도 하는 편이 낫다'고

할 수 있기 때문이다.* 즉 부덕을 범하면 그것을 갚는 선행을 하든가 그것을 덮어버리려는 더 큰 잘못을 저지를 것인데, 이것은 겁쟁이를 채찍질해 남에게 의지케 하는, 극히 간단하며 비정한 경구라고 생각"[14] 했기 때문이다.

다케우치 요시미는 베이징 시기의 일기를 발췌하여 「이년간」에 모아 마쓰에다의 '비정한 경구'에 답하려고 했다. 물론 그때 다케우치는 자신의 일기에 기록되어 있는 내용이 느슨하고 방만한 행위뿐임을 알아차렸다. 그래서 그는 "형편없는 사생활을 담은 대목은 들어냈지만, 설사 그랬을지라도 눈을 치켜뜨게 만드는 곳이 있기 마련이다"[15]라고 적지 않을 수 없었다. 다케우치 요시미 자신조차 '눈을 치켜뜨게' 할 일기에서 주목해야 할 대목은 그가 유학을 하면서 술과 유흥에 시간을 허비했지만, 사생활에 대한 이러한 기술로부터 특정한 시대에 관한 풍부한 정보를 읽어낼 수 있다는 점이다.

우선 주의해야 할 것은 일기를 보면 다케우치 요시미가 '이국체험'을 추구하지 않았고, 중국 지식계와의 교류도 그다지 없었다는 점이다. 이것은 중요한 역사적 사실을 암시한다. 베이징이 점령된 후 다케우치 요시미가 중국 땅을 밟았을 때와 거의 같은 시기 국립 베이징대학, 국립 칭화대학과 사립 난카이대학은 창사에서 시난연합대학의 전신인 국립 창사임시대학을 창립했다. 베이징대, 칭화대의 교수 대부분이 남하하였기에 다케우치는 베이징의 문화 무대에서 활약하던 중국의 엘리트 지식인과 만날 기회를 갖지 못했다. 마침내 11월에는 마

---

* 여기에서 다케우치 요시미가 인용한 대목은 마쓰에다 시게오가 다케우치에게 보낸 편지에 적혀 있다.

지막 교수들마저 철수했으며, 10월 27일에 베이징에 도착한 다케우치 요시미는 바로 이 혼란과 적막의 시기와 조우했다. 그럼에도 그는 일기에 그것에 관한 흔적을 남기지 않았다. 37년 10월 일기를 보면 다케우치 요시미는 베이징에 도착하자마자 저우쭤런과 첸다오순 등을 방문하고, 중국의 학술상황을 이해하려고 힘썼다. 서점을 빈번히 들르고, 첸무의 『근삼백년중국학술사』를 텍스트로 삼아 일본인 독서회를 꾸렸다고 기록되어 있다. 하지만 이러한 왕래는 얼마 이어지지 않고 저우쭤런, 첸다오순은 일기에서 모습을 감춘다. 첸다오순에게 소개받은 양리엔성이 중국어 회화 선생으로서 등장할 따름이다. 37년 11월 18일의 일기에는 량쭝다이가 곧 남하하고 선충원도 일전에 남하했으며, 라오서는 산둥, 바진은 톈진에 갔다는 소문을 적고 있다. 또한 저우쭤런도 조만간 남하할 것 같다고 적고 있다.[16] 저우쭤런은 남하하지 않았는데, 다케우치 요시미의 일기에는 그 이후 저우쭤런을 방문했다는 기록은 없고 마침내 그도 사라졌다. 1939년 10월 귀국 전날의 일기에 "마음을 굳혀 저우쭤런 선생 방문"[17]이라며 마치 혼잣말인 듯 기술한 것이 남아 있을 뿐이다.

 이와 동시에 다케우치 요시미는 함락된 베이징의 일상을 묘사하기 시작했다. 지식인을 비롯한 많은 수의 일본인이 베이징으로 밀려들어와 술집, 사창, 인력거 등이 서로 작당하여 일본 손님을 끌어 모았으며, 책방의 서적 문물, 도서관의 소장품, 문화명승지, 상점도 불청객을 묵묵히 받아들였다. 노구교사변이 가져온 군사적 점령의 상흔은 다케우치 요시미가 도착했던 때는 이미 헌병과 거짓 정권이 세운 '신질서' 뒤로 가려진 듯하다. 다케우치 요시미는 일본인으로서 근심걱정 없이 베이징의 사이비 문화생활을 평안히 누릴 수 있었다. 이런 분위기 속에서 다케우치 요시미는 독서의 범위를 넓혀 협의의 중국현대문학에서 중국근현대학술사로 진입해 들어갔다.

다케우치는 일기에 학술서나 문학책을 물리도록 읽고 나서는 인력거로 일본인 친구를 방문하거나 책방에 책을 사러 가거나, 똥안시장이나 첸먼 일대를 배회하거나, 베이징의 전통요리를 맛본 뒤 인력거꾼이 모는 곳으로 '사창가 여자'를 데리고 들어갔다고 기록했는데, 어쩌면 일기에 기록되지 않은 쪽이 보다 진실할지도 모르겠다. 사실 훗날 이 일기를 출판하며 일부 내용을 삭제했는지는 생각만큼 중요하지 않다. 그보다 이 일기는 당시 베이징 생활을 묘사한 것으로서도 절대적인 의미에서 신빙성을 결여하고 있다. 왜냐하면 이 일기는 애당초 '객관적 사실'을 기록하려고 쓰어진 것이 아니기 때문이다.

그 점을 증명하는 유력한 단서가 있다. 1972년 잡지 『변경』의 의뢰를 받아 다케우치 요시미는 1934년의 일기 가운데 일부를 정리하여 「중국문학회 결성 즈음」이라는 제목을 달아 발표했다. 짧은 '머리말'에서 그는 이렇게 쓰고 있다. "전화(戰災)로 허둥댔더니 남아 있는 것이라곤 예전에 중국을 여행하던 류의 기록뿐입니다." "다시 읽자니 역시 베이징에서 방랑하던 시절이 가장 그립습니다. 하지만 공개적으로 발표한다니 꺼려집니다. 공표한다면 어지간히 고쳐야겠습니다. 그래서 손댈 필요도 없고 공적으로 조금이라도 도움이 될까 싶어 1934년의 것을 선택했습니다."[18] 여기에서는 현실에 직접적으로 개입하지 않았던 다케우치 요시미에게도 '전화'는 직접 말로 담기에 부담스러운 것이었다는 점을 읽어낼 수 있다. 그가 비교적 안전하게 기술할 수 있었던 것은 '여행 기록' 류의 내용들이었다. 이는 다케우치 요시미가 보고 들었던 것을 일기에는 적지 않았을지 모른다는 가능성을 암시한다.

'베이징 방랑 시절'이란 바로 1937년부터 1939년까지 『베이징일기』를 썼던 시기이다. 다케우치 요시미는 "그리운" "꺼려진다"라는 표현으로 이 일기의 **사적인 성격**을 분명히 표명하고 있다. 훗날 자신이 사적인 성격을 상대화하고 객관화하려고 했다 말하지만, 그 한계는 쉽게 눈에 들어온다. 이 장면에서 우리는 다케우치 요시미의 일기를 어떠한 매개도 거치지 않고 그저 시대의 기록으로 직접 바꿔놓아서는 안 된다는 사실을 알 수 있다. 일정한 전환을 거쳐야만 거기에 내포되어 있는 특정한 시대의 정보를 읽어낼 수 있다.

『베이징일기』는 다케우치 요시미가 죽은 뒤, 일찍이 도쿄도립대학에서 그의 조수이기도 했던 연구자가 정리하여 출판한 것이다. 이 시기의 일기를 공개해도 되는지에 관해서는 출판사도 몹시 주저했다. 치쿠마서방은 1980년부터 1982년까지 『다케우치 요시미 전집』 전 17권을 간행한 후, 잡지 『치쿠마』 9월호에서 전집 속의 일기 두 권에 대해 마루야마 마사오와 인터뷰를 가졌다. 그때 주요한 화제가 되었던 것이 『베이징일기』였다. 마루야마 마사오는 『베이징일기』를 높이 평가하고는 "앞으로의 다케우치 요시미론은 이 『베이징일기』를 빼고는 어떠한 의의도 갖지 못할 것"[19]이라고 단언했다. 재미있는 사실은 『베이징일기』가 지닌 사적인 성격과 그래서 발생한 시국과의 거리감을 두고 마루야마 마사오가 이런 판단을 내렸다는 점이다. 동시대인으로서 마루야마 마사오는 일찍이 자신도 겪었던 '동시대 체험'을 일기에서 읽어낸 것이다. 후쿠자와 유키치의 말을 빌리자면 "한 몸으로 두 생을 살아가는"[20] 거대한 시대의 전환을 개체가 경험할 때 선택의 부자유야말로 개체의 자유의지에 대한 엄준한 시련이 된다. 마루야마 마사오도 언급했듯이 노구교사변 이후에 발생한 베이징의 중대한 시국 변화를 두고 다케우치 요시미가 냉담한 태도를 보였던 것은 그가 개인적인 사생활이나 독서에 열중했던 것과는 선명한 대조를 이루고 있다. "당시 베이징을 둘러싼 객관적 상황과 요시미씨 개인의 내면적인 심리의 굴절이 포개져 이런 일기가 되었다."[21]

개인생활의 묘사, 그리고 그것과 포개지는 시국에 대한 냉담함은 시국과 거리를 유지하려는 그의 사상적 긴장을 드러낼 뿐만 아니라, 그 결과 다케우치 요시미의 자기해체가 초래되었다. 마루야마 마사오는 이 자기해체가 다케우치 요시미의 '회심'을 재촉했다고 여겼다. 마루야마 마사오는 무의식중에 중요한 문제를 언급했다. 다케우치 요시미의 일기를 읽으면서 '객관적'인 역사적 진실을 구한다면 허사이다. 먼저 '주관적'인 시대의 체험에 착목하고 나아가 체험을 객관화함으로써 그것을 역사의 기록, 즉 체험의 기록으로 바꾸지 않으면 안 된다. 이런 까닭에 마루야마 마사오는 다케우치 요시미가 베이징에 있던 시기의 자기해체를 주목하고, 마루야마 자신의 동시대 체험에 비추어 다케우치의 자기해체에 높은 사상적 의의를 부여했던 것이다.

그러나 마루야마는 다케우치가 개인적으로 자기해체를 진행할 수 있었던 사상적 배경을 판단하는 데에 있어서는 정확하지 못했다. "당시 중국은 말하자면 질척질척 융해되고 있는 반국가(半國家)라 하겠다. 그렇지 않았다면 적국 속에서 『베이징일기』에 적힌 그런 일상을 보낸다는 것은 상상하기 어렵다. 적국의 한복판에서 군사점령하고 있는 파견기관과 접촉하고, 한편으로는 베이징대학 교수나 중국 지식인으로부터 거리의 여자에 이르기까지 널리 만남을 가졌다. (중략) 일중전쟁은 국가로서의 제국주의와 **운동으로서의** 내셔널리즘과의 싸움이었으며, 중국의 내셔널리즘 **운동**에 일본제국이 패했다고 말해야 할 것이다. 일본을 포함한 제국주의 국가가 흙투성이 발로 중국을 짓밟는 과정은 동시에 중국이 새로 태어나기 위한 진통이기도 했다."[22]

마루야마 마사오는 중국에 무지했기에 익숙한 서양의 이론을 최대한 '활용' 할 수밖에 없었다. 마루야마의 사상 자원은 서양의 모더니티 이론이며, 그에게 중국은 자신의 의견을 밝히기 위한 매개에 불과했다. 어떤 의미에서는 다케우치, 그리고 『베이징일기』 역시 마루야마에게는 매개에 다름 아니었다. 그런 까닭에 그는 사상사가로서의 이론적 감각을 밀고나가 중요한 문제를 파고들 수 있었지만 입구에서 머물고 말았다. 서양의 이론에 의거해 중국의 '내셔널리즘'을 하나의 운동으로 이해하여, 그것을 국가와 사회의 상호관계 속에 두고 논의하는 일이 과연 가능한지, 그런 분석의 유효성과 한계는 무엇인지. 추상적인 수준에서라면 이런 분석이 중국현대사를 개괄하는 데에 도움을 주겠으나, 다케우치의 『베이징일기』를 해석할 때는 유효한 시각을 제공할 수 없다. 왜냐하면 『베이징일기』를 쓴 시기에 다케우치의 베이징 생활은 결코 '한 몸으로 두 생을 사는' 것이 아니었기 때문이다.

베이징에서 2년을 보내는 동안 다케우치 요시미가 체험한 것은 '국가의 해체'와는 상반되는 경험이었을지도 모른다. 그는 '베이징대학 교수나 중국 지식인과 널리 접촉'할 기회를 갖지 못했다. 그가 만날 수 있었던 이들은 중국에서는 '가짜 베이징대학'이라고 불린 소수의 '베이핑〔北平;베이징의 다른 이름〕에 남아 있는 교수'(留平敎授)뿐이었으며, 중국의 학술문화계는 이미 베이징에서 남방으로 이전하고 있었다. 다케우치 요시미를 비롯해 중국문학연구회 일원에게 특별한 의미를 갖는 저우쭤런마저 1937년부터 39년에 걸쳐 일본군에 협력했으며, 그가 거짓 화북임시정부의 교육독변(敎育督辯) 자리를 맡을지도 모르는 상황이었다. 다케우치 요시미가 베이징에 도착한 지 3개월 후인 1938년 2월 9일, 저우쭤런은 일본군이 관계하는 '갱생 중국문화 건설 좌담회'에 참석했다. 중국 문화계의 사람들은 이것을 '반역'의 신호로 받아들였다. 다케우치 요시미에게 베이징에서의 고요한 생활은 마루야마 마사오가 추론하듯 '반국가' 상태의 혼돈으로 인한 공백과는 거리가 멀었으며, 전쟁으로 문화·정치의 중심이 이동한 이후의 상태였을 뿐이었다. 그리고 이런 상태는 이미 중국의 오랜 역사에서 여러 차례 출현한 바 있다. 이 이동은 내실 면에서나 방법 면에서나 역사 왕조 시대의 이동과는 크게 다르겠지만, 그것은 어디까지나 국가와 내셔널리즘의 대립도식으로는 해석할 수 없는 복잡한 역사적 순간이며, 거기에는 중국 역사의 내재적 논리가 담겨 있다. 그리고 보다 주목해야 할 것은 다음의 점이다. 지식을 업으로 삼는 지식인으로서, 다케우치 요시미는 마침 그러한 역사적 순간과 만났다. 중국 문화지식계가 잠시 내버려둔 베이징, 지난날의 경관은 남아 있으되 지난날의 혼은 사라진 그런 베이징에 도착한 것이다.

 이 방면에 관한 감상을 다케우치 요시미는 일기에 기록하지 않았다. 그러나 우리는 다른 길을 통해 이 순간의 복잡한 반응을 엿볼 수 있다. 1938년 10월 12일 즉 베이징에 도착한 지 1년 후에, 그는 마쓰에다 시게오에게 보내는 편지에서 이렇게 적고 있다. "저는 점점 지나, 지나인, 지나문학이 싫어지고 있습니다. 배워야 할 필요는 없지만 지금은 일본어가 재미있어 일본어 공부를 하고 있습니다." 같은 편지에는 다음의 구절도 있다. "저는 근대과학 도서관에서 하던 일을 그만두고 새로운(?) 베이징대학 이학원(理學阮)에서 일본어를 가르치고 있습니다."[23] 당시 베이징이 문화적인 의미에서 '빈 성'임을 이해하지 못하고 또한 다케우치 요시미가 중국 지식계의 상황을 잘 알고 있었다는 사정을 염두하지 않는다면, "지나, 지나인, 지나문학이 싫어지고 있습니다"라는 발언이 갖는 복잡한 심정을 이해하기 힘들 것이다. 특히 다케우치 요시미가 당시 베이징대학을 두고 의문부호를 붙여 '새로운' 베이징대학이라 불렀을 때, 이 의문부호가 지니는 힘과 내용의 풍부함에는 말로는 표현할 수 없는 바가 담겨 있다.*

다케우치 요시미의 다른 언설들도 이 방향성에서만 자리를 잡는다. 1939년 일본으로 잠시 귀국했다가 베이징으로 돌아가는 배 위에서 다케우치는 일본 군인으로 중국에 출정해 있는 다케다 다이준에게 편지를 썼다. "우리처럼 군대에도 들어가지 못한 무리는 지금 시대의 사상적 맥박을 파악할 수 없습니다. 게다가 파악하려는 노력 역시 헛된 것임을 알고 있기에, 각별히 군인인 당신의 편지는 허둥대며 혼돈 속에 있는 인간에게 아플 정도로 선명합니다."[24] 또한 도쿄로 돌아온 후 그는 유학하는 동안 지나문학을 공부하지 않았던 것에는 부끄러움을 느끼지 않지만, 자신의 행위를 객관화하려고 해 도리어 혼돈에 빠졌던 일에는 회한이 깊다고 말하며, 허탈시대의 자신을 객관화하고 싶다고 술회했다.[25] 같은 시기 마쓰에다 시게오에게 보내는 다른 편지에는 실연으로 마음이 공허해졌다고 넌지시 비추는 문장에 이어 다음처럼 적었다. "어찌된 일인지 모르겠습니다. 베이징 이후 기묘하게도 정

---

* 몇 개월 후인 1939년 1월 14일, 일본군이 참가한 상황에서 가짜 베이징대학의 성립전례(成立典禮)가 거행되었다. 다케우치 요시미는 그 날 일기에 냉담하게 관찰한 바를 기록한다. 다만 매우 사무적으로 기술한 한 대목이 흥미를 끈다. 그것은 베이징대학의 어느 '베이핑에 머물러 있는 교수'가 다리를 꼬고 주눅 들지 않은 태도로 앉아 있던 것, 그리고 그 태도와 달리 다른 사람과 가벼운 인사를 나눌 때는 정중히 인사를 되받았던 것 사이의 미묘한 대조이다. 『竹內好全集』第一五卷, 280쪽.

신적인 일에 자신이 없어졌습니다."[26] 베이징 시기부터 출정하기까지 6년여 동안 그가 늘상 사용한 '허무'니 '혼돈'이니 하는 말을 『루쉰』을 쓰던 시기 그가 지녔던 감각과 겹쳐 생각해보면, '허탈시대' 속에서 다케우치 요시미가 경험한 '회심'이란 마루야마 마사오가 정리한 '자기해체'에 그치는 것이 아님을 알게 된다. 보다 중요한 것은 고통과 활력으로 충만한 역사과정의 **바깥**으로 배제되었다는 '허둥대는' 감각이며, 또한 그 감각의 연장선상에 있는 역사에 진입하겠다는 갈망이다.

2년간의 베이징 생활 동안 **약동하는 중국 문화계로 들어가지 못한** 것을 두고 다케우치 요시미는 체념도 하고 격절감(隔絶感)도 느꼈지만, 그것은 '허둥댐'의 외재적 요인에 불과하다. 보다 내재적인 요인은 다케우치가 일본 지식인으로서 눈을 거둔다 하더라도 마주하지 않을 수 없는 전쟁이라는 현실 자체였다. 전쟁이 현실에 가져다 주는 곤란이란 파시즘의 고압적 정책으로 인해 개인이 시국에 정면으로 대항할 수 없다는 점만은 아니다. 그것은 이후 다케우치 요시미가 이야기하는 '저항과 굴복의 종이 한 장 차'라는 복잡한 정세에서도 발견된다. 마루야마 마사오는 동시대인으로서 다케우치 요시미의 이런 감각을 깊은 곳에서 이해하고 있었다. 그런 까닭에 전술한 인터뷰에서도 나름의 표현으로 전쟁 속에서 지식인이 선택을 내리는 일이 얼마나 어려운지를 거듭 강조했다. "일본의 국내 상황에서도 37년 일중전쟁의 확대는 획기적인 전환을 의미하며, 그 후의 사회 운동이나 쇼와연구회 등의 동향은 전쟁 협력과 아울러 시국 비판이라는 양의성을 동시에 띠지 않을 수 없었다. 협력과 저항 사이에 더 이상 명확하게 선을 그을 수 없었다."[27] 현대중국학 연구에 종사하는 일본 지식인으로서 다케우치 요시미에게 이런 상황의 이면에는 자신의 연구대상이 적국의 일원이라는 곤혹스러움마저 깔려 있었다. 이에 비춰 말한다면 마루야마 마사오가 지적한 다케우치 요시미의 '회심'은 정확하다 할 것이다. 다케우치 요시미는 베이징 시기에 자신의 상황을 진정으로 자각하였다. 따라서 그는 정신적인 일을 계속할 자신이 없게 되었다고 말한다.

이렇듯 복잡한 정신적 역정을 겪은 이후에 태평양전쟁이 발발하자 다케우치 요시미가 흥분을 토해냈다는 사실은 오히려 자연스럽다고 하겠다. 그는 마침내 '허탈상태'와 '허둥댐'에서 빠져나올 유효한 길을 발견했으며, 역사에 진입할 가능성을 어렴풋하게나마 보았던 것이다. 그 후 전쟁이 그 잔혹성과 기만성을 적나라하게 보여주자 다케우치 요시미는 자신의 정신세계 속에서 『루쉰』을 향해 걸어갔다. 『베이징일기』와 「대동아전쟁과 우리의 결의」는 함께 놓고 읽어야만 한다. 그래야 비로소 다케우치 요시미가 왜 아무런 거리낌도 없이 감정적 측면에서 전쟁을 지지하고 심미화했는지 이해할 수 있다. 게다가 그가 어떤 이유로 자신이 태평양전쟁을 무조건 지지했던 사실에 대해 끝까지 회한을 느끼지 않았는지를 이해할 수 있다. 그러나 이런 과정을 이해한다손 치더라도 여전히 해석할 수 없는 문제가 남는다. 그것은 전쟁에 대한 도덕적 판단을 세우는 일이다. 기본적인 도덕적 문제, '전쟁은 사람을 죽인다'를 그는 어떻게 감각했던가? 가해국의 일원으로 참회한 적이 있었는가? 했다면 어떻게 참회했던가?

다케우치 요시미가 살인이라는 사건 자체를 정면으로 다룬 적은 없는 것 같다. 다케우치가 전후에 전쟁 체험을 토론하고 전쟁과 도덕의 관계를 말할 때도 그는 늘 다른 문제를 향했다. 다케우치 요시미의 전쟁관과 도덕관을 정확히 파악하려면 보다 이른 시기의 상황을 다뤄야만 한다. 30년대 초기 일본 문단에서 일세를 풍미했던 '셰스토프 체험'의 영향이다. 이 영향은 복잡하다. '셰스토프 체험'은 시대의 분위기로서 다케우치 요시미를 매혹했다 하겠으나, 그는 자신의 독특한 "그 속으로 들어가 거기에서 자신을 끄집어낸다"는 방법으로 이 특정한 문화사조에 반응했기 때문이다.

혼다 슈고*는 다케우치 요시미를 동시대 일본 문학가의 열에 세우고는 이렇게 해석한다. '다케우치 요시미가 '정치와 문학'이라는 형태로 몰두한 문제는 실은 동시대 일본의 문학가가 '숙명과 자유' '운명과 의지' 혹은 '절망에서 자아를 재건하기'라는 형태로 고민했던 문제와 같은 장에 있다. 즉 거기에는 공통의 체험이 있다. 문학사적으로는 그것을 셰스토프 체험이라 부른다."[28]

다케우치가 '셰스토프 체험'에 직접적인 영향을 받았는지에 대해서는 증거를 찾기 힘들다. 셰스토프가 유행하던 1934년을 전후**로 하

---

* 혼다 슈고(本多秋五, 1908~2001). 평론가. 『근대문학』(近代文學)의 창간 동인. 평론집으로 『전향문학론』(轉向文學論), 『이야기 전후문학사』(物語戰後文學史) 등이 있다. ─옮긴이
** 프랑스로 망명한 러시아의 사상가이자 종교철학가인 셰스토프는 일본 문학가의 번역을 통해 일본에 소개되었다. 프랑스 문학을 전공했던 가와카미 데쓰타로(河上徹太郎)는 1934년 아베 로쿠로(阿部六郎)와 공역하여 셰스토프의 『비극의 철학』을 출판했다. 소위 '셰스토프 체험'이란 도스토예프스키와 니체를 다룬 이 작품에서 비롯된다. 주의할 것은 일본 지식인이 특정한 시대에 일종의 '오독'을 통해 셰스토프를 수용하고는 자신들의 사상과제를 셰스토프에게 투영했다는 점이다. 이른바 '셰스토프 체험'이란 기실 셰스토프에 대한 세밀하며 정확한 이해에 기반한 것이 아니라, 일본 지식인 자신의 초조함에 따른 것이다. 그렇기 때문에 도리어 그 시대의 사상적 상황이나 분위기가 잘 담겨 있다. 그러나 셰스토프 저작의 가장 기본이 되는 구조는 간과되곤 한다. 그것은 그가 인류 혼의 비밀을 탐색하면서 보여준 종교감정이다. 셰스토프의 붓 아래서 도스토예프스키와 니체가 비극 철학의 주인공이 될 수 있었던 이유는, 그리고 '이상현상'(異常現象)이 인류의 혼을 더듬는 입구가 될 수 있었던 까닭은, 가혹한 현실 속에서도 타협하지 않는 셰스토프의 종교감정과 관련되어 있다. 셰스토프는 확실치 않은 진실이나 전도된 가치를 논했으며, 그의 진정한 의도를 '불안'이라는 말로 개괄하기는 어렵다. 왜냐하면 그는 기존의 도덕적 기준이나 과학·이성 같은 확실한 관념으로 사물을 재지 않았으며 정태적이고 개념화된 기준을 필요로 하지도 않았기 때문이다.

여 그는 위다푸에 심취해 있었다. 9년 후에 출판된 『루쉰』의 사고방식과 용어를 보면, 확실히 그는 혼다 슈고가 말한 대로 동시대의 문제에 얽혀 있었던 것처럼 보이며, '셰스토프 체험'이 유행하던 시기의 핵심어를 꽤 사용하고 있다. 물론 자세히 읽어보면 꼭 그렇다고 잘라 말하기 어려운 대목도 보인다. '셰스토프 체험'에서 셰스토프의 반관념적인, 신앙에 도전한다는 종교감정을 이해하려면 이념에 의할 수밖에 없다. 그 결과 일본의 지식인은 소위 '셰스토프 체험'을 빌려 '정상'으로의 회귀, 이성으로의 회귀, 행동으로의 회귀를 요구하게 되었다. 셰스토프 체험이 유행하는 와중에 고바야시 히데오*를 중심으로 하는 『문학계』** 동인에 대립하는 그룹이 '행동의 문학'을 제기했다는 상황은 하나의 선명한 참조점을 제공한다.

행동주의 자체는 하나의 문학사조로서 어떠한 특별한 공헌도 하지 못했다. 그러나 그 가치는 '셰스토프 체험'의 비셰스토프적 성격을 대조해 드러내는 데 있었다. '셰스토프 체험'이라는 허무주의 사조는 일본의 지식인들이 가지고 있던 위기의식을 잘 보여준다. 그러나 셰스토프가 지닌 핵심적인 문제, 즉 기성의 가치관념 체계를 돌파하고 복잡하며 추악한 현실과 맞서기 위해서 신앙을 새롭게 구축한다는 과제에는 접근하지 못했다. 다케우치 요시미는 '행동주의'에 맞서겠다는

---

* 고바야시 히데오(小林秀雄, 1902~1983). 평론가. 1925년 도쿄제국대학 불문과에 입학했으며, 1933년 『문학계』(文學界)를 창간했다. 프랑스 상징주의의 영향을 받아 근대적 자의식과 언어관의 문제를 파고들었으며, 프롤레타리아 문학을 넘어서는 근대비평을 확립했다고 평가된다. —옮긴이
** 문예부흥의 중심적 역할을 한 것이 1933년에 창간된 『문학계』이다. 초기에는 밀려드는 파시즘으로부터 문학의 본질을 지키려고 했으며, 전쟁이 진전되는 과정에서는 '근대의 초극' 논의에 참여했다. —옮긴이

의미에서 허무주의의 입장을 취한 적은 없다. 설사 그의 입장에 얼마간 셰스토프적인 성질이 배어 있다 하더라도, 그것은 동시대 일본의 '셰스토프 체험'이 결여하고 있던 부분이었다. 즉 선입관에 사로잡힌 모든 관념이나 전제를 걷어내고, 정지된 이원대립이나 추상적인 표현을 최대의 적으로 삼으며, 적에 대한 근원적인 공격을 혼란, 허무, 이지(理知) 혹은 능동성의 상실이라고 간주하지 않겠다는 태도이다. 다케우치 요시미는 일관되게 비도덕적인 판단의 입장을 취했다. 여기에서는 확실히 셰스토프의 그림자가 엿보인다. 그렇지만 일본의 소위 '셰스토프 체험'과는 근본적으로 다른 것이다. 다케우치 요시미는 일상도덕으로 회귀하려 하지 않고, 일상도덕을 등지는 궁극적 도덕을 탐구했다. 전쟁이라는 잔혹한 상황은 다케우치 요시미로 하여금 이런 입장에 근거해 또 하나의 역사적 진실로 다가가게 했는지도 모른다.

여기에 판단하기가 아주 힘든 문제가 있다. 다케우치 요시미가 어떻게 이러한 기본적인 입장을 갖게 되었는가이다. 동시대 일본의 지식인들과 마찬가지로 다케우치 요시미 역시 셰스토프의 종교감정은 갖고 있지 않았다. 셰스토프는 동시대인의 오독을 거쳐 다케우치 요시미의 시야로 들어왔는지 모르며, 혹은 애당초 그의 시야 바깥에 있었는지도 모른다. 그러나 한 가지를 확정짓고 갈 수 있다면, 그것은 바로 루쉰이 셰스토프가 제기한 기본문제와 같은 의미에서 다케우치 요시미의 시야로 들어왔다는 점이고 또한 다케우치의 일생에 영향을 줬다는 사실이다. 여기에서 말하는 기본문제란 신조차 피할 수 없는 '최후의 심판'을 제거하고 난 뒤, 루쉰이 말하는 "전혀 용서 따위는 없는" 태도에 의해서 일상도덕이 그 허위성을 드러냈다는 점이다. 다케우치 요시미는 이 지점에서 일상성을 뛰어넘는 도덕적 입장을 확립했다. 그것은 이성으로 회수되지 않는 도덕이다. 루쉰을 거치지 않았다면, 그는 이러한 도덕세계로 진입하는 암시를 얻지 못했을지도 모르겠다.

나는 믿는다. 이것이야말로 다케우치 요시미가 『루쉰』을 집필한 이후 느꼈던 회한과 적막의 원인이라고. 비록 여기에 셰스토프가 전도된 가치의 세계와 대면했을 때 지녔던 차분함은 없을지라도.

다케우치 요시미의 전쟁 체험과 전후 체험은 이 특정한 감각에 기반하고 있다. 이 특정한 감각을 쫓아 우리는 전쟁이라는 피비린내 나는 사건에 대한 다케우치 요시미의 도덕판단에 다가설 수 있다.

# 4

# 뒤얽히는 역사와 현재

다케우치 요시미는 거의 일생을 통해
'불 속의 밤을 줍는' 태도로 일본 민족의 독립정신을 세우고자 경주했다.
일본 국가와 내셔널리즘을 비판하는 전후의 진보적 사조 속에서
그는 일찍이 루쉰에 대해 적었듯이 독특한 방법으로
"내가 느끼고 있는 공포에 몸을 던지고 그것을 견뎌냈다."

# 1장_패전 체험의 심화 :
    전쟁책임론과 문명의 재건

침략군의 일원이었던 다케우치 요시미가 중국 전장에서 듣고 또 보았던 일본의 패전에 대해 정면으로 다룬 글로는 1953년 발표한 「굴욕적 사건」과 1955년 발표한 「8월 15일」이 있다. 「굴욕적 사건」에서 다케우치는 패전을 환영한 마루야마 마사오와는 상당한 감각의 차이를 보이고 있다. 국내에서 포츠담선언의 발표를 직접 접했던 마루야마 마사오는 "기본적 인권은 존중되어야 한다"는 구절을 보고는 몇 해 동안 본 적 없는 낯선 글귀에 놀라 "얼굴의 근육이 자연스레 풀리는 것을 자제할 수가 없었다." 마루야마는 회색 만연한 얼굴을 사람들에게 들킬까봐 감정을 억제하는 데 많은 힘을 써야했다고 한다. 다케우치 요시미는 이렇게 썼다. "이 말을 듣고 나서 나는 감동했다. 그리고 나 자신을 돌이켜보며, 이러한 경험을 갖지 못해서 유감이며 후회도 됐다." "(이것은) 역시 저항하는 자세와 관련되어 있지 않을까. 또 하나 정치적 지식, 그보다는 정치 감각의 차이라는 것도 있겠다. 나는 저러한 모습의 종전을 예상할 수 없었다."

"천황의 방송은 항복 아니면 끝까지 항전하라는 호소일 거라 생각했다. 더군다나 나는 후자라고 예상했다. 여기에 일본 파시즘에 대한 나의 과대평가가 있다. 나는 패전을 예상했지만, 저렇듯 국내에서 어떤 이의도 없는 패전은 예상하지 못했다." 여기서 다케우치 요시미는 "희열, 비애, 분노, 실망이 뒤섞인 기분"을 맛봤다. "8·15는 나에게 굴욕적 사건이다. 민족의 굴욕이며 나 자신의 굴욕이다. 이 사건을 회상하는 것은 고통스럽다. 포츠담혁명의 참담한 결과를 보고 통절하게 느낀 것은 8·15 시기에 공화제를 실현할 가능성이 전혀 없었는지였다. 가능성이 있었는데도 가능성을 현실성으로 전화하는 노력을 게을리했다면 우리 세대는 자손에게 남긴 무거운 짐에 대해 연대의 책임을 져야 한다." "8·15 시기에 인민정부를 수립한다는 선언이라도 있었다면, 설령 미약한 소리이며 그 운동이 실패했다 하더라도 오늘날의 굴욕감은 얼마간 구제되었으련만 그런 일은 전혀 일어나지 않았다. 우리는 고귀한 독립의 마음을 8·15에 이미 잃지는 않았을까."[1]

　어떤 의미에서 1945년 8월 15일이라는 역사적 시간에 대해서, 그리고 패전을 둘러싸고 다케우치 요시미와 마루야마 마사오가 가졌던 서로 다른 정치 감각이 이후 그들 일생에서 사상 궤적의 차이를 결정지었다 할 것이다. 다케우치 요시미로서는 일본의 사상전통을 형성해야겠다는 강렬한 의식이 전후 순간의 '희열, 비애, 분노, 실망'이라는 복잡한 감정에서 그 형태를 획득했다. 일본 민족이 독립의 마음을 갖길 바랐던 기대와 그 기대가 배반당한 사실에 대한 분노로 구체화된 것이다. 8월 15일을 경계로 하여 다케우치 요시미가 전쟁과 관련해 언급한 이전의 모든 발언은 이 날의 복잡한 감정의 바탕을 이루었다. 이후 그는 이 날에 느꼈던 뭐라 형용하기 어려운 심정을 둘러싸고 자신의 사고를 전개했다 말할 수 있지 않을까. 사상사적 문제로 보자면, 다케우치 요시미는 전쟁과 패전의 의의를 국가간 관계의 문제로서 다루지 않았다. 무엇보다도 국가 내부의 정치, 사회, 사상구조의 재편성으로 향했다. 다케우치 요시미는 그 재편성을 가능케 하는 가장 큰 계기가 패전의 순간에 깃들어 있다고 여겼을 것이다. 그러나 소수의 부분적인 저항을 예외로 하면 일본 내부는 전혀 동요하지 않았으며, 전 국민은 거국일치로 천황의 조서(詔書)에 굴종했다. 다케우치 요시미는 기회를 잃었음에 실망했다.

「굴욕적 사건」이 다룬 무거운 화제 가운데 하나로 일본의 침략전쟁 결과로서 일본과 중국·조선의 사이에서 발생한 선명한 대조가 있다. 일본 파시즘의 억압체제는 일본인의 기력을 소모시켰지만 중국이나 조선에서는 역으로 저항의 힘을 강화했다. 그 결과 전후 동아시아의 이웃국가는 '독립의 마음'을 가질 수 있었으나 일본은 피지배의 입장을 받아들여야만 했다. 다케우치 요시미가 태평양전쟁 초기에 강자에게 도전하는 일본의 자세에 환상을 품었다고 한다면, 그 환상은 패전의 순간에 철저히 깨졌다. 다케우치 요시미는 전쟁의 끝자락에 다음처럼 예상했다. 패전으로 일본은 혼란해질 것이다. 미군이 상륙작전을 펴면 일본은 주전파(主戰派)와 화평파(和平派)로 나뉘어 혁명운동이 맹렬하게 전국을 뒤덮는다. 그러면 군대는 통수능력을 잃게 되어 각지의 파견군은 독립된 단위가 된다. 메이지 이래 유지되어 왔던 '천황제 국체'는 혼란 속에서 와해되고 민주사회가 탄생할 것이다. 이렇게 말이다. 패전이 필연이었다 해도 다케우치 요시미는 이러한 전국일치라는 패전의 모습은 받아들일 수 없었다. 그가 보기에 그것은 전쟁에 패배한다는 잔혹한 대가를 치르고도 새로운 변화의 가능성을 손에 넣지 못한다는 사실을 의미했다.

다케우치 요시미는 1953년에 당시의 정경을 회상했으며, 복잡한 감정 역시 8년이라는 시간의 여과를 거친 뒤였다. 그 동안에 그는 '국민문학논쟁'에 참여했다. 따라서 「굴욕적 사건」이 당시 감정을 그대로 재현했다고 생각해선 곤란하다. 그러나 뒤집어 말하면, 이 시간의 여과는 다케우치의 사상세계로 접근하는 데 가장 빠른 길잡이가 된다. 왜냐하면 다케우치가 이 시간의 여과를 거쳐 자신의 감정을 제련했기 때문이다. 그로써 다케우치 요시미가 기본적으로 관심을 두었던 것은 전쟁이 중국과 일본의 인민에게 남긴 상처도 아니며(그것은 그의 시야에 있었고 이후 '전쟁 체험의 일반화'를 논할 때 중요한 내용이 되었지만), 또한 전쟁의 성격을 규명하는 일도 아니며(그가 전쟁의 성격을 침략이라고 반복해 강조했던 것은 분명하지만) **일본의 '독립의 마음'**이었음을 짐작할 수 있다. 미군점령이라는 상황에서 독립이 의미하는 바는 미국의 속국이라는 지위로부터의, 노마 히로시의 예리한 지적을 빌리자면 "허위의 평화"로부터의 탈출만은 아니었다. 일본이 외압에 의존하고 미국이 주도하는 '민주'를 받아들이는 것이 아니라, 패전의 진통으로부터 자신의 민주적 '공화국'을 만들어내는 일이야말로 중요했다. 그러나 다케우치 요시미는 일본 사회가 그런 '독립의 마음'을 지니지 못했음을 깨달았다. 그는 가상의 세계에서 일본인, 나아가 일본 파시즘을 과대평가하고 있었던 것이다. 유감스럽게도 이 민족은 무기를 들 때도 내려놓을 때에도 완전히 같은 태도를 취했으며, 주체감각을 결여하고 있었다. 이 동일성에 다케우치는 낙담하지 않을 수 없었다.

그 후 그는 문제를 거슬러 올라가 전쟁 중 일본인의 인격적 강도(强度) 그리고 도덕수양의 결함에 대해 사고하기 시작했다. 다케우치 요시미가 머리를 싸매고 고민했던 문제는 일본인은 저항정신이 없어 쉽게 전향한다는 점에 집중되어 있었다. 다케우치 요시미에게 12월 8일 진주만 기습은 약소한 섬나라 일본이 강대한 미국에게 도전했음을 상징한다. 그는 그 사건에서 군사행동의 정치적 함의가 아니라 도덕적 또는 미적인 자기완성의 세계를 발견했다. 1년 후 중국문학연구회를 해산했을 때 그는 도덕적 자기완성이라는 환상이 혼자만의 착각일 뿐이며, 일본 군국주의의 현실적 행동과는 아무런 관계가 없음을 알게 되었다. 마침내 패전을 맞을 당시, 중국 전장의 다케우치 요시미는 일본 군인들이 패전의 날 "일제히 통곡했다. 그리곤 잠들어 버렸다. 다음 날 눈을 뜨고 나서 그들은 일제히 귀국 준비를 위해 몸단장을 했다"라는 무저항 상태를 목도했다. 또한 국내에서는 천황이 내린 한 조각 조서로 나라 전체가 패전을 사실로서 받아들였다는 이야기를 듣고는 '일본인'으로서의 강한 치욕을 느끼지 않을 수 없었다. 당연히도 그 치욕이란 침략전쟁을 '끝까지 밀고가야 한다'는 주장을 뜻하지 않는다. 그는 전쟁을 수행하고 있는 인간의 도덕 상태에 관심을 갖고 있었다. 그는 도덕 상태가 일본 사회에서 정치형태의 기반을 이뤄야 하며 전후책임에 의미를 부여한다고 여겼다. 즉 전쟁책임을 반성하고 전쟁 상흔의 사상적 의미를 음미하기 위해 도덕 상태에 관심을 기울였던 것이다.

1949년 5월에 발표된 「중국인의 항전의식과 일본인의 도덕의식」(후에 「중국의 레지스탕스」로 제목을 바꿈)은 패전 당시에 감수했던 치욕을 일본의 도덕 상태에 대한 비판으로 돌려놓은 글이다. 린위탕*의

---

* 린위탕(林語堂, 1895~1976). 중국의 소설가. 음운학(音韻學)을 연구하고 루쉰 등의 어사사(語絲社)에 가담하여 평론을 썼다. 자유주의자로 불리며 세계정부를 제창하였다. 『인간세』(人間世)를 창간하여 소품문을 유행시켰으며, 평론집을 발표해 영국에 중국문화를 소개하기도 했다. ─ 옮긴이

『모멘트 인 베이징』의 일본어판 『폭풍 속의 나뭇잎』에서 읽어낼 수 있는 중국인의 저항의식에 대한 일본인의 무지를 단서로 삼아, 중국인의 높은 도덕의식과 비교했을 때 현저하게 드러나는 일본인 의식의 저속함을 비판하고 있다. 다케우치 요시미는 린위탕의 소설은 역사의식이 부족하며 중국 사회의 현실적 기초도 담지 못했다고 여겼다. 따라서 중국 민족이 보기에는 실패작이다. 그러나 실패작이라 하더라도 성공하고 있는 대목이 없지도 않다. 그것은 중국 인민의 항전의식을 도덕의 수준에서 완전히 표현했다는 점이다.

다케우치 요시미는 소설 속의 에피소드를 인용해 다음과 같은 화제를 꺼낸다. 일본인은 중국을 침략하면서 밀수와 마약 거래를 했다. 그것은 지엽적인 사건이 아니라 군부의 암묵 하에 자행된 공공연한 약탈이었다. 가장 치욕적인 것은 중국의 소학생에게까지 마약의 손을 뻗쳤다는 점이다. 일본에 대한 중국 인민의 저항의식은 바로 이러한 야만적이고 부끄러움을 모르는 작태에 대한 도덕적 의분을 출발점으로 삼아 폭발했다. 중국인에게(우선 린위탕에게) 이 전쟁은 야만인의 침입이며, 따라서 일시적인 정복이었다. 이러한 이해는 린위탕의 빈약한 역사인식을 보여주지만 어떤 면에서 그는 옳다. 즉 린위탕은 일본의 침략전쟁에서 '전자본주의적 약탈'을 포착해냈다. 한편 다케우치 요시미는 "중국 항일민족전선의 토대가 된 고도의 국민윤리"를 보고, 거기에서 일본의 "국민적 도덕의식의 천박함"을 성찰하기 위한 참조축을 발견했다. 다케우치 요시미는 이렇게 생각했다. 전쟁에 관한 마오쩌둥의 판단은 치밀하고 전면적이었으나 전쟁을 제국주의적 침략전쟁으로 간주했기 때문에, 일본 내부의 반전세력을 과대평가해버렸다. 일본 국민은 그러한 반전의 가능성을 가지지 못했다. 왜냐하면 이 전쟁은 제국주의와 야만인의 심리가 결합된 것이어서 근대적 의미에서의 반전세력이란 존재할 여지가 없었기 때문이다. "나는 군대가 무의미한 파괴를 자행하는 것을 자주 목도했다. 전술상의 필요가 아니며 또한 전장의 이상심리로도 설명할 수 없는 목적 없는 파괴였다. 그것은 가치의 규준을 잃어버린 근대인의 무정부주의적 심리가 아니라 소박한 야만인 심리처럼 보였다. 우리들 내면 깊은 곳에 그런 야만인의 본성이 도사리고 있는지도 모르겠다."[2] 문명과 야만에 관한 그의 정의가 정확한지 여부는 묻어두기로 하자. 또한 근대인을 문명인과 동일시하는 가치판단이 타당한지도 잠시 보류해두자. 다만 그가 사용한 자의적인 개념의 표상 속을 비집고 들어가 문제의 진정한 장소를 발견해야 한다. 다케우치 요시미는 이러한 '야만인 본능'에 대한 본질적인 성찰을 기반으로 하여 1945년 8월 15일 이후에는 일본의 사상전통을 형성하기 위해 일관되게 노력해 나아갔다.

패전 이래 진보적 일본인은 고통으로 가득 찬 자기반성을 시작했다. 이러한 일억총참회(一億總懺悔)에 대해 다케우치 요시미는 분명 거리를 두었다. 중국인의 도덕의식에 관한 그의 논의 혹은 저항을 원동력으로 삼는 중국의 근대화 모델에 대한 그의 논의를 보면, 그가 관심을 기울였던 문제가 무엇인지 알 수 있다. 그것은 전쟁이라는 근대적인 사건을 보다 복잡한 구조 속으로 짜넣는 것 그리고 전쟁책임의 **추궁을 비이데올로기적인** 문제 속으로 짜넣는 것이었다. 여기서 한 가지 주의해야 할 사항이 있다. 전쟁을 반성하는 다케우치 요시미의 시각은 일본이 벌인 중국침략전쟁 문제의 급소를 찌르고 있다. 즉 도덕을 상실한 야만성의 문제이다. 이 전쟁은 일본의 전쟁사 가운데서도 유래 없는 야만성을 노출했다. 따라서 다케우치 요시미의 예리한 문화적·자기비판의 입장에서 본다면, 이 침략전쟁은 다른 근대적 전쟁과 간단하게 동열에 놓고 말할 수 없는 중요한 문제를 품고 있다. 오늘날에 이르러서도 진보적 지식인을 포함한 일부 일본인은 여러 이유에서 일본의 침략전쟁을 '통례화'(通例化)하고자 한다. 다시 말해 다른 전쟁과 나란히 거론하려고 한다. 그러한 방식은 '야만성'의 문제를 생략한다는 데서 간과할 수 없는 문제점을 지닌다.

패전의 경험에 근거하여 구로사와 아키라[*]가 영화 「라쇼몬」에서 새로운 일본식 가치관의 전도와 '불안'을 전달하여 국제적인 갈채를 받았을 때, 다케우치 요시미는 전쟁기간 동안에는 드러내 보인 적 없는 '행동정신'을 발휘하였다. 그는 일찍이 베이징 시절 마쓰에다 시게오에게 보내는 편지에서 밝혔던 정신적인 일에 자신감을 잃은 상태를 말끔히 털어내고 정신적인 일에 온 힘을 기울이기 시작했다. 그는 어떻게 '독립'의 문제로서 일본의 사상적 전통을 수립할 것인가를 고심하기 시작했다.

50년대 말에서 60년대 초까지 다케우치 요시미는 '전쟁 3부작' 즉 일본의 전쟁책임을 둘러싼 세 편의 논문을 발표했다. 이 세 편의 논문은 50년대 초기에 갖고 있던 그의 전쟁관을 더욱 심화시켰다. 세 편에서 공통되는 특징은 전쟁의 문제를 보다 큰 배경 아래 두고 전개한다는 점이다. 이 세 편이란 순서대로 「근대의 초극」(1959), 「전쟁책임에 대하여」(1960), 「일본과 아시아」(1961)이다.

---

[*] 구로사와 아키라(黑澤明, 1910~1998). 구로사와의 영화는 무성영화의 영상적 전통과 소비에트 영화의 다이나미즘을 합쳐놓았으며, 그 위에 영웅에 대한 이상주의를 담았다고 평가된다. 주요 대표작 「라쇼몬」(羅生門)은 한 무사의 죽음을 놓고 아내와 무당과 나무꾼과 도적이 서로 다른 진실을 주장하는 혼란스런 이야기이다. 이 작품을 통해 그는 도덕적 가치와 진실, 주관적 진실과 리얼리티에 대해 질문을 던진다.—옮긴이

「근대의 초극」은 다른 장에서 다룰 예정이기에 여기서는 생략한다. 이 긴 논문의 초점은 결과에 근거해 전쟁 중에 시도된 사상형성의 노력을 단순히 부정하는 것이 아니라, 태평양전쟁을 지지하여 몸을 던진 일본 지식인의 입장에서 사상형성의 계기를 탐구하는 데에 있었다. 그러한 전제 아래 2차 세계대전에서 일본이 져야 할 전쟁책임의 성격을 분석하고 또 자리매김하려 한 것이다. 「전쟁책임에 대하여」와 「일본과 아시아」에서는 「근대의 초극」에서 제기한 전쟁의 이중성 문제를 더욱 심화시켰다. 즉 동아시아에 대한 침략전쟁과 태평양전쟁을 구별한다는 발상을 가다듬어, 다음과 같은 기본적인 논점을 제출했다. 일본이 1931년에 개시한 전쟁은 두 부분으로 나눌 수 있다. 하나는 침략전쟁(태평양전쟁 발발까지의 중국침략전쟁)이며, 다른 하나는 제국주의 대 제국주의의 전쟁(태평양전쟁)이다. 전자에 대해서는 일본이 무조건 전쟁의 책임을 져야 한다. 후자에 대해서는 일본이 일방적으로 책임을 질 수 없다. 그러나 전자든 후자든, 전쟁 체험이 보편화되지 못한 상황에서는 전쟁책임도 보편화될 수 없다. 따라서 유일한 방법이란 일본의 민족감정에 자연한 책임감의 전통**을 찾아내어, 그것을 각자의 전쟁 체험을 처리하기 위한 기초로 삼는 일이다.

「전쟁책임에 대하여」는 메모의 형식으로 된 짧은 글이다. 각종 전

---

** 이 어휘를 그 나름의 특정한 맥락에서 이해할 필요가 있다. 전쟁 3부작에 담겨 있는 또 다른 주제로서 다케우치 요시미는 앞선 시대의 일본인(특히 이른 시기 아시아주의를 주창했던 대륙낭인(大陸浪人)의 유형)을 포함하여 침략과는 다른 책임감을 발굴하려 했다. '자연'(自然)이라는 한정을 단 까닭은 역사의 어떤 단계에 이르러 이러한 책임감이 완전히 파시즘 군국주의로 회수되었다고는 하나, 굳이 그것과 다른 가능성을 찾고자 했기 때문이다. 다케우치 요시미는 그 자연한 책임감이 아시아, 특히 중국에 대한 침략의 아픔으로 표현되며, '힘의 지지대'라고 생각했다.

쟁책임론의 입장을 정리하여 당시 전쟁책임 문제를 둘러싼 일본 사회, 특히 일본 사상계의 다양한 견해를 조망해 전쟁책임의 문제를 추상적 관념에서 복잡한 현실 수준으로 끌어내렸다. 글 속에서 다케우치 요시미는 야스퍼스가 『전쟁의 죄를 묻는다』에서 말한 '네 가지 죄의 개념'을 인용하고, 거기에 마루야마 마사오를 끌어와 야스퍼스처럼 전쟁범죄를 죄 일반으로 모아 일관되게 설명해서는 일본 상황에 맞지 않다고 지적하고는 다음처럼 적는다. "'책임이라면 누구에 대한?'이라는 의문이 틀림없이 따라온다는 점은 마루야마가 지적한 바이다. 더구나 죄는 객관적으로 존재하지만 책임은 '책임 의식'으로 주체화되지 않고서는 존재를 증명할 수 없다. 적어도 설득은 불가능하다. 전쟁책임은 '피해도 부끄러울 일 없는' 것이다. 이런 상황을 벗어나려면 민족감정에 자연한 책임감의 전통에 기댈 도리밖에 없다. 그러한 전통에서라면 아시아, 특히 중국에 대한 침략의 아픔이 있을 따름이다. (중략) 그러나 야만 대 문명, 파시즘 대 민주주의의 도식으로는 이 가능한 거상(可能的巨像)을 발굴해낼 수 없을 것이다."*

여기서 다케우치 요시미는 전쟁범죄와 전쟁책임이라는, 통상 관

---

* 「戰爭責任について」, 『竹內好全集』 第八卷, 216~217쪽. 이 글의 앞 부분(212쪽)에는 야스퍼스의 '네 가지 죄의 개념'에 관한 마루야마 마사오의 의견 그리고 마루야마가 전쟁책임의 관념을 분류한 내용이 기술되어 있다. "첫째는 누구에 대한 책임인지를 분명히 할 것. 예를 들어 자국민에 대한 것과 타국에 대한 것. 후자는 나아가 영, 미, 소, 중, 아시아 민족으로 나뉜다. 둘째는 책임을 지는 행위의 성질에 의한 구별. 예를 들어 착오나 과실로 인한 책임과 범죄에 대한 책임의 차이. 셋째는 책임 자체의 성질에 따른 구별. 여기에서 범주 구분의 예로서 야스퍼스가 인용된다. 넷째는 주체의 지위 및 직능에 의한 차이. 예를 들어 지도자, 하급관리, 추종자라는 식. 또한 적극적 협력자와 수익자는 구별되어야 한다." 여기서 말하는 '가능한 거상'이란 아시아, 특히 중국에 침략했던 사실에 대한 일본인의 아픔을 가리키는데, 다케우치 요시미는 당시의 파시즘 대 민주주의라는 도식으로는 이러한 아픔을 '자연한 책임감'으로 이끌어갈 수 없다며 마음 아파했다.

련지어 사고하거나 동일시하는 두 개념을 구별했다. 그리고 일본에서는 죄의식을 수반하지 않는 전쟁 체험이 널리 존재하고 있기에 전쟁책임론은 가해자 의식의 지속을 전제로 해야 하며, 가해자 의식이 성립하려면 주체화된 '자연한 책임감'에 호소할 수밖에 없다고 예리하게 지적했다. 침략을 이데올로기적으로 비판하고는 그쳐버리는 아시아에 대한 책임감을 주체적인 무엇으로 바꾸겠다는 시도가 다케우치에게는 생애의 사상과제가 되었다. 다케우치 요시미는 외재적인 비판에만 의지한다면 진정한 책임감은 생기지 않을 위험이 있다고 여겼다. 그런 연유로 그는 일본인의 '아픔'이라는 자연 감정을 내셔널한 좁은 영역에서 해방시키고, 나아가 그것을 '책임'으로 바꿔놓고자 했다. 물론 아픔이 아픔인 채로는, 즉 자연 감정이 자연적인 그대로는 '자연한 책임감'이 될 수 없다. 그렇기에 몇 가지 요소를 동시에 발굴해야 한다. 다케우치 요시미가 생각하기에 그것은 독립의 마음과 다원적인 문명관이었다.

쉽게 읽어낼 수 있는 것처럼 다케우치 요시미가 「굴욕적 사건」에서 적었던, 독립의 마음을 잃어버린 일본 민족에 대한 통절한 생각이 여기에서는 전쟁책임을 추궁하는 차원으로 향하고 있다. 그 배경에는 특정한 역사적 사건이 자리잡고 있다. 1946년 5월에 반추축국연합국의 명의로 시작된 극동국제군사재판, 즉 '도쿄재판'이 그것이다. 다케우치 요시미의 세대에게 실질적으로 미국이 관리한 이 군사재판을 어떻게 대해야 하는지는 몹시 난처한 문제였다. 일본 군국주의의 주된 책임자를 재판한다는 의미에서 분별 있는 일본인이라면 누구나 이 재판을 받아들였을 것이다. 그러나 이 군사재판은 미국과 몇몇 나라의 의지를 반영할 뿐 아시아 피해국 민중의 의지를 담았다고는 할 수 없으며,* 정의의 이름 아래 근원적인 문제들을 은폐하고 있었다. 예를 들어 도쿄재판은 미군 점령통치의 편의라는 정치적 이유에서 일본 천황의 소추를 면해주었다. 그리고 일본 천황제의 정치 이데올로기가 전시에 맡았던 현실적인 역할을 물에 흘려보냈다. 나아가 일본의 침략전쟁은 미국, 영국, 프랑스가 유럽 모델을 따라 해석하였고, 극단적인 군국주의 분자가 계획하고 발동한 침략전쟁으로 규정되었다. 천황의 전쟁책임이 면제됨과 아울러 일본이 태평양전쟁에 앞서 중국 등 아시아 이웃국가를 침략하면서 저질렀던 많은 잔학한 범죄행위가 면죄되었고, 전쟁 중에 중국 민중에게 가한 대규모의 살상도 무시되었다. 난징대학살을 제외하고는, 예를 들어 일본군의 세균전과 같은 여러 흉악한 범죄가 모두 은폐되었다. 재판의 중점은 일본의 진주만 공격, 즉 미일전쟁에 맞춰졌고, 인도적 문제와 관련해서도 일본군에 의한 영미 포로학대의 비인도성만이 강조되었다. 또 한 가지 중요한 문제가 있다. 미국이 국제법을 위반하여 원자폭탄을 투하하고 히로시마·나가사키의 시민을 대량살상한 사실이 이 재판에서는 심판되지 않았다. 소수의 재판관이 이를 추궁했으나 법정은 원폭투하가 전쟁의 조기종결을 촉진했다며 인류 역사상 유래가 없는 참극을 정당화했다.

    도쿄재판은 분명 '승자에 의한 패자 심판'이었으며, 따라서 일본의 진보적 지식인은 곤란에 직면하게 되었다. 이 재판은 진실로 일본의 전쟁을 심리했는가? 재판이 규정한 전쟁책임은 아시아 민중의 상처를 아물게 하기에 충분했는가? 그 이상으로 일본의 진보적 지식인

---

*극동군사법정에서 도쿄재판에 참가했던 판사는 11개국 출신으로 구성되었다. 이 가운데 일본 침략전쟁의 피해국에서 판사를 파견한 예는 중국과 필리핀뿐이었다. 인도를 더해도 아시아에서 판사를 파견할 수 있었던 나라는 불과 3개국뿐이었다.

을 곤혹스럽게 한 문제가 있었다. 그것은 아시아 피해국을 중심으로 하는 군사재판이 존재하지 않는 상황에서** 도쿄재판이 연합국의 명의로 행해졌으며, '국제'(國際)라는 이름 아래 일본의 전쟁을 처리한 당시 유일의 군사소송이자 판정이었다는 점이다. 일본의 침략범죄는 전후에 청산되어야만 했다. 공정치 않은 도쿄재판이 완전한 청산을 이루지는 못했지만, 아시아 피해국이 나라별 재판을 통해 할 수 없었던 '일본 제재'의 역할을 왜곡된 형태로나마 최저한은 달성했다. 일본의 우익 민족주의자는 전후 일정한 시간이 경과한 후에 미국·영국 등이 도쿄재판에서 패권을 쥐고 있었다는 사실을 역이용해 반대 방향에서 전쟁의 역사를 단순화하고 일본의 침략을 미화했다. 여기에서 강조해 둬야 할 것은 이 재판에 문제가 있었다고 해서 그 중요한 역사적 의미를 부정하는 것은 현명치 못하겠지만, 마찬가지로 재판의 역사적 역할을 부정할 수 없다고 해서 그것을 단순히 '옹호'해서도 안 된다는 점이다. 즉 이원대립의 사고방식으로는 이 사건의 핵심에 다가갈 수 없다. 도쿄재판에 찬성한다 혹은 반대한다와 같은 막연한 정치적 입장으로는 이 복잡한 사건에 대한 정치적 판단력이 생겨날 리 없는 것이다.

　　다케우치 요시미는 민족 독립의 문제와 전쟁의 문제를 결부지어 논의했다. 그때 그가 도쿄재판의 기본적인 구도를 자신의 시야에 두고 있었음은 분명하다. 다케우치 요시미는 도쿄재판이 정의한 '평화에 대한 죄'와 '인도에 대한 죄'라는 기준에 공감했다. 그러나 도쿄재판을

---

** 전후 아시아의 피해국들은 일본의 B급 이하 범죄를 개별적으로 심리했다. 중국도 1946년에 당시의 중화민국이 재판을 하였다. 신중국이 성립된 이후 국민당 정부의 재판이 전범을 처벌하지도 인민의 감정을 수습하지도 못했다고 판단하여, 저우언라이(周恩來) 총리가 중국 정부를 대표해 일본에 항의하였고 다시 군사재판을 행했다. 그러나 A급 전범의 심리는 극동군사법정에서 이루어졌기 때문에 도쿄재판이 사실상의 권위가 되었다.

미국이 지배하는 것은 정당하지 않다고 여겼다. 그것은 「근대의 초극」과 그 밖의 발언에서 "제국주의는 제국주의를 심판할 수 없다"는 말로 표현되었다. 그러나 그렇다고는 해도 다케우치 요시미는 도쿄재판 반대라는 막연한 입장에 서지 않았다. 하물며 자신의 입장을 단순한 민족주의 우익의 입장과 혼동하는 법도 없었다. 그는 도쿄재판에서 미국 지배에 대한 부정을 일본의 전쟁책임을 추궁하는 일환으로 다루었다. 이러한 맥락에서 그가 패전 시에 일본 민족의 '독립의 마음'을 추구했던 작업은 현실적인 정치적 의미를 지니게 된다. 그가 일본 민족의 '주체화된 자연한 책임감'에 호소했던 것, 전쟁책임 문제와 관련해 유럽 전장의 경험을 일본에 적용해서는 무리라고 반복해 강조했던 것, 야스퍼스의 책죄론(責罪論)으로는 천황제 일본의 전쟁책임을 해석할 수 없다고 여긴 것, 이들은 모두 미국의 패권과 부정의에 대한 항의라는 의미에서 현실적인 비판력을 갖는다.

다케우치 요시미는 「중국인의 항전의식과 일본인의 도덕의식」에서 일본의 야만성과 중국의 높은 도덕의식을 대비했지만, 「전쟁책임에 대하여」에서는 일본의 침략전쟁을 야만 대 문명, 파시즘 대 민주주의의 충돌로 파악해서는 안 된다고 말했다. 이러한 개념들을 사용할 때 다케우치가 개념이 현실의 정치관계에서 수행하는 역할에 주의했다는 것은 쉽게 알 수 있다. 문명 대 야만의 도식은 도쿄재판에서 반추축국 대 추축국의 다른 이름으로 사용되었으며, 민주주의 대 파시즘이라는 도식처럼 다루어졌다. 그러나 문명은 메이지유신 이래 일본이 일관되게 추구해온 목표이기도 했다. 일본의 근대화 과정에서 문명은 핵심적 개념으로서 다양한 가치기준을 생산해왔다. 가치기준은 외재화되어 구체적인 대상이 되었으며, 그로 인해 메이지유신 이래 '탈아'(脫亞)

라는 풍조가 발생했다. 탈아에서 시작해 아시아를 대표하여 서양에 도전한다는 자세에 이르기까지, 일본의 근대화는 이미 주어진 하나의 틀에서 비어져 나온 것이었다. 즉 문명이란 서양에서 유래하는 '선진적' 산물이며, 아시아는 '뒤처진' 야만상태에 있다는 생각이다. '문명이 야만을 심판한다'는 도쿄재판의 도식은 이러한 문명의 이해방식을 재고할 기회였다. 그것은 일본이 근대화 과정에서 자임해온 '문명'을 깨뜨릴 계기였다는 데에 그치지 않는다. 이 재판에서 아시아 피해국들이 불평등한 대우를 받았던 일은 일본이 메이지 이래 점차 정형화시키고 공동화시켜 온 '문명은 곧 서양'이라는 환상을 파괴할 계기이기도 했다. 안타깝게도 당시의 학술계를 포함한 일본 사회의 성원들은 전자만을 이해했으며 후자는 알지 못했다.

도쿄재판의 와중에 일본인이 이 문제를 환기할 가능성을 제공한 한 가지 사건이 있었다. 인도인 판사 라다비노드 팔의 재판의견서가 그것이다. 소수 의견을 제출했던 판사 가운데 한 명인 팔은 일본 전범의 전원 무죄를 주장했다. 주의해야 할 것은 그 결론이 아니라, 그 주장이 갖고 있는 논리이다. 국제법학자로서 그는 도쿄재판의 합법성에 의문을 제기했다. 법정에 제출한 25만 자에 이르는 영문 판결의견서에서 팔은 도쿄재판이 국제법의 근거를 결여하고 있다고 강조했다. 예를 들어 '침략전쟁'의 정의가 불완전한 점, 증거 채용 과정에 명백한 결함이 있는 점, '전면적 공동 모의'를 이유로 전쟁책임자를 단죄하는 방법은 당시의 국제법에서는 성립하기 곤란하다는 점, 극동군사법정은 태평양전쟁 개전 이후의 '전쟁'을 심판할 뿐 노구교사건 이후의 '전쟁'은 동등하게 다루지 않았다는 점, 즉 중일간의 전쟁을 심리의 대상에서 배제했다는 점 등등. 법률상 충분한 정당성이 없다는 점을 이유로 들어 팔은 일본의 범죄에 대한 유죄선고가 법적 판결로서 성립할 수 없다고 주장했다.

온전히 법수속만을 근거로 삼았던 팔의 의견은 프랑스인 판사 베르나르 등 그 밖의 소수파가 '법수속'에 입각해 제기한 반대의견과도 포개지는 것이었다. 그러나 객관적으로 보아 일본침략의 죄를 변호한 혐의마저 있는 팔의 법수속론은 도쿄재판을 승인한다는 대전제 하의 다른 반대의견과는 달랐다. 그가 던진 의문은 기술적인 문제가 아니라 도쿄재판의 대전제를 향했다. 팔의 반대의견은 이 **철저함**으로 인해 당시뿐만 아니라 오늘까지도 독특한 의미를 지닌다.

그 의미란 **미국이 극동군사재판을 지배하는 일의 합법성을 국제법의 입장에서 문제삼은 것**이다. 팔은 법학적 이론만을 따라 순수하게 수속론으로 일본 전범 무죄라는 결론을 도출했다. 이처럼 중대한 역사적 사건 앞에서 그의 자세는 확실히 학구적이며 비정치적으로 보인다. 혹은 이것은 국제법의 한계, 법률 자체의 한계를 보여주는 좋은 예증일지도 모르겠다. 나는 관련 자료를 조사하지 못했기에 팔이 보여준 행동의 정치적 배경을 판단할 수 없다. 또한 이 책에서 법수속의 공정성과 인류정의 사이의 긴장관계 같은 주제를 다룰 능력도 없다. 다만 이론적으로 생각해보건대 팔의 판결의견서가 지닌 부정적인 면에도 불구하고, 그가 도쿄재판을 향해 제기한 의문이 묵직한 진실을 지녔음은 의심할 수 없다. 왜냐하면 팔의 판결의견서는 일본의 범죄가 유죄인지 아닌지가 아니라 이 재판 자체가 법수속상 '위법'인지를 문제삼았기 때문이다. 팔의 판결의견서는 법수속을 등진 도쿄재판은 단죄할 권위를 지니지 못한다고 선고했다.

일본의 우익 및 전범은 물론 팔의 결론을 환영했다.* 팔은 이론적으로 이러한 결론을 도출했으나 우익에게는 침략전쟁을 미화할 구실로서 충분했다. 그러나 그것은 팔의 판결의견서가 품고 있는 진정한 효능이 아니다. 법률문서인 팔의 판결의견서가 보여준 것은 더욱 탐구하고 또 의미의 전환을 꾀해야 할 문제의 실마리였다. 팔은 법률 특유의 기능을 운용하여 미국의 강권정치에 담긴 정의의 허위성을 드러냈던 것이다.

다케우치 요시미는 이 문제를 민감하게 의식했다. 도쿄재판 시기에 그는 승자가 패자를 심판하는 방법에 저항을 느끼고는 있었지만, 당시는 해방감이 압도적이었고 다른 사람들과 마찬가지로 도쿄재판의 합법성을 의심할 여유는 없었다. 10여 년이 지난 뒤 한국전쟁과 안보운동을 경험하면서, 일본의 진보적 지식인이 2차 세계대전이 끝나던 때처럼 미국에게 기만당하는 일은 없게 되었다. 그때 다케우치 요시미는 도쿄재판을 다시 생각하기 시작했다. 원리적인 문제로서 이 재판이 일본의 사상전통을 형성하는 데 있어 지니는 의미를 사고했다. 다케우치 요시미는 1961년에 「일본과 아시아」를 집필했다. 여기서 원리적 문제로서 팔이 제기했던 문제를 재고하고, 일본이 갖고 있는 근대 이래의 문명 관념과 도쿄재판의 전제를 같은 장에서 논의했다. 그는 이른바 '동서 문명의 충돌'을 넘어선 시야에서 문명 관념에 대한 중요한 사상과제를 제기했다.

「일본과 아시아」의 구조는 후쿠자와 유키치로 대표되는 일본의

---

\* 예를 들어 야스쿠니 신사(靖國神社)의 유슈칸(遊就館)에는 팔의 사진이 전시되었으며, 그의 발언도 맥락 없이 인용되어 있다. 팔에 관한 연구는 인도에서도 아직 축적되어 있지 않은 탓에 불분명한 바가 많다. 그럼에도 불구하고 팔이 단지 일본을 면책하기 위해 판결서를 썼다는 주장은 사실에 어긋난다고 단언할 수 있다.

근대문명관을 도쿄재판으로 대표되는 구미문명일원론과 연관지어 논의한 것이다. 이 구조 자체는 실체화된 동서 문명 대립모델을 타파하고 있다. 이 글의 분석은 단선적인 문명진화론에 맞서 역사적 역동성 속에서, 특히 역사적 긴장관계 속에서 이뤄진 것으로 매우 복잡한 내재적 관계를 품고 있다. 글이 직접적인 도전의 상대로 삼은 것은 실체적으로 동양과 서양을 구분하고 개념적으로 '문명' 관념을 들이미는 사상적 경향이었다.

다케우치 요시미는 가장 먼저 후쿠자와 유키치의 문명일원론에 관해 논한다. "문명일원론이란 역사는 미개에서 문명으로 이르는 일방통행이라는 역사관을 축으로 하여 세계를 해석하는 사상이다. 문명이란 어떤 본원적인 힘이며, 정관사처럼 불려야 할 것이다. 그 문명이 야만을 향해 삼투하는 자기운동의 궤적이 역사다. (중략) 문명이야말로 전부다. 이런 사상이 일본 근대화의 동력이 되었다."[3] 이러한 다케우치의 정의는 일본 근대사상의 문명관에 대한 그 나름의 정리였다. 그는 이 정리가 단순화된 것임을 인식하고, 더 나아간 논의를 위해 단순화된 정리를 진전시켰다. 그리고 후쿠자와 유키치를 문명일원론의 최대 이데올로그로 꼽고는, 일본 근대가 봉건제에서 중앙집권적 근대국가로 이행하는 과도기에서 후쿠자와가 메이지 국가의 사상적 진로를 정하고, 더욱이 그 후 일본인의 정신형성에 모델을 제공했다고 밝히고 있다. 다케우치는 『문명론의 개략』이 문명의 본질은 '지'(智)에 있다 하여 그것을 '덕'(德) 위에 두고, 지와 덕의 총화를 문명이라 하여 지역에 따른 문명의 정도 차를 인식하고, 노력을 통해 그 차이를 따라잡을 수 있다고 생각했다는 점에서 특징적이라고 지적한다. 후쿠자와는 이 철학적 토대 위에서 개혁자로서 자신감을 갖고 메이지 초기의 위대한 계몽사상가가 되었다. 후쿠자와가 남긴 지(智)를 계획할 수 있다는 신앙은 현대 일본인의 심성을 깊이 규정하게 되었다.

다케우치 요시미의 분석에 따르면 일본은 메이지유신 후 봉건제의 타파, 근대국가의 건설, 산업혁명의 완성이라는 세 가지 변화를 경험했다. 세번째 변화인 산업혁명은 청일전쟁 이후에 일어났는데 그것은 식민지 경영과 불가분했다. 이 시기에 이르러 문명일원론은 고쳐질 가능성을 잃고 식민지 영유를 정당화하게 되었다. 그리고 후쿠자와 유키치의 계몽가로서의 역할도 완결되었다. "전투적 계몽가로서 후쿠자와 유키치의 역할은 아무래도 일청전쟁에 이르러 끝났다고 할 것이다. 자신의 사상이 국가의 사상으로 실현되고 정착되었으니 이제 사상가는 사라진다. 그 뒤의 모든 군사행동과 외교정책은 죄다 문명일원론에 의해 정통성을 확보했다. 적어도 태평양전쟁이 발발하기 전까지는 그러했다."[4]

'문명과 식민지전쟁'이라는 틀을 설정한 위에 다케우치 요시미는 문명일원론이 근대사에서 어떻게 작용했는지를 예리하게 지적했다. 그는 한 가지 얄궂은 사실에 주목했다. "도쿄재판은 일본 국가를 피고로 하고 문명을 원고로 해서 국가의 행위인 전쟁을 심판했다. (중략) 도쿄재판의 검사와 재판관(소수의견을 제외하면)은 문명일원론 위에 서 있다. 그 문명관의 내용은 후쿠자와와 거의 같은 것이다. 후쿠자와 문명론의 원류는 프랑수아 기조나 헨리 토마스 버클에 있다고 하겠다. 근대 유럽의 고전적 문명관인 까닭에 뉘른베르크 재판을 모범으로 취한 도쿄재판의 원고와 의견이 합치되는 것은 당연한 일이다. 그렇다면 피고인 일본 국가의 대표들은 원고인 연합국을 통해서 후쿠자와 자신에게 고발당했다고 보아야 할 것인가."[5]

이 얄궂은 사실은 일본 전후 사상의 중심축이었다. 일본의 전후 사상에서 파시즘전쟁은 메이지 이래의 '문명 전통'에 대한 일탈이자 반역이지, 그 연장은 아니라고 여기는 쪽이 지배적이었다. 그 발상은 논리적으로는 문명의 이름으로 일본의 야만행위를 심판한 도쿄재판의 사고를 이어받는다. 그에 반해 다케우치 요시미는 일본 파시즘전쟁의 야만성을 확인한 위에서 신중하게 문제를 탐구하고, 일본 전후 사상의 피상성을 분석했다. 그는 전후의 역사과정에서 파시즘이 뿌리째 뽑혔다고는 생각할 수 없었다. 도리어 파시즘을 고발했던 '문명' 측에서 불안과 동요를 엿보았다. 이 사실은 일찍이 의문을 가져본 적 없던 절대 전제인 '문명일원론' 이야말로 되묻지 않으면 안 될 대상임을 보여준다. "일본의 독립이라는 긴박한 과제와 온 몸으로 맞서면서 후쿠자와가 배우고 익혔던 그러한 생기 넘치는 문명의 비전이 안타깝게도 우리에게는 없다. 생각건대 그 원인은, 적어도 그 주체적 측면은 문명일원론을 의심할 수 없는 전제로 삼은 데서 비롯된 사유의 나태와 관계 있지 않을까."[6]

다케우치 요시미의 문제의식은 여기에서 출발한다. 그는 팔이 의견서를 제출한 지 4년 후에 일본을 다시 방문해 법의 보편성을 강조한 대목을 인용하면서 도쿄재판에 관한 팔의 발언을 기술했다.

"일부 사람들에게만 적용되는 법률은 법률이 아니라 린치에 불과하다." "그들은 뉘른베르크와 도쿄재판이 헌장에 의해 정해진 법률로 심판되었다고 한다. 이렇게 제멋대로 헌장을 만들어 함부로 사람을 재판한다면, 재판했던 판사 자신이야말로 진정한 범죄자, 즉 법을 왜곡한 위반자로서 심판받지 않으면 안 된다." 팔이 보기에 그 문명은 허위의 문명이며 혹은 문명의 퇴보이다. 왜냐하면 그것은 법의 보편성을 더럽히고 진리에 상처를 입혔기 때문이다.[7)]

다케우치 요시미는 법률의 신성불가침성에 관심을 기울였던 것이 아니다. 국제법이 뉘른베르크와 도쿄재판 이후 변화했는지의 여부 역시 관심의 대상이 아니었다. 팔이 언급한 서구 문명의 정통성에 대한 질의야말로 다케우치 요시미의 관심이 놓인 자리이며, 거기에서 다케우치는 문명관의 존재방식 자체를 추궁하며 문제를 확대해 나갈 수 있었다.

다케우치 요시미는 다음처럼 말한다. 탈아론(脫亞論)을 주장했을 무렵 후쿠자와에게는 "서양의 문명국과 진퇴(進退)를 함께"함이 나라의 독립을 위한 유일한 수단이었다. 그는 '외래문명'을 그 수단으로 삼아 주체적으로 도입했다. 그 의미에서 문명이란 천사가 아니라 동양으로서는 거부하기 힘든 폭력이었다. 따라서 후쿠자와는 「탈아론」에서 문명을 홍역에 비유했다. 그런데 나라 독립의 기초가 굳어져감에 따라, 후쿠자와에게서는 내면적 긴장 아래에 있던 목적과 수단 사이에 분열이 발생하고 양자는 관련성을 잃기 시작했다. 「탈아론」에서는 긴박감 아래 외쳐진 "아세아 동방의 악우와 사절한다"라는 요구가 절대화되어 고정된 목표가 되고, 아시아를 일으킨다는 목적이 수단으로 바뀌었다. 이러한 미묘한 전환 속에서 '대동아공영'이라는 슬로건은 실질적으로는 아시아에서 군림하고 '맹주'가 되기 위한 구실로 전락하고 말았다. 다케우치 요시미는 『문명론의 개략』의 일절을 주목했다. 후쿠자와는 미국 문명이 본디 백인 문명이 아니라 인디언 문명이었으며, 백인이 미국을 빼앗았기 때문에 미국 문명이 백인 문명의 대명사가 되었음을 기술하고, 백인 문명의 폭력이 미국을 뒤덮었을 뿐만 아니라 아시아를 잠식하고 있다는 점을 강조했다. 문명의 이름을 내건 폭력 앞에서 아시아 국가인 일본은 설사 일시적으로는 침략을 면할 수 있었 지만, 언젠가는 폭력에 직면하지 않을 수 없다. 후쿠자와가 사상가로 서 활약한 메이지 20년대까지 그가 보여줬던 긴박한 위기감과 냉정한 인식은 일본의 아시아 인식 그리고 세계 인식이 가질 수 있었던 사상 적 가능성을 보여준다. 후쿠자와 유키치는 『문명론의 개략』 등의 저작 에서 일본은 비유럽이며 아시아는 유럽에게 잠식될 현실적인 위기에 직면해 있음을 주장하고, 그 전제 하에서 탈아를 문명 선택의 수단으 로 삼았다. 다케우치는 또한 탈아만을 취해서는 후쿠자와의 본뜻을 몰 각하는 일이며, 오히려 '서양 것만을 추종하는 문화'처럼 자국의 독립 과 문명을 해치는 '사이비 문명'으로 쉽사리 변질되리라고 지적했다.

다케우치 요시미는 후쿠자와 유키치가 사상가로서 활약한 시기의 내적인 긴박감을 기술하며, 아시아가 어떻게 자신의 문명을 형성할 것 인가라는 사상과제를 연마했다. 다케우치 요시미는 말한다. 후쿠자와 는 서양 문명에 관한 역설적인 인식을 내놓았지만 이후에 원리적으로 이 문제를 탐구하지 못했기에 『시사소언』을 집필할 때에 이르러서는 서양 문명의 폭력적인 강제를 시인하는 방향으로 후퇴했다. "그러나 그렇다고 후쿠자와가 후퇴한 지점에서 후쿠자와를 계승해서는 진정으 로 후쿠자와 정신을 계승하는 것이 아니다. 차라리 후쿠자와가 근거로 삼고 정립한 원리 자체를 다시 문제삼는 편이 문명의 재건에 쓸모가 있을 것이다."[8]

다케우치 요시미가 1961년 글에서 문명의 재건이라는 과제를 제 기했는데, 거기에는 그가 씨름해온 문제의 역사적 측면이 암시되어 있다. 50년대 말 토인비*가 일본을 방문하던 무렵, 반공친미 지식인을 중심으로 '일본 우월론'이 제기되었다. 아시아를 '문명의 서열 가운데 열위'에 위치 짓고 '일본'은 후쿠자와가 초기에 지니고 있던 긴장감을 상실한 채 다시 탈아하기 시작했다. 이러한 탈아의 맥락에서 도쿄재판의 문제가 다시 들춰지는데, 이때 일본은 서양과 동질의 근대 문명국가라고 간주되었기 때문에 도쿄재판의 합법성을 따져 묻는 일은 없었다.** 우메사오 다다오***는 문명생태론을 통해 문화계보학을 깨뜨리려 시도했지만, 일찍이 법수속론을 가지고서 도쿄재판의 합법성에 도전했던 팔과 마찬가지로 문명일원론의 강력한 사고방식에는 저항하지 못했다.**** 이러한 상황에서 다케우치 요시미는 일찍이 후쿠자와 유키치가 원리로 만들지 못했던 '문명론'을 원리화하여, 사이비 문명에

* 토인비(A. J. Toynbee, 1889~1975). 영국 역사학자·문명비평가. 문명의 발생에서 소멸까지의 과정을 5단계로 비교연구하면서 문명의 발달과 몰락에는 규칙적인 주기가 있음을 주장했다. 즉 문명의 성장이란 문명을 선도하는 창조적 소수자가 그 문명이 직면한 문제를 창조적으로 해결해가는 것이라고 하였다. 그리고 역사를 경제적 영향력이 아닌 정신적 영향력에 의해 구체화된다고 보았다.—옮긴이
** 실제 당시 도쿄재판에 의문을 제기한 언론 활동은 많지 않았다. 그 중 대표적인 것으로서 반공친미 지식인 다케야마 미치오의『쇼와의 정신사』(昭和の精神史)가 있는데, 1955년「10년 후에」(十年の後に)라는 제목으로 잡지『고고로』(心)에 연재되었으며, 그 후 단행본으로 출판되었다. 이 책의 기조는 쇼와 전기 일본의 침략전쟁을 비판하는 진보파 지식인의 역사서술에 대항하여 일본 국가를 무죄라고 변호하는 데에 있었다. 그러나 전제로서 도쿄재판을 문명의 대변자로 간주하는 입장은 받아들이고 있었다.
*** 우메사오 다다오(梅棹忠夫, 1920~). 몽골의 학술 조사를 통해 민족학을 탐구했다. 1957년에 발표한『문명의 생태사관』(文明の生態史觀)에서 서구 문명과 일본 문명이 비슷하게 진화해왔다는 '평행진화설'을 주장했다.—옮긴이
**** 우메사오 다다오의 문명생태사관에 대해서는「아시아는 무엇을 의미하는가」(アジアは何を意味するか)에서 다룬 적이 있다(『主體彌散的空間』, 江西教育出版社, 2002). 간단히 말한다면 그는 정치와 이데올로기에 근거해 아시아, 유럽이라는 식으로 지리를 나누는 일에 반대했으며, 아시아 내부의 일체감을 만드는 것에도 반대했다. 그는 생활양식을 기준으로 문명형태를 가른다는 문명생태사관을 주장했다. 문화체질론과 계보 관념에 도전한 그의 주장은 일본 지식계에서 커다란 반향을 불러일으켰다.

4부_뒤얽히는 역사와 현재 **249**

빠지지 않고 동아시아의 문명을 건설한다는 사상과제를 제시했다.

「일본과 아시아」에서 루쉰은 등장하지 않는다. 그러나 『루쉰』의 방법론은 일관하고 있다. 다케우치 요시미는 이 복잡한 글에서 문명일원론과 다원론의 대립을 축으로 하여, 역사적 시공을 초월해 내재적으로 관련되어 있는 두 무리의 사상적 입장을 다룬다. 첫번째는 후쿠자와 유키치의 문명일원론이 지닌 다원적 가능성과 다원적 가능성을 갖지 못한 다케야마 미치오*의 문명일원론이다. 후쿠자와의 문명일원론은 유럽 문명의 강대함을 강조하면서도 그 패권적 성격에 주의해야 함을 잊지 않았다. 따라서 일본과 아시아의 문명적 가능성을 사고할 때에도 '비서양' 형이었다. 그러나 이 사고는 충분히 성장하지 못한 채, 일본의 제국주의적 확장과 후쿠자와 자신의 사상적 후퇴로 인해 단순한 문명일원론에 합류하는 결과를 낳았다. 다케야마 미치오는 후쿠자와가 후퇴한 이후의 문명일원론을 계승했다. 따라서 후쿠자와 초기사상과는 무관하다. 그는 전후 일관되게 일본의 비아시아적 성격과 메이지 국가의 '문명적 성격'을 주장했다. 그 전제 아래 일본의 전쟁책임은 소수 군국주의자들만의 책임이며, 메이지 이래의 일본 국가이념과는 관계가 없다고 강조했다.

두번째 사상적 입장은 팔과 우메사오 다다오이다. 양자는 표면적으로는 전혀 관련이 없어 보이지만, 역사과정 속에서 담당한 역할에는 공통된 부분이 있다. 그들은 모두 비이데올로기적 방법으로 이데올로

---

*다케야마 미치오(竹山道雄, 1903~1984). 문부성 장학생으로 3년간 독일에 다녀온 뒤 니체의 『차라투스트라는 이렇게 말했다』, 슈바이처의 『나의 생애와 사상』 등을 번역했으며, 1959년에는 잡지 『자유』(自由)를 창간했다. 자유주의적 모럴리스트로 좌우 이데올로기를 비판했다.—옮긴이

기적 문제에 개입하고, 모두 보수파에게 동맹자로 간주되었다. 그러나 그들이 역사 속에서 달성한 진정한 역할은 '다원화'이다. 인도인 판사 팔에 대해 말하자면, 그의 국제법 이해는 인도 법정신의 '보편성'에 기초해 있다. 그런 의미에서 그는 도쿄재판의 '린치적 성격'만을 문제삼았던 것이 아니다. 그보다는 서양 문명만이 유일한 문명이라 주장하는 '문명일원론'을 비판하고 있었다. 우메사오 다다오에 대해 말하자면, 그의 문화기능론은 아시아와 유럽이라는 구분을 타파한 이후 세계를 다시 해석하는 새로운 도식을 수립하고자 시도한 산물이었다. 이 도식은 문화의 내용이 아니라 문화의 양식을 비교하는 것이었기에 문명계보론과 가치판단을 배제하고, 동서 대립에 근거한 이데올로기로서의 문화본질주의를 최대한 공격하고자 했다. 팔의 일본 전범 무죄론과 우메사오의 일본 비아시아론은 모두 비이데올로기적 사고의 결과이다. 그것을 별개의 것으로 다뤄서는 안 된다. 그러나 비이데올로기적 사고로 이데올로기적 문제에 개입하는 작업에 달라붙는 부정적 요소들에 대해 그들은 분명 무력했다.

다케우치 요시미는 이렇듯 두 가지 사상적 입장을 편성하고, 역사 과정 속에서 그것을 문명다원론과 문명일원론의 대립으로 건져 올렸다. 이 맥락에서 아시아는 어떻게 자신의 문명을 형성할 것인가라는 문제가 현실적인 의미를 띠기 시작한다.

다케우치 요시미는 말한다. 문명일원론의 기초는 아시아에 대한 인식능력의 저하이다. 다케야마 미치오로 대표되는 비현실적 일본관·아시아관은 일본이 탈아 이래 역사적으로 길러온 아시아에 대한 무지의 산물이다. 그 무지의 결과, 아시아가 유럽 문명의 침입에 저항하는 과정에서 변화했음을 일본은 감지할 수 없었다. 또한 간디가 물레를 돌려 '문명'에 대항하고 쑨원이 '대아시아주의'를 주창하여 패도를 버리고 왕도를 취해야 한다고 연설했던 진정한 의미도 이해하지 못했다.

다케우치 요시미는 이렇게 생각했다. 겉으로 보기에 서양 문명에 대항하는 민족주의 독립운동이라 여겨진 이 운동들은, 실은 아시아 내부에서 서양을 흉내내는 사이비 문명에 대항하고 있었다. 그 작용은 **사이비 문명을 부정하고 사이비 문명의 내부에서 그것을 다른 문명으로 개조하는 것**이었다. 이것은 현실에 육박하는 사상적 입장이다. 이 입장은 아시아 근대의 숙명과 대면한다. 즉 아시아는 배타적인 의미에서 서양 문명에 대항할 수 없으며, 서양 문명을 내재화시키는 역사과정 속에서 독립된 문명을 꾀해야 한다. 그러나 서양 문명을 내재화시키면서 동시에 문명일원론에 빠지지 않으려면 한편으로 자신을 '사이비 문명' 즉 동양 내부의 서양중심주의로부터 구분해야 하며, 다른 한편으로 보수적인 민족주의자와도 준별하지 않으면 안 된다. 다케우치 요시미는 이 대목에서 그가 「중국의 근대와 일본의 근대」에서 말한 바 있는 자기임을 거부하고 동시에 자기 이외임도 거부한다는 극한상태, 그가 루쉰에게서 배우고 후쿠자와 유키치에게서 발견한 극단적으로 부자유한 상황에서의 독립의지를 재차 강조했다. 다케우치 요시미는 이렇게 적는다. "사이비 문명의 내부에 있는 자만이 사이비 문명을 허위로 만들 수 있으며, 밖에서 힘을 빌려와서는 그것을 할 수 없다. 독립이 문명의 혜택이 아닌 것은 그 까닭이다."[9]

후쿠자와 유키치는 일찍이 일본이 문명을 저항 없이 '모방'한다면 '허설'(虛說) 즉 가공의 형식에 그치고 말 것임을 의식하고는, 그것을 방지하려면 일본인이 '저항의 정신'을 발휘해야 한다고 지적했다.[10]

다케우치 요시미는 이 점에서 후쿠자와의 사상적 유산을 계승할 가능성을 발견했다. 그는 『루쉰』에서 제기하고 「중국의 근대와 일본의 근대」에서 발전시킨 기본적 관점을 현실의 문제에 입각하여 전개해 나갔다. 즉 '사이비 문명'은 내부의 자기부정과 재구성을 거쳐야만 참된 독립운동이 될 수 있다는 것이다. 그러한 자기부정과 재구성의 원리야말로 다케우치에게는 아시아의 원리였다.

이렇듯 전쟁책임의 추궁과 문명재건의 과제, 그리고 문명이라는 이름 아래 패권을 행사한 미국의 세계정책에 대한 대응은 서로 뒤얽히는 정치적·사상적 과제가 되었다. 이 과제가 표면화되려면 그만큼 복잡한 사건이 필요했다. 그 사건은 전후 1960년에 발생했다. 안보반대운동이었다.

# 2장_안보운동 : 전쟁 체험의 '현재진행형'

이른바 '안보반대운동' (이하 '안보운동'으로 약칭)이란 1960년대 기시 노부스케 내각이 52년에 체결된 '일본국과 미합중국 사이의 안보보장 조약'을 개정하려고 하자 이에 반대해 일어난 대규모 반대운동을 가리 킨다. 신(新)안보조약은 구(舊)안보조약에서는 가상에 불과했던 군 사·경제 조항을 구체화하고 확대하여 일본을 미국의 군사력에 확실하 게 묶어둘 요량이었다. 이것은 일본 사회의 각계각층으로부터 강렬한 저항을 불러일으켰다. 안보운동의 전사(前史)로서는 1958년 '경직법' (警職法) 개정안 반대운동'이 있다. 그 운동에서는 '국민회의', '국민중 앙대회'와 같은 대중조직이 꾸려져 조직적 항의행동을 전개했고 법안 의 국회통과를 저지할 수 있었다. 1959년 일본공산당, 전학련(全學連) 등은 각각 안보조약 개정에 반대하는 조직을 결성했다. 그 후 사태가 진전하자 안보반대 조직은 점차 확대되어갔다. 14개의 조직이 연합한 '국민회의'가 결성되어 다양한 조직의 행동을 조정하는 매개역할을 담당했다. 전학련은 학생조직으로서 독자적인 활동을 이어갔다. 1960 년 1월 16일, 기시 노부스케 수상이 미국으로 신안보조약을 조인하러

가는 것을 막기 위해 전학련은 700명의 학생을 동원해 나리타공항의 활주로를 점거하여 연좌시위를 했다. 같은 해 2월, 중의원 안보특별위원회는 심의를 개시했다. 4월, 도쿄를 중심으로 각종 단체의 노동자들이 간헐적으로 조직적인 파업을 일으켰고 단체들은 청원활동을 시작했다. 그들은 안보조약 불승인, 기시내각 총사퇴, 안보체결 전 국회해산 등의 요구를 잇달아 내놓았다. 5월 1일, 전후 일본 최대 규모의 시위가 발생했다. 전국 900여 곳에서 총 600만 명이 참가하고, 도쿄에서만 60만 명이 시위에 가담했다.

5월 19일 늦은 밤, 국회는 시위 민중과 야당 당원의 연좌시위에 대해 치안유지를 명목으로 경찰을 투입했고, 중의원 안보특별위원회는 회의장의 혼란을 틈타 안보조약을 강행체결하였다. 5월 20일, 비에도 아랑곳하지 않고 국회를 둘러싼 항의시위 민중은 10만 명에 달했다. 그 후에도 각종 규모의 항의활동이 이어졌다. 항의의 내용은 안보조약 거부에서 확대되어 국회해산 및 기시내각 총사직의 요구로 전개되었다. 6월 15일, 국민회의와 전학련이 조직한 국회 앞 시위에는 10만 명이 모이기에 이르렀다. 이 날 경찰과의 무력충돌이 발생하여 전학련 주류파 학생들 사이에서 다수의 부상자가 나왔으며, 간바 미치코라는 여학생이 현장에서 사망했다. 6월 21일, 정부는 안보조약 비준까지의 모든 과정을 완료했다. 6월 23일, 신안보조약이 발효되었다. 이와 더불어 신안보조약의 불승인과 국회해산을 요구하는 항의활동은 계속되었고, 사회당이나 자민당의 반주류파, 민사당은 내각 타도를 위한 통일전선(倒內閣統一戰線)을 결성했다. 그리고 기시 내각은 부득이하게 사퇴했다.

안보운동은 1959년의 준비단계에서 1960년 5월 19일 신안보조약의 강행체결에 이르기까지 1년 이상 지속되었다. 결과를 놓고 보자면 신안보조약의 조인·발효는 저지하지 못했지만, 기시 내각을 끌어내림으로써 일본 민의의 힘을 보여줄 수 있었다. 2차 세계대전에서 침략을 막지 못하고 전장에서 무의미하게 죽어갔던 평범한 일본인들이 전후의 안보조약 반대투쟁에서 잠재적인 민주주의적 역량을 발휘한 것이다.

그러나 상술한 교과서적 스케치는 당시 역사에 밝지 않은 독자를 위해 안보운동의 일반적 상황을 알기 쉽게 설명한 것에 불과하다. 안보운동에 대한 인식이 이 수준에 머문다면, 역사에 접근했다고 할 수 없다. 역사상 모든 긴장의 순간과 마찬가지로 안보운동도 내부에 격렬한 갈등과 갖가지 우연을 품고 있었으며, 긴장 속에서 사회의 권력관계가 균형을 잡아가는 모습을 뚜렷이 보여주었다. 지식인은 그 시대의 '목소리'로서 복잡하며 다성적인 불협화음을 전했다. 우리가 역사에 진입한다는 의미란 이런 불협화음 속에서 함께 공명하는 접점을 찾아내, 그로써 유동성을 담지하는 장을 만들어내는 데 있지 않을까.

이렇듯 1년 이상 지속된 대규모의 민주주의운동을 이해하고 평가하기 위해 안보운동의 주체, 곧 민중을 상상하는 일에서 시작해보자. 도쿄의 중심에 위치한 국회 앞에 수만 명의 시민이 집결했다. 이들 가운데는 행낭을 풀 겨를도 없이 시위현장으로 달려온 지방의 참가자도 있었을 것이다. 일본 서민들은 매우 높은 민주주의적 소양을 발휘했다고 여겨진다. 사실 대중운동을 평가할 때, 민주화의 정도는 '사람의 마음을 흔드는' 장면에서 찾는 경우가 보통이다. 대규모 대중집회와 조직적 파업이 일본 정부에 가한 압력이 어떠했을지 가히 상상할 수 있다. 문제는 기시 내각이 대중의 강렬한 항의에도 아랑곳 않고 신안보조약을 강행체결한 까닭은 무엇인가이다.

　　천황제 하의 군국주의 체제가 미국이 관리하는 민주주의 체제로 직접 바뀌어버린 일본 사회에서, 1960년의 전환 중에 발생한 이 민주주의적 충돌은 일종의 시행착오였다고도 말할 수 있다. 당시의 냉전구조와 미일관계에 관해서는 차치하고 일본 국내에만 한정해 말한다면, 충돌은 적어도 두 방면에서 발생했다. 일본 정부는 대중의 의지와 대면해야 했고, 국민은 국가 정치에 참여하는 유효한 수단을 모색해야 했다. 민주주의가 대의제 체제, 곧 의회의 정당 의석수에 따라 국가 정치가 좌우되는 형태로 체현될 때, 국민이 정치에 직접 참여하려면 주로 시위와 파업과 같은 비상수단에 의지할 수밖에 없다. 안보운동이라는 충돌에서 불거져 나온 첫번째 기본문제는 이러한 '민주주의의 구조'에 대한 성찰이었다.

　　사회학자 히다카 로쿠로는 안보운동 시기 민중의 토양에 관해 매우 정확한 판단을 내렸다. 그는 운동이 정리된 후 이렇게 총괄했다. "전후 일본의 정치과정은 한편으로는 가치감정에서 '국민'이라는 공동성을 갖지 않는 사적 개인과 소집단 이기주의가 잡거하는 상태였고, 다른 한편으로는 빌딩이 건축되는 것과 축을 같이 하여 정치물리학적인 메커니즘이 정연하게 체계화되어가는 두 방향의 공존으로 표현된다. 따라서 일본에 **단일한** 정치사회가 존재하는 양 보이지만, 그것은 그저 형해화된 **정연함**일 뿐이며, 보이지 않는 유기적 유대에 의한 것은 아니다."[11] 일본 관료정치는 이러한 토양에서 제도적으로 확립되고 또 경직화되었다. 또한 이를 서로 보완한 것이 줄곧 '국가의 바깥'에서 생활한 일본 민중의 존재였다. 다시 말해 일본 민중은 국가의 정치나 경제생활과 관련을 맺지 않는 사적 공간에서 생활해왔다. 히다카 로쿠로가 지적하듯이 안보운동이란 전후 민중의 "자연 상태" "사생활주의" 아래에서 "돌발적 사건"으로서 발생한 "정치적 정열"이며[12], 그 기초는 사실 공공 공간에서 유리된 개인적인 이해방식이었다. 일본 민중이 고조되는 항의시위에 몸을 맡겼을 때, 당시까지 그들이 체험한 민주의 경험은 국부적이며 직접적일 뿐이었다. 가령 미군기지에 반대하는 저항투쟁은 현지 사람들의 직접적 경험을 기초로 한 것이었으며, 간접적 화제 즉 공공성에 관한 화제를 상상하는 힘은 결여되어 있었다. 그런 까닭에 50년대 일본 각지에서 단속적으로 벌어진 미군기지 반대운동은 연합하지 못한 채 모두 국부적이고 지역적으로 한정되어 있었다.

    안보운동은 이 점에서 새로운 의의를 갖는다. 그것은 전국적인 호응을 불러일으켰을 뿐만 아니라, 뚜렷한 공공성을 갖고 있었기 때문이다. 그러나 공교롭게도 이전의 민주운동이 갖고 있던 직접성과 지엽성 탓에 안보운동도 잠재적으로 그 방향성이 결정되었으며, 대규모 민주운동인 안보운동의 내재적 메커니즘이 만들어졌다. 전형적인 에피소드가 있다. 1959년 6월 25일 전국을 통틀어 10만 명이 참가한 대규모 시위가 전개되던 날, 도쿄 중심부의 고라쿠엔 오락센터에서는 3만 정도의 관객이 자이언츠-한신의 야구경기를 즐겼다. 국회 앞에서 시위 활동에 참가했다가 곧장 고라쿠엔에 놀러가는 행동패턴은 안보운동 중에 드문 일이 아니었다. 정치적 참여의식과 사생활의 향락이 어떠한 어그러짐도 없이 공존하는 모습은 대중이 얼마만큼 진정으로 민주주의에 참가했는지 그 상태를 관찰할 때 유효한 대목이다. 그로써 대중의 민주 참가 행동과 정치 이데올로기를 단순하게 동일시하는 오류를 다스릴 수 있으며, 대중운동을 신화화하는 잘못을 막을 수 있다. 안보운동 시기에 지식인 엘리트가 계몽가 역할을 맡았기 때문에 대중운동을 신화화하는 경향이 주류가 되지는 않았지만, 역시 운동의 중심에는 '민주'의 신화화가 자리잡고 있었다.

민중이 민주운동에 참여하면서 보였던 국부성과 직접성을 지식인은 어떻게 다룰 수 있었을까. 그것은 민주주의의 상상력을 훈련하는 일이기도 하다. 아마도 이러한 고려에서 나왔을까. 히다카 로쿠로는 '연인현상'(戀人現象)을 거듭 강조했다. "가령 '데이트'를 국가보다 더 중요하게 여기는 의식이 없었다면 운동은 일어나지 않았을 것이다."[13] 국부적이고 직접적인 이해관계로부터 정치라는 공공 공간으로 민중의 참여를 이끌어내기 위해, 1959년에 사회당·공산당 등의 정당과 노동조합, 지식인, 학생 등은 다양한 방법으로 선전활동을 전개했다. 그 해에 발생한 일련의 구체적인 사건들은 운동의 밑거름이 되었으며, 다음 해의 대규모 대중운동을 위한 초석이 되었다. 나아가 1959년 3월, 14개 정당과 조직에 의해 '국민회의'가 결성되어 연합행동을 조정하는 역할을 맡았다. 다만 잇달아 내부 분열과 충돌이 일어나고, 그 결과 운동의 사령부로서 실질적인 역할을 끝까지 완수하진 못했기에 '국민회의'는 후세 사람들에게 비판의 대상이 되었다.

이 책에서 '국민의회'가 안보운동에서 어떤 역할을 맡았는지 상세히 다루기는 어렵다. 내가 흥미를 갖는 것은 당시 지식인 사이에서 발생한 기본적인 어긋남이다. 안보운동이 발생한 1, 2년 동안에 열정적인 지식인은 거의 모두 이 민주적인 행동에 직접 참가하여 집회, 강연, 청원 등 다양한 방법으로 사회의 정신적 지도자 역할을 맡았다. 지식인들은 운동에 간접적인 영향을 주었을 뿐이며, 운동 자체를 직접적으로 조직하지는 않았다. 또한 그들의 태도가 운동의 각 조직에 직접적인 영향을 미쳤다고 말하기도 어렵다. 그럼에도 그들의 저술, 언론

활동은 시대의 흔적으로서 후세 사람들이 계승하고 참조해야 할 정신적 유산이 되었다.

안보운동의 전기(前期)에 일본 미디어는 거의 한 목소리가 되어 기시 내각을 견책했다. 실제 보도가 될 때는 언론의 자유를 호소해야 할 만큼 상당히 엄격한 검열이 있기도 했지만, 언론 상황은 상대적으로 자유로웠고 미디어는 지식인에게 논의의 공간을 제공할 수 있었다. 이 특정한 시기에 잡지를 선두로 하여 대량의 강연 원고, '공동 토의·학술 심포지엄' 기록이 게재되어 풍부한 담론 공간이 형성되었다. 내용을 범박하게나마 정리하면, 지식인들의 논의는 5월 19일의 '신안보조약 강행 체결'을 경계로 해서 착안점이 달라졌다고 말할 수 있다. 그 이전의 주된 관심은 안보조약의 국회통과 저지에 있었고, 이후의 관심은 일본 사회의 민주주의 정치 자체로 집중되었다. 다만 시각을 바꿔 문제의식의 **위상**에서 본다면, 기본적인 대립은 5월 19일을 경계로 변하지 않았음을 발견할 수 있다. 대립은 운동의 구체적인 목표달성을 향한 관심과 원리적인 문제를 향한 관심 사이에 존재했다. 그리고 그 대립을 축으로 대중운동에 의해 전면으로 부각된 일본 사회의 민주제도 구조를 둘러싼 논의가 각기 다른 방향으로 진행되어갔다.

추상적 수준에서 말하면 본디 원리적인 문제와 구체적인 실천 사이에 모순이 존재해서는 안 된다. 하지만 현실 상황에서 양자는 종종 대립한다. 특히 지식인이 정신적 지도자 역할을 담당하고 있는 시대에 이런 모순은 더 첨예하다. 많은 경우 실천은 이론이 직접적으로 지도해주고 논증해주기를 요구한다. 그러나 원리적인 논의가 직접적인 유용성을 발휘하는 경우는 드물며, 많은 경우 운동의 장애가 되기도 한다. 운동 상황에서 모순이 격화되면 지식인들 사이에 논쟁이 발생한다. 그러나 이런 논의가 문제를 다음과 같은 위상으로까지 심화시키는 경우는 좀처럼 드물다. 원리와 실천의 관계를 그저 기능적인 의미에서 포착해야 하는가? 양자 사이의 풍부한 상호관계를 어떻게 마련해야 하는가?

현실 운동 속에서 이러한 문제를 제기할 수 없는 것은 당연하다. 특히 안보운동처럼 대규모 대중운동을 면전에 두고서는 말이다. 이 대중운동이 마주해야 했던 적은 뒤섞이고 엉클어져 있다. 투쟁의 구조로 보자면 적은 일본을 식민화·군사기지화하려 했던 미국 정부였다. 따라서 대외적으로는 국민국가로서의 독립을 지키기 위한 대중운동이었다. 그러나 실질적인 투쟁을 보면 그 대상은 줄곧 일본 정부와 국회였다. 신안보조약을 파기하라는 요구는 기시 내각에 대한 항의의 모습으로 표현되었다. 이것은 어딘가 중국의 '5·4 운동'과 닮아 있다. 그것은 기본적으로 국민국가 내부의 민주주의 운동이라는 성격을 띤다. 국민국가의 국가 기구가 인민의 의지를 체현할 수 없음에도 불구하고, 국가의 명의로 외교협정을 맺을 수는 있다. 이러한 행위에 대해 인민이 주체가 되어 밖과 안 양쪽을 향한 이중의 저항운동이 일어난다. 나아가 국내 정치제도에 대한 충격이 필연적으로 발생한다. 이렇듯 내정 문제와 외교문제가 결합되고 여러 겹으로 이뤄진 항의가 발생하면 운동의 목표는 그 다층성으로 말미암아 쉽게 전이되며, 다층성의 내재적인 관련을 보는 일은 극히 어렵게 된다. 그 결과 이러한 전이의 지점에서 지식인 사이에 논쟁이 발생한다.

안보투쟁이 고조기에 접어들었을 때는 이미 신안보조약이 발효되고 투쟁의 목표를 조정해야 할 시기였다. 이즈음 잡지 『세계』는 정치학자와 정치사상사가를 중심으로 하는 '공동 토의'를 기획했다. 마루야마 마사오, 히다카 로쿠로, 후지타 쇼조, 사카모토 요시카즈* 등 학문적 방향에서 매우 가까운 지식인들이 서로 협력하면서 논의를 진행했기에, 운동 목표의 전이라는 비교적 깊이 있는 지점으로까지 문제를 몰고 갈 수 있었다. 논의 중에 실제로 모든 운동 참가자가 신안보조약에 반대하는 것은 아니라는 점이 지적되었다. 미국의 지원을 잃으면 일본의 경제발전은 어렵다고 걱정하는 사람들도 있었던 것이다. 그런 까닭에 마루야마 마사오는 안보조약의 문제를 묽게 하고 민주화 제도의 문제를 더 강하게 제기해야 한다고 주장했다. 그로써 보다 많은 사람들이 운동에 참가할 수 있으리라는 것이다. 사카모토 요시카즈는 안보문제와 민주화 문제의 관계를 명확히 정리하지 않은 채 민중의 관심을 민주주의로 돌려서는 위험하다고 강조했다. 왜냐하면 민주주의에 관한 그런 논의가 일본 내부의 "경찰의 배후에는 자위대가 있고 자위대의 배후에는 미군이 있다. 즉 안보는 대외적일 뿐만이 아니라 대내적인 메커니즘이다"[14]라는 엄혹한 현실을 가릴 수 있기 때문이다. 후지타 쇼조는 두 방면에서 보다 어려운 문제를 제시했다. 첫번째 문제는 민주주의의 원리와 민중의 현실감각 사이에는 공백지대가 존재하는데, 어떻게 민주라는 개념을 민중 속에 있는 어휘로 번역할지이다. 또 다른 문제는 기시 노부스케와 신안보조약에 반대하는 측이 모두 '민주주의' 라는 개념을 사용한 결과, 소위 국회정상화와 의회주의(5월 19일을 국회의 이상사태로 보는 입장과 일본의 국회조직을 근본에서 부정

---

*사카모토 요시카즈(坂本義和, 1927~). 1959년 『세계』(世界)에 「중립 일본의 방위구상」(中立日本の防衛構想)이라는 논문을 게재하여 일본 외교와 안전보장정책에 관한 자신의 입장을 피력하였다. 그는 미일안보조약만이 아니라 소위 9조 호헌주의도 문제 삼았으며, 일국평화주의가 아닌 UN을 중심으로 한 자위대의 국제적 공헌을 제창했다. ─옮긴이

하는 입장)의 대립이 발생했다는 곤혹스러움이었다.[15]

이 좌담회는 당시 일본 정치학의 최고 수준을 대변했다. 정치학적 훈련을 쌓아온 그들은 당시 복잡한 정세에 깔려 있는 기본적인 과제를 망라하고, 매우 정확하게 시대의 맥동을 짚어냈다. 정치학자들은 일본의 민주제가 **제도의 수준**에서 분명 비민주적 내지 반민주적 경향이 있음을, 그리고 그 시민적 기초가 안보투쟁 속에서 조직적 형태로 표출되었음을 의식하고 있었다. 그러한 상황에서 민주주의의 원리를 어떻게 '번역' 할지가 급선무였던 것이다. 정치학과 사상사 훈련을 받은 지식인은 이러한 '번역' 이 가능하다고 굳게 믿고 있었다. 그들은 하나의 전제를 공유하고 있었기 때문이다. 그것은 원리가 정확하다면 현실의 복잡한 실천과 어떻게든 관계를 맺을 수 있다는 신념이었다. 따라서 그들 사이에 빚어진 구체적인 갈림은 하나의 대전제 아래서 통일을 이룬다. 민주주의와 안보운동이 실질적으로 표리를 이룬다면, 그것을 대립시켜 토론하는 것은 하등 의미가 없다고 말이다.

이 입장의 맞은편에 마찬가지로 시국을 걱정하는 '운동 지식인'의 비평이 존재한다. 가쿠슈잉대학의 교수 시미즈 이쿠타로는 안보운동의 모든 장면에서 저명한 호소나 강연을 하고, 글을 발표해 구체적인 조직·동원 활동을 수행했다. 그는 5·19 이래 마루야마 마사오나 다케우치 요시미 등의 지식 엘리트가 취한 "민주주의 건설을 우선으로 한다"는 입장에 강한 불만을 표명했다. 왜냐하면 이런 입장은 신안보조약에 대한 반대와 찬성의 차이를 말소하고, 그것을 민주주의라는 입장으로 통일시켜 버리기 때문이다. 시미즈는 이렇게 말했다. "신안보 저지라는 목표에서 눈을 돌리지 않는 한 우리의 패배는 의심할 여지가 없습니다. 허나 민주주의 옹호라는 목표로 눈을 돌리면 어쨌든 필시 유래 없는 에너지가 고양될 것이기에 누구라도 승리라고 말하고 싶겠죠. 신안보 쪽은 고체이며 민주주의 쪽은 액체입니다. 재는 척도가 다른 것입니다."[16] 시미즈 이쿠타로는 다케우치 요시미 등 학자들의 당시 발언이 간결하고 명쾌하기에 강한 호소력을 갖지만, 그 탓으로 운동의 목표는 전이되고 안보운동은 실패로 끝날 것이라고 생각했다.

시미즈 이쿠타로와 다른 지식 엘리트 사이의 차이는 얼핏 보기에 안보문제 자체를 어떻게 다루는가에 달린 것 같다. 그러나 사실 여기서 봐야 할 것은 원리와 상황의 관계에 대한 사상계의 기본적인 인식구조이다. 앞서 정치학자들의 토의도 이 인식구조를 얼마간 드러냈지만, 안보투쟁의 구체적 내용과 민주주의 이념을 일치시키는 서술로 치환되고 말았다. 상술한 토의에서 인식구조의 문제에 가장 접근했던 사카모토 요시카즈도 현실에서 간단히 답이 나올 리 없는 그 문제를 끝내는 정치학 차원의 분석으로 회수했다.

"신안보 쪽은 고체이며 민주주의 쪽은 액체입니다"라는 시미즈 이쿠타로의 비유는 결코 정확하다고 할 수 없으나, 매우 간결하면서도 풍부한 이미지를 갖는다. 모든 현실적 과제는 구체적인 목표가 뚜렷하고 탄력성이 없는 탓에 고체처럼 마음대로 형태를 바꾸기가 곤란하다. 다른 한편으로 사상적 과제는 기본적 입장을 바꾸지 않고서도 상황에 호응해 자신의 형태를 바꿀 수 있으며, 더구나 구체적 상황을 뛰어넘어 지속적으로 과제를 생산해낼 수 있다. 시미즈 이쿠타로처럼 활동가 타입의 지식인은 신안보조약의 발효를 저지하는 일을 안보운동에서 목표로 삼았다. 그런 까닭에 모든 문제는 이 '고체'의 문제를 둘러싸고 조직된다. 어떤 의미에서 **현실에서의 성패**는 모든 것에 앞서 있으며, 승리의 가능성이 남아 있는 시기에 운동의 흐름을 뒤바꾸는 모든 요소를 그는 가장 경계했다.* 사카모토 요시카즈를 포함한 정치학자들이 관심을 가진 문제는 '고체'와 '액체'의 구별이 아닐 뿐더러, 그들에게 현실에서의 성패는 결정적인 것이 아니었다. 현실상황을 분석하고 지도할 사상적 과제를 확립하는 일이야말로 근본적인 문제였다. 안보운동에 몸을 던진 정치학자·사상사가들 역시 상아탑에서 발언하지 않았음을 숙고해야 한다. 그들의 논의는 매우 강렬한 현실감과 문제의식으로 일관하고 있었다. 그러나 정치학이나 사상사 영역의 학자로서 그들의 활동은 사상적 차원에서 **분석적**으로 진행되었다. 그들에게는 정치학이나 사상사의 분석방법을 사용하는 것 말고는 다른 길이 없었다. 시미즈의 말을 빌리자면 그들은 '액체의 문제'를 토론하고 '고체의 문제'를 액체화시킬 따름이었다. 이러한 학자들의 논의 속에서 시미즈가 고심했던 '고체와 액체'의 모순은 결국 해소되어 안보반대 운동과 민주주의 확립은 통일을 이룬다. 히다카 로쿠로의 문제제기는 이런 감각을 잘 드러낸다. "안보의 문제인가 민주주의의 문제인가라는 양자택일은 조금 이상하지 않나요."[17]

여기서 일본의 진보적 지식진영에 존재하는 이러한 갈라짐을 밝혀두는 까닭은 시미즈 이쿠타로의 공리주의를 비난하기 위함도, 정치학자나 사상사가가 이념에 쏠려 있음을 비난하려는 것도 아니다. 그러한 비난은 양쪽 모두에 불공평하다. 내가 지적하고 싶은 것은 감춰진

---

* 동시기의 다른 지식 엘리트와 달리 시미즈 이쿠타로는 일관되게 각각의 조직이 운동에서 구체적으로 어떻게 작용하는지에 관심을 기울였다. 또한 운동의 관건이 되는 시기, 지도부의 그릇된 지도로 정부의 방침을 변화시킬 기회를 놓쳤던 일에 마음을 뒀다. 그는 글에서 일본공산당 등의 정당이나 조직이 운동에 미친 파괴적 효과를 강하게 비판했다. 그리고 민주주의의 추상적인 논의가 공격목표를 전이시켜 그 무거운 대가로 안보운동은 승리의 가능성을 잃어 부득이하게 실패하는 결말을 맺었다고 지적했다.

모습으로 존재하는 하나의 아포리아다. 시미즈 이쿠타로는 운동 속에서 자신이 원리를 따르고 있다고 믿었다. 또한 아카데미즘의 엘리트는 자신들의 방식으로 원리가 현실운동에서 결실을 맺도록 노력했다. 따라서 그들은 모두 자신들이 원리와 현실의 관계를 다룬다고 생각했다. 그러나 그들은 다른 문제를 추구했기 때문에 양자 사이에는 **서로를 배척하는 관계의 장**이 형성되었다. 이러한 관계의 장 자체가 바로 이론과 현실의 역설적인 관계를 보여준다. 어떠한 지도적 원리라도 원리의 수준에서 복잡한 현실을 바꿀 수 없다. 또한 현실의 실천적 목표는 구체적이며 직접적인 것이기에, 구체적인 목표를 전이시킬 가능성을 지닌 원리적인 사고는 거부되곤 한다. 그리하여 이론과 현실의 진정한 관계는 이론과 실천 어느 쪽에서 단독으로 발생할 수 없다. 따라서 부단히 토론에 부쳐져도 토론이 이론과 실천 어느 한쪽에서 행해지는 한, 진정한 해결은 얻기 힘들다. 안보운동이 종식된 후 거기에서 표출된 이와 같은 문제는 더 이상 전개되지 못한 채, 학자들 각자의 개별적인 사고 속으로 흩어져버렸다. 좌담회에 참가한 정치학자와 사상사가가 대개의 경우 훗날 자신의 연구에서 일본 사회의 민주화라는 과제를 심화시킨 것은 사실이다. 그러나 이들이 시미즈 이쿠타로가 봉착했던 아포리아, '고체'와 '액체'를 어떻게 관련지을 것인가라는 아포리아와 진정으로 직면하는 일은 없었다.

안보 시기에는 정말이지 드러나기 어려웠던 아포리아가 현재에도 모습을 숨긴 채 일본의 진보적 지식진영을 배회하고 있다. 현실 운동과 원리적 사고는 여전히 진정한 상호성의 장을 발견하지 못했다. 좌익 지식인은 '고체'의 방식으로 구체적 사건과 마주해 거기에 대응할 이론을 소환하거나, '액체'의 방식으로 그런 현실을 추상적으로 토론하고 분석한다. 현실과 원리에 달라붙는 문제는 '고체'와 '액체' 사이의 진공지대를 떠다닐 뿐, 자신의 장소를 발견하는 일이 없다.

다케우치 요시미는 안보 시기에 이 두 종류의 비판적 지식인들과 보완관계에 놓여 있었다. 안보 시기의 다케우치 요시미를 고찰하려면 이러한 다른 입장들을 염두에 둬야 한다. 이는 다케우치 요시미가 다른 지식인들보다 우월했다는 의미가 아니다. 다른 지식인들과 관계를 맺고 있는 구조에서 고찰해야 비로소, 다케우치 요시미의 비판적 지식인으로서의 공헌을 인식할 수 있다는 뜻이다.

안보운동이 맹아를 보이기 시작한 1959년 12월, 다케우치 요시미는 안보 시기 들어 처음으로 강연을 했다. 이 강연은 다케우치 요시미 특유의 사고방법을 전형적으로 보여준다. 그는 큰 사건을 신변의 작은 사건 안에 두고 생각하고, 다시 작은 사건을 큰 사건으로 가져가는 작업을 통해 개념에 결박당한 사물의 진실한 모습을 드러낸다. 다케우치는 거기에서 진정으로 현실과 맺어질 사상과제를 발견한다.

다케우치 요시미의 강연에는 '기본적 인권과 근대사상'[18]이라는 제목이 달렸다. 중심 화제는 일본 각계각층의 '차별' 문제였다. 다케우치 요시미는 일본인들 사이의 각종 차별 문제는 일상생활의 수준에서 발생한다고 보았다. 경어나 인칭대명사의 사용법, 차별을 받는 부락의 문제, 나아가서는 자기도 모르는 새 중국인이나 조선인을 차별하는 집단적 무의식 등. 이 모든 것은 또한 국제관계에서 일본의 기본 입장을 이룬다. 다케우치 요시미는 안보조약 개정은 강자와 힘을 합쳐 약자를 차별하는 일본의 사고양식을 농축하여 반영한다고 여겼다. 거기에서 드러난 것은 일본 전통의 추악한 일면이다. 다케우치 요시미가 신안보조약 체결에 반대한 것은 태평양전쟁이 발발했을 때 조금의 주저도 없이 일본의 개전을 지지했던 입장과 완전히 일치한다. 그는 강자와 힘을 합쳐 약자를 괴롭히는 처사에 반대했고, 강자의 패권에 대항하는 정신을 지지했다.

주의해야 할 것은 이 강연에서 기본적인 사유가 어떻게 전개되었는지이다. 그는 연설 중에 두 차례 루쉰을 인용하여 두 가지 연관된 문제를 제기했다. 하나는 커다란 사회개혁 쪽이 작은 일상생활의 개혁보다 쉽다는 점, 다른 하나는 노예가 노예주가 되는 것은 노예의 해방을 의미하지 않는다는 점이다. 앞의 문제와 관련해 다케우치 요시미는 일상생활 속에서 민중이 지니고 있는 정신구조가 실은 사회운동이나 정치사건을 좌우하는 기초라고 여겼다. 뒤의 문제와 관련하여 다케우치 요시미는 국제 관계에서 강권정치가 갖고 있는 본질적인 특징을 폭로했다. 이렇듯 두 문제를 결합하여 논의하면 안보운동에 관한 하나의 묵중한 과제가 드러난다. 즉 이 운동을 통해 일본 보통 시민의 평등의식을 재건하고, 일본의 전통 속에 내재되어 있는 '강자를 도와 약자를 억누르는' 악습을 해소하고, '약자를 도와 강자와 맞서는' 전통을 발양한다는 과제이다. 따라서 다케우치 요시미는 안보운동에 몸을 던지기 시작한 최초의 순간부터 일본 사회의 일상성 속에 깔려 있는 '차별'을 제거하는 일을 자신의 과제로 삼았다고 말할 수 있다. 이와 관련해 그는 목표로 삼아야 할 가치로서 '독립'의 의미를 반복해서 강조했다. 그의 많은 연설에서 중일관계가 큰 비중을 차지했음은 잘 알려진 바이다. 그러나 주목해야 할 것은 다케우치 요시미의 논술에서 중일관계는 두 국가 사이의 구체적인 문제일 뿐만 아니라, '독립'에 관한 일종의 철학이었다는 점이다.

"중국이 일본의 '독립'을 돕는다는 외교방침은 서로 피침략국이었다는 동정에서만 비롯된 것이 아니다. 또한 일본을 미국으로부터 끌어내는 것이 현실 정치에 유리하다는 요구에서만도 아니다. 하물며 이데올로기를 밀어붙이는 행동이라고도 볼 수 없다. 그렇다면 근저에 무엇이 있는가. 비독립국은 평화에 위협이 된다는, 자신의 체험에 근거한 철학이 바탕을 이룬다고 생각해야 한다. 자주적 판단을 갖지 못한 개인이 사회에 위험하듯이 자주적인 행동을 할 수 없는 나라는 국제사회에 위험하다. 전쟁 유발의 원인이 되기 때문이다. 이 점을 중국은 자국의 역사에서 배웠다."[19]

안보 시기에 중일관계는 매우 구체적인 과제였고, 많은 동시대인들은 다케우치 요시미를 중일관계의 권위자로 여겼다. 그러나 그 결과, 그의 발언에 담겨 있는 원리적인 색채는 놓치고 말았다. 안보 시기의 다케우치 요시미는 태평양전쟁 시기에 목표로 삼았던 것, 즉 독립, 평화, 민주라는 모든 이념의 **기초**인 평등의식의 수립을 목표로 했다. 그에게 '중국'은 평등의식을 수립하기 위한 중요한 매개에 다름 아니었다. '매개'로서 중국의 의미는 실제 존재로서의 의미를 훨씬 초과했다고 말해야 할 정도이다. 일본의 근대에서 '탈아입구'가 슬로건이 될 수 있었던 사정은 우연이 아니다. 그 원류는 '강자와 손을 잡는' 일본의 전통에 있다. 후쿠자와 유키치의 문명론은 이러한 악습을 부채질하는 효과를 낳았다. 다케우치 요시미는 이를 민감하게 알아차리고 있었다. 중일관계를 논의하는 일은 현실의 중일관계를 개선하기 위해서만이 아니라, 그보다는 중국을 매개로 하여 일본의 '강자를 도와 약자를 괴롭히는' 사상적 경향을 솎아내기 위함이었다. 오랜 중국연구 속에서 아마도 『베이징일기』의 시기, 공동화된 베이징에서 저 명실이 상부하지 않는 중국 체험을 하고 난 후에, 다케우치 요시미는 '중국'에서 그리고 루쉰에게서 일본인에게는 생경한 경험을 길어올렸다. 바로 자기 힘으로 독립을 획득하고 현실 속에서 형식의 진실한 존재양식을 사고하는 습관이다.

안보투쟁의 모든 시기에 거쳐 다케우치 요시미가 다른 정신적 지도자와 미묘한 차이를 보였던 것은 근본적으로 '독립'과 '형식'에 대한 이러한 '중국적'인 이해에서 비롯되었다.* 따라서 다케우치 요시미의 사유와 다른 정치학·사상사학의 사유에는 중대한 차이가 있었음을 지적해야 한다. 다케우치 요시미는 올바른 원리가 '번역'을 통해 '본토화'**될 수 있다고 생각하지 않았다. 왜냐하면 그에게 원리란 다만 자신의 힘으로 자신의 형태를 구할 뿐이며, 어떠한 방식으로도 '가져올' 수 없는 것이기 때문이다. 실제로 다케우치 요시미는 안보투쟁 중에 '민주'라는 개념을 사용할 때에도 그 말이 지닌 다의성과 거꾸로 이용될 가능성에 항상 주의를 기울였다. 그 자신은 '민주인가 독재인

---

\* '독립'과 '평등'에 관한 다케우치 요시미의 이해에 대해서는 달리 주석을 달지 않겠다. 다만 '형식'에 관한 그의 이해에 대해서는 설명을 보태두고자 한다. 다케우치 요시미는 「일본의 독립과 일중관계」(日本の獨立と日中關係)에서 신중국이 국제연합에 참가하지 않는 문제를 거론하면서 일본인과 중국인의 '형식'에 대한 감각의 차이를 설명하고 있다. "일본에서는 신중국이 국제연합에 참가하지 않고 미국의 승인도 얻지 못한 것이 중국의 국제적 지위를 약화시킨다고 생각하지만, 중국의 입장에서 본다면 이러한 사고방식은 본말이 전도된 것이다. 중국인들은 국제연합이 중국을 배척하는 것은 중국의 손실이라기보다는 국제연합의 손실이라고 생각한다"(『竹內好全集』第九卷, 78쪽). 일본인의 형식 감각에 대한 다케우치 요시미의 분석은 오늘날에도 일본 사회 및 보통의 일본인에게 적용될 수 있다. 중국인의 형식 감각이 주체성에 의거하는지는 별도의 논의가 필요하겠지만, 일본인 일반의 형식 감각이 다양한 의미의 '조류'를 기준으로 삼는다는 점은 부정할 수 없다.

\*\* '본토화'(本土化)라는 어휘는 중국어에서 빌려온 것이다. 중국어에서 '본토화'는 외래적인 원리든 문화든 중국으로 이입되면 중국의 맥락으로 의미가 바뀌고, 중국의 상황에 대처할 수 있도록 변한다는 것을 의미한다. '본토화'된 것은 결코 원래대로가 아니며, 중국의 문화요소로서 새롭게 자리매김 된다. 이 용어에는 일본어의 '토착'과 그 번역어인 '로컬'에는 없는 어감이 담겨 있다.

가'라는 유명한 강연을 했지만, 그의 관심은 일본인의 '독립'을 향해 있었다.*** 다케우치 요시미는 안보 시기에 민주라는 매력적인 개념이 널리 사용되는 세태에 강한 경계를 내비쳤다. 이런 자세 덕분에 그는 "형식적인 민주주의의 절차를 통해 독재자가 탄생한다"[19]는 중요한 문제를 지적할 수 있었다.

안보투쟁은 민주화의 형식을 취한 민중의 독립운동이었다. 시미즈 이쿠타로의 분석을 참조하면, 우리는 이 운동에서 대중의 정열과 지도조직이 충돌과 부조화를 빚었음을 알 수 있다. 또한 정치학과 사상사 영역의 분석을 참조하면 우리는 제도의 측면에서 이 운동이 혁신의 계기를 가져왔으며, 운동의 진행과정에서 국제정치관계가 미묘하게 부침을 거듭했음을 알 수 있다. 또한 민주화의 이념과 민중의 현실 사이에 꽤 먼 거리가 있었음도 알 수 있다. 만약 이렇듯 서로 다른 위치에서 진행된 분석을 참고하지 않고 다케우치의 분석만을 읽는다면, 분석은 쉽게 선악이원론으로 도덕화될 것이다. 대규모 대중운동에 관한 도덕된 해석은 문제의 복잡성과 현실적 함량을 단순화한다. 다케우치 요시미는 이 점을 직감했는지도 모른다. 그랬기에 운동에 투신하면서 그는 의연하게 자신의 소리를 다성부(多聲部)의 선율에 맞출 수 있었다. 불협화음으로 충만하기로서니 두려울 게 무엇이겠는가.

---

*** 『다케우치 요시미 전집』 제9권에 수록되어 있는 「우리의 헌법감각」(私たちの憲法感覺), 「『전후』동인의 물음에 답하다」(『戰後』同人の問いに答える), 「불복종운동을 유산으로 만들기 위하여」(不服從運動の遺産化のために) 등의 글에는 민주주의에 대한 다케우치 요시미의 감각이 정확하게 표현되어 있다. 정리하면 이렇다. 그것은 일본인에게 신변의 일이 아니다. 안보운동 속에서 민주의 관념이 길러지고 배양되었지만, 일본의 민주운동에는 독립의 요소가 부족하다. 더욱이 민주주의라는 말은 특정한 상황에 놓일 때에만 의미가 생긴다. 그것은 투쟁의 상징일 뿐 아니라 정치적 힘의 관계이기도 하다.

# 3장_내재적 부정으로서의 '전통'

안보운동은 통상 두 단계로 나뉜다. 1960년 5월 19일을 경계로 하여, 그 이전은 신안보조약 조인 저지를 위한 '안보반대' 단계로, 그 이후는 일본 민주주의 형성을 향한 단계로 이야기된다. 두 단계가 어떻게 관련되어 있는지, 즉 시미즈 이쿠타로가 제기한 고체와 액체의 문제는 이 글에서 다루려는 중점이 아니기에 깊이 들어가지 않는다. 그러나 이 문제에서 파생되는 지식인 활동의 한계라는 문제는 이 글의 관심이다. 다케우치 요시미가 시험적인 사례를 제공하고 있기 때문이다. 여기서 시미즈 이쿠타로가 말하는 '고체'와 '액체'의 대립을 해결하는 활동을 설정해봄 직하지 않을까.

    5월 19일에 일본 국회가 신안보조약을 강행체결한 후, 21일 다케우치 요시미는 도쿄도립대학 교수직을 사임하기로 결정했다. 그는 연구실 조수에게 밤을 새워 인사장을 인쇄하도록 맡기고는, 다음날 아침 조수들의 거듭되는 만류에도 불구하고 자신이 준비한 지인명부에 적힌 사람들에게 약 300통의 인사장을 부치라고 했다. 교수회에서 정식으로 사직이 인정되기까지 이 일은 은밀히 진행되어야 했다. 그런 까닭에 다케우치 요시미는 개인적인 편지의 방식으로 자신의 태도를 표명했다. 그러나 인사장을 발송한 다음 날, 도쿄의 미디어가 이 사건을 보도했고 사회에서 반향을 불러일으키기 시작했다.

다케우치 요시미는 변질된 '헌법'을 거부한다는 것을 사직의 이유로 밝히고 있다. 그는 「사직이유서」에서 이렇게 쓰고 있다. "저는 도쿄도립대학 교수로 부임할 당시 공직자로서 헌법을 존중하고 지키겠다고 서약했습니다. 5월 20일 이후 헌법의 중요항목 가운데 하나인 의회주의가 이미 효력을 상실했음을 깨달았습니다. (중략) 이렇듯 헌법이 무시되는 상황에서 제가 도쿄도립대학에 교수직으로 남아 있는 것은 취직할 때의 서약을 어기는 일입니다. 또한 교육자로서의 양심을 저버리는 일입니다."[20]

그가 지닌 개인적 동기와는 달리 "주나라의 곡식을 먹지 않겠다"라는 비난을 받기도 한 이 행동은 하나의 자세를 보여주었다. 그렇기에 그의 사직은 공공성을 지닐 수 있었다. 특히 며칠 후 쓰루미 슌스케가 도쿄공업대학을 사직하여 어느새 '사직'이라는 행위가 사회성을 띠는 항쟁의 모델이 되었다. 다케우치 요시미는 재삼 자신의 사직은 개인적 행위이며 문필활동으로 생계를 유지할 수 있기에 가능한 것이라고 말했지만, 그는 예상치 못했던 사회적 반응에 직면하지 않을 수 없었다. 실은 그것이야말로 다케우치 요시미의 사직이라는 행위가 갖는 진실된 의의였다. 즉 이 행위로 인해 다케우치와 안보운동의 관계는 변화했으며, 그는 더 이상 평론가 혹은 선동가의 위치에서 운동과 일정한 거리를 유지할 수는 없게 되었다. 사직이라는 개인적 행위가 안보운동을 다케우치의 개인생활 공간으로 끌고 들어왔다.

다케우치 요시미의 사직에 대한 사회의 반응 역시 **사적인 성격에**

집중되었다. 악의적 공격은 대개 두 가지 모습을 띠었다. 하나는 '빨갱이'(アカ)라는 비난(당시 다케우치 요시미가 중공에서 천만 엔을 받았다거나 공산당의 비밀당원이라는 유언비어가 나돌았다), 또 하나는 '이름 파는 행위'라는 비난이다. 선의의 반응에도 오해는 담겨 있었다. 공무원이면 정치활동을 하기가 불편하기 때문에 그만뒀다는 설, 기시 내각 아래에서 공무원으로 살아가기가 싫어 떠났다는 설, 사직하고 나서는 그렇게 떠벌리고 다닐 수는 없을 거라는 의견 등 말이다.

물론 다케우치 요시미가 사직한 개인적 동기를 5월 19일 신안보조약을 강행체결한 반민주이고 반헌법적인 사건으로만 한정지을 수는 없다. 또한 그저 공적인 이유에서 그만뒀다고도 할 수 없다. 그러나 그의 사직이 표명하는 **자세**는 이 사건을 겨누고 있다. 악의적인 비방이든 선의의 오해든 그것들은 모두 **개인적 동기**와 **사회적 자세** 사이의 차이를 올바로 분별하지 못했다. 그 결과 다케우치 요시미는 혹독한 시련에 처하게 되었다. 그는 충분한 냉정함을 갖고 인신공격과 선의의 변호 속에서 문제의 방향성을 살펴야 했다.

다케우치는 잇달아 세 편의 '잡감'을 써 사회의 반응에 답했다. 그는 중대한 함정을 지적했다. 그의 사직은 결코 '주나라의 곡식을 먹지 않는다'는 의미가 아니라는 점이다. 악의의 공격도 선의의 변호도 은연중에 사직은 더 이상 기시 내각에서 일하지 않겠다는 뜻이라며 전통적 사고방식을 강화시켰다. 다케우치 요시미는 말한다. "이것은 신문이 유포한 이야기이다. 그들의 헌법 감각은 성숙되지 않았다. '천황의 관리'라는 식의 감각이다. 공직자는 국민이 선정한 것이지 정부의 사환이 아니다."[21] 동시에 그는 자신이 정치활동에 종사하기 위해 사직한 것이 아니라고 강조했다. 그는 안보 시기 자신의 활동을 정치활동이라고는 생각하지 않았다. "당시에도 지금도 그때 제가 정치활동을 했다고는 생각하지 않습니다. 정치가 정당하지 않게 시민생활로 개입해 들어오자 항의하지 않을 수 없었을 따름입니다."[22]

이들 몇 편의 간결한 잡감은 다케우치 요시미의 민주주의적 실천에 담긴 복잡한 내실을 정확히 전한다. 표면적인 의미에서 다케우치 요시미는 사직을 통해 국민과 헌법의 관계를 확인하고자 했다. 그러나 심층에서 다케우치 요시미는 사직이라는 '구식' 행위를 통해 일본의 전통에 결핍되어 있는 민주주의의 실천을 구하고자 했으며, 은연중에 전후 일본의 가장 곤란한 사상과제, 즉 근대성의 기본적 가치와 전통 안에 있는 적극적인 요소를 결합하여 일본 근대사상의 전통을 건설하려면 어떻게 해야 하는가라는 과제를 제시했다. 그런 까닭에 다케우치 요시미는 사직이라는 행위에 담긴 '개인의 책임' 문제를 거듭 강조했다. "책임을 껴안는 '책임' 있는 행위라는 관념이 전후에는 거의 없었다고 하겠다."[23] 다케우치 요시미는 신심을 다해 60년대 일본 사회의 기본문제와 부딪혔던 것이다. 그것은 일본인이 일반적으로 '국민'이라고 여기고 있는 것은 근대 사회의 '공민'이 아니라 공동체의 성원에 불과하다는 문제였다.

사직에 대한 왈가왈부가 다케우치 요시미의 사회적 영향력을 순식간에 확장시켰다. 이 사건의 개인적 성격은 그에게 적잖은 번거로움을 가져다주었다. 그 중에서도 가장 성가신 일은 여론의 관심이 다케우치 요시미의 개인적 동기로 집중되어, 그의 사직이 지닌 사회적 자세가 묻혔던 것이리라. 그 자세가 야기한 긍정적인 반응은 아마도 도립대학 시위대의 플래카드 "다케우치 그만두지 말고 기시 그만둬라" 뿐이었다. 사직이 환기한 원리적인 문제, 예를 들어 공직자와 헌법의 관계, 공직자와 정부의 관계 등은 정면으로 다뤄지지 않았다. 적어도 '주나라의 곡식을 먹지 않는다'와 같은 전통적 이해는 다케우치 요시미의 사직이라는 자세로도 타파되지 않았다. 사람들의 흥미는 다케우치 본인의 말이나 추측에 다분히 집중되었다.

다케우치 요시미가 이 시기에 겪은 개인적인 체험으로 그의 고뇌는 더욱 깊어졌으리라. 그러나 아마도 자신의 활동으로 뜻밖에 절개된 새로운 차원을 그는 더욱 자각하게 되었을 것이다. 이런 의미에서 시미즈 이쿠타로가 다케우치와 여러 지식인들을 두고 안보운동의 방향을 전이시켜 조약발효 저지운동을 실패하도록 만들었다고 비판했을 때, 다케우치가 내보인 반응은 눈여겨 볼 만하다. "이것(비판)은 현실정치에 발 딛고 있다고 보이지만 도리어 관념적이군요. 조약으로 하든 법률로 하든 실제 절차만으로는 절대로 정해질 수 없으며, 더욱 유연한 것, 힘관계로 결정되기 마련이라고 생각합니다."[24] 다케우치가 여기서 드러낸 사상의 원칙은 오늘날에도 활동가는 이해하기 어려울 것이다. 그것은 형식적인 승패에만 구애되어선 안 되며, 사회생활 속의 실질적인 진행에 관심을 가져야 한다는 의미이다. 다케우치는 시미즈 이쿠타로가 구애된 운동의 결과와 그 판단은 표면적이라고 보았다. 왜냐하면 설사 1960년에 신안보조약 조인을 저지했을지라도 일본 민중이 진정한 독립의식을 확립하지 못한다면 식민지화를 피할 수 없기 때문이다. 뒤집어 말해 안보조약은 "만신창이가 된 채 발효되었고 실제의 효력은 상당히 감소했다. (중략) 이케다 수상의 저자세 역시 안보투쟁의 결과인 것이다."[25] 이런 인식과 성공하지 못하면 실패라고 보는 관점의 가장 큰 차이는 정지된 형식(혹은 개념)을 유일한 판단기준으로 삼지 않으며, 따라서 전부 아니면 전무라는 정지된 판단방식에 맞선다는 점이다. 그러나 문제는 계속된다. 형식이나 개념을 판단기준으로 삼지 않는다면, 의견이 여러 겹으로 분화하는 동태적인 이해 속에서 일종의 통합적인 요소를 찾아 기준을 확립해야 한다. 또한 그것은 대중의 인정을 얻을 수 있어야 한다. 확립된 지표로 사물을 바라보는 데 익숙한 사람들은 그것을 이해하기 힘들다.

바로 이런 시기, 다케우치 요시미는 전쟁 체험의 '일반화'를 사고하기 시작했다.

전쟁 체험의 일반화에 대한 논의는 안보운동의 사상적 과제를 직접적으로 이어받는다. 다케우치 요시미는 만약 안보운동에서 개인의 전쟁 체험을 더 잘 정리하고 그것을 집약하거나 일반화할 수 있었다면, 안보투쟁은 좀 더 매끄럽게 진행되었을 것이며 성과도 있었을 것이라고 생각했다.

1961년 10월에 집필한 「전쟁 체험의 일반화에 대하여」는 표면상 간결하고 평이한 문장이지만, 안에는 몹시 거대한 구조를 품고 있다. 그는 글 속에서 안보 시기에 마루야마 마사오, 가이코우 다케시\*와 함께 진행한 좌담회를 언급한다. 다만 여기서 취해 들인 것은 그때에는 전개될 수 없었으며 서로 일치를 볼 수도 없었던 화제였다. 좌담회에서는 적어도 두 가지 화제가 충분히 토론되지 않았다. 하나는 전쟁 체험과 관련해 세대 차가 존재한다는 문제이며, 다른 하나는 일본 '민주주의'의 국가주의적 성질과 자연주의적 정신풍토의 관계였다. 전자와 관련해 다케우치 요시미는 안보투쟁 시기에 세대가 다른 사람들이 전

---

\* 가이코우 다케시(開高健, 1930~89). 소설가. 순수문학파로 분류되었으며, 사회문제를 독특한 문체로 다루었다. 서민의 생명력을 묘사한 『패닉』(パニック), 베트남전쟁을 취재한 『빛나는 어둠』(輝ける闇) 등을 남겼다.—옮긴이

쟁 체험을 공유할 수 없었기에, 운동을 감각하는 방식도 달라 운동이 분화되고 연대가 약화되었다고 강조했다. 후자에 대해서는 자연주의적 정신풍토로 인해 일본에서는 '국가'의 인위적 성격이 인식되지 않고 자연적으로 주어진 것인 양 여겨져, 그 결과 국가가 일본인에게 선험적이며 절대적인 것이 되었다고 짚어냈다. 이러한 자연주의의 입장이 일본식 '국체론'을 강화했다. 뒤집어 말하면 이런 자연주의 사고방식이 일본인의 민주 감각을 빚어냈으며, 민주도 또한 자연적으로 주어진 것처럼 여기도록 만들었다. 상술한 두 가지 문제는 실은 아주 긴밀히 연결되어 있다. 다케우치 요시미는 이렇게 강조했다. 바로 자연주의적 인식론 탓에 전쟁 체험은 봉쇄되고 개인적인 기억의 산물이 되었다. 그것은 자기도취와 감상 외에는 어떠한 사상적 토양도 제공하지 못했다. 그러니 젊은 세대가 이러한 전쟁 체험을 거부하는 것은 오히려 당연하다.

다케우치 요시미 특유의 비약이 담긴 표현 탓에 이 짧은 글에 담긴 방대한 논술구조는 쉽사리 읽히지 않는다. 그러나 그가 문제를 설정한 방법을 좇아 계속 물음을 던져 가면, 구조를 발견하는 일이 어렵지만은 않다. 다케우치는 왜 이런 방식으로 문제를 배치했는가?

그는 우선 전쟁 체험에 세대 차가 있으며, 전쟁을 충분히 사상적으로 처리하지 못했다고 지적한다. 다음으로 운동과정에서 공동체험이 갖는 중요성을 강조하고, 체험의 '일반화'가 기억을 정착시킬 수 있다고 기술한다. 계속해서 가장 해결하기 어려운 문제를 제기한다. 전쟁 체험은 자연주의적인 의미에서는 진정한 체험이 될 수 없다. 왜냐하면 자연주의적인 체험은 "체험에 매몰된 체험"이기 때문이다. 이러한 '거짓 체험'의 기초에 '국체론'을 떠받치는 일본적 인식방법이 있다. 그리고 마지막으로 그는 전쟁 체험을 일반화하는 길을 제시했다. 그것은 전쟁 체험을 전후 체험과 겹쳐 사고하고, 나아가 전후 체험을 근거로 하여 아직 사상적으로 처리되지 못한 전쟁 체험을 역으로 거슬러 올라간다는 방법이었다.

이런 서술의 순서를 정리하면 하나의 기본적인 구상이 드러난다. 다케우치 요시미는 **개인의 체험**을 기본적 시각으로 하면서도 **체험을 사상화**하는 구조를 세우고자 했다. 이 구조에는 전후 사상사의 가장 기본적인 과제가 담겨 있다. 일본인이 '국체'적인 사고양식에서 벗어나, 진정한 의미의 '민족독립'을 획득하는 일 그것이다. 60년대 초기의 냉전구조 속에서 다케우치는 일본 사회에서 전쟁 문제는 여전히 역사가 되지 못했음을 읽어냈다. 그는 「중국의 근대와 일본의 근대」에서 루쉰의 형상을 빌려 표현한 '저항' 정신을 기르는 일이 유일한 출구라고 여겼다. 따라서 그는 안보투쟁의 진정한 가치는 "본래 전쟁 중에 있었어야 할 것이 15년 뒤처져 일어났다고 생각한다. 바로 파시즘과 전쟁 시기에 발생하는 저항의 모습 말이다"[26]라고 지적했다.

여기에서 다케우치 요시미가 마루야마 마사오와 매우 유사한 사상과제를 다루고 있었음을 어렵지 않게 읽어낼 수 있다. 그들은 모두 뿌리 깊은 천황제 국체사상에 맞서 진정한 민족독립의 기초를 이루려면 어떻게 해야 하는지를 생각했다(다만 두 사람에게 민족독립이라는 사상과제의 우선순위는 상당히 달랐다). 그러나 다케우치 요시미는 문제를 체험의 일반화라는 차원에서 설정했기 때문에, 마루야마 마사오와는 다른 곳에 자신의 활동을 두었던 셈이다. 나로서는 다케우치 요시미의 이러한 작업을 정확하게 표현할 개념이나 이론을 가지고 있지 않다. 마루야마 마사오의 「육체문학에서 육체정치까지」 역시 자연주의적 사고를 비판했다.[27] 그러나 마루야마 마사오가 지나간 길을 좇아 체험의 문제를 생각하면 다케우치 요시미의 작업은 가려지고 만다. 마루야마는 이 문제를 이원대립으로 처리하였다. 그러나 다케우치 요시미는 일관되게 그러한 대립의 밖에서 활동했다. 마루야마 마사오는 일본의 육체적 사유를 비판하면서 문제를 이성적인 허구의 정신으로 끌고 갔다. 그러나 다케우치 요시미는 일본 자연주의의 육체적 사유를 비판하면서 진정한 체험이란 무엇인가라는 문제를 제기했다. 이렇듯 다케우치 요시미는 마루야마 마사오와는 다른 방향으로 사유를 진행했기에 형식화(혹은 관념화)된 인식을 타파할 인식론을 끝까지 관철했으며, 그로 인해 유동적인 사유의 국면을 이끌어낼 수 있었다.

다케우치 요시미의 '체험론'을 이해하는 데에 유효한 실마리가 있다. 그의 사직이다. 다케우치 요시미의 사직이라는 사건이 환기한 사회적 반응은 자연주의적이었다. 악의든 선의든 사람들은 다케우치 본인의 동기에 가장 큰 관심을 가졌다. 사직이라는 태도에 담겨 있는 '국체' 감각(즉 '주나라의 곡식은 먹지 않는다'라는 감각)에 대립하는 '공민의식'(다케우치 요시미가 거듭해 언급했던 공직자의 책임감)은 거의 관심을 끌지 못했다. 물론 거기에는 다케우치의 행위가 지니는 전통적인 성격도 관련되어 있겠다. 바로 그 전통적인 성격은 다케우치로 하여금 마루야마와는 다른 측면에서, 다시 말해 전통의 대극점이 아니라 전통 속에서 사상적 비판의 입장을 세우도록 만들었다.

자기 생활의 변화를 사회적·공공적 생활의 변화를 위한 매개로 삼는 일은 일본 지식인의 행위로서는 드물지 않았다. 다만 사회생활 속에서든 당사자 개인의 사상역정에서든, 사생활의 변화가 구조의 전환으로 이어지는 중요한 의미를 갖는 경우는 드물었다. 다케우치 요시미의 사직은 그러한 사건이었다. 어쩌면 다케우치 요시미 자신도 사전에는 예상하지 못했을 것이다. 이 사건은 매우 풍부한 내재적 모순을 품고 있으며, 그가 실천하는 사상이 어떻게 존재하는지를 지시하고 있다. 그것은 자연주의적인 사생활의 동기와는 다르며 또한 이념적인 차원과도 다른 경지였다. 다케우치 요시미는 그가 목표로 하는 사상과제 속으로 뛰어들면서 동시에 늘 개인적 동기와 사회적 효과를 구별하고자 신중하게 주의를 기울였다. 다케우치 요시미의 사직은 체험의 진정성이란 개인의 경험 영역을 초월하나 그렇다고 간단히 추상화해서는 안 된다는 진실을 암시한다. 사직을 둘러싸고 그가 발표한 일련의 글들은 이 사건의 성격을 보여준다. 이 사건은 사직에 그치지 않고 구조적으로 사상사적인 의의를 지닌다. 즉 우리는 사직의 사적 동기와 공적 효과를 구별하는 다케우치의 사고방식에서 모든 사건을 관찰하는 각도를 얻을 수 있다. 이른바 전쟁 체험의 일반화는 이론적인 명제가 아니다. 일반화란 개체의 감정과 동기가 개인의 차원에서 분리되어 '사건'이 될 때 현실에 충격을 가하는 원리적 문제로 드러남을 뜻한다. 마찬가지로 다케우치 요시미는 안보투쟁에 참가한 사람들이 보여준 행동의 배후에 어떤 '원동력'이 있는지를 줄곧 추궁하였다. 감정기억[*]이 다른 사람들은 표면으로는 같은 행동을 취해도 그 동기가 다를 수 있으며, 이 사실을 놓치면 진정한 연대가 약화될 수 있음을 헤아렸던 것이다. 이러한 문제는 개념을 사용해 분석적인 작업을 수행하는 정치

---

[*] 여기에서 말하는 '감정기억'은 엄밀한 심리학적 용어가 아니다. 일반론으로서의 개념이라기보다 특히 전쟁기억의 성질을 가리킨다. 다케우치는 이 개념을 사용한 적이 없지만, 그는 전쟁에 관한 기억을 논할 때 분명히 그 안에 잠재되어 있는 감정의 문제를 중시했다. 다케우치는 이러한 감정기억을 직접적인 위상으로 다루지 않고, 그것을 개인의 차원에서 떼어내 사상사의 대상으로 그리고 사상의 에너지로서 신중히 다루는 데 힘을 쏟았다.

사상사 영역에서는 정말이지 전개되기 힘들며, 사소설풍의 개인동기 탐색에 의지해도 답은 나오지 않는다.

안보투쟁이 퇴조한 후 일본 사회는 새로운 '내셔널리즘' 단계로 진입했다. 전쟁에 대한 다양한 말, 특히 '대동아전쟁'에 대한 말들이 돌연 늘어났으며, 반미라는 맥락에서 전쟁 체험이 다시 동원되었다. 1963년 전후로 하여 '대동아전쟁'에 관한 저작이 얼마간 세상에 나왔다. 그 무렵 다케우치 요시미는 메이지 이래 아시아주의의 사상적 전통을 정리하고 있었다. 그가 관심을 기울인 문제는 언제, 어떠한 계기로 일본이 대동아의 이상을 연대에서 침략으로 변질시켰는가였다. 다른 내셔널리즘의 말들과 달리 다케우치 요시미는 '내셔널리즘이라는 말'로 '독립'에 관한 자신의 이념을 관철시켰다. 그 기점에는 전쟁 체험이 있었다.

여기서 우리는 흥미로운 사실과 마주한다. 일찍이 안보 시기에 밀접한 협력관계를 맺었던 사상가들과의 대화는 이 시기 거의 찾아볼 수 없게 되었으며, 지적 위치가 다른 그 밖의 지식인들과 대화가 시작되었다는 점이다. 안보 시기에 서양 근대이론을 활용하면서 활동한 진보적 지식인들은 이 시기에 일본의 전쟁 체험을 정리하는 일에 진력하지 않았다. 그들의 입장 혹은 학문적 이유로 부정되어야 할 과제는 아니었지만, 그 작업은 적어도 그들에게는 역부족이었다. 이리하여 진보적 지식 엘리트의 입장에서 다시금 분화가 생겨, 비판적 지식인의 활동은 또 한 번 이론과 이데올로기의 차원에서 전개되었다. 소수의 예외를 제외하고 감정의 영역에 머물러 '본토화'의 사상적 계기를 탐구했던 이들은 대개 보수파 지식인들이었다.

이 시기 이뤄졌던 두 차례의 좌담회는 다케우치 요시미의 작업이 갖는 임계점과 당시 사상계에서 그가 어디에 위치했는지를 보여준다는 점에서 주의를 기울일 만하다.

첫번째 좌담회에는 '대동아공영권의 이념과 현실'이라는 이름이 붙여졌다. 이 좌담회에는 다케우치 요시미, 쓰루미 슌스케, 하시카와 분조,* 야마다 무네무쓰**가 참가했다. 이 좌담회는 반천황제·반국가주의의 입장을 명확히 밝힌 잡지 『사상의 과학』 1963년 12월호에 게재되었다. 그 호에서는 '대동아공영권' 특집이 꾸려졌다. 좌담회나 다른 글을 보면 당시 일본 사회에서 '대동아공영권 붐'이 잠잠히 확산되고 있으며, 텔레비전에서도 전쟁 시기의 뉴스 필름이 방영되었음을 알 수 있다. 미디어는 일본군이 동남아시아로 진주했을 때 어떻게 현지 주민들의 자발적인 환영을 받았는지와 같은 정보를 전달하는 데 편중되어 있었다. 좌담회에 참가한 지식인들은 이러한 정보를 주의 깊게 이용하면서, 이 시기의 역사로 진입하는 길을 다시금 논의했다. 좌담회에서는 2차 세계대전 동안 대동아공영권 구상이 형성되는 과정에서 독일이 미쳤던 영향과 대동아공동체라는 이념의 공허함이 지적되었다. 또한 사상적인 내용을 결여했기 때문에, 대동아공영권이라는 이름 아래 낭만주의적 환각이 발생했음도 언급되었다. 여기에 더해 평범한 일본인이 태평양전쟁이 발발하자 일순 느꼈던 영웅주의의 색채, 특히

---

* 하시카와 분조(橋川文三, 1922~1983). 정치학자이자 역사가. 전쟁 기간에 야스다 요주로에 심취하여 전쟁에서의 죽음을 아름답다고 생각하였다. 이에 근거해 자신의 '일본낭만파' 체험을 비판하여 전쟁 체험론을 전중파(戰中派) 세대의 '독점적인 범주'가 아니라 '초월적인 원리 과정'으로 파악하고자 시도했다. 『일본낭만파 비판 서설』(日本浪漫派批判序說)이 대표작이다. ―옮긴이
** 야마다 무네무쓰(山田宗睦, 1925~). 평론가. 철학을 전공하였으며 사회사상에 관한 연구를 남겼다. 저작으로 『직업으로서의 편집자』(職業としての編集者), 『인간의 아픔』(人間の痛み) 등이 있다. ―옮긴이

일본의 중국침략전쟁에 유보적인 태도를 취하던 일본인이 구미와의 싸움은 무조건 지지하였음을 지적하고, 이러한 두 가지 태도를 강조하여 대비시켰다. 이 좌담회의 참가자들은 서로 호흡이 잘 맞았고, 이들 중 대부분이 일본의 2차 세계대전의 역사를 침략이라는 범죄행위로 단순화해서는 안 된다고 여기고 역사적 상황의 복잡성을 탐구하려 했다. 이때 다케우치 요시미의 역할은 화제를 현실 상황의 미세한 부분으로 이끌어가는 것이었다.

다케우치 요시미는 이렇게 말했다. 일본 민중들이 얻을 수 있었던 전쟁 정보란 좋은 말들뿐이었다. 가령 자바 섬을 점령하여 설탕을 재배할 수 있게 되어, 얼마든지 설탕을 맛볼 수 있다고 전해 들었다. 또한 일본군이 동남아시아 각국에서 환영받았다는 소식도 들었다. 그것이 '공영권'의 기만성이다. 일본군이 동남아시아에 들어갔을 때 처음에 환영받았던 것은 사실이지만, 선전되듯이 일본 덕택에 서양의 식민지였던 각국에서 민족정신이 각성되었다는 것은 호도된 이야기다. 오히려 동남아시아 각국은 자신의 민족독립운동을 위해 일본의 침공을 이용했다고 보아야 할지도 모르겠다. 그런 까닭에 일본군이 점령과 통치를 시작하자 상황은 급격히 전환되어 일본은 철저하게 증오를 받았던 것이다.

이러한 발언이 있은 후, 다케우치 요시미와 쓰루미 슌스케 사이에는 일본 국가의 몰락을 둘러싸고 우호적인 의견의 불일치가 발생했다. 쓰루미는 민족의식이 강하지 않은 국제주의적 지식인으로, 다케우치와 이러한 대화를 할 때면 늘 의견의 차이를 보였다.* 그는 일본이 고

---

\* 이 책 5부의 다케우치 요시미와 쓰루미 슌스케의 논의를 참조.

립상태에서 벗어날 가능성을 염두에 두고, 아시아의 맹주가 되지 않고 자신의 역할을 '기술고문'(技術顧問)으로 한정해 아시아를 위해 힘쓸 것을 주장했다. 그리하여 국가의 '말기'(末期)라는 문제를 제기했다.

다케우치 요시미와 그의 불일치는 이러한 사고가 정확한지가 아니라 실제적인지 여부에 있었다. 다케우치 요시미 자신도 만일 전쟁이 본토결전까지 이르렀다면 새로운 가능성을 얻을 수 있었겠고, 전쟁이 더 지속되었다면 많은 사람들이 국가를 버렸을지도 모른다고 인정했다. 그러나 이 모든 일은 끝내 일어나지 않았다. 그래서 다케우치 요시미는 이렇게 쓴다. "나는 끝내 네이션(nation)이라는 것을 놓을 수 없다. 버려진다면 버리고 싶으나 버릴 수 없다고 생각한다. 일본인 모두가 네이션을 해체하고 대동아공영권에 나섰다면 그걸로 좋다. 적재적소에 배치하여. 그것이 가능하다면 문제는 없다. 가능하지 않기에 곤혹스럽다."[28] 그는 나아가 네이션과 스테이트(state)를 구별하여 국가에 대항하는 민족을 구상하려는 쓰루미에게 그것은 일본에서 매우 곤란하다며 온건하게 반론을 폈다. "일본의 스테이트는 거의 자연 존재처럼 되어 있기 때문이죠. 메이지의 사람들은 나라를 만든다는 생각이 있었을지 모르나 그 이후에는 만든다는 경험이 없습니다. 간신히 만주국이라는 것을 만들었습니다. 일본인이 참가했다기보다도 그것이야말로 맹주를 만들었던 셈이지요. 그러나 만든다는 것은 한편으로 부순다는 행위 없이는 있을 수 없습니다. 만주국의 경우는 점점 일본을 닮아 버렸습니다. 아무래도 일본인의 국가관이라는 녀석은 매우 완고한가 봅니다."[29]

오늘의 눈으로 되돌아보면 이 좌담회의 화제는 강한 현실적 의의를 지닌다. 다케우치는 30년도 전에 마치 90년대 중반 일본에서 발생할 전쟁역사 다시 쓰기를 예견이나 한 듯이 그것에 맞서는 사고를 제공한 것이다. 문제는 여기에 있다. 안보투쟁 종식 직후 제기된 일본의 자연주의적 국체론에 대항한다는 사상과제가 왜 40년 가까이 지난 오늘날이 되어서도 진정한 진전을 보지 못하고 있는가. 오늘날 일본이 '네이션'과 '스테이트'를 구별하는 방향으로 나아가지 못하고 양자를 동시에 부정할까 혹은 긍정할까에 머물고 있는 사정은 무엇인가.

다케우치 요시미는 전후 일관되게 전쟁 체험을 정리하는 작업에 집중했다. 그 가운데 한 가지 과제로 전쟁 체험의 각도에서 일본인과 국가의 관계를 추궁했다. 다케우치는 70년대에 이르러서도 이 과제에 힘을 모아 전쟁 체험 속에서 일본인의 국가 관념을 해체할 자원을 찾는 데 고심했다.[*] 이것은 정치사상사의 영역에서는 좀처럼 볼 수 없는 착안점이다. 더구나 매우 곤란한 과제다. 관념적인 서술이 지닌 관습적인 분석을 타파하고, 동시에 생명력 있는 이념은 잃어버리지 않도록 해야 한다. 현실감각을 정리하고 승화시킬 능력을 지녀야 하며, 동시에 사회생활의 영역에서 민중의 진정한 감각을 좇지 않으면 안 된다. 이러한 사고의 국면에 들어간다면, 정치적으로 올바른 선험적 전제는 그 효과를 잃을 것이다. 눈앞에 드러난 것은 현실 생활의 어수선함 자

---

[*] 1970년대 초기에 다케우치 요시미와 쓰루미 슌스케가 '네이션'의 문제와 관련해 의견의 불일치를 보지 않은 적이 단 한 번 있었다. 그것은 그 대담이 자신의 전쟁 체험을 피해국의 피해자에게 투영하고, 국민의 틀을 넘어선 역사적 감수성을 마련하려면 어떻게 해야 하는가를 주제로 삼았기 때문이다. 다케우치 요시미는 이 대담에서 강조하여 말하길, 일본이 전쟁에서 패배했을 때 많은 일본인이 귀국 독촉을 받았으며, 게다가 상당한 일본인이 일본 국적의 포기를 선택했다. 일본인에게 일본인이 되는 선택밖에 없었던 것은 아니었다. 그러나 대다수 일본인은 역시 선택할 수 없었다고 여겨진다. 이를 다케우치 요시미는 중국의 상황과 대조하여 중국인에게 국가는 선택가능한 것이라고 진술했다. 다음을 참조하라. 竹內好, 「眞の被害者は誰か」, 『潮』, 潮出版社, 1971년 8월호.

체다. 생활경험 속에서 유동하며 살아 있는 사상자원을 끄집어내고, 그것을 상황의 핵심에 있는 문제와 이어맺는 일. 바로 다케우치 요시미가 제시한 모범이다. 이를 위해서 그는 정치적인 올바름을 잃는 대가를 치렀다.**

'대동아공영권의 이념과 현실' 좌담회가 끝나고 얼마 지나지 않아, 다케우치 요시미는 다른 좌담회인 '대동아전쟁을 왜 다시 보는가'에 얼굴을 내밀었다. 앞선 좌담회와 달리 이 좌담회의 참석자는 입장이 서로 비슷하지 않았지만, '대동아전쟁'이라는 전제만을 공유하고 좌담회에 참가했다. 그러나 상당히 복잡했던 이 좌담회에서 도리어 오늘날에도 여전히 존재하는 일본 사회의 기본적인 전쟁관 모델이 집약적으로 드러났다.

좌담회에 참가한 다섯 명 가운데 두 명은 당시 화제의 저작을 발표했다. 한 사람은 『대동아전쟁의 사상사적 의의』를 발표한 철학자 우에야마 슌페이***, 다른 한 사람은 우에야마 이후 『대동아전쟁 긍정론』을 연재하기 시작한 하야시 후사오****이다. 두 사람은 기본적으로 대립하는 입장에 서 있었지만, 글을 보고 대강의 뜻만을 짐작하는 당시

---

** 다케우치 요시미의 「학자의 책임에 대하여」(學者の責任について)의 제3절 참조. 이 절에서는 마르크스주의 역사학자 이노우에 기요시(井上淸)가 다케우치 요시미에게 가한 비판이 기술되어 있다. 이노우에는 다케우치 요시미에 의한 아시아주의의 정리와 '반동적 소설가' 하야시 후사오의 「대동아전쟁긍정론」을 근본적으로 다르지 않다고 주장했다. 『竹內好全集』 第八卷, 252~259쪽.
*** 우에야마 슌페이(上山春平, 1921~ ). 우에야마 슌페이는 전전의 역사를 민족자존과 발전을 위한 투쟁의 역사로 평가하고, 태평양전쟁 역시 침략전쟁이라는 성격뿐만 아니라 아시아 해방을 위한 성격도 지닌다고 평가하였다. 『대동아전쟁의 의미』(大東亞戰爭の意味) 이외에도 『불교의 사상』(佛敎の思想)과 같은 불교 관련 저작도 남겼다. ―옮긴이
**** 하야시 후사오(林房雄, 1903~1964). 문학가. 프롤레타리아 문학운동을 거쳐 『문학계』 창간에 참가했다. 이후 일본낭만파에도 가담했다. ―옮긴이

독자나 비평가는 두 사람을 비슷하다고 여겼다. '태평양전쟁' 대신에 '대동아전쟁'이라는 말을 사용하는 것은 전후 미국의 점령 아래서 금지되어 있었는데, 두 사람 모두 제목에 이 말을 사용했기에 비슷한 입장의 민족주의자로 간주되었던 사정은 상상하기 어렵지 않다. 그러나 미묘한 문제가 있다. 우에야마 슌페이의 논문이 먼저 발표되고 하야시 후사오의 연재가 그 뒤를 이었음에도 불구하고, 사회적인 반향은 뚜렷하게 후자에 모아졌다.

우에야마 슌페이의 『대동아전쟁의 사상사적 의의』가 지닌 기본적인 입론은 근대 전쟁과 국가의 관계, 그리고 정치와 도덕의 관계를 정리하는 데 있었다. 우에야마는 국가가 국가를 심판하는 방식으로 일본의 이 전쟁을 재판할 수는 없다고 생각했다. 그리하여 그는 도쿄재판의 권위에 의문을 제기하고 "주권국가는 주권국가를 심판할 수 없다" "각각의 주권국가가 자신의 지고성(至高性)을 주장하여 양보하지 않는 한, 각각의 이기적 편견을 넘어서는 보편적 원리, 즉 심판의 척도는 올바로 인식될 수 없기 때문이다"[30]라고 지적했다. 우에야마는 나아가 일본의 헌법 제9조에도 의문을 제기했다. 이 '번역 헌법'(ホンヤク憲法)의 조문에서 일본은 자위권을 포함한 어떠한 무력도 포기한다고 되어 있다. 그는 말한다. 이것은 국가의 국민의지로 정해진 법이라기보다 일련의 국제적 협정을 전제로 한 '국제적 문건'이다. 보수파 정객들이 제기하는 개헌 요구에 맞서려면 이 인류사상 최초의 국가이념을 수호해야 한다. 그러나 전후 냉전구조를 고려한다면, 이 '평화' 헌법으로는 기실 미국의 군사계획에 말려들어갈 뿐이다. 일본은 미국으로부터 경찰예비대의 발족을 강요받았으며, 이른바 평화헌법도 실제로는 미국 냉전정치의 도구에 불과하다는 것이다.

안보운동이 마무리된 후 얼마 지나지 않은 시기에 우에야마 슌페이는 이렇듯 예리한 발언을 남겼으며, 그것은 상당한 가치를 지닌다. 평화와 민주 아래 감추어진 새로운 전쟁의 그림자는 안보조약이 발효된 이후에 조용히 일본의 사회생활로 스며들어왔다. 일본이 새로운 전쟁의 구도 속에서 장차 맡아야 할 역할은 일찍이 꿈꿨던 동아시아의 맹주가 아니라, 미국의 앞잡이이자 공범자였다. 우에야마는 그 이후의 글에서는 방향을 바꿨다. 그는 일본이 자위를 위한 방위무력을 세우는 방법을 생각하고, 이미 존재하는 육상부대 17만, 함정 12만 톤, 항공기 1천 수백 기로 이루어진 군대를 미국의 통제로부터 '부전국가'(不戰國家)의 방위구상으로 바꾸는 길을 주장했다.[31]

우에야마는 전후 세계정치 구조의 복잡다단한 변화나 일본의 헌법 제9조 같은 미묘한 문제를 다뤘다. 그러나 그의 논의는 시종 엄정한 논리적 추론으로 진행되었다. 따라서 그는 비논리적 문제, 특히 '대동아전쟁'과 일본인의 복잡한 감정기억의 관계라는 문제를 다루는 데는 실패했다. 우에야마는 다만 문제를 다음 장소로 이끌어갈 수 있었을 뿐이다. "우리는 최근 20년 동안 인류사상 최대의, 바라건대 마지막이라면 좋을 전쟁에 대해 '대동아전쟁' 사관, '태평양전쟁' 사관, '제국주의 전쟁' 사관, '항일전쟁' 사관 같은 다양한 해석을 국민적 규모로 배웠습니다. 전쟁을 이 정도로 입체적이며 다원적인 시각에서 반성할 기회를 가진 국민이 달리 어디 있겠습니까."[32] 그러나 그는 '사관' 밖의 보다 복잡한 감정의 문제는 다룰 수 없었다. 왜냐하면 감정은 역사관으로 단순히 귀납시킬 수 있는 문제가 아니기 때문이다. 하야시 후사오의 『대동아전쟁 긍정론』은 바로 이 문제를 다뤘다.

『대동아전쟁 긍정론』은 '백년전쟁'을 기본적인 시각으로 삼는다.

하야시 후사오는 대동아전쟁만을 따로 논해서는 의미가 없다고 생각했다. 그것은 메이지 전후에 시작하여 한 세기 가까이 이어진 전쟁의 한 과정에 불과하며, 자신도 포함해 2차 세계대전을 체험한 이들은 실은 길고 긴 전쟁의 중도에 참가한 사람들일 따름이다. 따라서 그는 일본의 중국침략전쟁과 태평양전쟁을 포함한 전과정을 '백년전쟁'을 구성하는 일부로 위치시킨다. 그리고 나서는 우에야마 등과 전혀 다른 견해를 제시한다.

『대동아전쟁 긍정론』은 바쿠후 말기(幕末)인 1863년의 '사쓰에이전쟁'(薩英戰爭)에서 시작된다. 영국인과의 최초 충돌을 기점으로 하여 "예상을 뛰어넘는 일본의 저항력"을 중점적으로 묘사한다. 이어 그는 몇 개의 장을 할애하여 메이지유신, 정한론, 청일전쟁, 러일전쟁 등을 언급한다. 서술은 매 역사적 사건에서 일본인이 보여준 용감하고 완강한 정신을 실마리로 삼는다. 하야시 후사오 역시 역사적 평가에 대해 많은 문제를 제기했으나, 그가 진정으로 이야기하고 있는 바는 표면에서 전달된다기보다는 주로 행간으로 표현된다. 하야시 후사오는 회고와 흠모의 마음으로 역사적인 인물과 사건을 다뤘다. 그는 이때 우에야마 슌페이와는 전혀 다른 작업을 하고 있었다. 하야시 후사오는 문학을 업으로 하는 지식인으로서, 다음과 같은 성질을 본능적으로 이해하고 있었다. 잠재적인 '일본 아이덴티티'에 직접 호소한다면, 부질없는 논술이 될지라도 공동체의 구심력을 이끌어낼 수 있다. 강렬한 반향을 불러일으킨 이 저작은 역사서술 혹은 사상사의 저작으로서는 불합격일지도 모르겠다. 그러나 그것은 안보운동 이후 일본 사회에 번져간 '곤혹스런 감정'을 강하게 움켜잡고, 그 곤혹스러움을 표현하고 전이시킬 공간을 제공했다.

어떤 의미에서 하야시는 일본낭만파 문인 가메이 가쓰이치로*와 마르크스주의 역사가 도야마 시게키** 사이에 오고간 '쇼와사논쟁'의 문제를 계승하고 있다. 그는 좌익 지식인에 대한 비판을 입론의 출발점으로 삼아, 역사를 어떻게 '인간화' 할 것인지를 논술의 중심으로 삼았다. 저작의 3장에서 메이지유신을 다루면서 하야시 후사오는 '사카모토 료마*** 스파이설'을 반박하는 자리를 빌려 일본의 좌익 학자를 맹렬히 공격했다. "그들은 일본에는 아직 소련식 혹은 중공식 '인민혁명'이 필요하며 또한 필연적이라고 믿는다. 일본에서 혁명을 이루기 위해서는 일본의 역사를 가급적 야만으로, 가능한 한 추하고 괴이하게, 부정과 만행과 폭행으로 가득 찬 가치도 없고 의미도 없는 것으로 그릴 필요가 있었다. 그들은 '공산혁명'이라는 정치목적을 위해 일본인의 역사에 먹칠하는 것이야말로 '학문의 사명'이라 믿고 있다."[33]

하야시 후사오는 쇼와 초년에 마르크스주의를 열광적으로 신봉했던 진보인사였다. 그러나 앞선 그의 공격적 발언을 단순히 좌익 진영에서 전향한 자가 우익 이데올로기에 찬동했다며 간단히 정리해서는 안 될 일이다. 하야시 후사오는 『대동아전쟁 긍정론』을 집필할 당시에 이미 은거하고 있었으며 '좌'와도 '우'와도 관계가 없다고 선언했다.

---

\* 가메이 가쓰이치로(龜井勝一郎, 1907~1966). 프롤레타리아 문학 비평가로 출발해, 전향 후에는 불교사상 등 일본주의로 회귀했다. '일본낭만파'의 중심인물로『동서일기』(東西日記),『시마자키 도손, 작가론』(島崎藤村, 作家論) 등의 저작이 있다.—옮긴이
\*\* 도야마 시게키(遠山茂樹, 1913~2001). 역사가. 도야마 시게키는 마르크스주의자였지만, 일본의 근대성을 탐색하는 작업에도 공헌을 했다. 저서로는『후쿠자와 유키치』(福澤諭吉),『메이지유신』(明治維新),『유물사관과 현대』(唯物史觀と現代) 등이 있다.—옮긴이
\*\*\* 사카모토 료마(坂本龍馬, 1835~1867). 일본 에도시대의 무사. 서로 대립 관계에 있던 사쓰마번(薩摩藩)과 조슈번(長州藩)의 동맹 및 막부와 번의 통일을 성사시킴으로써, 메이지유신을 통해 중앙집권적인 근대국가로 나아가는 발판을 마련하였다. 이 과정에서 스파이로 몰리기도 하였다.—옮긴이

그것은 거짓이 아니었다. 한결같은 이 장문에는 전후 일본사상사에서 반복해 표출되는 한 가지 모델이 엿보인다. '좌'와 '우', '선'과 '악'이라는 이데올로기 판단과 도덕 판단에서 벗어나 '일본인 자신'의 감정을 담는 체계와 가치관이라는 모델이다. 이 모델을 체현한 이들 가운데 상당수가 일찍이 마르크스주의자였으며, 그들은 일본 마르크스주의의 외래성을 감지하고 있었다. 이들은 일본적 '심정'으로 회귀하는 과정에서 민족을 정합(整合)시키고 자주적인 일본 사회를 재건할 가능성을 발견하고자 시도했다. 하야시 후사오의 대동아전쟁 긍정론은 일본의 전통적 공동체 구조를 타파할, 안보운동에서 싹튼 가능성은 계승하지 않았다. 정확히 그 반대인데 일본인의 심정을 우에야마 슌페이가 조건부로 긍정한 '국제화'된 국가 이념에 대립시켜, 비이데올로기적인 수준에서 자기긍정의 가능성을 찾고자 했다.

메이지 이래 사소설로 상징되는 자연주의적 정신토양을 줄곧 길러온 일본에서 이데올로기나 선악 관념을 벗어나자는 목소리는 쉽게 받아들여졌다. 특히 문제가 일본인의 자신감이나 전쟁의 역사와 연결되면 쉬이 반향을 얻었으리라 예상할 수 있다. 하야시 후사오의 『대동아전쟁 긍정론』의 영향력이 우에야마 슌페이를 훨씬 능가하는 원인은 여기에 있다. 문제는 이러한 시도는 과연 이데올로기와 도덕적 입장으로부터의 진정한 탈출을 의미하는가이다. 즉 그것은 사람들의 관심을 어디로 이끌어갔던가.

하야시 후사오의 글은 '양이론'(攘夷論)을 다시 꺼내며 시작된다. 그는 일본의 양이론이 중국의 '반식민지 전쟁이론'의 직계 선배이며, "바후쿠 말기 일본 고뇌의 표현"[34]이라고 생각했다. 같은 이유에서 그는 '정한론' 역시 "유신혁명으로 일단 국내의 통일을 달성한 일본이

'서구열강'에 대해 최초로 그리고 성급하게 반격을 기도하였다. 성급함이 지나치고 그 시기도 너무도 일렀기에 좌절되었다"[35]고 해석했다. "선악에 근거하지 않고 역사를 다루는" 이러한 논리에 따라 하야시 후사오는 이윽고 천황제에 관한 '비이데올로기적' 인식을 도출한다. 천황제는 일본 정신풍토의 핵심이며, 다양하게 변형했다고는 하나 일본 민족과 함께 존속해왔다는 것이다. 이 장에서 천황제에 대한 평가는 일본공산당을 공격하고 맥아더를 풍자하는 식으로 대체되었다. 그는 나아가 '우익의 허상'을 깨부순다는 명목으로 일본 우익의 정신적 원류는 노장적(老莊的) 혹은 허무주의적인 낭인정신(浪人精神)에 있다고 강조하고, 이로부터 일본에는 파시즘이 존재하지 않았다고 결론짓는다. 이 대목에서 그는 마루야마 마사오의 일본 파시즘 비판을 주되게 공격했다. "마루야마씨는 미국식 민주주의와 소련식 공산주의를 똑같이 신성화하고, 도쿄재판에서 검찰관 측의 반파시즘 이론을 거의 그대로 따와 '일본 파시즘'의 실재를 논증하려고 여러 노작을 발표했지만 이 노력은 헛수고였다."[36]

하야시 후사오의 서술은 일본 민족의 구심력인 '심정'과 '고뇌'가 주축을 이루기 때문에, 이처럼 생떼를 쓰는 듯한 태도나 논리운용, 사료상의 결함도 약점이 되지 않았다. 그렇기는커녕 거의 궤변이라 할 그의 주장에서 한 가지 무거운 진실을 읽어낼 수 있다. 진보적 지식인은 전쟁 책임을 추궁할 뿐, 전쟁과 전후에 대해 일본인이 지니고 있는 복잡한 감각이 머무를 적당한 자리를 마련하지 않았다. 그 결과 그들의 비판은 쉽사리 하야시 후사오와 같은 도전을 받게 되었다. 왜냐하면 하야시 후사오 등은 바로 자리를 얻지 못한 잠재적인 감정에 호소했기 때문이다. 하야시 후사오에 대해 말하자면, 비이데올로기적인 노력도 끝내는 이데올로기로 이용되며, 좌도 우도 아닌 제3의 길은 성공할 수 없다는 점에 그의 곤경이 있었다. 일본 역사에서 상무적인 민족 영웅(예를 들어 사이고 다카모리*)을 끌어와 이야기했기 때문에 하야시 후사오의 '비이데올로기적' 논술은 풍부한 정치성을 담고 있었으며, 따라서 정치적 감각을 지닌 지식인이라면 이를 감히 멋대로 비판할 수 없었다. 그러나 그의 맥락에서는 정치성의 풍부함도 이른바 일본인의 고뇌라는 구실로 단순화되어 갔다.

　이 좌담회에서는 하야시 후사오에 의해서 한 가지 진실이 충분히 드러났다. 모임에 참가한 사람들은 한 가지 문제에서 양보와 협력을 이루어냈다. 그것은 도쿄재판에 대항한다는 **태도**였다. 그러나 공동의 태도 아래에서도 쉽게 통일될 수 없는 문제가 파생되었다. 그것은 일본의 민족적 자존심을 어떻게 지킬 것인가였다. 하야시 후사오는 이른 시기 일본의 역사를 강조할 수 있다면, 2차 세계대전 중에 일본이 저질렀던 침략은 묽어지고 일본인의 죄책감도 얼마간 사그라든다고 생각했다. 이와 달리 우에야마 슌페이는 전쟁관을 다원화시켜야 역사를 단순하게 만드는 경향을 숨아낼 수 있다고 여겼다. 그러나 하야시 후사오가 비이데올로기적인 입장을 견지했기 때문에 다른 참가자들은 그의 말에서 혼란을 느끼게 되었다. 좌담이 태평양전쟁이 발발하던 시기의 정세 변화에 관한 이야기에 이르렀을 때 다음과 같은 대화가 오고 갔다.[37]

---

* 사이고 다카모리(西郷隆盛, 1827~1877). 18살에 사쓰마번(薩摩藩)의 농정을 담당하는 관리로 등용돼 27살까지 그 직책을 수행했다. 번의 농정을 맡아 일하고 있을 때 사쓰마번에서는 번주가 나리아키라(島津齊彬)로 바뀌게 되었는데 사이고는 나리아키라를 도와 개혁의 길로 이끌었다. 사쓰마번의 개혁정책은 일본 전체의 개혁으로 이어졌다고 평가된다.—옮긴이

하야시 이렇듯 일본은 지나에서 이상한 전쟁을 하고 있지만, 이로써 가까스로 옳은 길로 돌아왔다는…….

고미카와 그 이상한 전쟁이라는 말은 침략을 의미하는 겁니까?

하야시 아니오. 그것은…….

고미카와 싸우지 말았어야 할 상대와 싸웠다는 겁니까?

하야시 바로 그렇죠.

우에야마 방금 당신이 지나사변, 만주사변은 어쨌든 나빴다고 해도 이후의 대동아전쟁은 좋았다고 생각하는 방식은 경우에 맞지 않는다는 이야기를 하셨습니다만, 그것과 지금 의견은 어떻게 되는 겁니까. 싸우지 말았어야 할 전쟁, 그것은 무슨 말씀이십니까?

하야시 아무래도 논리로는 일관성이 없게 되는군요.

우에야마 논리의 일관성을 추궁하자는 게 아닙니다.

하야시 확실히 이 전쟁은 의미가 없다고 생각하고 있죠.

우에야마 그게 알고 싶다는 겁니다.

다케우치 요시미는 분명 이런 종류의 대담에 흥미를 갖지 않았다. 이 좌담회에서 다케우치 요시미는 그다지 많은 발언을 하지 않았다(어쩌면 본인이 사후에 지웠는지도 모른다). 화제가 하야시 후사오에 의해 종잡을 수 없는 민족주의적 감정의 발설로 흐르자 다케우치 요시미는 비로소 하야시 후사오의 말을 끊고 참견을 했다. 하야시 후사오를 반박하려는 의도에서 우에야마 슌페이를 채용했지만, 실은 우에야마 슌페이에 대한 동의 역시 제한적이었다. 『사상의 과학』 좌담회의 명랑한 분위기와 비교하면 이 좌담회에서 다케우치 요시미는 매우 절제된 태도를 취했다. 좌담회가 끝날 무렵 우에야마가 천진하게도 작렬했던 논점을 매듭짓자고 제안하자 다케우치는 곧바로 반대했다. 여기서 다케우치가 이 좌담회를 접점 없는 논의로 여겼다는 것을 알 수 있다.

그렇다면 다케우치 요시미와 이 좌담회의 관계는 어떻게 생각해야 하는가.

좌담회에서 다케우치 요시미는 새로운 의견을 제시하지 않았다. 그는 근대 일본에서의 탈아사상(脫亞思想)과 흥아사상(興亞思想)의 변주라는 기본적 관점을 다뤘을 뿐이다. 그러나 다케우치 요시미가 이 좌담에 참여하자 새로운 편성의 가능성이 생겨났다. 사실상 정치적으로 진보적 태도를 지녀온 우에야마 슌페이로서는 하야시 후사오가 보여준 역사서술의 진정한 핵심을 움켜쥘 능력이 없었다. 그는 하야시 후사오에 대해 부득불 자신의 정치적 입장을 표명하는 데에 만족하고 있었다. 우에야마와는 달리 다케우치 요시미에게 이 좌담회에 참가하고 또 자신과 다른 참가자의 입장을 신중히 구별하는 일은 복잡하기 그지없는 노력을 필요로 했다. 좌담회에서 다케우치 요시미는 하야시 후사오와 대립하는 입장에 서지 않았다. 그는 분명 도덕과 이데올로기 판단을 와해시키려는 하야시 후사오의 노력을 존중했다. 그러나 동시에 이 해체가 지닌 위험성을 숙지하고 충분한 주의를 기울였다. 그리하여 다케우치 요시미는 조심스레 '전쟁 3부작'을 썼던 모티브는 하야시 후사오와 같지만 내용은 다르다고 말했다.[38]

태평양전쟁이 발발하던 시기 「대동아전쟁과 우리의 결의」를 썼던 다케우치 요시미는 전쟁 3부작에서는 사상적 전통의 발굴과 후쿠자와 사상의 가능성 그리고 메이지유신의 역사적 의의를 재검토하고자 했으며, 2차 세계대전을 일본의 백년 역사와 떼어낼 수 없다고 생각했다. 동기로 보건 표면에 그려진 사고방법으로 보건, 그는 확실히 '일본 민족의 고뇌'를 강조한 하야시 후사오와 가까운 바가 있다. 다케우치 요시미는 거의 일생을 통해 '불 속의 밤을 줍는' 태도로 일본 민족의 독립정신을 세우고자 경주했다. 일본 국가와 내셔널리즘을 비판하는 전후의 진보적 사조 속에서 그는 일찍이 루쉰에 대해 적었듯이 독특한 방법으로 "내가 느끼고 있는 공포에 몸을 던지고 그것을 견뎌냈다."

분명 다케우치 요시미가 1960년대 초기에 일본의 아시아주의를 정리하는 작업에 착수하고 군국주의라 일컬어진 역사사조가 어느 단계에 사상으로부터 이데올로기로 바뀌었는지를 논하려던 까닭은, 1948년「중국의 근대와 일본의 근대」를 집필할 당시에 느낀 응고되고 실체화된 사고를 이 시기 또 다시 느꼈기 때문이다. 그러한 사고는 동양과 서양의 이원대립을 정지된 혹은 바뀔 수 없는 본질적 대립으로 이해한다. 따라서 일본의 전통적 사상을 정리하는 과제는 모두 보수파의 일로 간주되었다. 안보투쟁의 세례를 거친 후 다케우치 요시미는 아시아 문제와 일본 근대의 역사를 두고 유의미하게 토론할 동료를 찾을 수 없다고 생각했다. 그런 사정으로 하야시 후사오처럼 직관적으로 사고하는 보수파 문학가와 '대동아전쟁'을 논의해야 했다. 그것은 신랄한 빈정거림으로 보인다. 어떤 의미에서 다케우치 요시미는 고독하지 않았다. 왜냐하면 당시 일본 사상계에서 대동아전쟁을 다루고 메이지유신 이래의 일본 역사를 정리하는 일은 하나의 유행이 되었기 때문이다. 그러나 어떤 의미에서 다케우치 요시미는 고독했다. 왜냐하면 패전 직후처럼 신념을 함께 나눌 동지를 찾을 수 없었기 때문이다. 백보 양보한 후에 다케우치 요시미는 하야시 후사오와의 '내용의 차이'를 견지했다. 이 최저선을 보노라면 우리는 다케우치 요시미의 진실된 처지를 읽어낼 수 있다.

다케우치 요시미와 하야시 후사오가 품고 있는 '내용의 차이'는 어쩌면 일본사상사에서 가장 해결하기 어려운 문제일지도 모른다. 하야시 후사오의 반이데올로기적 태도와 일본인의 '저항정신 찬가'는 오늘날에도 '자유주의사관'으로 재생산되며 비교적 자리매김하기 쉽다. 그 특징은 내재적인 자기부정의 요소를 전혀 지니지 않으며, 배타적이며, 직관과 선정적인 면을 돌출시키는 대목에 있다. 이 모델과 기본적으로 대립하는 것이 일본 마르크스주의의 가장 교조적인 그룹을 대표로 하는 이데올로기 비판이다. 그것은 정치적으로 올바른 결론을 응용하지만 복잡한 현실상황에는 대응하지 못하며, 특히 일본인의 민족감정을 둘러싼 문제를 제대로 처리할 수 없었다. 그 결과 부단히 재생산되는 자기연민적 일본 아이덴티티는 거의 언제나 마르크스주의 혹은 좌익 지식인과 대립한다는 간판을 내걸게 되었다. 이렇듯 단순화된 양극 사이에서 다른 입장들을 분류해내기란 쉽지 않다. 가령 마루야마 마사오로 대표되는 이성주의적 비판의 입장, 우에야마 슌페이나 쓰루미 슌스케가 각자의 방법으로 시도했던 '반국가주의적 입장'과 인도주의적 입장 그리고 다케야마 미치오처럼 냉전구조로 흡수된 '자유주의 지식인'의 반공적 입장 등등. 이러한 입장들은 정도야 다르지만 오늘날 여전히 재생산되고 있으며, 우리는 지식계에서 그들의 그림자를 발견할 수 있다. 그러나 가장 분류하기 어려운, 따라서 가장 계승하기 어려운 것은 다케우치 요시미의 입장이었다. 혹은 분류하기가 너무 어렵기에 거의 계승되지 않았는지도 모르겠다.

전쟁 3부작에 관한 간단한 소개에서 우리는 이미 다케우치 요시미가 전쟁 체험을 어떻게 처리했는지 그 기본적인 윤곽을 보았다. 그것은 '사이비 문명의 내재적 부정'을 축으로 삼아 민족의 감정기억을 보편적으로 공유한다는 전쟁관이었다. 그것은 아시아 근대의 문제와 표리를 이루었으며 게다가 비이데올로기적인 작업이었다. 겉으로 보기에 다케우치 요시미는 전후 이른바 자유주의적 지식인과 매우 유사한 방법을 취했다. 그 역시 일본인의 정신적 긍지의 원점인 메이지유신 시기로 거슬러 올라가 사상적 긴장감과 영웅주의로 충만한 역사적 인물을 추적했다. 그 역사적 인물이 다케우치 요시미에게는 후쿠자와 유키치, 하야시 후사오에게는 사이고 다카모리였다. 그들은 현대 일본인의 긍지와 자신감을 환기할 매개를 구한 듯하다. 동시에 그들은 단순한 이데올로기적 결론으로 향하기를 거부하고, 일본인의 감정경험에 호소하고자 했다.

그러나 그들에게는 근본적인 차이가 있었다. 다케우치 요시미는 일본 문명을 내재적으로 비판하고 재건하기 위해 후쿠자와 유키치까지 거슬러 올라갔으며, 따라서 그는 『루쉰』에서 확립한 자기부정의 시각을 일관되게 견지해 나갔다. 전쟁은 자기부정과 자기재건(自己再建)의 매개이며, '사이비 문명'을 분석하고 해체하기 위한 효과적인 계기가 된다. 다케우치 요시미가 50년대 초에 일본이 전쟁기간 동안 보여준 야만성을 반성했으며, 60년대 초에 아시아주의를 정리하면서 아시아주의가 어떻게 연대에서 침략으로 미끄러졌는지를 주목했다는 사실을 결부지어 생각하면, 그의 사고에 깔려 있는 중심선을 발견할 수 있다. 그것은 일관되게 일본 민족의 근대정신을 어떻게 세울 것인가라는 문제를 둘러싸고 전개되었다. 이때 중요한 위치를 차지하는 과제는 어떻게 열린 국제적 시야에서 일본의 위치를 사고할 것인지였다. 그것이야말로 다케우치 요시미가 거듭 강조했던 일본 민족 독립의 진의가 자리하는 곳이다. 전후의 국제적 냉전구조 속에서 대부분의 일본 '자유주의 지식인'은 표면적으로는 반미, 그러나 내심으로는 친미의 태도를 취했다. 그들이 말하는 '저항'에는 자기부정의 의식이 전혀 담겨 있지 않았으며, 실상 매우 의존적이었다. 미국 식민지정책에 대한 그들의 비판은 기실 소련과 중국에 대한 공포와 허-실의 관계를 이루고 있었다. 좌담회 중 하야시 후사오가 다케우치 요시미와 나눈 대화에서는 이런 상황이 부각되었다.[39]

> 하야시 중공 쪽이 일본에 굴복하라는 요구를 했다지요. 농담처럼 들립니다만.
> 다케우치 그것은 여러 의견을 구하고 싶은 대목인데요.
> 하야시 중공이 일본에 굴복을 요구하지 않았습니까.
> 다케우치 미국이 일본에 굴복을 요구했으니 중국도 요구할지 모르겠네요. 저는 일본이 미국에 굴복하는 것은 반대합니다.

'중공'이라고 부르길 거부하는 다케우치 요시미가 하야시 후사오의 눈에는 탐탁지 않는 친중파로 보였을지도 모르겠다. 그러나 다케우치 요시미는 여기서 중국에 대한 태도를 말하려던 것이 아니다. 하야시 후사오는 일본 지식계에 널리 존재하는 냉전구조의 허실에 대한 반응을 전형적으로 표현했다. 반미는 한 번 부르고 마는 시늉에 불과했으며 반'중공'이야말로 진짜였다. 그에 대해 다케우치 요시미는 국제정치관계에 관한 그의 기본적인 시각을 밝혔다. 60년대 초두의 일본에서 미국의 준식민지적 상태는 현실이 되어갔다. 다케우치 요시미는 이 현실이 냉전구조 속에서 일본이 하나의 장기알이 된다는 의미임을 이해하고 있었다. 그는 미국과 중·소의 냉전관계 속에서 일본이 처한 진정한 처지를 간파했다. 하야시 후사오의 관념적인 공포와 달리, 다케우치 요시미는 그 진정한 위협과 장차 그것이 야기할 일련의 결과를 우려했다. 그런 까닭에 하야시 후사오가 좌담회의 말미에 '일본 은거론'(日本隱居論)을 말하고, 우에야마 슌페이가 일본은 자위를 위해 군비가 필요하다는 점을 강조하자 다케우치 요시미는 반대의견을 밝혔다. 그는 "비전 같은 것은 없다"고 말하면서 태평양전쟁은 노구교사변을 해결하지 못했으며 그 문제는 원래의 모습대로 남아 있기 때문에, 전쟁은 끝났다고 말할 수 없다고 강조했다. "이 전쟁을 끝내는 일은 나를 포함한 우리 세대의 책임이자 앞으로 계승되어야 할 과제라고 생각합니다."[40]

다케우치 요시미는 마루야마 마사오, 쓰루미 슌스케와 협력관계에 있었고, 그들의 이성주의적 분석의 입장을 공감하고 있었다. 그것은 일본이 모방하는 문명을 내재적으로 비판하기 위한 중요한 이론적 경로이다. 다케우치 요시미는 자연주의적 방법으로 '일본인'의 심정을 외래의 이성주의와 단순히 대립시키는 입장은 취하지 않았다. 그는 전통적인 사상자원을 정리하면서 전통과 외래의 대립을 충분히 솎아냈다. 다케우치 요시미가 창도한 일본 민족의 저항정신은 배타성에서 벗어나 개방적인 의식을 지니는 것이었다. 이 점에서 하야시 후사오를 대표로 하는 배타적인 입장과는 확연히 구분된다. 실제로 안보운동은 하야시 후사오, 다케야마 미치오와 같은 지식인을 받아들이지 못했다. 어떤 의미에서 안보운동은 후쿠자와 유키치의 '일본 국민의 저항정신'이라는 사상적 전통을 계승한 사회운동이었지만, 일본의 저항정신을 강력히 고취하는 문인들이 정신적 지도자가 되지는 못했다. 이 사실은 하나의 메타포라고 여겨진다. **현대 사회에서는 직관적·비이성적인**

감정으로 민족의 자신감을 유지할 수 없다. 국제적인 시야와 상황에 밀착된 긴장감이 필요하며, 전통의 계승을 계기로 하는 자기부정과 자기의 재구축이 필요하다. 다케우치 요시미는 바로 이런 작업에 온힘을 쏟았다.

다케우치 요시미는 안보운동이 끝난 후에 자각적으로 정신적 지도자의 자리에서 물러났다. 1965년에 그는 '평론가 폐업'을 선언하고 지도적이거나 예언적인 담론은 발표하지 않겠다고 말했다. 그렇다고 그가 정말 침묵하지는 않았으며, 그의 선언은 신변이 악화된 사정과도 직접적인 관계가 있는 것이었다. 그러나 '평론가 폐업'이라는 그의 자세는 지난날의 사직과 마찬가지로 사상계의 구도나 위상을 변환하는 의미를 품었다. 그 변환이란 어떤 종류의 중요한 사고패턴이 자신의 진정한 위치를 확정하려면 언론의 중심에서 물러나야 함을 상징한다. 그가 물러나자 일본 언론계는 더욱 이원대립의 사고방식을 강화해 나갔으며, 진보적 지식진영은 한층 쉽게 이데올로기적 비판으로 향하게 되었다. 일본인의 '민족 감정'이 하야시 후사오식의 자기부정 의식을 결여한 '심정론'(心情論)으로밖에 표현될 수 없었음을 우려한다면, 다케우치 요시미의 지난날 노력은 귀중하면서도 곤란한 것이었다고 여겨진다. 이제 일본의 진보적 지식인이 주체를 재생시키기 위해 내재적인 부정의 동력을 구한다면, 대체 어디에서 그 사상자원을 길어와야 할 것인가.

다케우치 요시미는 세 권의 평론집을 위해 적은 짧은 서문에서 '화씨의 옥'(和氏の璧)이라는 고사를 인용한 뒤 그 고사에 기대어 자기 반평생의 작업을 총괄했다. "화씨가 아닌 내가 20년간 발굴해낸 것이 옥의 원석인지 아니면 그저 변변찮은 돌멩이인지 나로서는 판단을 내릴 수 없다. 왕에게 바치지 않은 덕택에 쪼개지는 것은 면했지만, 옥장

이에게 감정해달라는 일도 게을리 했다. 오로지 발굴에 열심이었을 따름이다. 자, 이제 정신을 차리자 해는 이미 서쪽으로 기울고 있다. 집으로 가져가 내가 연마할 만한 기력이 남아 있는지도 모르겠다. 차라리 큰길가에 서서 지나는 사람을 부르는 편이 나을 게다. '옥인지 돌멩이인지 보증할 수는 없지만, 한 번 시험해보지 않겠나.'"[41]

옥인지 돌멩이인지 우리의 기력으로는 연마할 수도 판단할 수도 없을지 모른다. 그러나 중요한 것은 뒤에 온 자로서 우리는 다케우치 요시미에게 답할 책임이 있다. "한번 해보겠습니다!"라고.

# 5

# '근대'를 찾아서 :
# '근대의 초극' 좌담회의 사정

'근대의 초극'은 지식인이 단순히 자가소비용으로 만들어낸 말이지 민중이 사용하던 말은 아니었으나, 전쟁과 파시즘에 관한 복잡한 역사기억이 엉겨붙어 있다는 점에서 그 말은 작용하는 것이었다.

**태평양전쟁이** 발발한 다음 해인 1942년에 '근대의 초극'이라는 이름의 좌담회가 일본의 엘리트 지식인들에 의해 개최되었다. 이 좌담회는 전쟁의 폭력성을 배경으로 하여 당시의 국민총동원과 같은 사회적 분위기를 조명하고, 태평양전쟁 발발이라는 특정한 역사적 시점에서 전쟁에 개입하겠다는 엘리트 지식인들의 '학술적'인 정열을 뿜어냈다. 다만 정작 좌담회에서는 소수의 참가논문을 제외하고는 전쟁은 정면으로 다뤄지지 않았으며, 주로 서양 근대성에서 발원한 기본적인 문제, 서양 근대성이 일본에 미치는 효과와 부작용 그리고 일본 정신의 재발견 같은 다양한 주제들이 논의되었다. 주최자는 '맺음말'에서 좌담회의 취지는 대동아전쟁의 슬로건 아래 가려져 있던 "정신의 노력이나 능력"을 세간에 전하는 데 있다고 강조했다. 나아가 이데올로기가 강력한 시대에 "소위 '말하고 싶은 바를 말할 수 없다'는 것은 감상적인 자기고백에 불과하다"라고 지적하며, 요컨대 좌담회는 이데올로기적인 슬로건도 아니며 감상적인 자기고백과도 달라서 "우리는 '어떻게' 현대의 일본인인지"를 토론하는 것이었다고 주장한다.[1]

좌담회는 '맺음말'의 의도에는 충실했지만 현실의 잔혹함에는 충분한 주의를 기울이지 않았다 할 것이다. 일본식 여관에서 이틀에 걸쳐 호기롭게 진행된 이 좌담회는 전장에서 꽤 떨어져 있었으나 설령 형식적으로라도 체제 이데올로기와 반체제 이데올로기의 어느 쪽도 아닌 제3의 길을 걷지는 못했다. 애초 반체제 이데올로기가 기본적으로 존재하지 않던 1942년이라는 시기에 체제 이데올로기와 표면적으로 협력하거나, 그것을 묵인하면서 독립된 사상을 건설하려는 시도는 체제 이데올로기에 쉽게 빨려 들어간다. 실제 이 좌담회에서 양자의 차이는 기본적으로 모호했다. 이런 사정으로 전후 일본 사상계가 좌담회를 두고 내린 구체적인 평가에는 차이가 있었지만, 파시즘 전쟁의 이데올로기와 어떤 복잡한 공범관계를 이뤘다는 점에서는 대개 의견의 일치를 보았다.

그러나 이런 평가와 함께 역설적인 현상이 줄곧 존재해왔다. 즉 이 좌담회는 몹시 명성이 낮았지만, 후세의 사상가들은 높게 평가된 동시기의 어떤 좌담회보다 이 좌담회를 중히 여겨 반복적으로 분석해 온 것이다. 이 좌담회를 분석하려는 일련의 노력으로부터, 우리는 완성도가 떨어진 이 좌담회가 후세에도 여전히 중요한 의미를 지녔음을 확인할 수 있다. 이는 이 좌담회가 이데올로기의 일시적인 소란스러움에 그치지 않고, 후세에도 계발될 가치를 품고 있음을 의미한다.

후세의 사람들은 이 역설을 나름의 방식으로 처리하려 했다. 생각하건대 후세의 논자들은 이 좌담회를 대개 다음처럼 다뤘다고 말할 수 있겠다. 사람들은 이 좌담회 자체를 초월하고자 시도하고 좌담회를 어느 특정한 시대의 사상적 상징으로 간주했다. 그리고 좌담회를 분석하여 2차 세계대전 내지는 보다 오랜 역사에서 일본 사상의 기본적인 문제를 끌어내고자 했다. 이런 사정으로 '근대의 초극'은 하나의 상징이 되었으며, 동시에 자신의 알맹이를 훨씬 초과하는 역사적·사상적 내용을 떠맡아야 했다. 일본의 근대 이데올로기와 파시즘의 관계, 일본 근대성의 기본적 문제 그리고 전쟁과 지식인의 책임과 같은 커다란 문제에 관해 답변을 요구받았으며, 나아가서는 그러한 문제들에 대한 회답이 충분치 않다고 비난받기도 했다.

이러한 기본적인 스케치를 좇아 전후 지식인들이 작성한 일련의 '근대의 초극론'을 읽어보기로 하자. 좌담회 '근대의 초극'과 후세의 '근대의 초극론'은 한 덩어리 혹은 독립된 문제군을 형성하면서 일본 지식인이 거쳐온 '근대'에 관한 사고의 궤적을 보여준다. 이 궤적을 갈무리할 수 있다면 이른바 '근대'의 충격으로 야기된, 일본이나 동아시아로 한정되지 않는 문제를 사고하는 데에 있어 도움을 얻을 수 있을 것이다.

# 1장_좌담회의 기본적 윤곽

'근대의 초극'은 잡지 『문학계』가 주최하고 다방면의 지식인이 한데 모인 좌담회였다.* 이 잡지는 문학을 중심으로 하면서도 여러 영역에서 개방적인 토론을 조직하여 명성을 날리고 있었다. 가와카미 데쓰타로**는 이러한 개방적인 이미지를 만들어내기 위해 특별히 철학자 미키 기요시를 동인으로 초대했다고 회고한다. 문인들 사이에서는 미키 기요시에 대한 평가를 둘러싸고 몇 차례 언쟁이 오갔다고 한다.[2)] 그러나 그럼에도 『문학계』 동인이 문학을 기본으로 두고 사고했으며 또 토론했다는 사실은 가벼이 여겨선 안 된다. 더욱이 『문학계』가 좌담회를 주최하면서 그 동인들이 논의의 기본적인 흐름을 구상했다는 사실도 명심해야 한다. 즉 여러 분야를 두루 포괄한 토론은 사실 문학적인 틀 아래서 진행되었다.***

---

\* 『문학계』 1942년 10월호는 '근대의 초극'을 제목으로 삼아 좌담회의 기록을 실었다. 1943년 7월 쇼겐샤(創元社)에서 동명의 단행본이 출판되었다. 초판은 6천 부.
\*\* 가와카미 데쓰타로(河上徹太郎, 1902~1980). 평론가. 도쿄제국대학 경제학부를 졸업했다. 『문학계』 동인이었으며, '근대의 초극' 좌담회 당시에 『문학계』의 대표 편집자였다. ─옮긴이

이틀간 진행된 좌담회에서 다음의 화제가 논의되었다. 르네상스의 근대적 의미, 과학에서의 근대성, 과학과 신의 관계, 우리의 근대, 근대 일본의 음악, 역사(바뀌어도 변하지 않는 것), 문명과 전문화(專門化)의 문제, 메이지 문명개화의 본질, 우리 속에 있는 서양, 아메리카니즘과 모더니즘, 현대 일본인의 가능성. 이상의 소제목들을 보면 좌담회가 서양 근대성이 지닌 한계를 다루고 그것을 '초극'한다는 목표를 상정했다는 점, 그리고 근대의 초극이라는 의미에서 일본 문화의 우위성을 강조했다는 사실을 읽어낼 수 있다. 그러나 이렇듯 소제목이 보여주는 방향에서 좌담회의 내용을 탐구한다면 그다지 수확을 얻을 수 없다. 참가자마다 사고의 방향이 달라서 본격적으로 토론이 진행되기 전에 모든 주제가 윤곽을 잃고 말았기 때문이다. 이 좌담회의 진정한 내용을 찾으려면 화제(話題)로는 포착되지 않는 이야기의 결들을 탐구해야 한다.

좌담회의 참가자로는 『문학계』 동인 이외에 '교토학파'에서 온 두 명의 학자 그리고 신학, 자연과학, 음악 등과 관계된 지식인이 있었다. 그들이 참가하여 토론은 입체성을 더했지만, 애초 초점이 흐릿한 주제

---

\*\*\* '초극'이라는 일본어에는 곤란한 대상을 초월하고 공략한다는 의미가 담겨 있으며, 뚜렷한 폭력성과 감정적 색채가 엿보인다. 1940년대 초에 이 슬로건은 그 내용의 애매함으로 인해 당시 지식계 전체를 광범하게 뒤덮고 있던 특정한 정서를 전달할 수 있었다. 메이지 이래로 서양을 모범으로 해왔던 근대화의 부정적 영향을 청산하고, 서양 특히 영미의 경제·문화적 침투에 공격을 가하여, 나아가 동양의 강국으로서 일본의 지도적 입장을 확립한다는 것이다. 본디 이러한 정서는 간단한 개념으로 전달될 성질의 것이 아니다. 공기 중에 충만한 감각으로서, 많은 청년을 전장으로 보내고 침략 전쟁에서 목숨을 잃게 한 잔혹한 현실 아래에 통합되어 있는 것이다. 이러한 상황에서 『문학계』에 의한 선동적 슬로건은 도리어 당시의 시대적인 정서를 가장 유효하게 전달해주고 있다. 슬로건으로서 '근대의 초극'은 당시의 정서를 전하고 있다. 다음으로 다룰 좌담회 '세계사적 입장과 일본'과 비교해보면 그 점은 보다 분명해진다. '세계사의 철학'을 슬로건으로서 이용하는 일은 곤란했다.

에 더욱 종잡을 수 없는 논의들이 오고갔다. 한편으로 그들, 특히 교토 학파의 '대표선수'가 참가하여 우리는 '근대의 초극' 좌담회를 자리매김할 참조계를 얻게 된다. 교토제국대학의 철학자 니시타니 게이지*와 역사학자 스즈키 시게타카**는 이 좌담회가 있고 나서 불과 얼마 지나지 않아 교토학파 학자들이 개최한 또 하나의 좌담회 '세계사적 입장과 일본'에 참가하였다. 그 기록은 세 번에 걸쳐 『중앙공론』에 실렸으며, 『근대의 초극』과 거의 동시기에 단행본으로 나왔다.*** '세계사적 입장과 일본'은 완성도가 높은 좌담회로서 좌담회 '근대의 초극'이 지닌 혼란스러움을 더욱 두드러지게 했다. '세계사적 입장과 일본'을 참조한다면 우리는 '근대의 초극'은 여러 분야의 교류가 실패한 결과였다고 말하지 않을 수 없을 것이다.

1952년 1월 『문학계』는 '근대의 초극' 속편이라고도 불리는 좌담회 '현대 일본의 지적 운명'을 개최했다. 이 좌담회에서 토론된 내용은

---

* 니시타니 게이지(西谷啓治, 1900~1990). 철학자. 교토제국대학 철학과를 졸업했으며, 좌담회 참석 당시 교토제국대학 교수였다. ─옮긴이
** 스즈키 시게타카(鈴木成高, 1907~1988). 역사학자. 서양중세사를 전공했다. 교토제국대학 역사학과를 졸업했으며, 좌담회 참석 당시 교토제국대학 교수였다. ─옮긴이
*** 이 좌담회는 네 명의 학자만이 참석하여 세 차례에 걸쳐 진행되었다. 니시타니, 스즈키에 더해 고사카 마사타카와 고야마 이와오가 참가하였다. 종합잡지 『중앙공론』은 1942년 1월과 4월 그리고 1943년 1월, 이렇게 3회에 걸쳐 좌담회의 기록을 실었다. 각각의 테마는 '세계사적 입장과 일본', '동아공영권의 윤리성과 역사성', '총력전의 철학'이었다. 이상의 내용은 1943년 중앙공론사에서 단행본 『세계사적 입장과 일본』으로 출판되었다. 초판은 1만 5천 부. '근대의 초극'과 비교하자면 이 좌담회는 문학가가 참가하지 않은 탓인지 토론이 학술적으로 심화되었으며 또한 현실을 보는 태도에도 일관성이 있었다. 좌담회의 완성도를 말한다면 '세계사적 입장과 일본'은 '근대의 초극'을 훨씬 능가한다. 발행부수도 『근대의 초극』의 두 배 반에 달한다. 그러나 동시에 규모도 크고 완성도도 높은 이 좌담회가 후세에 이르러서는 거의 정면으로 다뤄지지 않았으며, 논의되는 경우에도 '근대의 초극'을 다룰 때 부수적으로 취급되었을 뿐이라는 점에 주목할 필요가 있다.

젖혀 두더라도 그 자리에 참석한 사람들의 면면에는 주의를 기울이고 싶다. 앞서 '근대의 초극' 좌담회에 참가한 『문학계』 동인은 모두 보이지만 그 밖의 학자들은 모습을 감추었다. 10년이라는 거리를 두고 이루어진 두 차례의 좌담회 사이에 어떤 관련성을 찾아본다면, '근대의 초극'이란 원래 문학가들이 발기하고 그들이 계승한 토론이었다는 점이 분명해진다. '근대의 초극'에 참가했던 학자들의 전후 활동이 이를 증명한다. 그로부터 2년 후 다른 좌담회에서 '현대란 무엇인가'라는 문제가 토론에 부쳐졌다. 이 자리를 꾸린 사람은 일찍이 '근대의 초극'에 참가했던 스즈키 시게타카였다.**** 이 좌담회는 '세계사적 입장과 일본'에서 다뤄진 세계사의 철학 문제를 일종의 굴절된 형태로 계승하였으며, '근대의 초극'이 지녔던 내재적 방향성과는 전혀 접점을 갖지 않았다.

두 좌담회 '근대의 초극'과 '세계사적 입장과 일본'이 보여주는 내재적인 방향성의 차이를 상세하게 비교하는 일은 무척 중요하다. 이 두 좌담회는 모두 서양 근대성에 도전하고 대동아공영권의 이데올로기로서 작용하였지만, 토론의 방향성에는 미묘한 그러나 근본적인 차이가 있었다. 이 점을 비교할 수 있다면 우리는 문제의 핵심에 이르는 경로를 발견할지도 모른다. 혼란으로 끝나 성과를 남기지 못한 '근대의 초극'만이 반복해서 분석의 대상이 되고, 조리 있고 정연했던 '세계

---

**** 토론은 두 부분으로 나누어졌다. 제1부는 '현대란 무엇인가'(現代とは何か)라는 제목으로 스즈키 시게타카가 사회를 보았다. 참가자는 우에하라 센로쿠, 다케야마 미치오, 하라시 켄타로(林健太郞), 마루야마 마사오, 무타이 리사쿠(務臺理作). 제2부는 '세계와 일본'(世界と日本)이며 하라시 켄타로가 사회를 보았다. 참가자는 앞에 거론한 사람들 이외에 쓰루 시게토(都留重人)가 더 있었다. 創文社編輯部編, 「現代史講座」, 『戰後日本の動向』別卷, 創文社, 1954, 167~295쪽.

사적 입장과 일본'이 부수적으로밖에 다루어지지 않은 것은 대체 어떤 사정인가? 이 기묘한 현상의 배후에는 어떤 역사의 논리가 숨겨져 있지 않을까?

좌담회 '근대의 초극'은 가와카미 데쓰타로의 사회로 시작되었다. 그가 제일 처음 꺼낸 문제는 '르네상스의 근대적 의미'였다(좌담회의 첫번째 소제목이다).[4] 이것은 토론 전체에 특별한 출발점을 제공했으며, 르네상스를 기점으로 근대에 관한 논의가 이루어지는 계기가 되었다. 문제를 설명해 달라고 지명을 받은 사람은 교토학파의 스즈키 시게타카였다. 스즈키는 좌담회에 제출한 논문에서 르네상스를 평가하는 문제를 언급했는데, 그 언급에는 르네상스를 기점으로 하는 방식에 대한 문제제기가 담겨 있었다. 역사학자인 스즈키는 화제를 역사학 내부의 학술적인 복잡함으로 이끌려고 시도했다. "유난히도 서양의 학계에서는 최근 십수년 동안 상당한 논의가 있었습니다. 가령 르네상스란 어떤 것일까 하는 문제에 대해서도 르네상스는 고대의 부활이라거나 혹은 인간과 자연의 발견이라든가 자아의 발견이라는 등 ……. 그렇지만 역사학 내부에서는 그러한 개념 규정만으로는 곤란한 점이 생깁니다. 그런 사정으로 여러 학문적 문제가 제기되는 겁니다. 그 문제와 관련해서 일본에서도 오루이 박사와 같은 사람이 쓴 책도 있죠. 허나 그것은 전공 영역의 일이니 일반인은 그런 문제에 별로 깊이 들어갈 필요가 없다고 생각합니다."[5]

스즈키 시게타카가 시도한 것은 실은 교토학파의 가예(家藝)였다. 교토학파는 이데올로기를 표현할 때도 그것을 학술로 만들고자 했다. 더구나 그들은 이러한 학술화에 대해 "일반인은 그런 문제에 별로 깊이 들어갈 필요가 없다"고 생각했다. 좌담회 '세계사적 입장과 일본'

은 그러한 태도를 전제로 진행되었다.

그러나 좌담회 '근대의 초극'에서 스즈키의 태도는 문학가들에게 인정을 받지 못했다. 그의 학술적인 발언은 곧 차단되었으며 마르크스주의에서 전향한 문학가인 하야시 후사오의 노골적인 질문에 맞닥뜨리게 되었다. "당신 자신은 르네상스를 어떤 식으로 생각하고 계십니까?"[6] 스즈키 시게타카는 화제를 돌려 다시 학술적인 문제로 향하고는 자신은 서양중세사를 전공했으며 르네상스 전문가는 아니라고 강조하면서, 지금까지의 르네상스관이 지나치게 '근대화' 되어 있었다고 완곡하게 지적했다. 그는 르네상스란 중세의 부정임과 아울러 중세의 계승이라는 점을 밝히고자 했던 것이다. 그런데 그의 발언은 사회자 가와카미 데쓰타로에게 다시 저지당하고 이렇게 매듭지어졌다. "즉 르네상스는 중세의 결론이란 말입니까."[7] 스즈키는 곤혹스러워 한다. 왜냐하면 문학가들이 지적했던 것은 스즈키 자신이 구체적인 문제를 처리할 수 없다고 지적한 '개념 규정'에 다름 아니었기 때문이다. 대화는 곤란에 빠졌다. 그러나 스즈키는 거기에서 타협했다. "결론이라고 말하기엔 곤란하지만, 간단히 말하자면 이렇게 말하는 것이 적절하다고 생각합니다."[8]

현재의 상식에 비추어 말하자면 근대에 관한 문제, 특히 근대성의 문제를 논하려면 적어도 18세기의 프랑스혁명을 초점으로 삼을 필요가 있고, 그 시기까지의 계몽주의 문제가 주된 화제가 될 것이다. 그런데 일본의 문학가들이 조직한 이 좌담회에서 근대는 르네상스와 관련지어졌다. 이것을 문학가들의 역사고증벽으로 돌려서는 안 된다. 여기서 떠올려야 할 것은 30년대 중반 일본 문단의 한 시기, 즉 문예부흥기이다.

쇼와 8년, 즉 1933년은 일본 문단에서 풍작의 해였다. 다니자키 준이치로 등 대가의 대표작과 신진문학가들의 수작이 동시에 나온 데다가 『문학계』, 『행동』, 『문예』 등 후세에 영향을 미친 '순문학' 잡지가 창간되었다. 바로 전까지 소위 '순문학' 잡지는 『신조』 단 한 종이었다. 1934년에는 가이조샤가 '문예부흥총서'를 출판하였다. 이러한 움직임의 배경에는 일찍이 매우 융성했던 마르크스주의 사상문화운동이 20년대 중기부터 퇴조하기 시작했다는 사실이 자리잡고 있다. 또한 30년대 일본 정세의 파시즘화와 백색테러의 횡행이 이러한 국면의 직접적 또는 주요한 원인이었다. 그러나 마르크스주의가 '이론'의 모습으로 일본 지식계에 이입되어, 진실로 일본에 뿌리 내리는 사상적 전통을 낳지 못했던 점도 요인의 하나로서 무시할 수 없다. 마르크스주의는 하나의 사상적 입장으로 일본 지식계로 들어온 이래 현재에 이르기까지 줄곧 매우 굴절된 방식으로 계승되었다. 이런 사정으로 일본에 뿌리내리고 있던 기본적 문제와의 관계는 마르크스주의 지식인에게 항상 아포리아로 남아 있었다.

30년대 전반에서 중반에 이르기까지 문예계에서 일세를 풍미했던 프롤레타리아 문학운동이 퇴조하고 대신 '순문학'이 융성했다는 사실은 어떤 은유적인 의미를 지닌다. 여기서 상징적으로 보이는 것은 일찍이 마르크스주의 이론의 매력에 심취했던 문학가들이 백색테러라는 정치적 압력에 노출되고, 이에 더해 마르크스주의 이론을 유효하게 활용하는 방도를 구할 수 없다는 곤경에 이르자, 그러한 정체상태를 '순문학'에서 타파할 활로를 찾았다는 사실이다. 프롤레타리아 문예운동과 모더니즘 문예운동의 합류라는 얼마 전의 사건과 비교한다면, '순문학'에서 활로를 찾으려는 이 시기의 사조는 일본 문단이 다시 곤란한 탐색과정에 들어섰음을 암시한다 하겠다. 이러한 시기인 1933년에서 37년까지의 4년간을 후세에는 '문예부흥기'\*라고 부른다. 이 4년간 나온 문예잡지를 훑어보면, '문예부흥'이라는 용어의 사용빈도가 매우 높다는 점 그리고 문단의 각파가 이 용어를 각기 다르게 사용했다는 점이 쉽게 눈에 들어온다. 그것은 흡사 '근대의 초극'처럼 확정된 내용을 갖지 않는 선동적인 슬로건이었다.

가와카미 데쓰타로가 '근대'라는 화제를 가지고 르네상스로 향했던 때, 그가 자신의 기억 속에 남아 있던 문예부흥기의 인상을 떠올렸는지 알 도리는 없다. 다만 현재 알 수 있는 것은 가와카미가 서양 근세의 시작이라는 특정한 시기에 다른 시기와는 독립된 중요한 지위를 부여하고, 근대성을 토론하기 위한 출발점으로 삼았다는 사실이다. 이런 방법은 역사학자인 스즈키 시게타카의 학술적인 습관으로는 받아들일 수 없는 것이었으며, 스즈키는 계몽시기와 프랑스혁명의 문제로 화제를 돌려야만 했다. 스즈키는 자신의 발언에서 가와카미의 견해를 완곡히 부정했다. 그는 쉽사리 르네상스를 근대의 출발점이라고 규정하는 것은 적당하지 않다고 지적하고, 부정과 계승이 얽혀 있는 르네상스와 중세 사이의 상관관계야말로 논의할 내용이라고 주장했다. 스즈키는 니시타니와 협력해 르네상스의 논의를 중세와 근대의 관계에 대한 논의로 전화시킴으로써 유동성을 띠게 만들어 가와카미 데쓰타로가 강조한 르네상스의 독립성을 해소하려고 시도했다. 그러나 신학

---

\* 이 시기를 '문예부흥기'라고 부르는 일의 시비를 두고 일본 문단에서 반복된 논쟁이 있었다. 적어도 '근대의 초극' 좌담회가 열리기 전까지 이러한 명칭은 존재하지 않았다. 그러나 1933년부터 중일전쟁이 전면적으로 발발까지의 4년 동안 일본 문단에서 중대한 전환이 이루어졌던 것은 틀림없는 사실이다. 野口富士男, 『感性の昭和文壇史』, 文藝春秋, 1976, 98~152쪽 참조.

자 요시미치 요시히코*가 계속 끼어들어 그 노력은 허사로 돌아갔다.

    1942년 1월의 '세계사적 입장과 일본' 좌담회에서 스즈키 시게타카와 세 명의 동료는 여전히 르네상스의 문제를 다루고 있다. 두 좌담회의 토론을 비교하면 몹시 흥미롭다. 두 좌담회 모두 주로 발언한 이들은 스즈키 시게타카와 니시타니 게이지이며 더구나 그들은 같은 화제를 꺼냈다. 하지만 같은 발언이라 할지라도 문학가들이 만든 틀 속에 놓이는 맥락과 교토학파 학자들이 만들어낸 맥락은 전혀 다른 지향성을 띠게 되었다.

    '세계사적 입장과 일본'에서 르네상스라는 화제는 역사철학의 다양한 개념들이 토론된 이후에 '서양의 르네상스와 근세사'라는 소제목을 달고 등장했다. 학자들에게 르네상스는 떼어서 논의될 만한 자격을 갖지 못했으며, 뿐만 아니라 그 근대성에 관해서도 많은 주석이 더해졌다. 스즈키는 이렇게 주장한다. 오늘날까지 비연속설에 입각해 세계사를 다루는 편이 지배적이었기에 중세와 르네상스 사이에서 단절을 읽어내곤 했지만, 그와 달리 중세 속에 고전이 있고 르네상스 속에 종교적인 것이 있다고 이해한다면 다른 연속사관이 가능하다. 즉 근대의 기원을 근세 르네상스가 아니라 중세로 거슬러 올라가 구한다는 뜻이다. 그는 또한 르네상스는 이탈리아 역사의 특정한 시기이기 때문에 서양 전체의 역사 시기로 단순히 추상화해서는 안 된다고 지적했다. 니시타니 게이지는 스즈키 시게타카의 논의를 기반으로 그것을 반복하여, 연속 속에 비연속이 있으며 비연속 안에 연속이 있다고 말했다.

---

* 요시미치 요시히코(吉滿義彦, 1904~1945). 종교 철학자이자 가톨릭 신학자. 도쿄제국대학 윤리학과를 졸업했으며, 좌담회 당시 조치대학 교수 및 도쿄제국대학 강사였다.―옮긴이

고사카 마사아키**는 문화사의 문제에서 정치사의 문제로 화제를 돌리고, 르네상스와 식민지 획득과정 사이의 직접적인 관련성을 지적했다. 그리고 정치사적 의미에서 니시타니의 명제를 역사화해 보였다. 이상의 내용에서 확인되는 것은 좌담회에서 르네상스는 근대의 출발점으로 여겨지지 않았으며, 독립적으로 논의되는 일 없이 유럽사와 세계사를 인식하기 위한 일환으로서 상대적인 위치를 부여받았다는 사실이다. 가와카미 데쓰타로가 규정했던 르네상스와 비교해보면, 근대의 출발점이라는 중요성은 인정되지 않았으며 다른 역사단계로부터 독립된 절대적인 가치도 상정되지 않았다. 다만 유럽 근세를 조성하는 요소 중 하나에 불과했다.

교토학파 학자들은 자신들끼리 대화하는 공간에서는 '근대의 초극' 좌담회에서 겪었던 곤란을 느끼지 않았다. 『문학계』 동인은 순수 학술적인 논의를 즐기지 않았으며 학자들에게 하나의 '견해'를 요구했다. 돌려 말하면 그들은 충분한 학술적 훈련을 거친 학자들로부터 유용한 결론이 나오기를 원했다. 르네상스에 관한 학자들의 토론이 문학가들에게 가로막힌 대목에서 상징적으로 드러나듯이, 학자들이 대화를 복잡하게 만들어 단순한 결론에서 떼어내려 하면 문학가들은 그들의 토론을 가로막는 역할을 담당하곤 했다. '근대의 초극' 전체에 드리운 혼란에는 이런 기본구조가 깔려 있다. 반면 '세계사적 입장과 일본'에서는 논의가 도중에 끊기는 일 없이 학술적인 사고를 좇아 이어졌으며, 전거를 바탕으로 '세계사'의 학리성이 규명되었다. 두 좌담회

---

** 고사카 마사아키(高坂正顯, 1900~1969). 철학자. 교토제국대학 철학과를 졸업했으며, 좌담회 당시 교토제국대학 교수였다. ─옮긴이

의 완성도 차이는 이런 내재적 구조의 근본적 차이에 기인한다.

이러한 내재적 구조의 차이와 상보적인 관계에 있는 것으로 두 좌담회가 다룬 주제의 차이도 그냥 넘길 수 없다. 겉으로 보면 두 좌담회는 모두 2차 세계대전이 고조되던 시기에 세계 속에서 일본의 지위를 문제로 삼고, 일본의 우월성과 헤게모니를 고취하고자 했다. 그러나 논의 참가자의 입장이 달랐기에 두 좌담회의 주제에는 근본적인 차이가 발생했다. '근대의 초극'에서는 참가자의 자기 문제가 주제로 다루어졌다. 반면 '세계사적 입장과 일본'은 참가자 앞에 존재하는 학술적인 대상을 주제로 삼았다. 이 근본적인 차이는 '근대의 초극' 좌담회에서 나타난 역할분담에서 뚜렷하게 드러난다. 첫째 날 토론에서 학자들이 맡은 역할은 서양 근대성의 기본적인 문제를 해결하는 일이었으며, 『문학계』 동인들은 일본의 근대에 관한 토론을 담당했다. 둘째 날 토론에 등장한 주역들은 자신의 체험을 말하기 시작했다. 이 미묘한 차이는 둘째 날 토론 모두(冒頭)의 고바야시 히데오와 스즈키, 니시타니가 나눈 대화에서 선명히 읽어낼 수 있다.

고바야시 히데오는 『문학계』 동인 가운데 가장 '동서의 학문에 정통한' 인물이었다. 이 대화에서도 그는 교토학파 학자와 의기투합하였으며, 그들의 대화는 보기 드문 부드러운 분위기를 자아냈다. 그들은 역사 속의 변화와 불변의 관계를 화제로 다루었는데, 큰 방향에서는 어떤 충돌도 없는 듯했다. 세 명은 모두 위인이 도달한 곳에 후세 사람들은 다가가지 못한다는 점, 역사 속의 새로운 창조란 실은 변화라는 형식으로 변하지 않는 역사를 모방하는 일에 불과하다는 점 등에서 의견의 일치를 보았다. 그러나 고바야시의 입지점이 '반근대'였고 따라서 근대의 역사발전론에 대항한다는 의미에서 역사 속의 변하지 않는 것에 관한 말을 쏟아냈다면, 니시타니와 스즈키의 의도는 현대인과 과거 인간의 정신을 연결하는 역설적인 성질을 강조하는 데에 있었다. 양자의 차이는 가와카미의 개입으로 두드러졌다. 고바야시가 고전의 불변성을 주장하면서 진화사관을 반격하자 그와 가와카미 사이에는 다음과 같은 대화가 오가게 되었다.[9]

가와카미 그것은 대단히 중요한 것이지만, 무엇이든 역사라고 말할 필요는 없지 않을까요.
고바야시 역사라고 하지 않으면 뭐라고 합니까?
가와카미 더 보편적인 인간학 같은 것 …….
고바야시 혹은 하나의 미학 …….

이 대화 직후, 니시타니는 전형적인 문학가적 대화를 그만두고 다시 역사를 화제로 끌어들였다. 얼마간 오고 간 대화를 통해서 교토학파의 두 사람은 좌담의 주도권을 장악했다. 그들은 문학가들의 '반역사'(反歷史) 논조를 눌러놓는 데 성공하고 기본적으로 대화의 상대를 고바야시 히데오 한 명으로 한정했다. 고바야시도 그들의 웅변에 압도되었는지 부득불 독자적인 '미학관'을 역사의 문제로 향해야 했다. 역사주의의 극복이라는 점에서 의견의 일치를 보고난 뒤, 스즈키는 고바야시 히데오에게 무엇에서 역사 속의 변하지 않는 것을 관찰할 수 있는지 질문을 건넸다. 고바야시의 대답은 이렇다. "우리가 경탄하거나 존경하는 곳에는 시간도 발전도 없습니다. (중략) 우리 일상의 경험입니다."[10]

교토학파의 '세계사적 입장과 일본'에서 일상의 경험은 토론의 대상이 되지 못했다. 엄격한 학술적 훈련을 받은 학자들은 가령 개인적인 견해를 밝힐 때도 반드시 전거를 밟았다. 물론 그것은 그들 입장의 객관성을 보증하지 않는다. 그것이 보증하는 것은 그들이 일상성에 대한 '거절'을 기초로 하여 학술적 시야를 구성했다는 사실이다. 그런 사정으로 세 차례에 걸쳐 진행된 이 좌담회에서 학자들은 '근대의 초극'보다도 훨씬 직접적으로 전쟁을 다루고 대동아공영권의 합리성을 학술적으로 논증했지만, 후세의 비판은 '근대의 초극'을 향했던 정도로 격하지 않았다. 이를 '세계사적 입장과 일본'이 이데올로기적인 의미에서 체제에 영합하지 않았기 때문이라는 식으로 정리해서는 안 된다. 르네상스에 관한 문학가들과의 토론에서 스즈키 시게타카가 말했듯이 "일반인은 그런 문제에 별로 깊이 들어갈 필요가 없다"[11]고 생각했던 것이다. 일상의 경험을 배척한다는 의미에서 교토학파 학자들은 '일반인'의 경험과 그들 자신의 체험까지도 배척했다. 그에 비해 '근대의 초극'의 문학가들은 자신의 체험에 중요한 의미를 부여했다. 물론 그들이 '일반인'이나 '일반인'의 경험을 대표한다고 잘라 말할 수는 없지만, 그들이 문제를 관찰하거나 사고할 때 일상 경험에 시선을 두었다는 사실만큼은 분명하다 할 것이다.*

이것이야말로 '근대의 초극'이 혼란했던 이유이며, 동시에 다른

---

* 일상생활 및 일상성이 20세기 전반부에서 갖는 의미에 대해서는 해리 하루투니언(Harry Harootunian)이 정치한 분석을 하고 있다. 그는 근대의 일상생활에 대한 담론이 사회 전체의 일상성 담론을 형성했다고 지적한다. '근대의 초극' 좌담회는 이 담론의 정점이었다. 도시적인 이해에 뿌리 내리는 동시에 자기의 경험을 보편화하는 방법에 대한 비판을 '근대의 초극'은 압박하고 배제했던 것이었다. 『思想』 1997년 12월호, 131쪽 참조. 이 글에서는 다른 의미로 '일상생활'의 개념을 사용하고 있다. 내가 지적하고 싶은 것은 일상 경험이 지식인에게는 자가소비의 대상이며 문인들에게는 토론의 시각이 되었으나, 학자들로부터는 거절당했다는 사실이다.

좌담회 이상으로 반복해서 분석되어온 까닭이다. 일상 경험을 토대로 삼아 문인들은 소제목으로 정리된 일련의 화제를 조직했다. 반면 교토학파의 학자들은 이러한 화제에 학술적으로 응했다. 이리하여 얼핏 같은 화제를 말하는 듯 보여도 말은 전혀 다른 방향으로 엇갈렸다. 문학가들에게 '반근대'란 "청결한 우리의 전통"[12]에 대한 긍정에 다름 아니었으며, 학자들에게 일본의 우월성을 강조하는 일은 세계사 이야기의 한 자락에 불과했다. 둘째 날 행해진 '우리 속에 있는 서양'에서 니시타니 게이지와 고바야시 히데오 사이의 대화는 그 간극을 전형적으로 보여준다.

> 고바야시 (니시타니 등의 논문은) 극단적으로 말해 일본인의 말이라는 육감(肉感)을 갖지 않습니다. 글을 국어로 쓰지 않으면 안 된다는 숙명에 대해 철학자들은 실로 무관심한 것 같습니다. 아무리 성실히, 아무리 논리적으로 표현해도, 말이 전통적인 일본의 말인 이상 글의 스타일 속에는 일본인이 아니면 나올 수 없는 말의 맛이 담겨야 합니다. 문학가는 직업상 그런 일을 언제나 염두에 두고 있습니다. 그것이 문학의 리얼리티라는 것과 관계되어 사람을 움직이거나 그렇지 못하거나 합니다…….
>
> 니시타니 …… 일반적인 일본인이 알기 쉬운 말로 쓰려고 해도 사실 그럴 겨를이 없습니다. 정직하게 말하면 차라리 서양사상가를 상대한다는 느낌으로, 서양인이 생각하고 있는 것보다 앞으로 나아가고 싶다, 사람들이 알든 모르든 서양인이 막힌 곳을 돌파하고 싶다는 그런 기분이 앞서는 겁니다. (중략) 제 생각으로는 현재 일본의 문학에도 철학에도 아주 불리한 점은 철학자라고도 문학가라고도 할 중간

적인 사람, 예를 들면 파스칼이나 니체 같은 거인이 없다는 것인데, 그런 사람이 나올 토양이 없다는 사실은 문학과 철학 모두의 책임입니다.[13]

고바야시와 니시타니의 갈라짐은 일본 지식계의 기본적 상황을 드러낸다. 메이지 이래 근대 일본에는 뿌리 깊은 '서양 콤플렉스'가 있었으며, 서양 열강과 어깨를 나란히 하고 싶다는 바람이 '서양을 상대한다'는 지식계의 시각으로 굴절해서 반영되었다. 교토학파는 자신들의 학술적 활동을 통해 니시타니 게이지의 발언 속에 배어 있는 서양을 향한 절박한 심정을 줄곧 표현했다. 그들에게 문인들이 관심을 기울인 일본의 문제는 '서양인이 막힌 곳을 돌파해 갈' 때 필요한 재료에 지나지 않았다. 교토학파의 웅대한 세계사적 언술 속에서 '일본'은 근대 서양을 대신할 중요한 위치를 부여받지만, 결코 그것이 논술의 목적지는 아니었다. '근대의 초극'과 '세계사적 입장과 일본'이라는 좌담회 제목의 차이는 일본적 '육감'을 강조하는 전자의 '서양에 대한 대항'적 입장과 일본적 육감을 의식할 '겨를이 없는' 후자의 '세계사적 입장 사이의 미묘한 차이를 상징적으로 보여준다.

1942년 전후의 역사적 상황을 염두에 두고 이 차이를 관찰한다면, 얼핏 대립적으로 보이는 양자의 입장에도 근본적인 연관이 있음을 발견하게 된다. 태평양전쟁의 발발은 침략전쟁을 둘러싼 일본 지식인의 다양한 입장을 잠시 동안이나마 한 곳으로 묶었으며, 어떻게 서양에 대응해야 하는가라는 문제에도 동일성 같은 것을 제공하였다. 즉 동아시아의 약소한 섬나라가 강대한 미국 그리고 서양의 동맹국에 도전한다는 자세가 그때까지 동아시아에 대한 일본의 침략으로 진보적 지식인이 느껴왔던 초조감이나 죄책감을 배경으로 밀어냈고, 진주만 이후 순식간에 일본 지식인의 기본적인 목소리는 전쟁과 대동아공영권 지지 일색으로 변화하였다. 동시에 메이지유신 이래 줄곧 이어져 온 일본중심론과 서양중심론의 대립, 그리고 거기에서 파생되는 여러 복잡한 문제들이 일거에 '일본'이라는 입장으로 통일되었다. 태평양전쟁을 계기로 하여 서양 근대의 충격을 둘러싸고 일본 내부에서 발생했던 다양한 갈라짐이 일단 보류될 가능성을 얻게 되었다. '근대의 초극'에는 문학가와 학자 사이에 결코 맞물리는 법 없는 그러나 강하게 결합된 협력관계가 드러나 있다. 그 장면에서는 당시 일단 보류된 갈라짐과 갈라짐 위에서 허위로 꾸려진 일본이 서양을 대신해 동아시아의 강국이 된다는 허구의 '동일성'이 뚜렷이 표출되었다. 전후의 『문학계』가 자신들의 토론에 교토학파 학자를 끌어들이지 못했다는 점에서 확인되듯이, 1942년 문학가와 학자 사이의 강고한 협력관계란 태평양전쟁으로 완성할 수 있었던 곤란한 '문화 아이덴티티'에 다름 아니었다. 그것은 전무후무한 사건이었다. 왜냐하면 그것은 육감과 이론적 사상, 일상 경험과 학술적 사고, 근대적 주체성 및 역사 관념과 일본 전통에 대한 담론의 입각점 등등 통합하기 힘든 대항적 요소들을 동일한 언어공간 속으로 끌어들인 사건이었기 때문이다. 여기에서 강조해야 할 것은 이 토론에서 전쟁은 중심적 의제가 아닌 배경에 불과했지만, 다른 어떤 좌담회보다도 전쟁의 폭력성과 지식계를 통합하는 폭력의 강력한 기능을 잘 보여주었다는 점이다.

    문제는 여기서 그치지 않는다. 서양과 동아시아 혹은 일본을 각각 균질하고 자족적인 실체로 간주할 수 없는 이상, 특히 동아시아 각국이 서양 근대성의 요소들을 나름의 방식으로 수용하고 융합해왔다는 기본적인 상황을 무시할 수 없는 이상, 지금까지의 분석으로부터 '일본 대 서양'이라는 이항대립을 도출해내는 것은 적당하지 않다. 실제 차이는 일본과 서양, 전통과 근대라는 대립 속에 있는 것이 아니라, 이 항대립식의 사고 모델이 태평양전쟁 속에서 와해되어 간 과정 바로 그 곳에 존재한다. 이런 의미에서 40년대 초의 일본 지식인은 전통과 근대, 일본과 서양이라는 문제를 두고 진정으로 갈라서지는 않았다고 할 수 있다. 그들이 '근대의 초극'에서 보여준 대립이란 근대의 말로 '일본'과 '서양'을 **어떻게 서술할까**라는 한 가지 지점을 둘러싸고 구성되었다. 하지만 '어떻게 서술할까'를 둘러싼 근본적인 갈라짐이야말로 눈으로는 잡히지 않는 영향을 후세의 '근대의 초극'론에 남겼다. 그리고 『문학계』 동인과 교토학파 학자가 내보인 어긋남은 그 후 반세기 동안 보다 복잡한 논의와 어긋남의 근원이 되었다.

# 2장_다케우치 요시미의 「근대의 초극」

패전으로 심대한 타격을 입은 일본 지식인들에게 '근대의 초극'이라는 정신적 유산을 대하는 심경이란 매우 복잡한 것이었다. 특히 미국 점령군이 진주하고 도쿄재판을 거치면서 일본의 내셔널리즘과 문화 아이덴티티는 더욱 복잡해져 갔다. 일본의 국가주의 그리고 민족주의가 지닌 제국주의적인 측면을 비판하는 수준이라면 비판의 임무와 범위가 비교적 명료하겠으나, 거기에 반미 혹은 전후 일본의 무주체적(無主體的) 상황을 재검토한다는 과제가 더해지면 일방적 비판만으로는 충분치 않게 된다.

문제는 이러한 것이다. 패전 직후 일본은 특수한 '피식민지' 상황에 놓이면서도 그것을 부정할 도덕적 정당성의 근거를 완전히 상실했다. 기존의 내셔널리즘과 문화 아이덴티티는 그 꼼짝달싹할 수 없는 상황을 돌파하는 역할을 맡기에 역부족이었다. 또한 기존의 내셔널리즘을 치우고 새로운 아이덴티티를 추구할 방도도 보이지 않았다. 일본인은 내셔널리즘의 문제를 피해 새로운 아이덴티티를 찾을 수 있는가라는 혹독한 시련에 직면했다. 전후의 비판적 지식인들은 나름의 방식으로 이 문제와 맞섰다. 공산당계 지식인은 자신의 입장을 국제공산주의 운동 및 사회주의 진영 속으로 짜넣고자 시도했다. 그들에게 중국의 사회주의 실천은 직접적인 사상적 자원이었다. 마루야마 마사오와 같은 비판적 지식인은 서양의 근대성이론에서 사상적 자원을 길어오고자 했으며, 그로써 일본의 새로운 민주적 전통을 세운다는 입장에 섰다. 분명 그들의 비판 활동과 건설 활동은 폐쇄적인 일본의 언어공간에서 적극적이고 유효한 의의를 지녔다. 그들 덕택으로 일본인이 몰랐던 많은 학술용어가 유통의 합법성을 얻게 되었다. 그러나 이런 비판으로는 그들이 비판하는 대상을 대신해 일본 사회의 새로운 '일상경험'을 형성하기에 충분치 않았으며, 비판적 지식인들은 그 사실을 제대로 깨닫지 못하고 있었다. 일상 경험 수준에서 '근대의 초극'이 제기했던 '일본인의 육감'이 지식인들의 자가소비적인 근대성의 담론으로서는 진정한 모습을 이룰 수 없었던 것이다. 이런 사정으로 사회가 극적으로 전환하는 시기에 고바야시 히데오와 니시타니 게이지가 언급했던 기본적인 문제, 즉 담론이나 학술은 누구를 향하는가라는 문제가 다시 수면 위로 올라왔다.

전후 일억총참회 이후 '근대의 초극'은 하나의 '트라우마'로서 교토학파와 관련했던 학자들의 담론에서 소실되었다. 반면 '세계사의 입장'은 '일본문화포럼'이라는 반공친미의 색채를 띤 보수파 민간단체에 의해 계승되었다. 4인의 교토학파 학자는 대부분 이 포럼에 모습을 비쳤지만 『문학계』의 문학가들은 참석하지 않았다. '세계사의 입장'과 '근대의 초극'이라는 말 사이에 본디 존재했던 방향성의 차이가 시대상황 아래 확대되어 벽을 쌓기에 이른 것이다. 그리고 좌담회를 회상하는 일은 완전히 문학가들의 몫이 되었다. 1952년 4월호 『문학계』는

「『문학계』 20년의 걸음」이라 명명된 좌담회의 기록을 실었다. 이 좌담회에서 가와카미 데쓰타로, 하야시 후사오, 고바야시 히데오 등이 다시 '근대의 초극'을 다루었는데, 그것은 완전히 문학가들의 사적 활동으로 묘사되었다.* 당사자들에게 '근대의 초극'은 이미 노스탤지어의 대상이지 사상사의 사건은 아니었던 것이다. 동시에 '근대의 초극'은 전쟁 중에 지식인이 파시즘 이데올로기에 협력하고 그것을 고취한 사건이었기에, 전후에 비판하고 반성하기 위한 반면교사로 여겨졌으며, 각계각층의 일본인들에게 비난받는 형국이 되었다. 그리고 그런 비난 여론에 자극받은 듯 좌담회의 합리적인 부분을 변호하려는 '복권'의 요구도 생겨났다.

이러한 상황을 배경으로 1959년 11월에 다케우치 요시미는 저명한 논문 「근대의 초극」을 발표했다.** 논문의 중심적 논점은 상징, 사상, 사상의 이용자라는 삼자를 구별하여 체제로부터 상대적으로 독립적이며 비이데올로기적인 모습으로 표현된 사상(다케우치의 말로는 '사실로서의 사상')[14]을 발견하고, 그 속에서 일본의 사상적 전통을 형성하기 위한 사상자원을 건져 올리는 것이었다. 이때 역시 다케우치 요시미는 전후에 일관되게 견지해온 '불 속에서 밤을 줍는' 태도를 철저히 하여, 이 악명 높은 좌담회에서 전후 일본 사상계의 진정한 과제

---

* 하야시 후사오의 발언에 따르면 '근대의 초극' 좌담회는 가와카미 데쓰타로가 홀로 기획했던 것으로, 다른 동인은 우정에 이끌려 경솔하게 찬성했다고 한다. 또한 일본식 여관에서 행해졌던 것이나, 막판에는 접시를 깨뜨리기까지 했던 일들이 거론된다. 가와카미 데쓰타로는 스즈키 시게타카나 니시타니 게이지를 부르자고 말했지만 다른 동인은 그것에 전혀 반응하지 않았다고 한다. 「文學界」 二十年のあゆみ」, 『文學界』 1952년 4월호, 108~111쪽.
** 이 논문은 '근대의 초극' 좌담회와 함께 『근대의 초극』 273~341쪽에 수록되어 있다. 竹內好, 「近代の超克」, 『近代の超克』, 富山房百科文庫, 1979.

를 찾고자 시도했다.

다케우치 요시미가 논문의 앞부분에서 냉정하게 지적했듯이 '근대의 초극'은 지식인이 단순히 자가소비용으로 만들어낸 말이지 민중이 사용하던 말은 아니었으나, 전쟁과 파시즘에 관한 복잡한 역사기억이 엉겨붙어 있다는 점에서 그 말은 작용하는 것이었다. 그런 사정으로 당시 서른이 넘은 일본인이라면, 복잡한 반응 없이는 이 말을 입에 담기가 어려웠다.

다케우치의 논문은 지식계급의 이러한 '복잡한 반응'을 둘러싸고 전개되었다고 말할 수 있다. 다케우치가 보기에 좌담회의 당사자는 사상운동을 추진할 능력이 없었으나 이 산만한 좌담회는 어떤 이데올로기적 상징으로 자리를 잡았으며, 그런 까닭에 그 좌담회의 평가를 둘러싸고 '복권'과 '부정' 양극단의 견해가 발생하였다. 그러나 양자는 이데올로기 비평이라는 점에서 일치한다. 다케우치 요시미가 예리하게 지적한 것처럼 오다기리 히데오*의 '근대의 초극' 비판으로 대표되는 좌익 지식인들의 입장은 이 좌담회가 지닌 저항과 굴복 양면을 인정하면서도, 결국은 굴복이며 군국주의와 본질적으로 같은 길이었다고 가늠한다. 이는 철학사와 사상사 진영에서 제시된 '세계사적 입장과 일본'에 대한 평가와 대동소이하다. 그러나 "(오다기리와 같은) 그런 해석으로는 '근대의 초극'을 복권시키려는 요구에 설득력 있게 아니라고 주장할 수 없으며, '근대의 초극'의 현대판이라고 그가 여기던

---

* 오다기리 히데오(小田切秀雄, 1916~2000). 평론가. 전후 민주주의 문학운동의 중심적인 평론가이나 공식적인 마르크스주의자는 아니었다. 평론으로는 「퇴폐의 근원에 대하여」(退廢の根元について)가 유명하며, 『인간과 문학』(人間と文學), 『근대 일본의 작가들』(近代日本の作家たち) 등의 저작을 남겼다.—옮긴이

것 (중략) 에 대해서도 마찬가지가 아닐까"라고 말한다.[15]

아니라고 주장할 수 없는 까닭은 이러한 **올바른 해석**과 구체적인 사실 사이에 미묘한 괴리가 존재하기 때문이다. 그것은 바로 '근대의 초극'의 주제와 실제로 이야기된 화제 사이에 존재하는 괴리였다. 후세의 논자들은 기본적으로 좌담회의 소제목에 착안해 논의를 진행했다. 그런 까닭에 문제가 혼란스럽게 표현되었다며 이 좌담회를 다루려면 외부의 요소를 끌어들여야 한다고 단언했다. 그러나 이 좌담회의 내재적 구조와 실제로 말해진 화제는 소제목으로는 전해지지 않는다. 앞서 말했듯 이 좌담회는 특정한 문학가 집단과 학자 집단이 태평양전쟁의 폭력성 아래에서 생산한 곤란한 문화 아이덴티티이며, 그것은 학술적인 방법과 일상 경험의 방법으로 근대성의 요소를 받아들일 때 나타나는 각기 다른 방향감각 그리고 거기서 파생되는 일련의 문제군을 집약적으로 드러낸다. 근대의 문제를 처리하는 다양한 방법의 차이야말로 이 좌담회의 진정한 뼈대이며, 또한 좌담회와 그 주제 사이에서 미묘한 괴리가 발생한 진정한 이유였다. 사실 군국주의의 앞잡이가 되었다는 식의 비판은 맞기는 하나 이 좌담회의 진정한 내재적 구조를 설명하지 못하며, 이 좌담회가 당시 역사에서 직면한 진정한 과제도 포착할 수 없다. 바꾸어 말하면 오다기리 히데오 같은 좌익문학가들은 비판할 때 실은 비판대상의 복잡한 역사적 양상에 대해 눈을 감았으며, 그 탓에 사실로서의 사상을 충분히 처리하지 못했다.

다케우치 요시미는 "여기서 사실로서의 사상이라 함은 어떤 사상이 무엇을 자신에게 과제로 부과했으며, 그것을 구체적인 상황 속에서 풀어냈는가 혹은 풀어내지 못했는가를 보는 일이다"[16]라고 말한다. 분명 올바른 이데올로기적 결론만을 목표로 하는 입장과는 전혀 다르다.

다케우치 요시미가 말하는 '사상'이란 올바른 사상만이 아니라 다양한 착오 나아가 유해한 사상도 포함한다. 그러나 사상인 이상 정치체제로부터 상대적으로 독자적인 영향력을 가지며, 그것이야말로 사상이 사회에 영향을 미치는 근거이다. '근대의 초극'과 '세계사적 입장과 일본'은 바로 이러한 의미에서 '사상'성을 지니고 있다. 다케우치 요시미가 말하듯이 사상 형성을 시도했고 결과적으로 사상 파괴로 끝났지만 그 밑바닥에서부터 체제에 대한 단순한 종속을 전제로 삼지는 않았다.

그렇다면 '근대의 초극'에서 사실로서의 사상은 대체 무엇을 일컫는가?

다케우치 요시미는 태평양전쟁을 분석했다. 다케우치에 따른다면, 이 좌담회의 정수는 태평양전쟁 발발이라는 특정한 역사적 순간에 일본 지식인들이 지녔던 정신 상태를 전한다는 점이다. 그런 의미에서 태평양전쟁 이전 10년 동안 침략전쟁의 와중에서 '자유주의' 반전사상이 얼마나 무력했는지를 드러낼 뿐만 아니라, 침략전쟁과 저항전쟁이라는 양면성을 나누는 일이 얼마나 힘겨운 것이었는지 그 역사적 현실을 전하고 있다. 다케우치 요시미는 여러 동시대인들의 회상을 인용하여 고통스러운 사실의 윤곽을 그려낸다. 청일전쟁이나 러일전쟁과 달리 2차 세계대전 시기의 일본은 '총력전'의 형태로 일본 민중을 끌어들였다. 총력전체제와 파시즘 침략전쟁은 전쟁 바깥에서 침략전쟁에 반대할 여지를 완전히 쓸어버렸다. 실제로 반전 언론은 당시의 사회적 분위기에서 원천봉쇄되었으며, 더구나 거의 모든 청년 지식인이 전장으로 내몰렸다. 이러한 상황에서 "오히려 주관적으로는 신화('성전'〔聖戰〕, '대동아공영권' 등의 프로파간다)를 거부하거나 혐오했지만 이중 삼중으로 굴절된 형태로, 결과적으로 신화에 말려들어갔다고 보는 편이 대다수 지식인의 경우에 들어맞지 않을까 생각한다."[17] 그런 의미에서 다케우치 요시미는 소수의 예외를 제외하고는 방관이나 도피가 아닌 의미에서의 반전(反戰)은 기본적으로 존재하지 않았다고 생각했다.

이 맥락에서 다케우치는 가와카미 데쓰타로가 '근대의 초극' 맺음말에서 언급한 한 구절에 주의를 기울인다. "확실히 우리 지식인들은 종래 우리 지식활동에 진정한 원동력이 되었던 일본인의 피와 이제껏 그것을 꼴사납게 체계짓고 있던 서구 지성의 상극으로 말미암아 개인적으로도 충분한 정리를 하지 못한 상태입니다."[18] 전쟁 상황에서 이런 상극이야말로 소련에 친근감을 품고 있던 다카스기 이치로 같은 사람들이 감정적으로는 태평양전쟁 지지로 돌아선 이유였다.* 그것은 일본 지식인들의 아시아주의라는 역사적 기억으로 스며들어가 전쟁이 정의인가 아닌가라는 문제를 완전히 소거했다. 저항과 복종이 표면적으로 거의 종이 한 장 차이밖에 없는 특수한 상황이었던 것이다.

전후 세계구조가 재분절화되어 서구 대 아시아라는 역사기억, 나아가 추축국 대 반추축국이라는 전시의 구조를 대신하여 사회주의 대

---

* 「근대의 초극」 앞부분에서 다케우치는 전쟁이 발발하던 때 『문예』의 편집부에 있었던 다카스기 이치로의 회상을 인용했다. 진주만을 공격했다는 소식이 전해지던 밤, 다카스기는 집으로 돌아가 모스크바에서 출판된 영어판 『국제문학』 중에, 소비에트 러시아가 독일군에게 공격을 받았던 때의 특집호를 찾았다. 다음날 아침 그는 일본의 작가들에게 원고 의뢰의 편지를 보내 『국제문학』과 똑같은 형식으로 일본인의 '싸움의 의지'를 표명하는 특집호를 내기로 했다. 다카스기는 내심 소련을 응원하고 나치 독일을 혐오했다. 더구나 이성적으로는 일본의 중국 침략도 혐오하고 있었다. 이러한 입장은 자신 안에서 늘 억압된 모습으로 존재하고 있었는데, 태평양전쟁 시기에 일본의 선전으로 '해방감'을 얻었다. 따라서 다카스기는 독일에 대한 소련의 '싸움의 의지'를 일본의 영미격멸과 동일시하는 일에 어떤 모순도 느끼지 않았다고 한다.

자본주의라는 양대 진영의 구조가 형성되었다면, '일본인의 피'도 다시 한번 흘러야 할 동맥을 구해야만 했다. 다케우치가 제대로 이해했듯이 전후 좌익진영의 비판은 이 상황을 극복하지 못했으며, 전후에도 여전히 존재하는 '일본인의 피' 그리고 그 '이중 삼중으로 굴절된 형태'를 처리할 능력을 지니지 못했다.

그러나 '일본인의 피'는 균질하지 않다. 「근대의 초극」이 내재적으로 혼란했던 이유이기도 했다. 다케우치 요시미는 이 논문에서 좌담회와 극도의 긴장 아래 있던 당시의 시대적 상황을 속속들이 파헤쳤다. 한 사람의 사상가로서 다케우치 요시미가 이 논문에서 남긴 중요한 유산은 후세 사람들이 반복해서 인용하는 문구가 아니라 상황 속에서 분석하겠다는 사상적 입장 그것이었다. 그 상황이란 무엇보다도 총력전이라는 현실이었다. 다케우치는 국민이 군국주의자의 명령에 복종했던 것만이 아니라 민족공동체의 운명을 위해서 총력을 기울였다고 지적한다. 천황과 국가와 국민을 구별하는 것은 전후의 일이며, 전후에서 유추해 전시상황을 다뤄서는 안 된다는 뜻이다. 다케우치 요시미는 이렇듯 확고한 인식에 기초하여 저항과 복종 사이의 종이 한 장 차이가 당시 가장 진실한 모습이었음을 정확히 집어낸다. 돌려서 말하자면 그는 전후에 꾸려진 이른바 '반전역량'(反戰力量)의 허위성을 간파하고 진정한 반전의 가능성은 주류 이데올로기에서만 얻을 수 있다고 인식했던 것이다. 왜냐하면 주류 이데올로기를 제외한다면 당시는 총력전 현실에서 영향력을 발휘할 역량이 존재하지 않았기 때문이다.

다케우치 요시미는 그런 까닭에 '근대의 초극'에서 반전의 계기를 구한다. 이 좌담회는 말할 것도 없이 주류 담론을 사용했으며 결과적으로 전쟁 이데올로기에 협력했다. 그러나 그 발화 공간 속에는 주류 담론(즉 전쟁 이데올로기)을 사용하면서도 그것을 변혁할 가능성이 존재하고 있었다. 다케우치 요시미는 그 가능성을 우선 교토학파가 체현한 "교의는 현실을 이긴다"라는 입장에서 찾았다. 그들의 입장은 학자들이 현실에 참여하는 유효한 시각이 되지 못하고 그들의 이론은 현실에서 '공론'(空論)으로 끝났지만, 주류 이데올로기가 극도의 파시즘화로 기울던 시대에 이념의 독립성을 강조했던 일은 사상 독립의 가능성을 암시한다는 것이다.* 동시에 다케우치 요시미는 『문학계』 동인들이 '일본인의 피'에 주목하여 메이지 이래 일본 사회의 '문명개화'와 서양에의 맹목적 추종을 비판하는 태도에서도 자아의 주체성을 세운다는 희망을 어렴풋하게나마 발견할 수 있었다. 이상을 토대로 하여 다케우치 요시미는 일본낭만파의 대표로 간주되는 야스다 요주로**가 악명 높은 저작활동에서 밝힌 "모든 범주를 파괴함으로써 사상을 절멸하는 것"의 사상적 역할에 특별한 관심을 기울였다. 말하자면 다케우치는 독으로 독을 삭힌다는 수준에서 의미를 전환하여 이러한 사상파괴를 활용한다면, 그것은 탈아입구와는 다른 강력한 사상주체를 낳을

---

* 다케우치 요시미 그리고 다른 일본 지식인들도 지적하듯이 교토학파의 좌담회 '세계사적 입장과 일본'은 보통 군국주의 이데올로기의 선전이었다고 간주되지만, 실은 체제 측으로부터 환영받지 못했으며 도조 히데키 등 황도파(皇道派)에게 탄핵을 받았다. 만약 해군의 비호가 없었다면 일망타진 되었을지도 모른다.
** 일본낭만파 중에 야스다 요주로(保田與重郎)가 중요한 위상을 점하는 까닭은 일본의 고전으로 거슬러 올라가 미학적 내셔널리즘의 표현을 창안했던 그의 방법과 떼어낼 수 없다. 근대 일본의 문명개화를 전면적으로 부정하는 태도는 반근대라는 의미에서 일본 내셔널리즘에 근거를 제공했다. 야스다는 서양 근대의 합리주의적 표현방식을 무너뜨리는 하나의 표현 스타일을 창조했다. 내가 아는 바로 그것에 진실로 예민한 반응을 보인 이는 일본낭만파에 대해 어떠한 전문서적도 발표하지 않았던 다케우치 요시미였다. 야스다 요주로에 대해서는 다음의 연구를 참조. 橋川文三, 『増補 日本浪漫派批判序說』, 未來事, 1965 ; Kevin Michael Doak, *Dreams of Difference : The Japan Romantic School and Crisis of Modernity*, University of California Press, 1994(일본어판 『日本浪漫派とナショナリズム』, 柏書房, 1999).

것이며, 거기서 교토학파의 교의학(敎義學)에는 없는 행위의 자유가 실현될 수 있다고 본 것이다. 다만 이러한 구체적인 분석보다 중요한 것은 다케우치가 이때 제기한 원리적인 문제이다. 이른바 중앙집권국가에서 진정한 민주의 가능성은 체제의 바깥에 대항해서는 만들어지지 않으며, 체제 내부를 '수정'한다는 곤란한 걸음 속에서만 얻을 수 있다. 따라서 주류 이데올로기에게 진정한 위협은 '반체제' 운동의 역량으로 제한되지 않으며, 오히려 체제 내부의 다른 분자이다. 또한 반체제 민주파는 바깥을 향한 대항적 자세가 아니라 주류 이데올로기 속에서 변혁을 꾀할 때 진정 유효할 것이라고 말한다. 이야말로 '불 속에서 밤을 줍는' 태도가 중요한 까닭이다. 2차 세계대전 중에 일본에서 벌어진 백색테러의 상황은 하나의 극한 상태로서, 이러한 문제를 고찰할 때 유익한 재료가 된다.

그러나 다케우치 요시미는 '근대의 초극' 속에서 가능성이 실현되는 모습을 발견하지는 못했다. 그에게 '근대의 초극'은 극한상태에서 이뤄진 사상전통을 형성하려는 시도였으며, 결과적으로 극한상태에서 짓눌리고 으깨져 실패로 끝났다. 이 좌담회는 일본근대사의 모든 아포리아를 응축하여 폭발시켰지만 아포리아가 아포리아로서 인식되지 못했다. "그리하여 모처럼의 아포리아는 구름 속으로 흩어지고 '근대의 초극'은 전쟁 사상의 공식적 해설판에 그치고 말았다." 그는 한 가지 문제를 해결하지 못했다. 그것은 태평양전쟁이 발발했을 때 일본 지식계가 일본 군국주의를 지지하는 것과 반파시즘 전쟁을 수행하는 소련을 지지하는 것을 동일시하는 일에 어떠한 모순도 느끼지 않았던 것은 대체 무엇 때문인가라는 문제이다. 이 문제의 배후에 '근대'를 둘러싼 일본 지식인의 기본적인 인식틀이 숨겨져 있지는 않을까. '서양은 강력한 라이벌로서 또한 최대의 위협으로서 근대 이래 일본의 세계인식을 좌우해왔다. 그렇다면 전쟁은 근대화 과정의 폭력적인 한 단계로서 이러한 세계인식 속에 새겨져 있지는 않았을까. 그러나 여전히 문제는 남는다. '근대의 초극'이 인식하지 못한 아포리아는 전후에도 존재했지만 여전히 인식되거나 해결되지 못했으며, 다케우치 요시미의 말을 빌리자면 전후 일본 사상의 황폐상태를 낳는 요인이 되었다.

    동아시아의 근대화 과정 속에서 던져진 그 아포리아란 일본은 어떠한 길을 가야 하는가라는 물음이다. 전후 일본 정부는 '점령이 해방이다'라는 관념을 어쩔 수 없이 받아들였다. 일본은 미군에 속박되고 그럼으로써 전쟁책임을 벗어났다. 한편 일찍이 총력전에 휩쓸려 들어갔던 국민은 전후가 되자 새로운 문명개화에 도취되어서는 서양을 모범으로 하는 근대적 경제복지사회를 건설했다. 일상 경험의 차원에서 사람들은 아시아, 특히 동아시아에 대한 일본의 책임이라는 메이지 이래의 문제를 봉인했으며, 아시아주의에 의해 지속된 반세기 동안의 다양한 시도 역시 봉인했다. 교토학파 학자들이 내비친 서양을 향한 절박한 심정은 전후의 복잡한 정치적 정세 아래 합리화되어 일종의 도덕적 정당성을 획득했다. 반면에 '근대의 초극'에서 표현된 미약한 '육감'이 개방적인 시야 아래에서 다시 문제로 부상할 것이라는 어렴풋한 희망은 억제되었다. 일본의 군국주의 정부에 대항한다는 의미에서 또한 천황제에 맞서 민주주의를 건설한다는 의미에서 서양의 사상적 유산은 일본의 진보적 지식인에게 유력한 무기가 되었다. 그러나 동시에 서양 근대에 내재한 식민주의나 오리엔트에 대한 헤겔적 역사인식은 그들의 맹점이 되기도 했다.

    50년대 일본 지식계에서 시도된 수많은 좌담회들을 보고 있노라면 논쟁 진영은 진보적 지식인과 보수적 지식인이라는 기준에 의해 엄격히 구분되지 않았으며, 오히려 대개의 경우 서양 근대성이론을 이용하는 방식과 습숙(習熟)의 정도에 따라 나눠졌음이 쉽게 눈에 들어온다. 전후 일본 귀속문제로 일본 지식인 사이에서 표출된 이데올로기와 정치적 입장은 단순한 대립을 그리지 않고 분명 복잡한 조합을 이뤘다. 일본이 어떤 길을 가야 하는가라는 중요한 문제를 두고서, 지식계에서는 사상을 가르는 기반인 논의의 시각이 반복적으로 조정되어 사상적 진영은 계속 재구성되었다.

다케우치 요시미는 이 상황을 날카롭게 꿰뚫어 보며 새로운 동서이원대립 모델로는 일본이 어떠한 길을 가야할지 알 수 없다고 말했다. 50년대 말에는 일본우월론이 다시 등장하고 '일본문화포럼'과 같은 지식인의 언설에서 일본은 동아시아의 지도적 국가로 묘사되었다. '근대의 초극'이 실패한 지점에서 전후의 일본주의자들은 같은 전철을 밟고 있었지만, 진보적 지식인은 서양의 사상적 유산으로부터 이 상황에 대처할 유효한 방법을 건져내진 못했다. 위기를 느낀 다케우치 요시미는 '근대의 초극'을 봉인에서 풀고, 이데올로기 비평으로 단순화된 이 사상사적 사건으로부터 새로운 가능성을 길어내고자 했다. 다케우치 자신은 의식하지 못했을지 모르지만, 결국 그 가능성을 실현하지 못한 그의 시도가 지니는 의의는 '건전한 내셔널리즘'을 발굴했느냐 여부에 있지 않다. 정치적으로 올바른 사상적 입장이 현실의 문제를 처리할 때에는 왕왕 무력하다는 숙고해야 할 문제를 보여주었다는 점이야말로 그의 시도가 지닌 의의라 할 것이다.

다케우치 요시미의 논문은 발표되자 곧 반향을 불러일으켰다. 다케우치에게 이의를 제기하는 몇 가지 견해가 발표되었고, 그로써 이 문제에 관해 당시 지식계의 기본적인 국면이 형성되었다. 1960년 3월 잡지 『신일본문학』*은 다케우치 요시미를 중심으로 하여 '근대의 초극을 둘러싸고'라는 제목의 좌담회를 개최했다. 이 좌담회에서 철학자이자 대중문화연구자인 쓰루미 슌스케는 흥미로운 발언을 했다. 쓰루미는 다케우치의 논문에 찬성할 수 없다고 밝혔다. 그는 전쟁이 불가피했다고는 생각하지 않는다는 점을 그 이유로 들었다. 메이지 이래로 일본의 소학교는 전쟁 거부[非戰]를 상식으로 삼았고 민중들에게도 반전의 가능성이 있었다고 강조하며, 일본 국민이 마음 속 깊은 곳에서 총력전의 철학을 따르지는 않았다고 지적했다. 그는 나아가 요시모토 다카아키**를 예로 들어 다케우치가 말하는 건전한 내셔널리즘은 불가능하다고 말했다. 쓰루미는 억지로 단순화하여 평화를 강조하고 전쟁 반대를 주장했다. 첫째 사람을 죽이는 일은 나쁘기 때문이며, 둘째 지는 전쟁이라면 하지 않는 편이 좋기 때문이라는 것이다. 그는 이런 입장을 '산술적 평화론'(算術的平和論)이라 일컬었다.***

이런 주장에 대해 다케우치 요시미는 예의 바르게 그러나 삼가지 않으면서 쓰루미처럼 정치적으로 올바른 입장은 무력하다고 반론을 폈다. 다케우치는 태평양전쟁이 발발했을 때 쓰루미가 미국에 있었음

---

* 『신일본문학』(新日本文學)은 일찍이 프롤레타리아 문학을 중심으로 한 진보세력이 1946년에 창간하였다. 이 잡지를 토대로 하여 이들은 전후 민주주의 문학의 중심을 이루었다.—옮긴이
** 요시모토 타카아키(吉本隆明, 1907~1978). 평론가. 도쿄공업대학을 졸업했다. 『근대문학』 창립기의 동인 가운데 한 사람이다. 사소설 작가론, 프롤레타리아 문학연구, 지식인론, 문예시평 등 다방면으로 활동했다.—옮긴이
*** 이 좌담회의 참가자로는 다케우치 요시미와 쓰루미 슌스케 외에 사회를 맡았던 사사키 키이치(佐佐木基一)와 이토 세이가 있었다. 『신일본문학』, 1960년 5월호, 134~149쪽. 이 중 쓰루미의 견해는 135쪽과 139쪽, 다케우치 요시미의 반박은 137쪽 참조.

을 지적하고는 쓰루미는 전시 세대의 진실한 체험을 이해하지 못하며, 특히 12월 8일을 기점으로 감각 방식이 변화했다는 미묘한 의미를 이해하지 못한다고 반박했다. 이들은 모두 진보적 입장에 서 있었으나 지식인의 과제에 대해 다른 의식을 갖고 있었다. 다케우치는 전쟁을 수행했던 국민의 체험을 다루려 했으며, 국민의 체험을 산술이나 형식논리와 같은 교조적인 방식으로는 따질 수 없음을 고뇌하고 있었다. 반면 쓰루미 슌스케는 올바른 이론과 그 응용가능성을 다루고자 했다. 쓰루미는 미국에서 대학교육을 받은 국제주의적 지식인으로 일본의 대중문화에 줄곧 관심을 가져왔지만, 자신의 체험을 통해 그곳에 진입할 수는 없었다. 쓰루미 슌스케는 미묘한 거리감을 유지하며 가장 위험한 시각이나 영역에서는 몸을 뺐으며, 항상 올바른 입장에 서 있을 수 있었다. 일본의 진보적 지식인 가운데 쓰루미 슌스케는 극단적인 사례일지도 모르겠다. 그러나 그의 진보성은 그 극단성에 의해 보다 분명히 표명되었다.

# 3장_아라 마사히토의 「근대의 초극」

쓰루미 슌스케와는 달리 전쟁 체험을 출발점으로 하면서도 다케우치 요시미와는 대립하는 의견이 있었다. 아라 마사히토*로 대표되는 좌익 지식인의 의견이 그것이다. 아라 마사히토는 일본공산당에 입당했다가, 이후 의견이 갈라져 탈당한 진보적 지식인으로 학생시절부터 정열적인 문인 기질로 이름을 날렸다. 그는 1960년 3월부터 잡지 『근대문학』**에 장편 평론 「근대의 초극」을 연재하기 시작하여 같은 해 8월호까지 여섯 편을 발표했다. 아라 마사히토의 이 평론은 샛길로 빠지는 일이 많았고 더구나 아무런 해명도 없이 8월호로 중단되었다. 하지만 다케우치 요시미의 동명 논문에 대한 반응으로는 쓰루미 슌스케보다 본질적인 비판을 담고 있었다. 왜냐하면 그는 전쟁 중의 '체험'을 기반

---

* 아라 마사히토(荒正人, 1913~1979). 평론가. 도쿄제국대학 영문과를 졸업했으며, 1946년 『근대문학』의 창간에 참여했다. 「소세키의 어두운 부분」(漱石の暗い部分), 「두번째 청춘」(第二の青春) 등 여러 평론을 남겼다.—옮긴이
** 『근대문학』은 문학가의 전쟁책임, 세대론, 주체성론, 프롤레타리아 문학사론, 일본 근대 작가의 재평가 등 다양한 평론을 게재하였다. '제3의 신인'이나 '내향의 세대'에 해당하는 작가들까지 폭넓게 기고해 전후 문학의 주류를 형성했다.—옮긴이

으로 문제를 제기했으며, 그로써 다케우치 요시미의 맹점을 찔렀기 때문이다.

연재 첫회분에서 아라 마사히토는 상당한 견식을 보여주었다. 그는 다음처럼 지적한다. 다케우치 요시미는 이상적인 모습의 '근대의 초극'을 상정했으며, 실제의 좌담회를 떠나 결석자까지 계산에 넣었지만 출석자는 선택적으로 빠뜨렸다. 이런 식으로 좌담회를 다뤄서는 안 된다. 예를 들어 다케우치 요시미는 좌담회에서 가장 활발히 발언한 신학자 요시미치 요시히코를 완전히 무시했는데, 그는 가장 열심히 참가한 '근대의 초극' 논자였다. 아라 마사히토는 발표된 모습으로만 '근대의 초극'을 다룰 수는 없기 때문에 특별한 애착은 느끼지 않는다고도 강조했다.

아라 마사히토 자신도 이후의 논의에서는 좌담회와 거리를 두었지만, 이 지적은 다케우치 요시미의 방법에 잠재된 한계를 정확하게 집어냈다. 다케우치 요시미는 확실히 자신이 만들어낸 이상적인 '근대의 초극'을 상정하고 있었다. 더구나 그것은 '불 속에서 밤을 줍는' 태도로 일본 사상과 내셔널리즘의 가능성을 구하고자 했던 다케우치의 전후 활동과 직접적인 관련을 맺는다. 다케우치 요시미의 논문에서 좌담회 자체는 논의의 대상이 아니었다. 다케우치는 특정한 시대와 역사적 문맥에서 좌담회를 어떻게 **자리매김**해야 하는가를 문제로 다뤘다. 이런 논지는 다케우치의 한계이나, 이 한계는 바로 그의 문제의식에 기초해 있다. 즉 그는 한결같이 좌담회에서 드러난 특정한 시대 분위기에는 관심을 기울이면서도, 좌담회에서 발화된 내용에는 그다지 주목하지 않았던 것이다. 당연하게도 이런 한계의 귀결로서 좌담회의 내용을 정리하여 그 정신적 유산을 계승하는 일은 불가능했다. 예를 들어 다케우치는 '근대의 초극'과 '세계사적 입장과 일본'의 차이를 완전히 무시하고 후자를 전자 안으로 밀어넣었다. 그 결과 그는 알게 모르게 훗날 특정한 시대의 사상 형성을 다중적으로 사고할 때 지장을 받았다.

이어서 아라 마사히토는 다케우치 요시미가 밝힌 "제국주의로만 제국주의를 타도할 수 있다"는 관점을 강하게 공격한다. 그 이유로 아라 마사히토는 다케우치의 관점으로는 소비에트 연방이 수행한 반파시즘 전쟁의 자리를 찾아줄 수 없다고 강조했다. 아라 마사히토의 다케우치 비판은 다소 강변의 경향도 있었지만, 중요한 것은 이 대목에서 드러나는 그들의 분기점이다. 다케우치는 소비에트 연방의 반파시즘 전쟁을 그저 배경으로 여겼으며, 2차 세계대전의 유기적인 조성요소로는 사고하지 않았다. 전쟁과 근대성에 관한 다케우치의 관심이 놓인 자리는 어디까지나 동아시아가 서양 근대성의 충격에 어떻게 반응할지였으며, 소련은 유럽 내부의 분열을 보여주는 징후로 간주되었다. 특수한 사상자원인 소련은 항시 다케우치 요시미에게 사고의 맹점이 되었다.[*]

동시에 다케우치 요시미는 도쿄재판을 계기로 하여 일본과 미국은 동아시아의 식민지 쟁탈전쟁을 벌였을 따름이며, 문명 대 야만, 정의 대 침략의 전쟁이 아닌 제국주의 대 제국주의의 전쟁이었다는 관점

---

[*] 초기의 아시아주의자 중에는 러시아의 사회변혁에 참여하려고 했던 이들도 있었지만, 다케우치 요시미는 아시아주의의 문제를 정리하면서 그들의 활동을 기본적으로는 고려하지 않았다. 다케우치 요시미가 아시아 문제를 사고할 때 거기에는 은연중에 러일전쟁의 역사적 기억이 남아 있었다. 그것은 아시아 각국에서 '유색인종이 백인에게 승리한 전쟁'으로 평가되었으며, 러시아는 서양의 일부분으로 간주되었다.

을 굳혀갔다.* 반면 아라 마사히토는 2차 세계대전을 사고하기 위한 한 가지 시각으로 늘 소련을 중시했으며, 미국에 대해서도 소련과 중국의 동맹국으로서 민족통일전선을 지원하고 일본 파시즘에 대항하는 역사적 행위를 일궜다는 명제를 도출했다. 따라서 미국은 제국주의이며, 전후 동아시아에서 분명히 확장주의적이며 식민주의적인 행동을 하고 있음을 인정하지만, 다케우치 요시미처럼 일본과 미국을 동등하게 여기는 생각에는 일관되게 반대했다. 그리고 파시즘과 반파시즘이라는 도식을 기본축으로 삼아 2차 세계대전을 다각도로 분석해야 한다고 주장했다.[19] 이상의 관점을 전제로 하여 아라 마사히토는 자본주의에 대한 비판을 전개하고, 다케우치 요시미의 「근대의 초극」은 자본주의를 부정하지 않았다는 점에서 좌담회 '근대의 초극'과 마찬가지라고 지적했다.[20] 나아가 그 다음 회에서 아라 마사히토는 다케우치 요시미가 전시에 썼던 「대동아전쟁과 우리의 결의(선언)」 및 「『중국문학』의 폐간과 나」를 취해 다케우치 요시미를 침략 전쟁의 앞잡이가 된 파시즘 지식인으로 가차 없이 그려냈다.[21]

사실에 입각해 말하자면 아라 마사히토는 확실히 다케우치 요시

---

* 『신일본문학』이 개최한 '근대의 초극을 둘러싸고' 좌담회에서 다케우치 요시미는 이 관점을 분명히 밝히고 있다(이 책 339~340쪽 참조). 중국과의 관계에서 일본이 범한 죄와 미국의 잘못을 동등하게 말할 수는 없지만, 식민지 쟁탈 전쟁이라는 점에서 일본이 나쁘다면 미국도 마찬가지로 나쁘다는 것이다(『신일본문학』, 1960년 5월호, 139쪽). 좌담회가 더 진행되어 민족 혁명을 중시하면 중국과 같은 나라는 대국주의에 빠지고 소국은 과격한 내셔널리즘에 빠질 위험이 있지 않은가라는 화제가 부상하자, 다케우치 요시미는 거기에는 서구적 근대에 대한 평가의 문제가 관련되어 있다고 지적했다. 다케우치는 제3세력의 근저에 깔려 있는 서구에 대한 불신이 일본에서는 평가받지 못했지만 그것을 받아들이지 않을 수 없다고 말하고, 나아가 서구를 불신하는 그러한 감정이 태평양전쟁을 합리화하는 하나의 근거가 되었다고 주장했다(같은 책, 147쪽). 이 대목은 다케우치 요시미가 태평양전쟁이 발발한 직후에 발표한 「대동아전쟁과 우리의 결의(선언)」을 떠올리게 한다. 그때 사상의 기초는 틀림없이 여기서 말하는 서구 불신이었다.

미보다 당시의 국제정세 및 정치판단에 가깝게 전쟁을 이해했다.** 그러나 정세가 이미 바뀐 지금의 관점에서 생각하면, 진정 다시 숙고해야 할 하나의 어려운 과제가 부상한다. 다케우치 요시미는 「근대의 초극」에서 근대성의 충격에 일본은 어떻게 대응해야 하는가, 동아시아에서 일본이 '건전한 내셔널리즘'을 수립하려면 어떻게 해야 하는가를 거론했는데, 과연 그러한 문제제기가 쓰루미 슌스케의 이론적 응용이나 아라 마사히토의 혹독한 공격으로 분쇄되었는가. 쓰루미나 아라의 작업은 다케우치의 문제의식을 대신하여 새로운 '일본우월론'에 충분한 반격을 가할 수 있었던가.

같은 해 12월 『근대문학』에는 아라 마사히토, 다케우치 요시미, 하나다 기요테루*** 그리고 야마무라 시즈카**** 이렇게 네 명이 참가한 좌담회 '일본인과 문학'이 실렸다. 하나다는 『근대의 초극』이라고 제목을 단 저서를 출판했다. 다케우치는 이를 높게 평가했지만,***** 에세이집이며 다루는 화제가 산만했기 때문에 영향력은 한정되었다. 또 한 가지 이 좌담회는 아라 마사히토가 논문을 연재해 다케우치 요

---

　　** 일본이 진주만을 공격한 다음 날 중국공산당은 선언을 발표했다. "이 태평양전쟁은 일본 파시즘이 미국, 영국 그리고 그 밖의 나라를 침략하기 위해 일으킨 정의롭지 못한 약탈전쟁이다. 미국, 영국 그리고 그 밖의 나라에서 저항의 싸움은 독립, 자유, 민주를 지키기 위한 정의의 해방전쟁이다"(『民國史大辭典』, 中國廣播電視出版社, 1991, 565쪽).
　*** 하나다 기요테루(花田淸輝, 1909~1974). 교토대학 영문과 중퇴. 위장전향을 통해 저항을 계속하며 패전을 맞이했다. 전후 『근대문학』과 『신일본문학』에 참가했으며, 에세이집 『부흥기의 정신』(復興期の精神)으로 각광을 받았다. 1949년에 일본공산당에 입당했다.—옮긴이
　**** 야마무라 시즈카(山室靜, 1906~2000). 신화학자. 『고대 북구의 종교와 신화』(古代北歐の宗敎と神話), 『라인의 황금』(ラインの黃金)과 같은 저작을 남겼다.—옮긴이
***** 다케우치는 전후에 '근대의 초극'을 다뤘던 글 가운데 하나다의 저작만이 근대를 정면으로 상대했다고 여겼다. 왜냐하면 하나다는 일본적인 민중을 기초로서 삼았기 때문이다. 『신일본문학』, 1960년 5월호, 148~149쪽 참조. 하나다의 저작은 다음과 같다. 花田淸輝, 『近代の超克 : 現代日本のエッセイ』, 講談社文藝文庫, 1993.

시미를 엄격히 비판한 지 4개월이 채 지나지 않아 열렸지만, 이 자리에서 두 사람은 솔직한 대화를 나눴다. 이는 진정한 위기의식 아래서만 가능했던 감동적인 협력관계라 여겨진다.

어떤 사정인지 알 수 없으나 '근대의 초극'은 좌담회의 중심적 화제가 되지 않았다. 더구나 참가자들의 입장이 너무 달라 토론은 전체적으로 산만하고 피상적이었다. 다만 화제가 내셔널리즘에서 인터내셔널리즘으로, 나아가 일본문화론으로 전개되자 아라 마사히토와 다케우치 요시미는 매우 자제해 논의를 개진하기 시작했다. 히로시마·나가사키에 떨어뜨린 핵폭탄의 책임 문제를 거론하면서 아라 마사히토는 태평양전쟁이 지닌 반파시즘 전쟁으로서의 성격을 재삼 강조했다. 다케우치는 기회를 얻어 일본과 미국은 모두 제국주의라며 화제를 옮겨갔다. 아라 마사히토와 다케우치 요시미는 다음의 지점에서 갈라졌다. 아라 마사히토는 태평양전쟁을 미일 양국의 전쟁으로 간주하는 것에 반대하며, 그것은 추축국과 반추축국의 대결이었다고 강조했다. 그런 까닭에 필연적으로 소련을 어떻게 자리매김할 것인지가 문제로 떠올랐다. 이에 다케우치 요시미는 미국은 전후에 서양국가들 위에 서서 맹주의 자리를 차지했으며, 일본은 실질적으로 미국에게만 머리를 숙였다는 주장을 굽히지 않았다. 이러한 사정이 있기에 특히 미국과 맞서 정면으로 대결할 필요가 있었다. 아라 마사히토는 일본은 먼저 침략전쟁의 개전책임을 추궁받아야 하며, 그렇지 않고서는 히로시마 문제도 논의할 수 없다고 주장했다. 다케우치 요시미는 그 원칙에는 동의하나 미국은 일본의 항복을 분명히 알고서도 원폭을 투하했다고 강조했다. 두 사람의 논의는 어떤 진전도 없이 흐지부지 끝났다. 둘의 입장은 전혀 교차하지 않았다.

이 논의는 그 이후 일본의 진보적 지식인 내부에서 발생한 기본적인 갈라짐을 상징적으로 보여준다. 40년이 지난 현재, 일본의 지식인들은 거의 실질적인 진전 없이 히로시마 문제를 두고 아라 마사히토와 다케우치 요시미의 대화를 반복하는 듯이 여겨진다. 대체 어째서인가.

기본적인 사고의 단서는 역시 다케우치 요시미의 「근대의 초극」속에 있다. 허다한 '근대의 초극론' 가운데 정치적으로 다케우치 요시미보다 올바르고 독해로서도 정교한 텍스트야 얼마든지 있지만, 얄궂게도 다케우치 요시미의 텍스트만큼 시공을 초월해 빈번이 언급되는 것은 드물며, 민족주의 내지 대동아주의의 '혐의'가 농후한 다케우치의 텍스트만이 일본사상사에서 명저가 되었다.

그 사정이 텍스트에 흠이 없기 때문은 아닐 것이다. 나는 진보와 반동이 인터내셔널리즘과 내셔널리즘으로 쉽게 분류되는 상황에서 다케우치 요시미만이 문제는 그런 종류의 분류 속에 있지 않음을 예리하게 감지했기 때문이라고 확신한다. 그는 가장 직접적인 방법으로 일본 대 서양, 내셔널리즘 대 인터내셔널리즘, 자본주의 내 사회주의와 같은 이항대립적 사고를 서둘러 타파해야 한다고 주장했다. 다케우치 요시미는 이항대립을 대체할 이론적 모델은 발견하지 못했다. 하지만 그는 전쟁체험자의 감정기억을 흔들고 감정기억 속에서 살아 있는 원리를 발굴하려고 애썼다. 다케우치는 전후에 이루어진 전쟁에 관한 성찰이 오히려 살아 있는 원리를 가린다고 여겼다. 왜냐하면 일본 근대성의 문제는 2차 세계대전을 정점으로 하면서도, 전후에도 다양한 모습의 대외 확장으로 지속되었기 때문이다. 그는 한 세대의 인간이 이데올로기로만 휩싸이거나, 한 시대가 사상사적인 공백이 된다고는 생각하지 않았다. 전쟁의 역사 속에서 오늘날의 사상이 형성되는 기본적 방향을 준별하고, 사상과 폭력 사이의 복잡한 관계를 끝까지 지켜보는 일. 그것이 다케우치 요시미의 기본 과제였다.

「근대의 초극」에서 사상을 형성하고자 희미하나마 단서를 구했던 때, 다케우치 요시미는 매우 어려운 문제에 직면했다. 즉 그가 발굴하고 재건하려 한 일본의 사상적 유산은 거의 모두 '오염' 되어 있었다. 역사적으로 일본의 군국주의와 관계를 맺은 것들이었고 새로운 시대에 들어서는 일본의 보수파 내지 우익의 이데올로기가 되었다. 이러한 사정에다가 다케우치 요시미 자신도 전시에 '오염' 된 말을 사용하여 사상을 창조하려고 시도했다. 다케우치 요시미가 전시의 감정기억이나 체험에 호소하며 감정과 체험 속에서 살아 있는 원리를 구하려 했던 까닭은 추상적인 표현을 가지고는 미묘한 차이가 가려지고 말 것임을 알았기 때문이다. 예를 들어 역사적으로 보았을 때 대외침략의 이데올로기 속에는 발생하곤 곧 지워지는 동아시아에 대한 책임문제가 맹아적인 형태로 숨겨져 있다. 또한 서양에 대항하는 일본의 내셔널리즘 이데올로기 속에는 일본을 세계사의 일부로 만들려는 노력이 깔려 있다. 다케우치는 묻는다. 만약 이 모두를 '올바른' 이론으로 소거하면, 대체 사상적 전통을 형성하고 역사적 책임을 담당할 사상적 유산이란 일본의 어디에서 구할 수 있는가. 외래의 사상과 관념을 어떻게 해야 일본의 사상과 관념으로 바꿀 수 있으며, 일본의 일상 경험에서 작용하도록 만들 수 있는가.

다케우치 요시미가 이러한 문제제기를 전화시켜 일본의 사상적 유산을 추구하고 정화하려 시도하자 좌익 지식인은 이를 거부하기 시작했다. 상황 속에서 어떻게 원리를 구하고 원리의 생명력을 지켜나갈 것인가. 그것은 모두 자기부정의 능력에 달려 있다. 다케우치 요시미를 쓰루미 슌스케 류의 지식인과 다르게 만드는 것은 복잡한 현실에 진입하는 그의 능력이다. 또한 다케우치 요시미를 아라 마사히토와 같은 지식인과 구별하게 하는 것은 상황 속에서 원리를 추구하는 그의 본능이다. 다케우치 요시미에게 원리란 상황을 인식할 때의 출발점에도 종착점에도 없다. 다만 상황 속에서 살아가려는 것일 따름이다. 다케우치 요시미와 아라 마사히토의 어긋남에서 드러나듯이, 다케우치는 유동적으로 성장하는 원리를 추구했으나 아라 마사히토는 기존의 원칙에 집착했다. 이 어긋남 자체가 원리적인지도 모른다. 그것이 해결되지 못했기에, 당시의 갈라짐이 오늘날에도 여전히 기본적인 분열 지점으로 남아 있다.

아포리아를 아포리아로 인식하자는 다케우치 요시미의 요구는 그 자신에게 그리고 일본 사상계를 향해 제기한 중요한 과제였다. 유감스럽게도 다케우치 자신도 해결하지 못한 이 아포리아는 동시대인의 주목을 받지 못했다. 수많은 논쟁 속에서 그의 노력은 전혀 다른 방향으로 왜곡되었다. 60년대 후반에 다케우치 요시미가 평론가를 그만두었을 때, 그에게 유일하게 가능한 일이란 해결할 수 없고 주목도 얻지 못한 이 아포리아를 다만 후세 사람에게 남기는 것이었다.

# 4장_히로마쓰 와타루의 『근대초극론』

다케우치 요시미가 평론가를 폐업하고 『루쉰문집』의 번역에 매진하던 시기, 즉 1974년부터 1975년 무렵에 또 하나의 '근대초극론'이 잡지 『유동』에 연재되었다. 그것이 단행본으로 정리되었을 때 다케우치 요시미는 이미 세상을 떠났다.

새로운 '근대초극론'은 좌익 철학자 히로마쓰 와타루*가 쓴 것이다. 그가 남긴 텍스트는 소중하다. 이 텍스트가 없다면 오늘날 '근대의 초극'이라는 사상사의 사건을 정리할 때 많은 기술적인 문제에 직면하게 될 것이다.

히로마쓰 와타루의 텍스트는 매우 난해하다. 그것은 그가 사용하는 용어와 문체 탓이 아니다. 앞 세대 사람마냥 명쾌하게 문제를 제기하지 않은 까닭이다. 그는 이데올로기 비판과 사상적 분석 사이에서

---

* 히로마쓰 와타루(廣松涉, 1933~). 신좌익(분트)의 혁명과정을 운동이나 심정의 측면에서 논리로 고양시키기 위해 마르크스·엥겔스를 본격적으로 연구했다. 저서로는 『자본론의 철학』(資本論の哲學), 『세계의 공산주의적 존재구조』(世界の共同主觀的存在構造), 『엥겔스론』(エンゲルス論) 등이 있다.―옮긴이

얼마간 동요했으며, 양자를 유기적으로 조직할 방법을 끝내 발견하지 못한 듯하다. 그러나 다케우치 요시미를 비판하는 데에 일정한 지면을 할애했기에 우리는 거기에서 그의 텍스트로 진입하는 단서를 발견할 수 있다.

다케우치에 대한 히로마쓰 와타루의 비판은 그의 책 7장에서 전개되고 있다. 즉 히로마쓰는 다케우치의 과제를 입론의 출발점으로 삼지 않았다. 실제로 히로마쓰 와타루는 여러 부분에서 다케우치 요시미의 사고에 빚지고 있지만, 히로마쓰 자신은 다케우치의 텍스트가 중요한 문제를 제기한다고 생각하지 않았으며, 하물며 다케우치가 전개한 사고를 좇아 과제를 탐구할 필요성도 느끼지 않았다. 히로마쓰는 다케우치의 텍스트가 그 후의 '근대의 초극'을 둘러싼 평가를 대세지었다고 생각해 다시 검토하기로 마음먹었다. 그러나 다케우치의 텍스트가 이후의 평가에서 대세를 결정했던 이유는 무엇인지, 이런 대세가 어느 정도로 찬탈되어 왔는지에는 관심을 기울이지 않았다.

히로마쓰 와타루는 두 가지 이유로 다케우치 요시미를 비판한다. 첫째, 다케우치가 좌담회 '근대의 초극'은 전쟁과 파시즘의 이데올로기조차 되지 못했다고 기술한 점. 둘째, 대동아전쟁에서 태평양전쟁에 이르는 일본의 전쟁이 지닌 이중적 성격이 해부되지 않았으며, 따라서 아포리아가 아포리아로서 인식되지 못했다고 지적한 점.

히로마쓰 와타루는 다케우치 요시미가 제기한 문제의 핵심을 분명히 포착했다. 다만 아쉽게도 그의 비판은 쓰루미 슌스케나 아라 마사히토에 의한 종래의 비판을 넘어서지 못했다. 우선 첫째 항목과 관련해 히로마쓰 와타루는 다음처럼 비판했다. 교토학파가 개전의 조직을 완벽하게 설명해 보인 교의학에 불과했다 하더라도, 그것만으로 충분히 전쟁과 파시즘의 이데올로기로서 인정되어야 한다. 확실히 그들이 지닌 사상적 힘이 현실을 움직이지는 못했지만 '사상의 힘'이 '현실'을 움직이는 것은 아니다. 대다수 청년학도들은 그들의 해석을 통해 대동아전쟁의 세계사적 의의를 이해할 수 있었다. 그들의 사상적 힘이 현실에서 능동적인 계기가 되었다는 뜻이다. 둘째 항목과 관련해 히로마쓰 와타루는 고의에서 비롯되었는지 무심결이었는지 오독에 근거해 비판을 가한다.

"다케우치는 '근대의 초극'이 말하자면 일본 근대사 아포리아의 응축이었던 점", "복고와 유신 …… 국수와 문명개화, 동양과 서양이라는 기본축에서 대항관계가 …… 일거에 문제로 폭발한 것이 '근대의 초극' 논의였던" 점을 밝혔다. 이는 '근대의 초극' 논의가 바로 '아포리아'를 해결과제로 삼아 인식대상으로 취했다는 점을 일컫지 않을까. 전쟁의 이중성에 대해서도 마찬가지이리라. 하긴 그로서는 그것은 아포리아에 대한 진정한 인식이 아니며, 전쟁의 이중성에 대한 진정한 해부가 아니라고 말할지도 모르겠다. 최종적인 인식의 수준에서는 굳이 이의를 제기하지 않더라도, 당면 문제로서는 '근대초극론'이 그가 말하는 '아포리아'나 '이중성'을 나름의 방식으로 인식하고 그것의 '해결' 내지는 지양 및 통일을 지향했다는 점, 그렇기에 지난날의 이데올로기적 요구에 부응할 수 있었다는 점, 이런 측면들을 짚어 둘 필요가 있다고 생각한다."[22]

다케우치 요시미의 문맥을 전혀 무시한 히로마쓰 와타루의 방식이 단순한 강변은 아닐 것이다. 지난날 아라 마사히토와 다케우치 요시미의 갈라짐처럼, 여기서는 히로마쓰 와타루와 다케우치 요시미의 갈라짐이 드러난다. 양자의 갈라짐은 불 속에서 밤을 줍겠다는 다케우치 요시미의 태도와 달리, 히로마쓰 와타루는 강 건너 불 보듯 하는 명석함을 구했다는 데에 있다. 바꿔 말하면 다케우치는 전쟁을 직접 체험한 자로서 또한 대동아공영 이념에서 정당성과 가능성을 구하려다 실패한 경험자로서, 역사와 시대상황의 임계상태를 유익한 방향으로 전환시키는 필요조건을 '근대의 초극'에서 발견하고 또 소생시키고자 했다. 반면 히로마쓰는 전쟁 시기에 어린 시절을 보낸 간접 체험자로서 역사의 재판관을 연기하는 일에 관심이 있었다.

특히 히로마쓰 와타루는 60년대 말 세계적으로 들끓은 학생운동이 기성질서를 거부하는 장면을 목도하고는, 자본주의 체제 내부에서 생겨난 또 한 번의 '근대의 초극' 요구에 직면하면서 새로운 '일본낭만파' 이데올로기를 해체하는 작업을 자신의 과제로 삼았다. 그러나 다케우치 요시미와 달리 줄곧 서양근대철학에 의거해 작업해온 히로마쓰 와타루는 이론적으로는 서양중심주의를 반대할 수 있었지만, 감각의 수준에서 동양에 근대성의 문제를 처리할 사상적 유산이 있다고는 생각하지 않은 듯하다. 더구나 그는 중국에서 문화대혁명이 맹위를 떨치고 일본에서 우경화가 진행되는 시기에 활동했다. 다케우치 요시미처럼 동아시아의 대안적인 근대성을 사고하기란 매우 곤란했으며, 서양 근대 이래의 사상적 유산에 근거해 역사를 다시 발굴할 도리 밖에 방법이 없었다. 이리하여 히로마쓰 와타루는 교토학파와 마찬가지로 웅대하게 '근대를 초극한다'는 말을 내걸었지만, 당연한 귀결로서 다케우치 요시미가 꺼내는 말의 가장 밑바닥에 자리한 사상적 계기—역사의 대상 속에 몸을 두고 역사를 움직이는 진정한 힘을 구한다는 계기는 소홀히 하였다. 히로마쓰 와타루의 서술은 매우 전투적이었지만, 거기에 필요한 내재적 긴장력은 떨어졌다. 그런 이유로 그는 역사의 재판관을 연기할 수는 있었겠지만, 역사 속의 가장 약동적인 지점을 파악할 기회는 놓치고 말았다.

히로마쓰 와타루는 '근대의 초극'이 이데올로기적으로 작용했음을 인정하고 또한 이 좌담회에서 사상적 모색이나 사상적 실패의 계기를 구하지 않는다는 점을 전제로 하여 좌담회를 사상적으로 정리했다. 철학 연구자인 히로마쓰 와타루에게 '좌담'이라는 특정한 언어공간을 파악하는 일은 몹시 곤란했다. 그런 까닭에 그는 좌담회 자체를 분석하는 일을 기본적으로 회피했다. 그는 처음부터 교토학파가 제기한 세계사의 철학을 화제로 건드렸지만, 교토학파가 세 차례에 걸쳐 진행한 좌담회를 정면으로 다루지는 않았다. 이리하여 그는 교토학파 학자들이 좌담회에서 나눈 대화, 특히 대화에 담긴 잠재적인 갈라짐이나 충돌을 다루지 않고, 오로지 그들의 전공이나 논문만을 재료로 삼았다.

당연히 개별 저작과는 달리 좌담회는 개개의 사고 사이에서 벌어지는 교착과 충돌, 나아가서는 교착과 충돌로 암시되는 사고의 새로운 편성가능성을 읽어낼 수 있다는 점에 그 특징이 있다. 아라 마사히토가 지적했듯이 다케우치 요시미 역시 두 좌담회 모두에 시선을 두지는 않았지만, 다케우치는 분명 쇼와 전기부터 중기에 걸친 특정한 담론공간 그리고 그 공간 내부에 짜여져 놓인 다양한 사고와 주류 이데올로기 사이의 긴장관계를 주목하고 있었다. 그리하여 다케우치는 하나의 상징이 되어버린 '근대의 초극'을 안으로부터 구분한다는 곤란한 작업을 시도할 수 있었다. 히로마쓰 와타루 역시 시대의 사상적 상황에 관해 웅대한 심층구조를 구축하려고 애썼지만, 기본적으로 '좌담'의 사고에 진입할 수 없었기에 담론공간에 관한 의식은 형해화되었으며 개념으로 흐를 수밖에 없었다. 그는 '근대의 초극'과 '세계사적 입장과 일본'을 혼동했을 뿐만 아니라 다케우치 요시미를 비판하기 위해 두 좌담회 사이의 미묘한 차이를 단순화했으며, 둘 다 주류 이데올로기의 앞잡이였다고 간주했다. 히로마쓰 와타루는 말한다. 다케우치 요시미는 두 좌담회와 일본낭만파의 범위에서만 문제를 설정했으며, 미키 기요시와 같은 이데올로그는 시야 밖에 두었다. "그렇기에 과연 그의 평가는 설득력을 갖는다고 하겠다. 하지만 그의 시야 안에서만 '근대의 초극'을 다뤄서는 쇼와 시대 사상사론의 방법론적 절차치고는 지나치게 협소한 감이 있다."[23]

히로마쓰 와타루는 분명히 바꿔치기를 하고 있다. 그것은 그가 『문학계』 동인의 사고로 진입할 수 없었던 부득이한 결과이다.* 그는 다케우치 요시미가 한 차례 언급하는 데 그쳤던 미키 기요시를 『문학계』 동인이자 교토학파 출신이라는 이유로 문학가와 학자를 연결하는 중요한 요소로 보았다. 히로마쓰 와타루는 미키 기요시를 『문학계』의 대표로 간주하여 문학가들의 토론을 보류해두고 주장의 학술적인 정합성을 지킬 수 있었다. 그러나 미키 기요시가 『문학계』와 그 동인들을 대표할 수 있는지 여부는 차치하더라도, 보다 중요한 문제로 이러한

---

* 히로마쓰 와타루가 일본낭만파나 『문학계』를 다룬 까닭은 미키 기요시 등 '쇼와연구회'의 학자나 교토학파 학자들이 제기한 '근대의 초극'론의 깊이를 두드러지게 하기 위해서였다. 그는 자기고백 류의 문인들의 논의는 "특별히 '근대의 초극'이라는 이름을 내걸지 않고 문예방담회(文藝放談會)라고 말하는 것으로 충분치 않을까"라며 빈정대기까지 한다. 나아가 히로마쓰 와타루는 문인들은 "근대 이데올로기를 대신할 이론적 체계를 제시하는 일이나 근대 사회의 역사적 현실을 타파하고 지양하는 사회적 실천"에도 성공하지 못했다고 지적하고 그들의 발언을 "빈 소리에 불과하다"고 비판했다.(『근대초극론』, 197~199쪽)

바꿔치기 작업이 하나의 이론적인 치환임은 지적되어야 한다. 즉 역사 속에서 명확히 한정된 범위를 갖는 '근대의 초극'이 상징으로서 무한히 확대되어 쇼와사상사 전체의 기본 구조가 되었다. 그 기본 구조란 히로마쓰 와타루가 관심을 기울인 천황제를 정점으로 하는 국가독점자본주의의 사회구조와 그 이데올로기이다.

　일본의 국가독점자본주의와 그 이데올로기를 비판하는 일은 마르크스주의자인 히로마쓰 와타루에게 기본적인 사상과제였다. 그가 다케우치 요시미의 '방법론적 절차'를 지나치다 싶을 정도로 협소하게 비판했던 까닭은 다케우치가 문명론과 문화론의 시야에서만 문제를 다루고, 히로마쓰 와타루처럼 사회사적 시각에서는 문제를 다루지 않았기 때문이다. 그 밖의 과제(예를 들어 아시아주의 등)에 대해서라면 히로마쓰 와타루의 다케우치 요시미 비판은 분명히 목표에 적중한다. 그러나 「근대의 초극」에 대한 비판은 자신의 약점을 털어놓을 뿐이다. 히로마쓰 와타루는 웅대한 사회사와 관념사의 말로써 다케우치 요시미를 비판하였기에, 다케우치 요시미가 제기하고 아라 마사히토 등에 의해 명확해진 중요한 생각을 놓쳐버렸다. 하나의 담론공간인 '근대의 초극'이 일본 근대사상사에서 갖는 의의는 좌담회의 참가자 혹은 관련자가 지닌 개인적 관점과 동일시할 수 없으며, 하물며 당시 사회사의 문제로 단순히 환원해서도 안 된다. 거기에서 드러난 문제의 다층성 그리고 그 복잡한 사정으로 간단히 설명할 수 없는 감각에도 뚜렷한 형태를 부여했다는 이 독특한 효능은 매우 적은 좌담회에서만 가능한 것이었다. 이점에서 '근대의 초극'과 비견할 단독의 저작은 존재하지 않는다. 충돌이나 대항으로 일관되었고 고도로 타협적이기조차 한 이 좌담회가 역사 분석을 도식화에서 구해내는 실마리가 될 수 있는 까닭은 바로 **감각에 형태를 부여한다**는 의미에서이다.

히로마쓰 와타루는 이러한 문제에 전혀 관심을 갖지 않았음이 분명하다. 그는 '근대의 초극'에서 교토학파의 공적을 과도하게 강조하여 사실을 왜곡하고는 교토학파만이 좌담회의 기조를 이끌었다고 주장했다. 이뿐만이 아니다. 그는 이 좌담회가 다룬 사회적·역사적 내용을 훨씬 초과하는 요소들을 무리하게 이끌어내려 했다. 전체 10장으로 이루어진 장편에서 그는 교토학파 학자 고야마 이와오의 세계사의 철학, 니시다 기타로 철학의 위치, 미키 기요시 철학의 이데올로기적 애로, 일본 자본주의의 특질, 쇼와 유신과 일본공산당의 전향 성명이 지닌 사회사적 의미, 일본낭만파의 민족주의적 심정과 그 세계관의 관계, 문학가들의 근대초극론이 빚어낸 허무주의적 경향과 같은 문제들을 다뤘다. 그러나 광대하기 그지없는 이런 틀에 담긴 내용은 실로 명료하다. 난폭하게 솎아본다면 다음의 몇 가지로 정리된다.

첫째, 히로마쓰 와타루는 슬로건으로서도 좌담회로서도 '근대의 초극'은 초극해야 할 근대가 무엇인가라는 문제를 해결하지 못했다고 평가한다. 대상이 명료하지 않은 탓에 토론도 성과를 내지 못했다. 이와 관련하여 교토학파 학자들이 내놓은 세계사의 이념 및 근대를 초극하겠다는 과제도 현상을 돌파할 유효한 이론적 모델을 제시하는 데는 실패했다.

둘째, 히로마쓰 와타루는 사상과 이데올로기를 구별하는 다케우치 요시미의 방법을 반박하고 좌담회 자체든 당시의 지식인이든 모두 주류 이데올로기의 일원이 되었다고 강조했다. 그는 지식인의 사상적 역할을 강조했지만 사상을 이데올로기와 구별하는 방법에는 일관되게 반대했다.

셋째, 히로마쓰 와타루는 니시다 철학과 교토학파가 제시한 세계사의 이념을 분석하여, 소위 '토착 대 외래'와 같은 모델은 역사적 상황에 걸맞지 않으며, 당시 교토학파나 『문학계』 동인 사이에서 일본과 서양은 단순한 모습으로 나뉘지 않았음을 밝히고 있다. 이 점에서 당시 지식인들의 과제의식은 상당한 수준에 도달했다고 여겨진다.

넷째, 히로마쓰 와타루는 두 장을 할애해 쇼와정치사와 사회사를 분석하여 '대동아공영권'이 대외침략과 내부의 힘관계를 하나로 조정해가는 양상을 그려냈다. 특히 만주침략 시기의 국제·국내 관계를 분석하여 내외 위기의 조정이 어떠한 상관관계를 맺는지 보여주었다.

치밀하게 사고하는 철학자 히로마쓰 와타루의 텍스트는 문제의 여러 측면을 주의 깊게 파고들었다. 그가 도출한 대부분의 결론은 비판의 여지가 없다. 그는 이데올로기 비판과 사상적 입장 양쪽에 모두 주의를 기울이고, 철학이나 역사학의 이론적인 개념을 분석하고, 동시에 이론 이전의 '심정'도 잊지 않으려 했다. 추상적인 결론의 수준에서라면 그는 어떠한 실수도 하지 않았다고 여겨진다.

그러나 여기서 놓치기 쉬운 것은 결론의 배후에 숨겨진 기본적인 문제이다. 히로마쓰 와타루는 올바른 입장에 입각해 다방면에 주의를 기울이고 분석을 시도했지만, 두 가지 기본적인 시각 차이를 애매하게 처리하고 엄격한 비판적 언사로 차이 자체의 중요성을 가려버렸다. 그 차이란 이데올로기 비판과 사상 비판이라는 입장의 차이이다. 이데올로기 비판은 입장의 올바름과 현실을 직접 지도하는 역할을 추구한다. 따라서 히로마쓰 와타루가 1940년대 지식인에게 가한 비판은 기본적으로 그들이 이데올로기상에서 악마와 무리를 이루었으며, 그들이 근대성의 아포리아에서 탈출하는 길을 제시하지 못했다는 점에 맞춰져 있다. 그러나 사상 비판은 결코 주류 이데올로기와 맞섰는지 현실에서 진로를 제시했는지만을 따지지 않는다. 사상 비판은 유동하는 상황 속의 원리에 착목하여 그 원리에 몸을 맡긴다. 히로마쓰 와타루의 논술에서 그의 사고방법은 종종 그의 결론과 배치되곤 한다. 이데올로기 속에서 사상을 정리해낸다는 결론의 의도는 논증의 틀이 되지 못하고, 분석은 '근대의 초극'에 대한 이데올로기적 비판에 집중된다. 책에서 가장 빛을 발한 쇼와사회사를 분석하는 장면에서도 사상적인 정리를 전혀 시도하지 않았다. 히로마쓰 와타루는 다케우치 요시미를 비판하면서 '협소'하다고 언급했는데, 그야말로 그렇다고 할 수밖에 없다.

다케우치 요시미는 자신의 글에서 교토학파의 공론(空論)과 오카와 슈메이*와 같은 현실 활동가의 언설을 구별하고, 이 두 가지 언설의 성질을 두 방향에서 파악해야 한다고 말했다. 또한 다케우치는 근대 일본이 품은 일련의 '아포리아' 속에서 이 좌담회를 다루고 다양한 요소가 '일거에 문제로 폭발했음'을 강조하여 좌담회의 범위를 확정했다. 다케우치는 당시의 다양한 힘관계를 집중적으로 분석했지만 좌담회에 사회·정치권력이 직접적으로 투영되었다고는 보지 않았다. 반면 히로마쓰 와타루는 다케우치 요시미의 논술이 지닌 가장 미묘한 감각을 이해하지 못하고 좌담회의 내용을 확대함으로써 다케우치 요시미의 물음을 흩어버렸다. 겉으로 보기에 히로마쓰 와타루의 시야가 보다 넓고, 보다 커다란 문제를 제기한 듯이 여겨진다. 그러나 바짝 다가가 생각하면 히로마쓰 와타루는 다케우치 요시미가 제기한 '사상전통의

---

* 오카와 슈메이(大川周明, 1886~1957). 국가주의자. 군부와 교류하며 1930년대의 여러 쿠데타와 쿠데타 미수사건에 관여했다. ─옮긴이

형성'이라는 곤란한 과제를 '문화형태론'으로 단순화하고, 자본주의 체제를 분석하는 사회사적 각도에 힘입어 다케우치의 미흡함을 보완하고자 시도했기에* 다케우치 요시미를 계승할 기회를 놓치고 말았다.

히로마쓰 와타루의 웅대한 틀 속에 올바른 비판적 입장이나 관념 분석, 사회사 분석은 충분히 담겨 있지만 사상전통을 건설하려는 노력은 부족하다. 이 장대한 텍스트에는 앞선 사람에 대한 비판이 넘쳐나지만, 자신이 방관자의 입장에서 전쟁을 기술했다는 점은 지적하지 않을 수 없다. 그 귀결로 히로마쓰 와타루는 '근대의 초극'에 묻어 있는 '이론 이전의 심정'을 '오늘날의 풍조'에 대한 '반면교사'라며 모호하게 해석하는 데에 그치고 말았다. 이에 대한 정리와 비판은 또한 매우 조잡했다. 더구나 다케우치 요시미가 지면을 할애해 다뤘던 당시의 지식계를 뒤덮은 특정한 정신 상태를 히로마쓰는 "현상에 대한 절망을 매개로 한 냉소주의(cynicism)와 서구 문명의 한계를 반성적으로 자각한 국수적인 미의식"이라고 간단히 뭉뚱그렸다.[24]

이리하여 다케우치 요시미가 가장 중시했던 사상 생성의 가능성이나 그가 매달렸던 '당시의 지식인은 어째서 일본의 태평양전쟁과 소련의 반파시즘 전쟁을 동일하다고 여겼던가'라는 어려운 문제는 히로마쓰 와타루에 의해 뿌리째 부정되었다. 또한 당시 고바야시와 니시타니의 대화에서 나타난 '일상 경험'의 문제도 이러한 방관자의 입장에서는 해소되었다. 문제는 히로마쓰 와타루와 같은 비판적 지식인이

---

*히로마쓰 와타루는 직접적으로 이러한 관점을 기술하지는 않았다. 그러나 다케우치 요시미의 시야를 "지나치게 협소하다"고 비판했다는 점(『근대초극론』, 169쪽), 근대에 대한 세 가지 이해의 기축을 설정했다는 점(같은 책, 179~180쪽), 그리고 전체적인 입론방법을 결부지어 생각한다면 그의 관점은 쉽게 읽어낼 수 있다.

'오늘날의 풍조'의 위험성을 의식하고 있는지 여부가 아니다. 이러한 풍조에 응답한 그의 방법이 그 풍조와 다른 듯이 닮았다는 것이야말로 문제이다. 히로마쓰 와타루는 다케우치 요시미가 비판했던 일본 마르크스주의자의 전철을 다시 밟아 일본의 복잡한 현실 문제를 '외부적인' 혹은 '이론적인' 방법으로 단순하게 치환했다. 그 결과 비판에 대한 정열과 현실을 향한 책임감은 그 비판의 대상과 상처 없이 공존할 수 있었다.

이 무정한 숙명은 그 후 역사에서 히로마쓰 와타루 자신의 글로 표현된다. 1994년 3월 16일 『아사히신문』 석간 '문화란'에 히로마쓰 와타루의 평론 「동북아시아가 역사의 주역으로」가 게재되었다. 이 글에서 히로마쓰 와타루는 구미 중심의 세계관이 붕괴되어가는 시대에 일본과 중국을 기축으로 '동아'의 신체제를 세우고, 그로써 세계의 신질서를 형성하자는 구상을 밝히고 있다. 히로마쓰 와타루는 이렇게 적는다. "동아공영권의 사상은 일찍이 우익의 전매특허였다. 일본의 제국주의는 그대로 진행되어 구미와의 대립만이 강조되었다. 그러나 오늘날 역사의 무대는 크게 회전하고 있다. 일중을 축으로 하는 동아의 신체제를! 그것을 전제로 하는 세계의 신질서를! 이것이 오늘날에는 일본 자본주의 자체의 발본적인 되물음을 의미하며, 반체제 좌익의 슬로건이 되어도 좋으리라."[25]

21세기를 목전에 두고 제출한 히로마쓰 와타루의 이 낙관적이며 단락적인 전망으로부터 일 년이 채 지나지 않아, 2차 세계대전 종결 50주년 기념행사가 세계적으로 벌어졌고 반세기 전 중일·한일 사이의 전쟁기억이 다시 활성화되었다. '동아신체제' '세계신질서'와 같이 아직도 씻겨지지 않은 '슬로건'이 어찌하여 이 복잡한 상황과 마주할 수 있다는 뜻일까? 그것이 어찌하여 일본 '반체제 좌익'의 슬로건이 될 수 있다는 말인가?『근대초극론 : 쇼와 사상사에 대한 한 가지 시각』의 정치적으로 올바른 이론적 비판은 히로마쓰 와타루 자신이 역사적 책임을 전혀 지지 않았기에 이 문제를 해결할 수 없었다. 일찍이 다케우치 요시미에게 커다란 번뇌를 안겨준 '일상 경험', 즉 이데올로기를 포함한 전쟁 체험자의 경험과 이 경험을 내부에서 변혁시키고 새로운 일상 경험을 창조하겠다는 그의 노력은 히로마쓰 와타루의 외재적 비판에 의해 해소되었다.

『아사히신문』의 평론은 히로마쓰의 그간의 숙고를 보여주는지도 모르겠다. 이 짧은 글을 가지고서 그의 작업을 비평하는 일은 공정하지 않다. 그러나 여기에서 지적하고 싶은 것은 이 짧은 글과 기개장대한『근대초극론』사이에는 어떠한 논리적 그리고 감각적 대립도 존재하지 않는다는 점이다. 논리 전개와 용어 사용에 이르기까지 그가 십수년 전에 비판한 교토학파의 세계사의 철학과 놀라울 정도로 닮아 있지만, 그것을 그의 전향이라고 간주해서는 안 된다. 또한 그가 자신의 십수년 전 비판을 스스로 부정했다고도 생각할 수 없다. 오히려 그의 십수년 전의 비판 작업에서 십수년 후의 '논리'가 생겼으며, 양자는 내재적으로 매우 긴밀한 관계를 맺고 있다 할 것이다. 자기 자신이 비판 대상의 상황 안으로 뛰어들지 않는다면, 상황을 바꿔낼 유효한 사상적 무기를 손에 넣을 수 없다. 그건 고사하고 상황에 변화가 생기자마자 비판자가 비판 대상의 논리에 빠져버리는 경우조차 발생한다. 히로마쓰 와타루의 평론에서 나타난 논리전개, 나아가서는 용어마저도 그가 십수년 전 비판했던 교토학파의 세계사의 철학과 너무도 닮아 있다는 사실은 이런 의미에서 깊이 숙고해야 할 대목이다.

# 5장_니시오 간지의 『국민의 역사』

히로마쓰 와타루가 일본의 좌익을 향해 대동아공영권 이념을 다시 활용하자고 요구한 지 2년이 채 지나지 않은 1996년 12월, 일본 사회에는 '새로운 역사교과서를 만드는 모임' 그리고 '자유주의사관'의 사조가 나타났다. '자학사관'(自虐史觀)을 비판한다는 명목으로 전쟁의 역사를 수정하겠다던 이 사조는 실은 '이론 이전'의 '심정'에 근거해 '근대의 초극'을 현재의 문제로서 다시 재기하려는 움직임이었다. 기본적인 내용은 이렇다. 일본이 2차 세계대전 중에 범한 범죄는 세계의 다른 나라와 비교해보건대 특별할 것이 없으며, 전후의 경제배상을 통해 이미 청산되었다. 일본인은 자기부정과 자기연민의 대립을 박차고 나와 제3의 길, 즉 자유주의적 역사관을 수립해야 한다. 이론적으로 일관된 이러한 주장은 금세 반향을 얻었으며, 특히 젊은 세대 일본인들의 감성을 사로잡았다. 이 사조를 비판하려는 진보적 지식인에게 가장 곤란했던 문제는 비판을 위한 우월한 무기를 발견하는 일이었다. 히로마쓰 와타루의 전례에서 보았듯이, 올바른 입장이나 이데올로기는 이러한 '심정'을 충분히 비판할 수 없으며, 또한 추상적인 이론 분석으로도 비판을 완수할 수 없다. 한쪽 구석에서 다케우치 요시미가 제기했다가 도중에 좌절했던 과제는 해결되지 않은 채 시간에 덮여 있었다.

1999년 10월 '새로운 역사교과서를 만드는 모임' 회장 니시오 간지는 800쪽에 이르는 방대한 저서인 『국민의 역사』를 출판하고, 한 달도 안 되어 2쇄를 찍었다. 산케이신문사가 발행한 이 두꺼운 책은 불과 2천 엔이라는 싼값에 판매되었다. 전하는 바로는 2000년에 밀리언셀러가 되었다 한다. 일본의 비판적 지식인 가운데 이 책을 진지하게 읽은 이들이 얼마나 되는지 알 순 없지만, 그다지 학술적이지 않은 이 저서와 '자유주의사관'의 영향력은 웃어넘길 문제가 아니었다.

『국민의 역사』의 문장은 간명하여 알기 쉽다. 일본을 인격화하고 고대부터 현대까지 일본이 겪어온 고난의 걸음을 이야기한다. 일본은 사리를 분간하고 자존심을 갖고 믿음을 중히 여겼으나, 근대의 복잡한 국제관계 속에서 고뇌와 원통함만을 느끼게 되었다. 특히 이 책에서는 서양 열강이 세계를 조작한 근대 이후의 국제관계에서, 일본은 서양 열강의 국제조약을 따랐지만 늘 비난받고 이용되어 왔음을 강조한다. 한국병합이든 중국침략이든 백인의 식민지로 내몰릴 궁지에서 이웃나라를 구해낸 행동에 불과하며, 국제정치역학에 따라 초래된 선택의 결과이지 일본은 아무런 나쁜 짓도 하지 않았다. 한국의 20만 위안부라는 것은 다만 선동(demagogy)일 따름이다. 대학살이라는 말에서 떠올려야 할 것은 나치이며, 일반적인 의미에서 조직적인 학살이라 한다면 스탈린, 마오쩌둥, 폴 포트가 저질렀다. 일본 국민은 전쟁 중에 고난으로 소진되었다. 원폭의 상처를 입었으며 무수한 공습을 참고 견뎌야 했고 그 공포감은 수세대 지속되었다. 이 책은 또한 미국이 일관되게 일본을 가상의 적으로 삼아왔음을 강조하고, 미국이야말로 근대 국제정치경제에서 진정한 패자(覇者)였음을 규탄한다. 그리고 패전시의 일본이 한 가닥 흐트러짐 없이 현실을 받아들여 세계를 놀라게 했던 사실을 상기하자고 호소한다.

> 천황의 종전 조칙이 안긴 국민 전체를 에워싼 저 일순의 침묵에는 깊은 암시가 깔려 있다. 그것은 다른 나라 사람이 미루어 알 수 없는 무거움을 지닌다. 이국인은 이를 보고 일본인이 전투는 그만두었으나 전쟁은 그만두지 않았다는 점, 무언(無言)의 저항의지, 불복종의 의향을 지니고 있음을 발견하게 된다.[26]

이런 정경은 이 책 전체의 주제를 상징한다 하겠다. 니시오는 '무언의 불복종'이야말로 국내의 비판적 지식인과 세계를 향해 지금까지의 '다수' 일본인이 품어온 태도라고 여겼다. 『국민의 역사』와 '새로운 역사 교과서를 만드는 모임'의 활동이란 '무언'을 '유언'으로 바꾸는 일이다(비록 니시오는 이 책이 모임과는 직접적인 관계가 없다고 말했지만). 『국민의 역사』는 이상의 내용을 기조로 삼아 고대에는 중국에서 벗어나고 근대에는 서양으로부터 독립한 일본의 주체성을 세우려고 한다. 그런 까닭에 이 책은 전쟁책임을 추궁하고 일본 사회를 비판해 온 지식인과 그들의 사회적 영향력을 거세게 공격하고, 서양중심론의 가치체계와 역사·현실을 거침없이 따져 물었다. 추상적인 논의를 진행하다가 니시오 본인을 포함한 전쟁체험자의 창상체험(創傷體驗)을 대조적으로 끼워넣고는 일본인이야말로 진정한 피해자라는 전제를 세워, 역사에 대한 도덕적 판단을 중지하고 국제정치역학 속에서 역사를 '객관적'으로 다시 논해야 한다고 요구한다.

이데올로기적으로 생각해도 학술적으로 보아도 혹은 자료를 다루는 방식에서 말해도 이 책의 결함은 뚜렷하다. 그러나 진보적 엘리트가 일고의 가치도 두지 않은 이러한 저작이야말로 일본의 비판적 지식인이 직면하고 있는 아포리아를 드러낸다. 『국민의 역사』는 일본의 지식계가 '근대의 초극' 이래 근대의 충격을 둘러싸고 사상을 건설해온 시도에 대한 전면적인 반동이다. 다케우치 요시미가 '아포리아'라고 표현한 주체 건설의 문제는 '유언의 불복종' 속에서 철저히 해소되었다. 『국민의 역사』는 2차 세계대전 시기에 겪은 일본인의 창상체험과 일본 민족에 대한 영웅주의적 에크리튀르를 기초로 하여, 엄준하게 비판받고 탈구축되어 온 일본에 관한 상상을 가장 단순한 방법으로 다시 봉합해 보였다. 그리고 부정된 기억에 호소함으로써 일본인의 '일상경험'을 재구축하려 했다. 그것은 서양의 사상적 자원에 근거해 진보적 지식인이 수행해 온 일본 내셔널리즘 비판이 유효한지를 추궁했다는 의미를 지닌다. 우리는 오늘날에야 비로소 다케우치 요시미가 '불 속에서 밤을 주워야' 했던 이유를 이해하게 되었는지도 모른다. 그리고 다케우치 요시미가 일본의 주체를 건설하겠다던 시도가 추상적인 내셔널리즘 비판에 부딪혀 간단히 봉합된 결과가 초래하는 부정적인 효과를 비로소 알게 되었는지도 모르겠다. 『국민의 역사』는 다케우치 요시미가 가장 원치 않았던 방식으로 그의 예언을 현실화했다. 민족주의는 "그것이 무시될 때 문제가 되는 성질을 갖는다. 민족의식은 억압받을 때 생겨난다."[27)]

다케우치 요시미는 '근대의 초극'을 정리하겠다고 마음먹으면서 '건전한 내셔널리즘'을 발견하겠다는 목표를 품었다. 다케우치에게 '근대'란 자기부정과 자기갱신의 계기이지 실체화할 수 있는 대상은 아니었다. 그가 남긴 일련의 글들은 늘 어떤 위기감으로 충만해 있다. 그는 전쟁의 역사 속으로 진입하지 못한다면, 그리고 전쟁에서 겪은 일본인의 복잡한 정신이나 심정을 실제로 체험할 수 없다면, 진정한 비판적 주체는 생길 수 없으며 진정한 가능성도 출현하지 않는다고 여겼다. 다케우치가 「근대의 초극」 말미에서 적었듯이 전쟁에 투입된 모든 에너지가 낭비이며 계승할 수 없는 것이라면 전통을 통한 사상 형성도 불가능하다. 전통에 뿌리를 내리지 않은 사상이란 다케우치 요시미가 말하는 '자력'(自力)에 이르지 못한 사상이며, 기성 질서의 주류 이데올로기와 이론적 결론에 힘입어 권위를 부여받을 따름이다. 이를 두고 다케우치는 '사이비 지성'이라 불렀다. 다케우치 요시미의 표현은 '일본주의자' 혹은 '반근대주의자'라는 오해를 사기 쉬울지도 모르겠다. 그러나 그러한 천박한 오독을 걷어낼 수 있다면, 다케우치 요시미는 동양 대 서양, 전통 대 근대와 같은 추상적인 이항대립이 아닌 현실 상황 속에서 사고를 진행했음을 알 수 있을 것이다.

『국민의 역사』는 이러한 상황을 훌륭히 보여준다. 반세기를 경유해 이 저작은 다시 '근대의 초극'을 봉인에서 풀고, 통속적 혹은 도전적인 자세로 전후 일본의 진보적 지식인들이 행해온 비판을 전면적으로 부정했다. 그리고 다양한 입장과 경향의 비판적 지식인들을 "현실을 보지 않는 지식인"이라 뭉뚱그리고, 그들에게 "정치는 정치의 길을 걷도록 하자. 학문은 어디까지나 학문의 영역을 지켜야 한다. 학문의 이름으로 정치에 공상을 가져와서는 안 된다. 전전에도 전후에도 현실을 보지 않는 교양파(敎養派)의 정치공간은 머지않아 중단되어야 마땅하다"[28]고 경고했다. 이 비판은 타당하지 않지만 다케우치 요시미가 일본 마르크스주의 지식인에게 가했던 비판을 정확히 되비치고 있다.

전후의 '근대의 초극'을 둘러싼 다양한 논의와 결부해 생각한다면, 『국민의 역사』의 출현은 사상적 전통을 형성하는 방법을 다시금 생각하게 하는 계기인지도 모르겠다. 비판을 히로마쓰 와타루 식의 역사 심판으로 단순하게 규정하거나 혹은 아라 마사히토 식의 인터내셔널리즘으로 단순히 이해한다면, 한 가지 중요한 문제를 시야에서 누락하게 된다. 일본인의 '일본인'으로서의 문화 아이덴티티를 부정적인 비판만으로 해소할 수는 없으며, 어떤 재구축의 형태나 사상의 가능성을 부여하지 않는다면 그것은 '무언의 불복종' 혹은 보다 파괴적인 형태로 돌연 표출된다는 것이다. '일상 경험'의 차원에서 문화 아이덴티티의 문제는 이론적 분석보다 확실히 복잡하다. 일상 경험은 이데올로기나 이론의 시야 밖으로 늘 배제되며, 그런 까닭에 이론적인 올바름은 일상 경험 특히 감정 경험의 '올바름'을 보증하지 못한다. 일상 경험에서의 무언(無言)이란 존재하지 않음을 뜻하지 않는다. 그것이 일단 폭발하면 이론은 대개 유효하게 대응할 수 없으며, 하물며 그것을 간단히 바꾸는 일이란 불가능하다. 이러한 상황은 비판적 이론과 보수적 현실 사이에서만 존재하지 않는다. 진보적 지식인 자신이 직면하고 있는 아포리아가 아니라고 누가 말할 수 있으랴.

    일상생활을 고바야시 히데오의 의미에서가 아니라 다케우치 요시미의 의미에서 중시할 때 '불 속에서 밤을 주울' 필요가 생겨난다. 일본낭만파는 불 속에서 유해를 주워들었지만 다케우치 요시미는 생명의 양분을 취하길 원했다. '불 속에서 밤을 줍는' 태도에는 '정치적 올바름'을 잃을 위험이 따른다. '근대'가 일본이나 동아시아에 초래한 최대의 충격은 이 위험이었는지도 모른다. 근대 이래의 동아시아에서 서양의 이론적 자원은 종종 혁명적 요소로 전화되었다. 이 복잡한 전환은 대체로 다양한 단순화와 거기에서 파생되는 정치적 올바름을 수반한다. 소위 '전통 대 서양'과 같은 모델의 출현은 이러한 전환 속에서 발생한 단순화의 귀결이다. 마찬가지로 전통의 발굴에도 다양한 단순화가 달라붙는다. 서양 근대의 충격에 응답한다는 대전제 아래 자국의 문화는 '서양'에 대한 대립개념으로 실체화되고, 그 결과 자국의 사상적 자원을 발굴하려는 노력은 보수 혹은 반동과 연결되곤 한다. 실제로 보수나 반동이 이른바 '본토문화'에 의거하는 경우도 많았다. 이러한 상황에서 자국의 사상적 자원을 발굴하려면 보수세력과 선을 그을 필요가 있으며, 더욱이 '시대의 조류에 뒤처질' 위험도 감수해야만 한다. 이 작업의 곤란함은 다음과 같은 점에 있다. 직관적 혹은 실체화된 자국의 이미지와 늘 부딪혀야 하며, 동시에 시대에 반걸음 처진 자세를 취하며 '서양'과 '자국'의 사상적 자원을 융합하고 이원대립의 단순한 모델을 끊임없이 부수어가야 한다. 이러한 양면작전에 따르는 직접적인 손실이란 "자기가 자기이기 위해서는 자기를 잃을 위험을 무릅쓰지 않으면 안 된다"[29]는 것이다. 그 결과는 겉으로 정치적 올바름을 잃는 일보다도 더욱 심각하다. 그러나 동아시아 각 민족이 근대에 자신의 사상적 전통을 수립하려면 이 위험을 감수하는 일은 피할 수 없는 선택이다.

다케우치 요시미가 깊은 관심을 기울인 루쉰의 '역사적 중간물' 의식이란 동아시아 민족이 이 위험을 수용하는 하나의 길에 다름 아니었다. 다케우치 요시미는 중국근대문학의 전통을 다루면서 이렇게 말한다. "'문학혁명' 이전부터 최후까지 살아남은 이는 루쉰 한 사람이었다. …… 어찌하여 그는 이토록 긴 생명을 얻었던가. 루쉰은 선각자가 아니었다."[30] 중국의 지식인이 사상적 전통을 형성한다는 과제를 다룰 때 직면하는 구체적인 문제가 일본의 지식인과 같지는 않겠지만 '불 속에서 밤을 줍는' 일은 피할 수 없는 절차이다. 루쉰은 선각자가 아니다. 다케우치 요시미도 선각자가 아니다. 그러나 선각자가 시대에 의해 한 명 한 명 도태된 후 '역사적 중간물' 은 조금씩 존재의 무게를 더해간다.

전통과 역사는 이렇듯 우리 사고에 깊은 영향을 주었지만, 직접적으로 계승할 수 있는 그러한 전통은 존재하지 않는다. 역사적 중간물이 자신의 '쩡짜' 를 통해서 내비친 입장은 '근대의 초극' 의 문학가들처럼 전통을 대신해 말하는 자의 태도와는 전혀 다르다. 『국민의 역사』처럼 전통을 단순화하고 실체화하는 사고와도 다르다. 나아가 어떤 비판적 지식인들이 취하는 선각자의 입장과는 더욱 다르다. 쩡짜를 통해 드러난 이 입장은 주체의 내재적 자기부정이라는 원리에 기반하여 사상적 전통을 건설하는 데에 힘을 쏟는 것이었다. 다케우치 요시미가 중국의 근대와 일본의 근대의 차이를 강조하고 일본의 우등생문화를 혹독하게 비난했던 때, 그는 일본에도 동아시아에도 낯선 하나의 원리를 말했던 것이다.

근대화의 충격은 정치·경제·군사적인 침략으로서 동아시아 바깥에서 도래했지만, 근대성의 충격은 원리적인 필요로서 동아시아 내부에서 발생했다. 다케우치는 저항이 없는 곳에 근대는 없다고 말한다. 추상적 개념의 차원에서 다케우치 요시미의 근대관을 이해한다면, 그는 헤겔식 역사주의의 모델에서 벗어나지 못할 것이다. 그러나 역사의 상황 속에서, 논쟁 속에서, 나아가 좌담 속에서 이해한다면 새로운 문제가 떠오른다. 다케우치 요시미가 끊임없이 구했던 '저항' 을 매개로 하는 동아시아의 '근대' 란 '근대의 초극' 과 같은 역사적 사건을 다시 인식하고 정리하는 노력 속에서야말로 존재하지 않을까.

저항의 계기가 우익과 보수 지식인의 일본 이미지로 회수되고 저항의 가능성이 좌익 지식인의 선각자 자세로 해소되어버린 지금, 다케우치 요시미는 우리에게 가르친다. '불 속에서 밤을 줍는' 시도를 그만둔다면 우리는 자신의 근대를 잃을지도 모른다고 말이다.

# 후기

이 책의 내용은 많은 부분 박사논문에 기초해 작성되었다. 박사논문에는 마루야마 마사오에 관한 장과 일본의 아시아주의 담론에 관한 장이 있었지만 여기에는 담지 않았다. 원래는 마루야마 마사오와 다케우치 요시미를 두 축으로 삼아 현대 일본의 사상과제 가운데 한 측면을 비추려 했으나, 마루야마 마사오에 관한 연구는 지금 단계에서는 완성할 수 없었다. 마루야마는 다만 다케우치에게 다가가는 걸음으로 삼는 데 머물렀다. 이 두 축을 유기적으로 연결하는 일은 애당초 곤란했는데, 그것을 수행하려면 방대한 자료를 처리하고 방법론을 공부해야 하기에 아직 손을 대지 못한 채다. 일본의 아시아주의라면 다케우치 요시미가 가장 관심을 두었던 문제지만, 그 장은 다케우치를 축으로 삼지 않았기에 이 책의 구조에서는 다소 유리되었다. 이런 의미에서 이 책은 단지 앞선 단계의 연구에 불과하며, 저자로서는 만족할 수 없다.

    이 책은 2001년 타이완의 쥐류출판사에서 처음 출판되었다. 거기에 가필한 것이 2005년에 베이징대학출판사를 통해 대륙에서도 개정판으로 나왔다. 두 개의 판본을 토대로 일본어판을 제작했다. 처음 집필한 때로부터 이미 7년이 흘렀다. 여전히 옛 원고를 읽는다는 것은 생각이 많이 바뀐 저자로서는 유쾌한 일이 아니며, 더욱이 손을 더한다는 것은 전혀 즐겁지 않다. 이러한 이유에서 대폭적인 개정을 단념한 채 최소한의 부분만을 손대기로 했다. 미숙함을 미숙함대로 독자에게 제출하자면 저자로서는 저어되는 일이나 사고를 성숙시키기 위해서 단계적인 연구를 있는 그대로 쌓아가는 편이 도리어 저자에게는 앞으로의 발전으로 이어지리란 생각도 들었다. 이 책을 출판하여 다음 책을 낼 에너지를 얻을 수 있다면. 이렇게 기대하는 까닭이다.

우연한 일이었다. 이 책의 바탕이 된 박사논문은 일찍이 다케우치 요시미가 교편을 잡고 또 사직한 곳이었던 도쿄도립대학에서 집필했다. 도쿄도립대학 법학부에 머물렀던 당시 지도교수였던 미야무라 하루오 선생에게서 깊은 가르침을 구할 수 있었다. 논문의 주요한 결실을 미야무라 선생의 풍부한 학식에서 얻었음은 물론이거니와, 보다 감사드려야 할 일은 나의 정치 내지 정치학에 관한 지난날의 편견이 시정되었다는 점이다. 미야무라 선생의 지도 아래서 비로소 나는 정치학의 상상력에 이끌려, 특히 정치사상사라는 분야에서 긴장감으로 충만한 지적 생산의 가능성을 알게 되었다. 국가의 권리만을 정치로 간주하고 신변의 일상 정치를 가벼이 여기던 내 지적 습관이 고쳐졌다. 또한 정치 감각은 사회생활의 모든 면에 있으며 또 있어야 한다는 사실도 터득했다. 그 결과 이제까지 문학가로 여겨온 다케우치 요시미를 정치사상사의 대상으로 다룰 수 있겠다고 생각하게 되었다.

이 책을 집필하는 과정에서 일찍이 다케우치 요시미의 조수였던 이이쿠라 쇼헤이씨를 비롯해 도쿄도립대학 인문학부 중국문학연구실의 여러분에게 신세를 졌다. 다케우치 요시미 본인이 왕래하지는 않았으나 미나미오자와 캠퍼스의 모던한 건축물 한 모퉁이에서 나는 기묘하게도 일종의 '현장감'을 느꼈다. 도쿄도립대학 중문연구실에서 다케우치 요시미는 '전통'적인 존재였으리라. 거기서 얻은 '현장감'도 필시 그 점을 인정한 위에 비로소 성립되는 감각이다. '전통'은 때로 실제 믿을 만한 것은 아니며, 후세 사람이 생각하기 나름으로 재생된다는 것을 나는 몸으로 경험했다. 이 책이 세상에 나올 당시 '도쿄도립대학'이 어떻게 되어가고 있는지 크게 마음이 쓰인다.* 그러나 그 앞날이 어떻게 되든 간에 나에게는 일찍이 미나미오자와에 있던 저 도립대, 그리고 거기에서 얻은 모든 것은 영원하다.

　이 책의 출판을 계기로 이와나미서점의 고지마 기요시씨와 깊은 논의를 나눌 수 있었다. 고지마씨에게서 나는 편집자의 역할이 단지 책을 편집하여 세상에 보내는 일에 그치지 않고, 편집이라는 특정한 방식으로 자기실현을 꾀한다는 사실을 실감하게 되었다. 마치 사상사 연구자가 연구대상과 대결하면서 간접적으로 자기를 실현하듯이 편집자도 무수한 저자의 원고를 토대로 간접적으로 자기를 실현한다. 편집자가 자신의 얼굴을 내미는 일 없이 자기를 실현할 수 있다는 말은 결코 그가 자신의 생각과 일치하는 원고만을 선택한다는 뜻은 아니다. 개개의 저자를 통해 서로 모순하면서도 입체적인 지적 공간을 만듦으로써 편집자는 나름으로 시대의 과제에 답한다. 그에게 한 권의 책은 그 지적 공간에서 자리잡지 못한다면 거의 의미를 갖지 않는다. 연구자는 왕왕 자신의 책을 과대평가하지만, 뛰어난 편집자에게 모든 책은 다만 그물코에 불과하다. 어떤 의미에서 사상사연구도 이러한 '공간의

---

* 2005년 도쿄도립대학이 도쿄수도대학으로 통폐합된 일을 말한다. —옮긴이

식'이 없다면 좀처럼 달성되기 어렵다. 그 점은 자신의 연구에 대해서도 자신의 연구대상에 대해서도 완전히 같다. 이리하여 편집자로서의 고지마씨에게서 나는 연구자의 작업윤리 바로 그것을 배울 수 있었다.

이 책은 우선 내 두 벗이 일본어로 번역하고 거기에 가필한 것이다. 원문의 표현이 불충분하여 벗들에게 달갑지 않은 일이었다면 어쩌나 하는 염려가 든다. 시간과 실력 모두 여의치 않은 나로서는 이들의 힘을 빌려 일본 독자에게 책을 전할 수 있었음에 매우 감사드린다. 스즈키 마사히사씨와 시미즈 겐이치로씨에게 마음으로부터 예를 전하고 싶다.

마지막으로 이 책이 우연히도 베이징에서 중국어판 『다케우치 요시미 논문집』과 같은 해에 출판되었다는 사실을 적어두고 싶다. 다케우치 요시미의 논문을 중국어로 번역하는 일이 계기가 되어 다케우치의 장녀인 유코씨, 치쿠마서방의 고노 노리코씨와 알 수 있게 되었기 때문이다. 그녀들에게서 언제나 변하지 않는 다정한 배려를 받았다. 마음으로부터 감사드린다.

여기까지 쓰다가 문득 다케우치 요시미의 에피소드가 떠올랐다. 그는 『루쉰』을 마치고 나서는 어떤 연유인지 기쁜 마음이 들지 않고 일종의 후회와도 같은 감각에 사로잡혀 "참을 수 없이 적적하여 어찌할 바를 모르겠다"고 하였다. 다케우치 요시미와 같은 느낌이 든다는 그러한 주제넘은 이야기를 할 작정은 아니다. 이 책이 『루쉰』과 나란히 놓일 리도 없다. 다만 오늘이 되어 다케우치 요시미의 마음을 알아챈 느낌이다. 그리고 그 마음을 설명할 말이 나에게는 아직 없다.

2005년 초봄 베이징에서

# 후주

## 1부_루쉰과의 만남

1) 가노 나오키 및 일본의 지나학에 관한 간단한 소개로서는 필자의 글을 참조하라. 孫歌, 「日本近現代文化文化思潮中的中國古典戲劇研究」, 『學人』 第六輯, 江蘇文藝出版社, 1994, 9월호.
2) 竹內好, 「目加田さんの文章」, 『中國文學月報』 第五九號, 1940, 2월호.
3) 竹內好, 「支那と中國」, 『中國文學』 第六四號, 1940, 7월호.
4) 吉川幸次郎, 「飜譯時評」 (二), 『中國文學』 第七八號, 1941, 11월호 ; 「飜譯時評」 (三), 『中國文學』 第七九號, 1941, 12월호.
5) 竹內好, 「飜譯時評」, 『中國文學』 第七十號, 1941, 3월호.
6) 竹內好, 「支那を書くということ」, 『中國文學』 第八十號, 1942, 1월호.
7) 吉川幸次郎, 「飜譯時評」 (二).
8) 吉川幸次郎, 「飜譯時評」 (三).
9) 竹內好, 「返答」, 『中國文學』 第六十號, 1940, 4월호.
10) 吉川幸次郎・竹內好, 「飜譯の問題」, 『中國文學』 第七二號, 1941, 5월호.
11) 竹內好, 「支那學の世界」, 『中國文學』 第七三號, 1941, 6월호.
12) 竹內好, 「支那語の敎科書について」, 『中國文學』 第七八號, 1941, 11월호.
13) 竹內好, 「支那語の敎科書について」.
14) 千田九一, 「長泉院の夜 : 中國文學の廢刊に寄せて」, 『中國文學』 終刊號, 1943, 3월호.
15) 竹內好, 『竹內好全集』 第一卷, 筑摩書房, 1980, 157쪽.

## 2부_문화-정치의 시좌

1) 竹內好, 「學者の責任について」, 『竹內好全集』 第八卷, 1980, 273쪽.
2) 竹內好, 「魯迅」 自註 1, 『竹內好全集』 第一卷, 1980, 155쪽.
3) 吉川幸次郎・竹內好, 「飜譯論の問題」, 『中國文學』 第七二號, 1941, 5월호.
4) 孫歌, 「丸山眞男におけるフィクションの視座」, 『思想』, 1998, 6월호.

5) 竹內好,「近代主義と民族の問題」,『竹內好全集』第七卷, 1981, 36쪽.
6) 竹內好,「中國文學の政治性」,『竹內好全集』第七卷, 7쪽.
7) 伊藤整,「國民文學論について竹內好氏へ」,『伊藤整全集』第一七卷, 新潮社, 1973, 275~276쪽.
8) 竹內好,「國民文學の問題點」,『竹內好全集』第七卷, 43~48쪽.
9) 竹內好,「中國文學の政治性」, 12~13쪽.
10) 竹內好,「權力と藝術」,『竹內好全集』第七卷, 142~171쪽.
11) 野間宏,「國民文學について」,『野間宏全集』第一六卷, 筑摩書房, 1970, 11쪽.
12) 野間宏,「國民文學について」, 5~20쪽.
13) 竹內好,「文學の自律性など」,『竹內好全集』第七卷, 63~64쪽.
14) 竹內好,「國民文學の問題點」, 50쪽.
15) 野間宏,『野間宏全集』第一六卷, 13쪽.
16) 竹內好,「文學の自律性など」, 65쪽.
17) 野間宏,「政治と文學」,『野間宏全集』第一六卷, 66쪽.
18) 野間宏,「政治と文學」, 66~67쪽.
19) 野間宏,「政治と文學」, 69쪽.
20) 竹內好,「文學の自律性など」, 64쪽.

### 3부_전쟁과 역사

1) 竹內好,『竹內好全集』第一四卷, 1981, 297쪽.
2)『中央公論』1942, 1월호, 2쪽.
3)『思想』1942, 1월호.
4) 前坂俊之,『言論死して國ついに亡ぶ 戰爭と新聞 1936~1945』, 社會思想社, 1991, 179~180쪽. 언론통제에 관한 자료는 주로 이 책에 의거함.
5) 竹內好,『竹內好全集』第一四卷, 296쪽.
6) 鶴見俊輔,『竹內好ある方法の傳記』, 1995, 124~125쪽.
7) 竹內好,「大東亞文學者大會について」,『中國文學』第八九號, 1942, 11월호, 265쪽.
8) 竹內好,「後記」,『中國文學』第七二號, 1941, 5월호, 93쪽.
9) 竹內好,「大東亞文學者大會について」, 266쪽.
10) 竹內好,「作品について」(『魯迅』),『竹內好全集』第一卷, 1980, 80쪽.
11) 竹內好,「歷史的環境」(『魯迅入門』, 東洋書館, 1953 참조),『竹內好全集』第二卷, 75~108.
12) 1943년 11월 21일 마쓰에다 시게오에게 보내는 편지. 竹內好,「竹內好の手紙(上)」,『邊境』第五號, 記錄社, 1987, 10월호, 51쪽.
13) 竹內好,「政治と文學」(『魯迅』),『竹內好全集』第一卷, 143쪽.
14) 竹內好,「二年間」,『中國文學月報』第五七號, 1939, 12월호, 118쪽을 참조.
15) 竹內好,「二年間」, 118쪽.
16) 竹內好,「北京日記」,『竹內好全集』第一五卷, 178쪽.
17) 竹內好,「北京日記」, 338쪽.
18) 竹內好,「中國文學硏究會結成のころ」,『竹內好全集』第一五卷, 39, 41쪽.
19) 丸山眞男,「竹內日記を讀む」,『丸山眞男集』第一二卷, 岩波書店, 1996, 28쪽.
20) 福澤諭吉,『文明論之槪略』, 岩波書店, 1995, 12쪽.
21) 丸山眞男,「竹內日記を讀む」, 28쪽.

22) 丸山眞男,「竹內日記を讀む」, 28쪽.
23) 1938년 10월 12일 마쓰에다 시게오에게 보내는 편지. 竹內好,「竹內好の手紙(上)」, 7쪽.
24) 1939년 7월 8일 다케다 다이준에게 보내는 편지. 竹內好,「竹內好の手紙(上)」, 12쪽.
25) 竹內好,「二年間」, 118쪽.
26) 1939년 10월 27일 마쓰에다 시게오에게 보내는 편지. 竹內好,「竹內好の手紙(上)」, 17쪽.
27) 丸山眞男,「竹內日記を讀む」, 28쪽.
28) 本多秋五,『物語戰後文學史』中卷, 岩波同時代ライブラリー, 1992, 267~268쪽.


## 4부_뒤얽히는 역사와 현재

1) 竹內好,「屈辱の事件」,『竹內好全集』第一三卷, 1981, 80~82쪽.
2) 竹內好,「中國のレジスタンス」,『竹內好全集』第四卷, 1980, 34쪽.
3) 竹內好,「日本とアジア」,『竹內好全集』第八卷, 1980, 69쪽.
4) 竹內好,「日本とアジア」, 71쪽.
5) 竹內好,「日本とアジア」, 72~73쪽.
6) 竹內好,「日本とアジア」, 74쪽.
7) 竹內好,「日本とアジア」, 78~79쪽.
8) 竹內好,「日本とアジア」, 91쪽.
9) 竹內好,「日本とアジア」, 91쪽.
10) 福澤諭吉,「丁丑公論緒言」,『福澤諭吉全集』第六卷, 岩波書店, 1970, 531쪽.
11) 日高六郎編,『1960년 5月 19日』, 岩波書店, 1960년 10월, 5쪽.
12) 日高六郎編,『1960년 5月 19日』, 15~19쪽 참조.
13) 日高六郎編,『1960년 5月 19日』, 25쪽.
14) 「共同討議 現在の政治狀況:何を爲すべきか」,『世界』, 1960, 8월호, 226쪽.
15) 「共同討議 現在の政治狀況:何を爲すべきか」, 232~233쪽.
16) 淸水幾太郎,「安保戰爭の'不幸な主役':安保鬪爭はなぜ挫折したか 私小說風の總括」,『中央公論』, 1960, 9월호, 188쪽.
17) 「共同討議 現在の政治狀況:何を爲すべきか」, 231쪽.
18) 竹內好,「基本的人權と近代思想」,『竹內好全集』第九卷, 1981, 7~42쪽.
19) 竹內好,「私たちの憲法感覺」,『竹內好全集』第九卷, 136쪽.
20) 竹內好,「辭職理由書」,『竹內好全集』第九卷, 99~100쪽.
21) 竹內好,「世評に答える:雜感一」(1960. 8.),『竹內好全集』第九卷, 169쪽.
22) 이 인용문에서 강조는 원문을 따름. 竹內好,「近況報告:雜感二」(1961. 1.),『竹內好全集』第九卷, 240쪽.
23) 竹內好,「『戰後』同人の問いに答える」,『竹內好全集』第九卷, 231쪽.
24) 竹內好,「『戰後』同人の問いに答える」, 227쪽.
25) 竹內好,「收穫は大きい」(1961. 5.),『竹內好全集』第九卷, 329쪽.
26) 竹內好,「戰爭體驗の一般化について」(1961. 11.),『竹內好全集』第八卷, 232쪽.
27) 다음을 참조하라. 孫歌,「丸山眞男におけるフィクションの視座」,『思想』, 1998, 6월호.
28) 本多秋五,「大東亞共榮圈の理念と現實」, 思想の科學硏究會編,『思想の科學』, 思想の科學社, 1963, 12월호, 18쪽.
29) 本多秋五,「大東亞共榮圈の理念と現實」, 19쪽.

30) 上山春平,「大東亞戰爭の思想史的意義」,『中央公論』, 1961, 1월호. 다음의 책에도 수록되었다. 『大東亞戰爭の遺産』, 中央公論社, 1976, 22쪽.
31) 上山春平,「不戰國家の防衛構想」,『中央公論』, 1965, 1월호, . 다음의 책에도 수록되었다. 『大東亞戰爭の遺産』, 79~112쪽.
32) 上山春平,「大東亞戰爭の思想史的意義」,『大東亞戰爭の遺産』, 14쪽.
33) 林房雄,『大東亞戰爭肯定論』, 番町書房, 1965, 76쪽.
34) 林房雄,『大東亞戰爭肯定論』, 17쪽.
35) 林房雄,『大東亞戰爭肯定論』, 122~123쪽.
36) 林房雄,『大東亞戰爭肯定論』, 236쪽.
37) 座談會「大東亞戰爭をなぜ見直すのか」,『潮』, 1964, 年新春特別號, 74쪽.
38) 座談會「大東亞戰爭をなぜ見直すのか」, 69쪽.
39) 座談會「大東亞戰爭をなぜ見直すのか」, 89쪽.
40) 座談會「大東亞戰爭をなぜ見直すのか」, 86쪽.
41) 竹內好,「『竹內好評論集』刊行のいきさつ」,『竹內好全集』第一三卷, 367쪽.

## 5부_ '근대'를 찾아서

1) 河上徹太郎·竹內好,『近代の超克』, 富山房百科文庫, 1994, 167쪽.
2) 林房雄·小林秀雄·河上徹太郎, 座談會『文學界』二十年のあゆみ」,『文學界』, 1952, 4월호, 108쪽.
3) 『文學界』, 1952, 1월호, 6~85쪽.
4) 河上徹太郎·竹內好,『近代の超克』, 175쪽.
5) 河上徹太郎·竹內好,『近代の超克』, 177~178쪽.
6) 河上徹太郎·竹內好,『近代の超克』, 178쪽.
7) 河上徹太郎·竹內好,『近代の超克』, 178쪽.
8) 河上徹太郎·竹內好,『近代の超克』, 178쪽.
9) 河上徹太郎·竹內好,『近代の超克』, 220쪽.
10) 河上徹太郎·竹內好,『近代の超克』, 231쪽.
11) 『文學界』, 1952, 1월호, 6~85쪽.
12) 河上徹太郎·竹內好,『近代の超克』, 244쪽. 가와카미 데쓰타로우의 발언.
13) 河上徹太郎·竹內好,『近代の超克』, 248~249쪽.
14) 河上徹太郎·竹內好,『近代の超克』, 283쪽.
15) 河上徹太郎·竹內好,『近代の超克』, 282쪽.
16) 河上徹太郎·竹內好,『近代の超克』, 283~284쪽.
17) 河上徹太郎·竹內好,『近代の超克』, 301쪽. 인용문 중 괄호 부분은 인용자.
18) 河上徹太郎·竹內好,『近代の超克』, 166쪽.
19) 荒正人,「近代の超克」(二),『近代文學』, 1960, 4월호, 1~16쪽. 본문에서 언급한 '관점'에 대해서는 3쪽 참조.
20) 荒正人,「近代の超克」(三),『近代文學』, 1960, 5월호, 1~4쪽). 본문에서 언급한 '관점'에 대해서는 2쪽 참조.
21) 荒正人,「近代の超克」(四),『近代文學』, 1960, 6월호, 1~5쪽).
22) 廣松涉,『「近代の超克」論:昭和思想史への一視覺』, 講談社學術文庫, 1989, 171~172쪽.
23) 廣松涉,『「近代の超克」論:昭和思想史への一視覺』, 169쪽.

24) 廣松涉, 『近代の超克』論: 昭和思想史への一視覺』, 182쪽 참조.
25) 『朝日新聞』(夕刊), 1994년 3월 16일자.
26) 西尾幹二, 『國民の歷史』, 産經新聞ニュースサービス, 1999년 10월, 643쪽.
27) 竹內好, 「近代主義と民族の問題」, 『竹內好全集』第七卷, 1981, 34쪽. 초판은 『文學』, 1951, 9월호.
28) 西尾幹二, 『國民の歷史』, 683쪽.
29) 竹內好, 「近代とは何か」, 『竹內好全集』第四卷, 1980, 131쪽.
30) 竹內好, 「魯迅」, 『竹內好全集』第一卷, 9쪽.

# 옮긴이 후기 : 사상이 살아가는 법

자신은 역사 속으로 깊숙이 파고 들어가지 않고서 역사라는 코스를 달려가는 경마를 밖에서 바라본다. 자신이 역사에 깊숙이 들어가지 않기 때문에 역사를 충실하게 하는 저항의 계기는 놓치지만 대신에 '어떤 말이 이길까'는 잘 보인다.

이것은 다케우치 요시미가 「근대란 무엇인가」라는 글에서 중국의 근대에 비춰 일본의 근대를 비판할 때 남긴 문장입니다. 일본은 마치 경마를 지켜보는 관중처럼 변동하는 상황 바깥에 머물렀으며, 하기에 자신의 역사를 갖지 못했다는 것입니다. 원래 쑨거는 다케우치 요시미의 글 가운데 위의 부분만을 인용했습니다. 하지만 옮긴이로서 어긋나는 일인 줄 알면서도 번역하면서는 이어지는 한 문장을 보냈습니다. "올바로 볼 수 있는 것은 자신이 달리지 않는 까닭이다." 다케우치 요시미를 읽으면서 몇 번이고 줄을 쳤던 이 문장이 결국 이 책의 번역에 이르도록 만들었습니다. 그리고 번역을 하기 위해 이 책을 거듭 읽으면서 밑줄 그었던 이 문장의 의미를 아주 조금씩 깨닫게 되었습니다.

**사상**

사상은 유통기한을 갖습니다. 하나의 사상은 구체적인 상황을 향해 던져지며 시간의 흐름에 노출됩니다. 늘 올바를 수 있는 말이란 존재하지 않습니다. 하지만 시간이 지난다고 사상이 그저 생명력을 잃지는 않습니다. 다케우치 요시미는 사상의 원리란 '액체'로서 존재하며 역사에서 조성된 긴장감에 의탁해 그 모습을 이룬다고 말했습니다. 다케우치 요시미라는 하나의 사상은 약 반세기가 흘러 쑨거라는 사상가가 지닌 긴장감을 취하여 다시 모습을 이루고 세상에 나왔습니다. 어쩌면 다케우치 요시미가 『루쉰』을 통해서 먼저 그런 사상의 생존방식을 보여주었다 할 것입니다. 그렇듯이 루쉰, 다케우치 요시미 그리고 쑨거로 이어지는 사상적 조우의 한 자락에서 우리는 이 책을 만납니다. 한 세기라는 시간이 쌓인 이 사상의 유통기한은 대체 언제까지일까요.

이 문제를 다루려면 먼저 이들이 사상을 무엇이라 여겼는지 살펴야 할 것입니다. 흔히 학문적인 대립 혹은 긴장은 이론이 지니는 간명함과 역사가 갖는 복잡함 사이에 있다고 여겨집니다. 하지만 실상은 그렇지 않습니다. 삶을 체로 걸러 논리를 끌어낸 것, 그것이 이론이라면, 이론을 다시 삶에 덧씌운 것, 그것이 종종 우리가 아는 역사가 되곤 합니다. 보통 이론은 구체적인 장소로부터 자유롭지만, 역사는 장소와 시간 모두에 묶여 있다고 여겨집니다. 하지만 역사 역시 이론화되며, 이론화되어 긴장감을 잃는다면 곧 구체적인 상황과 실감들에서 떼어낼 수 있는 논리가 되고 맙니다.

쑨거가 말하는 역사는 다릅니다. "역사는 지금 여기 있는 주체의 힘을 통해서야 비로소 존재하며, 또한 지금 이곳의 주체가 고도로 긴장된 위기의식을 지녀야만 비로소 순간 속에서 전개되어 주체가 역사 속으로 진입할 수 있다." 쑨거는 역사란 주체 바깥에서 사물처럼 존재하지 않으며, 주체가 그 순간 기울이는 힘으로써만 가능하게 된다고 강조합니다. 하지만 주체는 역사를 소유할 수 없습니다. 쑨거는 다케우치 요시미를 이렇게 읽습니다. "인간은 전력을 다해 싸우고 스스로 새로운 세계를 창조하려 하나 만사는 자신의 뜻대로 되지 않으며, 차라리 주체의 의도와 객관적 결과가 불일치하는 쪽이 현실적이지 않은가라는 인식. 이러한 진리는 젊은 다케우치가 역사 자체의 힘을 인식하는 선열한 계기가 되었다." 이러한 이유에서 이론과 이론화된 역사 사이에는 긴장감도 진정한 대립도 없습니다. 되려 이것들은 직관과 추상화를 거쳐 쉬이 결합합니다. 이는 이론이 자신의 유통기한에 둔감한 탓입니다. 여러 구체적인 상황으로부터 추상적이며 옳은 결론을 이끌어내는 일을 당연하다고 여겨 역사에 대한 직관과 이론적 추상화 사이에 존재하는 비약을 고민하지 않습니다.

저는 다케우치 요시미와 쑨거의 용법에서 '사상'이란 바로 이러한 이론과 역사의 결합방식에 맞서 존재한다고 생각합니다. 이들에게 사상은 이론의 내적 논리로부터도 현실에 대한 직관으로부터도 나오지 않습니다. 현실은 유동하며 그 현실을 말로 쥐는 일이란 늘 실패할 위험이 따릅니다. 이 어려움을 끊임없이 자각하고 그 과정을 통해 자기 사유의 한계치를 경험하는 데에 그들의 사상됨이 자리합니다.

### 말

사상이 긴장감의 산물이라면 사상가는 그 긴장감을 어디서 마련하는가. 다케우치 요시미는 말에 대한 무력감을 토로했습니다. 그리고 쑨거는 다케우치 요시미가 말에 무력감을 느끼고 회의를 품었기에 그는 긴장할 수 있었다고 말합니다. 말이 현실을 표현한다는 그 능력을 부단히 조절하고 고심하며 새로운 말을 구하는 긴장 속에서만, 그리고 말로서 세계에 개입하지만 그것으로 완결될 수 없다는 자각 속에서만 사상이 역사와의 진정한 관계를 얻는다고 말입니다.

이 책을 읽으면서 "근대적인 지식제도에서 걸러져버린 말의 혼" "말에 배신을 당하다" 같은 표현들이 눈에 들어왔습니다. 다케우치 요시미와 쑨거에게 말의 진정한 기능은 사태를 정확히 포착하거나 생각을 온전히 전달하는 데 있지 않습니다. 말은 사고가 최후에 거처할 곳이 아니라 오히려 사유가 멈추지 않도록 하는 사유의 육체성입니다.

이러한 이유로 말이 이르지 못한 자리를 수사로 마감하거나 철학적 개념으로 처리해서는 안 됩니다. 답조차도 궁극적으로는 물음일진대, 거기에 이르는 과정이 긴장감도 생명력도 없는 그저 바깥에서 주어진 개념으로 기워져 있다면 그 봉합은 언젠가 틀어지고 말 것입니다. 그때 수사와 개념들이 걸러지면서 그것들이 구체적인 상황 속으로 스며들지 못한 채 그저 덧칠되어 있었음이 드러난다면, 그 틀어짐은 이후의 사태 전개를 위한 어떤 생산적인 요소도 남기지 못할 것입니다. 개념으로 이룬 성은 현실과 상처 없이 병존합니다. 다케우치 요시미가 보여주었던 '말을 신용하지 않되 말에 끊임없이 생명력을 담는' 태도, 바로 말을 사고의 탄성으로 삼아 사상하는 자세일 것입니다.

또한 말이 이르지 못하는 자리가 있습니다. 세계는 주체에게 응답 관계로 있어주지 않습니다. 말로 포착하려는 대상은 이미 움직이고 있으며, 때로 그 대상은 주체를 싣고 움직이는 장이기도 합니다. 이 책의 4부에서 나온 다케우치 요시미가 안보투쟁기에 대중운동을 어떻게 평가할 것인지를 두고 했던 고심은 이러한 것이었습니다. 흔히 말한다함은 발화 주체 바깥에 있는 대상을 두고 하는 일입니다. 하지만 이렇듯 움직이는 대상, 더구나 자신이 포함된 대상을 향한 것이라면 말한다는 의미는 어떻게 바뀌게 될까요.

이상이 말을 매개로 하여 주체와 세계가 관계를 맺을 때 늘 놓이는 문제의 한 측면이라면, 주체와 주체 사이의 문제도 있습니다. 어떤 말들은 그 말을 주고받고 있는 사람들에게 전혀 다른 의미를 환기합니다. 어떤 말이 지닌 문제의식의 두께, 감각은 다를 수 있습니다. 더구나 한 사람의 발언 속에서도 그 말의 무게는 수시로 변합니다. 따라서 발화 행위는 의미의 명료한 전달만큼이나 일단 말을 던져놓았다는 사실로 인해 어떤 사건이든(침묵까지 포함하여) 벌어질 것이므로 그것에 민감해져야 한다는 것이 그 효과라고 생각합니다. 다케우치 요시미는 이러한 말의 기능성에 근거해, 말을 사물처럼 대하는 지적 풍토와 맞서 늘 논쟁적인 자세를 유지했습니다.

어떤 말들은 교환가능하지 않습니다. 쉽게 교환될 수 있는 말이라면 그 말이 그 고유한 장소에 깊이 뿌리를 내리지 못한 탓일지도 모릅니다. 말을 자신의 영위로 삼지만 사상은 말이 품고 있는 부등가성을 강하게 자기 존재에 대한 물음으로 받아안아야 합니다. 말이 지닌 교환불가능성을 염두한다면, 세계를 이해하는 방식도 바뀔 것입니다. 어떤 사상가라면 발화하는 여러 주체들이 서 있는 세계란 균질한 평면이 아니라 틈과 굴곡으로 보일 것입니다. 다케우치 요시미와 쑨거는 그런 사상가라고 여겨집니다.

세계란 공간이라기보다는 이 부등가성이 빚어내는 어떤 질(質)입니다. 쑨거는 말합니다. 경계란 지나치게 강조되어서도 간단히 부정되어서도 진정한 문제를 가린다고 말입니다. 이 말을 저는 이렇게 이해합니다. 그런 의미에서 경계는 쉽게 가로지를 수 없는 위계로 구성되어 있으며, 그 위계야말로 진정 사고해야 할 자리라고 말입니다.

**비판**

세계가 단지 평면이 아니라 경계이자 위계이며 그래서 깊이를 갖는다고 여긴다면 비판의 행위는 새로운 생명력을 얻습니다. 다케우치 요시미는 서양에 대한 일본의 태도를 문제 삼으면서, 그것이 비판이든 동경이든 자신이 서양과 맺고 있는 관련성을 보지 못하고, 서양을 다만 자신을 기술하는 바깥의 척도로서 고정해놓았다고 지적했습니다. 다케우치의 관심은 서양을 대신하거나 열위에서 우위로 전화하는 데에 있지 않았습니다. 비판하는 경우에도 서양의 지위를 문제삼아 자신의 입지를 다지는 데에 있지 않았습니다. 오히려 자신이 서양을 서양으로 만드는 요소임을 자각하고, 서양과의 관련성을 생산하는 계기를 품는 데에 있었습니다.

비판(critique)이란 위기적인(critical) 상황에 놓이는 것입니다. 이때 중요한 것은 비판대상만이 아니라 비판의 주체 역시 그래야 한다는 점입니다. 다케우치 요시미가 말하는 비판이란 제 생각에 이러한 것입니다. 나름의 방식으로 좌표평면을 빗대 이미지화 해보겠습니다. 흔히 비판이란 원점(原點)에 근거해 자신의 위치를 확인하는 작업이 되고 맙니다. 이 원점에 놓이는 것이 서양, 근대성 등일 수 있겠죠. 즉 좌표축의 중심을 향해 비판하고 튕겨 나오는 반작용으로 자신의 위치를 확인하는 작업입니다. 그러나 이런 비판은 자신이 속한 좌표와 자신과의 관계성을 간과하기에 근원적이지 않습니다. 세계를 이해하는 좌표평면은 역사적으로 만들어집니다. 이미 그 좌표에는 자기 존재의 흔적이 묻어 있습니다. 그런데 자신 역시 좌표를 구성하는 한 요소임이 이러한 비판에서는 망각됩니다. 또한 이러한 비판에서는 비판이 진행될수록 비판의 대상은 실체화됩니다. 비판할수록 비판의 대상은 부식되지 않고 오히려 단단해집니다. 이 이유 또한 좌표평면의 중심과 좌표에서 자신의 위치만을 문제삼을 뿐 좌표평면과 자신과의 관계를 사고하지 않은 탓입니다.

그렇다면 근원적인 비판이란 이렇다고 생각합니다. 나보다 더 크거나 중심에 있는 대상을 비판함으로써 얻어지는 나 자신의 동일성을 거절하는 일. 즉 좌표에서의 내 위치와 좌표축 자체를 동시에 추궁하는 일 말입니다. 나 자신이 좌표를 빨아들여 좌표의 원점이 되며, 이윽고 자기해체를 통해 좌표축 전체를 와해시키는 고투 말입니다. 이 책의 종장에서 다뤄진 '근대초극론'은 이러한 비판의 시도 가운데 하나라고 여겨집니다.

하지만 그런 일은 결코 실현되지 않습니다. 왜냐하면 일어나도 말의 층위에서일 따름이며, 역사의 주변이라는 자리는 결코 모든 것에 시선을 두루 보내는 좌표축의 중심일 수 없기 때문입니다. 그러나 바로 이러한 시도와 그 실패에 의해 드러나는 진실이 있습니다. 그 좌표평면은 2차원이 아니라는 사실입니다. 그것은 굴곡이 있으며 깊이를 갖습니다. 따라서 좌표의 중심이 모든 것을 비추는 태양이라면, 바로 그 태양으로 인한 것이지만 태양은 비출 수 없는 나의 그림자가 생깁니다. 이러한 시도와 실패, 그렇게 생기는 그림자야말로 사유해야 할 과제라고 생각합니다. 그림자의 자리는 빛에 의해 주어지는 자명함이 없는 곳입니다. 이곳에서는 비판의 정당성도 비판을 위한 근거의 실체성도 확보되지 않습니다. 그런 것들은 그림자의 자리가 아닌 바깥에서 주어지기 때문입니다. 이러한 상황을 수락한 곳에서 가능한 비판이란 무엇일 수 있을까요.

쑨거에게 있어 가장 경계해야 할 비판이란 비판의 주체가 그 비판 행위로 전혀 상처입지 않는 비판입니다. 또한 자신의 비판하는 행위에 의해 자신이 다치지 않을 안전한 곳에서 하는 비판입니다. 비판행위로 비판의 주체 자신이 변화할 수 있는지의 여부는 그 비판의 옳고 그름 으로서는 따질 수 없습니다. 아마도 비판의 대상 안에 비판하는 주체 가 내재하고 있는지가 관건이 될 것이며, 이때는 비판의 올바름이 아 닌 비판의 윤리성이 문제로 등장하게 됩니다. 따라서 비판을 가능하게 하는 말은 이론의 언어에서는 구해지지 않을지도 모릅니다. 이론의 언 어가 비판의 대상을 자신과는 분리된 실체로 삼는다면 말입니다. 차라 리 비판의 언어에서 중요한 것은 엄밀함보다는 자신을 걸 수 있는 판 돈의 크기일 것입니다.

**저항**

이 책에는 '쩡짜' 라는 말이 나옵니다. 다케우치 요시미가 루쉰에게서 가져온 이 말에는 비판이 행동일 수 있는 까닭이 담겨 있습니다. 다케 우치 요시미와 쑨거에게 비판은 상대를 공격하여 자신의 정당성을 이 끌어내는 작업이 아니라고 말씀드렸습니다. 오히려 비판이란 자기 사 고의 한계치와 만나 자신의 변화를 이끌어내는 과정입니다. 이런 비판 은 행동으로서만 가능합니다. 다케우치가 말하는 '쩡짜' 는 한 차례의 비판을 통해서 자신의 입지를 확보하고 그 자리에 멈춰서려는 것이 아 닙니다. 그러한 의미에서 비판은 행동이자 저항일 수 있으며, 자기 자 신에 대한 저항입니다. 쑨거는 말합니다. "이것은 일종의 '쩡짜' 이며,

자기 내부에서 타자를 부정하고 자기를 부정한 뒤 다시 만들어진 타자와 모순대립을 품은 자기에 다름 아니다. 이러한 자기는 타자와 고립하여 존재할 수도 타자에 동화될 수도 없다. 쩡짜 속에서 비로소 주체는 부단히 갱신되는 유동성을 갖는다." 그리고 또 하나의 문장이 이어집니다. "이것이야말로 다케우치가 말하는 '행동'의 의미이다."

앞서 좌표평면의 주변, 그 그림자의 자리에서 수행하는 비판이란 비판의 정당성도 비판을 위한 근거의 실체성도 확보되지 않는 것이라고 말했습니다. 저항도 그러할 것입니다. 저항한다는 정당성이 상대가 나를 억압한다는 사실에서 구해진다면, 내가 지금의 나인 까닭은 상대에게 있습니다. 상대의 위치에서는 내 전체가 보이지만, 나는 상대의 일부만을 볼 수 있습니다. 이때의 저항은 늘 패배하게 되는데, 저항의 계기가 상대에게 있는 데다가 나는 그 상대를 결코 대등하게 경험할 수 없는 까닭입니다. 다케우치 요시미는 역시 「근대란 무엇인가」에서 패배와 저항의 관계를 이렇게 말합니다. "패배는 패배라는 사실을 잊어버리는 방향으로 자신을 이끎으로써 이차적으로 자신에 대해, 그래서 다시 결정적으로 패배하는 일이 많기 때문에, 그 경우 당연히 패배감에 대한 자각은 일어나지 않는다. 패배감에 대한 자각은 이런 이차적인 자신에 대한 패배를 거부하는 이차적인 저항을 통해서 일어나는 것이다. 여기서 저항은 이중으로 된다. 패배에 대한 저항과 동시에 패배를 인정하지 않는 것 혹은 패배를 망각하는 것에 대한 저항이다. ...... 따라서 저항의 지속은 패배감의 지속이다."

다케우치가 말하는 저항에는 두 가지 다른 저항이 포개져 있습니다. 첫번째 저항은 나를 패배하게 만든 상대에 대한 저항이며, 두번째 저항은 패배를 잊으려 하는 나 자신에 대한 저항입니다. 따라서 저항은 계속되는 패배감 속에서 지속됩니다. 다케우치는 이런 이중의 저항에 의해서만 동양은 진정 자신의 근대를 품을 수 있다고 말합니다.

상대와 나 사이에는 경계이자 위계가 있습니다. 나는 상대를 향하지만 상대는 나를 향하지 않습니다. 중심의 위치에서 여러 주변들의 자리란 서로 교환될 수 있는 것인 양 보입니다. 주변의 자리에서 상대는 다만 자신쪽으로 드러난 일부밖에 보이지 않으며, 다른 주변의 자리는 더군다나 보기 힘듭니다. 중심의 자리와 주변의 자리는 결코 교환되지 않으며, 주변의 자리들 사이도 그렇습니다. 그러나 상대는 내가 볼 수 없는 규모를 경험할 때, 나는 이중의 저항을 통해 상대는 볼 수 없는 깊이를 가질 수 있습니다. 첫번째 저항은 상대에게 보이는 저항이지만, 두번째 저항은 상대는 볼 수 없는 저항이기 때문입니다.

따라서 비판이 그러하듯 저항도 자신보다 큰 대상과 맞서지만, 그 과정에서 얻어지는 자기동일성에 대한 거절을 수반해야 합니다. 자기동일성이란 상대에게서 구해진 것이기 때문입니다. 대신 상대와 맞섰을 때 주어지는 자기 위치와도 대결함으로써 상대는 가질 수 없는 유동성을 얻어야 합니다. 이것이 다케우치가 말하는 이중의 저항이 지니는 의미라고 생각합니다. 다케우치 요시미는 이렇게 말합니다. "저항이 무엇인가라는 문제는 나로서는 알지 못한다. 저항의 의미를 끝까지 파고들어 생각하는 일은 나에게 불가능하다. 나는 철학적 사색에는 익숙하지 않다. …… 저항이란 무엇인가라고 묻는다면 루쉰에게 있는 그러한 것이라고 답할 수 있을 뿐이다."

쑨거는 루쉰을 경유한 다케우치 요시미에게 있어 저항은 타자를 극복하기 위한 것도 해방을 위한 것도 아니라고 말합니다. 저항은 그 자신이면서 또한 늘 그 자신이 되기를 거절합니다. 자신이 온전한 주체일 수 없다면 자신의 역사를 만들 수 없습니다. 그러나 자신이 하나의 주체로서 실체화된다면, 타자와의 관계는 사라지고 실체화된 대립 속에서 역사적 긴장감도 사라집니다. 이때 관계란 추상적인 것이 아니라 불균형 속에서 전개되며, 패배를 매개로 하는 무엇입니다. 따라서 저항은 상대를 극복하기 위한 것이 아니라, 부단한 유동성 속에 자신을 맡기는 일입니다. 타자와의 관계가 사라진 '해방'은 존재하지 않습니다. 저항이란 불평등한 구조로 인해 늘 한계를 갖지만, 그 한계를 통해서만 그 구조의 와해에 이르려는 고투이며, 바깥에서 주어지는 해방의 환상을 거부하고 유동하는 그 관계에 내재함으로써만 획득되는 비판행위입니다.

**동아시아**

책을 옮기면서 부제로 '동아시아의 사상은 가능한가'라는 물음을 더했습니다. 제목을 이렇게 바꾸고 나니, 원제였던 '다케우치 요시미라는 물음'이 마치 이 물음인 양 여겨지게 됩니다. '다케우치 요시미라는 물음'은 '동아시아의 사상은 가능한가'를 초과하고 있습니다. 그럼에도 이렇듯 제목에 손을 댄 까닭은 '동아시아'라는 말을 고정된 실체로 여기지 않는다면, '다케우치 요시미라는 물음'이 향하는 가장 절실한 문제 가운데 하나가 '동아시아의 사상은 가능한가'라고 생각했기 때문입니다. 저로서는 지금껏 적어본 사상, 말, 비판, 저항의 문제를 '동아시아'라는 말을 통해 고민하게 되었습니다.

여러 '동아시아론'이 있습니다. 대개의 경우 동아시아는 지리상의 개념이 아닌 하나의 문제설정으로 사고되고 있습니다. 혹은 경제적인 영역으로서 현실감을 더해가고 있습니다. 이런 경향들에서 저는

'동아시아'라는 말이 서양의 근대성 혹은 경제패권에 맞서는 하나의 답처럼 취급되고 있다는 인상을 받습니다. 다케우치 요시미 그리고 쑨거가 말했던 저항이란 자기 사유의 한계치와 대면하는 일입니다. 하나의 답처럼 취급될 때 동아시아는 사고의 도피처가 될 수도 있습니다. 이를테면 동아시아라는 말이 제공하는 규모(국민국가보다 크다) 혹은 본질(근대 이전부터 지속되었던 무엇이다)에 기대어 안주할 경우 기존의 사고회로 안에 머물고 말 것입니다.

동아시아가 저항을 위한 말일 때, 그 말은 자신과 세계의 관계를 표상하는 기존의 방식을 착란에 빠뜨리고 상황의 유동성을 품기 위한 계기일 따름입니다. 저는 세계가 경계이자 위계라고 말씀드렸습니다. 이런 의미에서 동아시아는 규모나 본질이 아닌 다른 질감으로 사고되어야 합니다. 그 말이 주는 동일시의 효과를 경계해야 합니다.

세계를 경계이자 위계로 사고한다면 동아시아도 균질평면으로는 잡히지 않습니다. 가령 한국, 북한, 중국, 일본, 타이완, 베트남을 여섯 개의 국민국가라고 할 수 있을까요. 그 관계들이 갖고 있는 부등가성은 동아시아를 균질한 국민국가의 합으로 이해할 경우에는 잡히지 않습니다. 이와 관련해 다케우치 요시미가 중국을 기호로 만들어 소비하는 지식계의 행태를 꼬집었다는 사실은 중요한 의미를 지닙니다. 다케우치 요시미는 그러한 행태가 일본의 자기 이미지를 강화한다고 경계했습니다. 그는 오히려 중국을 통해서 일본이 가지고 있는 자기 이미지의 근거 없음을 추궁했습니다. 중국은 일본에서 다 볼 수 있는 세계가 아니며, 중국과 맞닥뜨렸을 때 일본의 진보적 지식인마저 품고 있는 사유의 안전판이 드러난다고 여겼습니다. 그런 의미에서 다케우치 요시미에게 중국은 동아시아라는 '효과'를 지니는 참조축이었습니다.

쑨거의 사상적 노정은 조금 다릅니다. 쑨거는 다케우치 요시미라는 한 명의 사상가를 통해 일본의 전전과 전후라는 풍부한 상황성 속으로 진입했습니다. 저는 일본 사상계에 대한 쑨거의 신랄한 비판을 그녀의 국적과 함께 떠올리면 어떤 곤혹스러움을 느낍니다. 다케우치의 '이상화된 중국 이미지'가 그 비판에서 활용된다는 점을 더한다면 더욱 그렇습니다. 다른 국적을 가진 자로서 어쩌면 그토록 강하게 비판할 수 있는지. 더구나 이 책에서 쑨거 자신은 중국에 관해 거의 언급하지 않고 있습니다.

흔히 다른 나라의 사상계를 문제삼을 때는 자신도 그런 문제를 갖고 있다며 윤리적 등가물을 내비치는 경우가 많습니다. 그것은 일종의 장치일 수도, 진정 자기를 향한 비판일 수도 있겠죠. 하지만 이 글에서는 그런 흔적이 거의 보이지 않습니다. 이것이 과연 자신이 비판하는 대상 바깥에서 수행하는 편한 비판인 것인지, 아니면 국적을 경계로 삼아 서로 교환하는 윤리적 등가물이 오히려 일본과 중국을 구분된 실체로 만들기에 그것을 경계하는 탓인지는 모르겠습니다. 아마도 쑨거가 사상하는 장소는 다케우치 요시미와는 또 달라서 일본과 중국이라는 서사구도의 바깥 혹은 그 사이라고 여겨집니다. 이 장소에서 자기 사유의 임계점을 경험하고 있다면, 그곳이 그녀에게는 동아시아일 것입니다.

동아시아 담론은 한국에서 가장 활성화되어 있다고 합니다. 만약 그것이 유리해서라면 이런 이유가 있다고 생각합니다. 늘 제국 혹은 강대국의 주변이었다는 자신의 위치를 역전시켜 중심성을 획득하기에도, 정치적인 정당성의 입지를 확보하기에도 동아시아는 유용한 지평이기 때문입니다. 패자에게는 패자의 위치가 식민지에게는 식민지라는 경험이 무의식적인 안전판일 수 있습니다. 그곳에는 비판과 저항을 위한 정치적 정당성이 마련되어 있습니다. 그런 탓에 한국의 많은 동아시아론은 일본과의 관계를 확대재생산하면서 그 틀로부터 동아시아를 사유하려는 경향이 짙습니다. 이런 동아시아 상상에서는 가령 베트남과 타이완은 사고되지 않습니다. 저는 그곳에 어떤 일이 있는지 모릅니다. 다만 일본을 향해 떳떳이 책임을 추궁하기 위해 우리가 떠안아야 할 윤리적 등가물로 베트남이 거론될 때면 의심스럽습니다. 마치 일본에게 있어 히로시마, 나가사키의 원폭피해라는 경험이 난징대학살을 탕감해주는 목록이 아니듯이 말입니다. 또한 중국과 일본의 틈바구니에 끼어 있다며 타이완과의 유사성을 도출해내는 사고방식도 의심스럽습니다. 그런 분석이 타당한 것일지라도 그때 목표로 놓이는 것은 타이완에 대한 이해가 아니라 일본과 중국을 상대화하는 일이기 때문입니다. 동아시아를 자기이해의 확장판으로 다룬다면 설령 그 분석과 비판이 옳다 해도 자신을 바꿀 수는 없습니다. 그 안에 있으면 유리하지만 자신은 바뀌지 않습니다.

모두 다른 역사적 조건 속에서 서로 다른 사유의 한계치를 갖습니다. 진정한 탈식민이라면 제국의 잘못을 비판하는 것만이 아니라, 제국의 위치에서는 볼 수 없는 깊이를 가질 때에 가능할 것입니다. 하지만 동아시아를 정치적 정당성의 틀로 활용하는 한에서 그런 깊이는 생기지 않습니다. 만약 오키나와인을 만난다면 피해의 경험이 아닌 무엇에 의지해 이야기를 나눌 수 있을까요. 어떻게 바깥에서 주어지는 것에 의지하지 않으면서 자기 사상의 정당성과 가능성을 구할 수 있을까요. 이러한 고민들을 이끌어내고 자기 사유의 한계치를 경험하게 하는 것, 바로 동아시아가 답이 아닌 물음이어야 하는 까닭입니다. 아마도 다른 존재가 품고 있는 그만한 문제의식의 강도를 자신의 상황 안에서 길어올 수 있는가만이 유일한 진실이 될 것입니다. 이 책은 그런 공부의 길로 저를 이끌고 있습니다.

이상이 이 책을 읽고 옮기면서 든 생각들이었습니다. 하지만 이렇게 적기 위한 아픔이 없기에 이것은 말의 모음에 불과합니다. 다케우치 요시미와 쑨거의 사상행위도 그저 흉내낼 뿐이어서는 이마저 저에겐 또 한 가지 사고의 습관이 될지 모릅니다. 다만 용기를 내어 적어보는 것은 이제 공부를 시작하는 저로서는 이러한 말들을 통해 어떠한 상황을 얻을 수 있지 않을까 하는 기대감 때문입니다.

**감사의 말**

감사드려야 할 분들께 마음을 전하기 위해 지면을 얻고자 합니다. 먼저 쑨거 선생님께 감사드리고 싶습니다. 경험도 공부도 부족한 제게 책을 옮길 수 있는 기회를 주셨습니다. 한국어 독자들을 위해 새로 서문을 쓰는 수고도 아끼지 않으셨습니다.

연구공간 수유+너머의 선배와 동료들에게는 어떻게 표현해야 그 고마움에 값할 수 있을지 모르겠습니다. 저는 이곳에서 쑨거 선생님과의 인연을 얻었으며, 일본어로 읽는 법을 배웠으며, 무엇보다도 공부하는 법을 배웠습니다. 아직 더 많은 것을 배워야 합니다.

이 책의 번역만 하더라도 연구실 식구들이 도와주셨습니다. 일본어본을 옮긴 이 책은 일전에 '동아시아 지식인 회의'를 할 때 최정옥님께서 번역해두신 중국어판 『다케우치 요시미의 역설』(竹內好的悖論)에 크게 빚지고 있습니다. 또한 이 책에 담긴 중국어판 서문은 이성현님께서 옮겨주셨습니다. 번역하는 동안 모르는 것은 박성관님과 이마마사 하지메님께 여쭤보았습니다. 이 분들은 일본어로 읽고 말하는 법을 알려주셨을 뿐 아니라 달리 생각하는 법도 가르쳐주셨습니다. 신지영 님께서는 서툰 원고를 읽고 조언을 해주셨습니다. 이정훈 선생님께서는 늘 묵직한 질문으로 이 책을 대하는 제 시각을 교정해주셨습니다. 그리고 고미숙 선생님, 박태호 선생님, 이희경 선생님, 고병권 선생님, 권용선 선생님, 김영진 선생님. 책을 옮기면서 많은 것을 여쭤보지는 못했지만 이분들께 감사드리는 일은 저에겐 너무도 자연스럽습니다. 연구실에는 60여 명의 선배와 동료들이 함께 공부를 하고 계십니다. 그분들께 일일이 감사하다는 말씀을 드리기에는 지면이 부족하며, 그분들에게서 얻은 많은 것을 표현하기에도 능력이 벅찹니다.

책을 번역하면서 류준필 선생님께 많은 폐를 끼쳤습니다. 이 책을 옮겨보라고 권하셨는데, 저로서는 여러 부족함을 절감하는 계기가 되었습니다. 정근식 선생님께서는 늘 부풀어 있는 저의 이론적 성향을 구체적인 역사적 조건 안에서 다스리도록 이끌어주셨습니다. 감사드립니다.

그린비의 유재건 사장님과 김현경 주간님, 편집부의 박순기님께 마음으로부터 감사의 말씀을 전합니다. 연구실을 믿고 미숙한 제게 번역을 맡겨주셨는데, 제 능력이 그 기대에 값하지 못한 것 같아 송구스럽습니다. 하지만 이 원고를 다듬어 좋은 책으로 내주시리라고 확신하고 있습니다.

대학 들어오면서 두 분의 품을 떠났는데, 이젠 잠시나마 외지로 나가게 되었습니다. 부모님께서 이 책의 번역을 기뻐하신다면 좋겠습니다.

2007년 1월 남산의 연구실에서

# 다케우치 요시미의 주요 저작들

## 1. 『다케우치 요시미 전집』(총 17권, 치쿠마서방, 1980~1982.)

「魯迅」(『魯迅』, 日本評論社, 1944), 『竹內好全集』第1卷, 1980.
「歷史的環境」(『魯迅入門』, 東洋書館, 1953), 『竹內好全集』第2卷, 1981.
「近代とは何か」, 『竹內好全集』第4卷, 1980.
「中國のレジスタンス」, 『竹內好全集』第4卷, 1980.
「近代主義と民族の問題」, 『竹內好全集』第7卷, 1981.
「中國文學の政治性」, 『竹內好全集』第7卷.
「國民文學の問題點」, 『竹內好全集』第7卷.
「權力と藝術」, 『竹內好全集』第7卷.
「文學の自律性など」, 『竹內好全集』第7卷.
「近代主義と民族の問題」(『文學』, 1951, 9월호.), 『竹內好全集』第7卷, 1981.
「日本とアジア」, 『竹內好全集』第8卷, 1980.
「學者の責任について」, 『竹內好全集』第8卷.
「戰爭體驗の一般化について」(1961. 11.), 『竹內好全集』第8卷.
「基本的人權と近代思想」, 『竹內好全集』第9卷, 1981.
「私たちの憲法感覺」, 『竹內好全集』第9卷.
「辭職理由書」, 『竹內好全集』第9卷.
「世評に答える：雜感一」(1960. 8.), 『竹內好全集』第9卷.
「近況報告：雜感二」(1961, 1), 『竹內好全集』第9卷.

「『戰後』同人の問いに答える」,『竹内好全集』第9卷.
「收穫は大きい」(1961. 5.),『竹内好全集』第9卷.
「『竹内好評論集』刊行のいきさつ」,『竹内好全集』第13卷, 1981.
「屈辱の事件」,『竹内好全集』第13卷.
「北京日記」,『竹内好全集』第15卷, 1981.
「中國文學硏究會結成のころ」,『竹内好全集』第15卷.

## 2. 『중국문학월보』 및 『중국문학』

「二年間」,『中國文學月報』第57號, 1939, 12월호.
「目加田さんの文章」,『中國文學月報』第59號, 1940, 2월호.
「返答」,『中國文學』第60號, 1940, 4월호.
「支那と中國」,『中國文學』第64號, 1940, 7월호.
「飜譯時評」,『中國文學』第70號, 1941, 3월호.
「後記」,『中國文學』第72號, 1941, 5월호.
「支那學の世界」,『中國文學』第73號, 1941, 6월호.
「支那語の敎科書について」,『中國文學』第78號, 1941, 11월호.
「支那を書くということ」,『中國文學』第80號, 1942, 1월호.
「大東亞文學者大會について」,『中國文學』第89號, 1942, 11월호.

## 3. 국역본

『루쉰』, 서광덕 옮김, 문학과 지성사, 2003.
『일본과 아시아』, 서광덕·백지운 옮김, 소명출판, 2004.

# 다케우치 요시미 연보

| | |
|---|---|
| 1910년 | 10월 2일 나가노현 미나미사쿠군 우스다초에서 출생. |
| 1913년(3세) | 11월 부친의 전근으로 일가가 도쿄로 이주. |
| 1917년(7세) | 4월 코지마치의 후지미소학교에 입학. |
| 1923년(13세) | 3월 후지미소학교 졸업. 4월 도쿄부립 제1중학교에 입학. |
| 1924년(14세) | 11월 모친 기요시 사망(40세). |
| 1925년(15세) | 7월 부친과 의모에게서 나와 숙부 부부와 지냄. |
| 1927년(17세) | 3월 중학교 4년에 1고, 3고에 지원했지만 실패. |
| 1927년(18세) | 3월 도쿄부립 제1중학교 졸업. 4월 오사카고등학교에 입학. |
| 1931년(21세) | 3월 오사카고등학교 졸업. 4월 도쿄제국대학 문학부 지나철학·지나문학과에 입학. |
| 1932년(22세) | 8월 조선과 만주로 여행. 돌아오는 길에 쑨원의 『삼민주의』를 입수. |
| 1934년(24세) | 3월 자택에서 '중국문학연구회' 제1회 준비총회. 같은 달 도쿄제국대학 졸업. 졸업논문은 「위다푸연구」(제출은 1933년 12월). |
| 1935년(25세) | 2월 『중국문학월보』 창간. |
| 1936년(26세) | 10월 루쉰 사망. 사망 이전에 준비했던 『중국문학월보』의 '루쉰 특집' 간행. |
| 1937년(27세) | 10월 다케다 다이준의 출정을 배웅. 베이징 유학 시작. |

| | |
|---|---|
| 1939년(29세) | 3월 부친 다케이치 사망(54세). 10월 베이징에서 귀국. |
| 1940년(30세) | 4월 60호 간행을 기해 『중국문학월보』를 『중국문학』으로 개칭하고 세이카쓰샤(生活社)에서 발매. 같은 달 회교권연구소 연구원이 됨. |
| 1941년(31세) | 12월 『중국문학』 1월호에 「대동아전쟁과 우리의 결의(선언)」을 집필. |
| 1942년(32세) | 2월에서 4월까지 중국 여행. 11월 제1회 대동아문학가 대회에 초대받았으나 불참. |
| 1943년(33세) | 1월 다케다 다이준의 집에서 동인 모임을 갖고 '중국문학연구회'의 해산과 『중국문학』의 폐간을 결정. 11월 일본평론사에 『루쉰』의 원고를 보냄. 12월 소집. 같은 달 말에 중국 후베이성에 도착. |
| 1944년(34세) | 12월 『루쉰』 간행. 다케다 다이준이 교정을 봄. |
| 1945년(35세) | 8월 일본 항복으로 현지에서 소집 해제. |
| 1946년(36세) | 6월 도쿄로 돌아옴. 복간된 『중국문학』을 비판하는 「각서」 집필. 12월 구라이시 다케시로에게서 도쿄대 조교수로 초빙 받았으나 거절. |
| 1947년(37세) | 11월 도쿄대 동양문화연구소의 공개강좌에서 루쉰에 대해 강연. |
| 1948년(38세) | 11월 「중국의 근대와 일본의 근대」(후에 「근대란 무엇인가」로 개칭) 발표. |
| 1949년(39세) | 3월 스기 데르코와 결혼. 7월 '사상의 과학 연구회'의 발회식에 출석. |
| 1951년(41세) | 9월 『현대중국론』 간행. |
| 1952년(42세) | 1월 잡지 『문학』(이와나미서점)의 편집위원으로 참가(1957년 2월까지). 8월 『일본 이데올로기』 간행. |
| 1953년(43세) | 6월 도쿄도립대학 인문학부 교수로 취임. 7월 '사상의 과학 연구회' 회장이 됨. |
| 1954년(44세) | 1월 『국민문학론』 간행. 7월 '루쉰 동지의 모임 준비회' 설립. |

| | |
|---|---|
| 1956년(46세) | 5월 마쓰다 와타루, 마쓰에다 시게오와 공편 『루쉰 선집』(이와나미서점) 간행 개시. 8월 '원자폭탄과 수소폭탄 금지 세계대회'에 중국 대표로 방일한 쉬광핑과 만남. |
| 1957년(47세) | 4월 '루쉰 동지의 모임' 발족(1979년 3월 해산). 안보조약 개정 반대운동에 참가. |
| 1959년(49세) | 7월 마루야마 마사오 등과 공편 『근대일본사상사강좌』(치쿠마서방) 간행 개시. 11월 「근대의 초극」 발표. 12월 부락문제연구소 주최 공개강연회에서 강연(오사카 아사히 강당). |
| 1960년(50세) | 5월 '안보비판 모임' 대표의 한 사람으로 기시 노부스케 수상과 면담. 같은 달 중의원에서의 안보조약 강행체결에 항의해 도쿄도립대학에 사표 제출. |
| 1961년(51세) | 2월 시마나카 사건(후류무탄 사건)이 발생. 12월 중앙공론사 『사상의 과학』 '천황제 특집호'를 절단해서 폐기. 『사상의 과학』을 중앙공론사에서 분리시킬 것을 주장. |
| 1963년(53세) | 2월 잡지 『중국』을 중국의 모임 편집으로 보통사에서 간행. |
| 1964년(54세) | 6월 보통사의 도산으로 『중국』은 '중국의 모임'이 자체 간행. |
| 1966년(56세) | 4~6월 『다케우치 요시미 평론집』(전3권, 치쿠마서방) 간행. 10월 사르트르, 보부아르와 패널 토의. |
| 1967년(57세) | 9월 강좌 『중국』(치쿠마서방) 제1권 「혁명과 전통」을 노무라 고이치와 공편. |
| 1972년(62세) | 9월 일중국교 회복. 12월 『중국』을 12월호를 기다려 휴간. |
| 1973년(63세) | 6월 '중국의 모임 회보' 최종호에 「중국의 모임 해산에 부쳐」를 발표. 모임으로서의 활동을 정리. |
| 1976년(66세) | 다케다 다이준 사망. 같은 달 『루쉰문집』(전6권, 치쿠마서방)의 간행 개시. 11월 입원. |
| 1977년(67세) | 3월 3일 사망. |

# 찾아보기

## ㄱ

가노 나오키(狩野直喜) 72, 73, 77
가메이 가쓰이치로(龜井勝一郎) 291
가와카미 데쓰타로(河上徹太郎) 310,
  314, 315, 317, 319, 321, 329, 333
가이코우 다케시(開高健) 277
간디, 모한다스(Gandhi, Mohandas) 251
감정기억 281, 289, 298, 347, 348
『개조』 188, 189, 192, 193
건전한 내셔널리즘 345, 366
고바야시 다키지(小林多喜二) 153
고바야시 히데오(小林秀雄) 222, 320,
  321, 323, 324, 328, 329, 360
고사카 마사아키(高坂正顯) 319
고야마 이와오(高山岩男) 191, 357
교토학파 112, 113, 312, 314, 318~322,
  324~326, 328, 335~337, 351, 353,
  354, 357, 358, 362
구라이시 다케시로(倉石武四郎) 73, 85,
  92

구레하라 고레히토(藏原惟人) 164
구로사와 아키라(黒澤明) 234
  「라쇼몬」 234
국가독점자본주의 356
국민문학논쟁 149, 152, 157, 173, 178,
  230
국민문학론 149, 150, 152, 157, 168,
  170, 180
『국민문학론』 149
『국민문학의 문제점』 172
『군상』 169
궈모뤄(郭沫若) 87
  『검은 고양이』 87
『근대문학』 341, 345
근대성 307, 308, 311, 313, 317, 320,
  325, 338, 343, 347, 370
근대의 초극(좌담회) 307, 310,
  312~314, 319, 320, 322, 324~330,
  332~334, 336~338, 343, 344, 351,
  354, 355, 359, 360, 370
『근대의 초극』 312

근대의 초극을 둘러싸고(좌담회) 339
근대주의 160, 165
기시 노부스케(岸信介) 254, 262

ㄴ

나이토 고난(內藤湖南) 72
내셔널리즘 282, 327, 342, 366
노마 히로시(野間宏) 167, 169, 171, 230
　「국민문학에 대하여」 167
노무라 고이치(野村浩一) 122, 123
뉘른베르크재판 247
니시다 기타로(西田幾多郞) 112, 357
니시오 간지(西尾幹) 364, 365
　『국민의 역사』 364~368, 370
니시타니 게이지(西谷啓治) 312, 317~321, 323, 324, 328, 360

ㄷ

다니자키 준이치로(谷崎潤一郞) 192, 316
다무라 다이지로(田村泰次郞) 146
다카스키 이치로(高杉一郞) 333
다케다 다이준(武田泰淳) 74, 82~84, 107, 185, 208, 218
　『사마천』 208
다케야마 미치오(竹山道雄) 250, 251, 298, 301
다케우치 데루오(竹內照夫) 79, 80, 84
　「소위 한학에 관하여」 79
다케우치 요시미
　「국민문학의 문제점」 159, 163, 167
　「국민문학의 제창」 162

「굴욕적 사건」 227, 229, 230, 237
「근대란 무엇인가」 121, 158, 188, 198, 203
「근대의 초극」 234, 235, 240, 329, 334, 344, 345, 347, 348, 356, 367
「근대주의와 민족의 문제」 149, 159
노마 히로시와의 논쟁 167~182
『다케우치 요시미 전집』 82, 185, 214
「대동아전쟁과 우리의 결의」 186, 196, 198, 201, 205~208, 210, 220, 296, 344
동양과 서양의 관계 127~132
『루쉰』 95, 97, 98, 102, 103, 105~108, 112, 117, 118, 133, 136, 138, 140, 141, 143, 151, 155, 156, 162, 176, 185, 186, 188, 198, 202, 206, 208~210, 219, 220, 222, 224, 250, 253, 299
「루쉰론」 155, 156
『루쉰 입문』 203, 204
「망국의 노래」 159, 164
「메카다씨의 문장」 84, 85, 89
「문학의 자율성 등」 169, 173
베이징 유학 시절 82, 210~219
『베이징일기』 210, 214~216, 220, 269
「사직이유서」 273
『예견과 착오』 197
「위다푸연구」 72
「이년간」 82~84, 210, 211
이토 세이와의 논쟁 159~164
「일본과 아시아」 234, 235, 243, 250
『일본과 중국 사이』 197

「전쟁책임에 대하여」 234, 235, 240
「전쟁 체험의 일반화에 대하여」 277
「중국문학의 정치성」 151, 152, 155, 156, 158, 162, 165, 177
「『중국문학』의 폐간과 나」 108, 115~117, 133, 136, 137, 156, 198, 208, 344
「중국문학회 결성 즈음」 213
「중국의 근대와 일본의 근대」 121, 123, 134, 137, 140, 141, 148, 252, 253, 279, 297
「중국인의 항전의식과 일본인의 도덕의식」(「중국의 레지스탕스」) 231, 240
「지나를 쓴다는 것」 195
지나학자와의 논쟁 84~94, 107, 187~188
침략전쟁에 대한 태도 185, 187
「8월 15일」 227
「한학의 반성」 80
『현대중국론』 122
당파성 200
대동아공영권 285, 313, 322, 358, 363
대동아공영권의 이념과 현실(좌담회) 283~286
대동아전쟁 282, 288, 289, 297, 351, 352
대동아전쟁을 왜 다시 보는가(좌담회) 287
도야마 시게키(遠山茂樹) 126, 291
도조 히데키(東條英機) 191
도쿄재판(극동군사재판) 237~243, 245~247, 249, 251, 288, 293, 294, 327, 343

ㄹ

량치차오(梁啓超) 101, 112, 113
루쉰(魯迅) 70, 95~97, 100, 102, 104, 123, 135, 139, 176, 202, 203, 369
『루쉰문집』 350
『야초』 104
르네상스 314, 315, 317~319, 322
린위탕(林語堂) 231, 232
『모멘트 인 베이징』(『폭풍속의 나뭇잎』) 232

ㅁ

마루야마 마사오(丸山眞男) 69, 70, 82, 121, 137, 142, 143, 146, 148, 153, 155~157, 171, 178, 214~217, 219, 220, 227, 228, 236, 261~263, 277, 279, 280, 293, 298, 301, 328
『근대 일본의 사상과 문학』 142
「육체문학에서 육체정치까지」 121, 155, 279
『일본의 사상』 142
마르크스주의 316
마쓰에다 시게오(松枝茂夫) 82, 208, 234
마오둔(茅盾) 152
마오쩌둥(毛澤東) 232
메이지유신 122, 166, 240, 245, 291, 296, 297, 299, 325
메카다 마고토(目加田誠) 84, 85, 91
「문인의 예술」 84
문명일원론 244~246, 249, 251, 252
『문예』 316

문예부흥기 315, 317
『문학계』 222, 310~313, 316, 319, 320, 325, 326, 328, 355, 358
「『문학계』 20년의 걸음」 329
미군기지 반대운동 258
미키 기요시(三木淸) 189, 199, 310, 355, 357
　「전시인식의 기조」 189
민족주의 147~149

ㅅ

『사상』 190, 195
사이고 다카모리(西鄕隆盛) 294, 299
사카모토 료마(坂本龍馬) 291
사카모토 요시카즈(坂本義和) 262, 264, 265
산술적 평화론 39
새로운 역사교과서를 만드는 모임 363~365
『세계』 261
세계사적 입장과 일본(좌담회) 112, 312, 314, 318~322, 324, 330, 343, 355
셰스토프 체험 220~223
쇼와사논쟁 291
스즈키 시게타카(鈴木成高) 312~315, 317, 318, 320~322
시라카바파(白樺派) 137, 160
시미즈 이쿠타로(淸水幾太郞) 263~266, 271, 272, 276
『신일본문학』 339
『신조』 316
쑨원(孫文) 198, 252

쓰루미 슌스케(鶴見俊輔) 74, 197, 273, 283~285, 298, 301, 339, 345, 349, 351

ㅇ

아라 마사히토(荒正人) 341~346, 349, 351, 352, 354, 356, 368
「근대의 초극」 341
『아사히신문』 361, 362
아시아주의 299, 333, 337, 356
아오키 마사루(靑木正兒) 73, 78
「지나광」 78
안보운동 243, 253~258, 260, 268, 272
야마다 무네무쓰(山田宗睦) 283
야마무라 시즈카(山室靜) 345
야스다 요주로(保田與重郞) 335
야스퍼스, 칼(Jaspers, Karl) 236, 240
『전쟁의 죄를 묻는다』 236
오다기리 히데오(小田切秀雄) 330, 331
5·4 운동 261
오카와 슈메이(大川周明) 359
오카자키 도시오(岡崎俊夫) 82, 87
오쿠오치 가스오(大河內一男) 189
왕궈웨이(王國維) 202, 203
요시모토 다카아키(吉本隆明) 339
요시미치 요시히코(吉滿義彦) 318
요시카와 고지로(吉川幸次郞) 73, 77, 85, 90~92, 102, 116, 126, 134, 176
우메사오 다다오(梅棹忠夫) 249~251
우에야마 슌페이(上山春平) 287~290, 292, 294~296, 298, 301
『대동아전쟁의 사상사적 의의』 287, 288

『유동』 350
이에나가 사부로(家永三郎) 204
2차 세계대전 284, 294, 296, 308, 320, 332, 336, 343, 344, 347, 361, 363, 366
이토 세이(伊藤整) 159, 161~164, 179, 181
일본낭만파 160, 291, 335, 353, 355, 357, 368
『일본독서신문』 159
일본문화포럼 338
일본인과 문학(좌담회) 345
일본 파시즘 228, 230, 246, 293, 308, 344
『일본평론』 188, 190
일억총참회 233, 328

## ㅈ

자오수리(趙樹理) 179
자유주의사관 298, 363, 364
잡감(雜感) 104
저우쬐런(周作人) 200, 201, 212, 216, 217
저항 132, 133, 137, 141
전쟁 체험의 일반화 277~281
전학련(全學連) 254, 255
'정치와 문학' 논쟁 151
『중국문학』 75, 95, 108, 113, 115, 136, 186, 188, 194~196, 201, 202, 205, 206
중국문학연구회 75, 76, 95, 107, 108, 111, 113, 117, 186, 200, 210, 216, 231
『중국문학월보』 75, 78~80, 82~84
『중앙공론』 122, 188, 189, 192, 193, 312

지나학 73, 75~79, 91, 111
진주만 기습 186, 188, 231, 238
쩡짜(掙扎) 101, 102, 104, 117, 118, 133, 134, 136, 138, 141, 162, 198, 370
 '저항' 과의 관계 133

## ㅊ, ㅌ, ㅍ

차이위안페이(蔡元培) 202, 203
천황제 165, 166, 229, 238, 240, 257, 279, 293, 337, 356
청일전쟁 245
첸다오쑨(錢稻孫) 212
첸무(錢穆) 212
 『근삼백년중국학술사』 212
총력전 332, 334, 339
치다 구이치(千田九一) 107
태평양전쟁 186, 188, 189, 191, 194, 199, 201, 208, 220, 229, 235, 245, 267, 269, 288, 301, 307, 324~326, 332, 336, 351
팔, 라다비노드(Pal, Radhabinod) 241~243, 246, 247, 249~251
프랑스혁명 315, 317
프롤레타리아 문학운동 166, 173, 177, 316

## ㅎ

하나다 기요테루(花田清輝) 345
 『근대의 초극』 345
하다카 로쿠로(日高六郎) 257
하시카와 분조(橋川文三) 283

하야시 후사오(林房雄) 287~302, 315, 329
『대동아전쟁 긍정론』 287, 289~292
학제성 77
한학 75~77, 79
합리주의 125, 127, 129, 135, 142, 143
『행동』 316
헌법 제9조 288, 289
현대 일본의 지적 운명(좌담회) 312
혼다 슈고(本多秋五) 221, 222
회심(回心) 97~100, 102, 117, 121, 122, 134, 219, 220

후지타 쇼조(藤田省三) 70, 262
후쿠자와 유키치(福澤諭吉) 166, 214, 243~246, 248, 249, 252, 269, 299, 301
『문명론의 개략』 244, 247, 248
문명일원론 250
『시사소언』 248
「탈아론」 247
히다카 로쿠로(日高六郎) 259, 262, 265
히로마쓰 와타루(廣松涉) 350~362, 368
『근대초극론』 362
「동북아시아가 역사의 주역으로」 361